高等职业教育智能制造专业群
"德技并修 工学结合" 系列教材

工业机器人现场编程

主 编 刘良斌 彭 雯

副主编 汪 伟 肖 晶 欧阳颖卉 曾文琦

主 审 刘德玉

INTELLIGENT MANUFACTURING

中国教育出版传媒集团

高等教育出版社 · 北京

内容提要

本书为职业教育国家在线精品课程"工业机器人现场编程"的配套教材,以工业机器人的实际工业应用为核心,分三个模块详细介绍了涂胶、装配及视觉包装工作站的编程与调试过程。模块一引导学习者掌握工业机器人的手动控制、示教编程技巧;模块二通过单一及多个物料装盒任务,阐述模块化编程与工件坐标系设置方法;模块三聚焦于视觉包装工作站的 I/O 信号设置、PLC 通信与编程及工业视觉识别等高级功能。

本书注重实践,每个项目均设定明确的任务目标与实施步骤,并配有丰富的教学资源与工单,适合作为高等职业院校相关专业的课程教材,也可作为工程技术人员自学与企业培训的参考资料。

用书教师如需本书配套的教学课件等资源,请登录"高等教育出版社产品信息检索系统"(https://xuanshu.hep.com.cn/)免费下载。

图书在版编目(CIP)数据

工业机器人现场编程 / 刘良斌,彭雯主编. -- 北京:高等教育出版社,2025. 9. -- ISBN 978-7-04-064788-4

Ⅰ.TP242.2

中国国家版本馆CIP数据核字第2025WM3826号

GONGYE JIQIREN XIANCHANG BIANCHENG

| 策划编辑 | 郑期彤 | 责任编辑 | 郑期彤 | 封面设计 | 姜 磊 | 版式设计 | 徐艳妮 |
| 责任绘图 | 杨伟露 | 责任校对 | 窦丽娜 | 责任印制 | 刘思涵 | | |

出版发行	高等教育出版社	网 址	http://www.hep.edu.cn
社 址	北京市西城区德外大街 4 号		http://www.hep.com.cn
邮政编码	100120	网上订购	http://www.hepmall.com.cn
印 刷	高教社(天津)印务有限公司		http://www.hepmall.com
开 本	787 mm×1092 mm 1/16		http://www.hepmall.cn
印 张	21.5		
字 数	510千字	版 次	2025 年 9 月第 1 版
购书热线	010-58581118	印 次	2025 年 9 月第 1 次印刷
咨询电话	400-810-0598	定 价	48.00 元

随着强国战略推动，工业机器人广泛应用于制造业、物流业、食品加工等多个领域。工业机器人是一款集成先进控制技术、信息技术的智能设备，能够大幅提高生产效率、降低人力成本，并显著提升生产线的灵活性和准确性。

本书积极响应党的二十大"科教兴国"部署，以楚天科技药品包装生产线为载体，依据生产线的涂胶、装盒、包装的工作过程，从单元（涂胶工作、装盒工作）到集成（包装工作），从简单到复杂，构建涂胶工作站的编程与调试等三个模块。本书配套职业教育国家在线精品课程"工业机器人现场编程"，可引导学习者逐步掌握工业机器人编程与调试的核心技能。

模块一为涂胶工作站的编程与调试。通过工业机器人的启动、工业机器人抓取胶枪工具的示教编程、涂胶轨迹的示教编程、涂胶工作姿态变化的示教编程任务，学习圆弧运动与绝对运动等指令、工具坐标系的设置以及奇异点的处理等知识点，熟悉工业机器人的安全规范、控制柜面板、示教器操作以及开关机流程，掌握机器人的手动控制、示教编程技巧。

模块二为装配工作站的编程与调试。通过单一物料装盒的指令参数设置与编程、物料装盒的数据类型设置与模块化编程、多种物料装盒的坐标设置与模块化编程、多个物料装多盒的坐标系平移与模块化编程任务，学习偏移与选择等指令、转弯区数据、工件坐标系和程序数据的类型等知识点，熟悉模块化编程的实施方法和步骤，掌握工件坐标系的设置和模块化编程的思路，提升模块化编程、功能联调等实操技能。

模块三为视觉包装工作站的编程与调试。通过包装盒加盖的信号配置与关联、包装盒加盖的信息可视化编程、标签吸取异常的中断处理、标签粘贴的通信配置与程序编写、标签视觉分色粘贴的编程与调试任务，学习通信与写屏等指令、中断处理、视觉识别等知识点，熟悉工业机器人与周边设备的数据交互调试方法，掌握工业机器人与PLC和视觉设备间的通信网络配置、视觉颜色分拣等系统集成技能。

本书以模块递进、能力递进的"双重递进"结构，对标工业机器人系统集成赛项、工业机器人应用编程职业技能等级证书等赛证要求，融入"爱国、求知、创业、兴工"的楚怡精神、"规范编程"的职业素养，创设"德技交融"的课程内容。为适应"基础技能→技能提升→技能强化"阶梯项目教学实施，本书的工作任务即教学实施流程，设计"任务书—思政—知识—技能—检测"五个环节，制定配套工单引导任务实施，同时提供评价标准，方便广大师生的教学与评测。

本书由校企双元团队联合打造。湖南工业职业技术学院刘良斌、彭雯、汪伟等骨干教师院校专家团队负责教学整体设计与教学内容编写；博世汽车部件（长沙）有限公司双元制教育培训中心卜志东负责项目设计与实施指导；楚天科技股份有限公司容器制造单元总监龙定华负责收集典型企业案例与标准，转化开发教材思政资源。通过开展"养德""育技"并行任务，本书既可满足工业机器人技术、机电一体化技术、机械制造与自动化等专业相关核心技能需求，又可适应楚天科技、中联重科等企业员工工业机器人编程等技能培训需求。

本书在编写过程中参阅了相关的资料和书籍，还吸纳了典型工业用户的实际工程案例，并得到了湖南工业职业技术学院电气工程学院、楚天科技股份有限公司容器制造单元、博世汽车部件（长沙）有限公司双元制教育培训中心等单位的大力支持和帮助，在此一并致谢。

由于编者水平有限，书中难免存在缺点和错误之处，恳请各位同仁、专家及读者不吝指教，在使用过程中提出宝贵意见。

编者

2025 年 6 月

目　录

■ 模块二　装配工作站的编程与调试……………………………… 95

模块一
涂胶工作站的编程与调试

本模块旨在深入探讨涂胶机器人在多种工业场合中的应用潜力，以及通过工业机器人改造实现涂胶功能的显著优势。涂胶机器人凭借高精度、高效率的特点，在诸如汽车制造、电子产品组装、制药包装等多个领域展现出广泛的应用前景。涂胶机器人不仅能够大幅提升生产效率，还能确保涂胶的一致性和质量稳定性，为企业带来显著的经济效益。

通过工业机器人（以下简称"机器人"）改造实现涂胶功能，进一步凸显了智能化、自动化的优势。这种改造方式能够充分利用现有生产线资源，通过灵活的程序设定和模块化设计，快速适应不同产品的涂胶需求。同时，还有助于降低人力成本，提升生产安全性，为企业转型升级和可持续发展提供有力支撑。本模块将全面剖析涂胶机器人的应用场景与改造优势，为企业的智能制造之路提供有益的参考和借鉴。

基础技能——涂胶工作的示教器参数设置与示教

某企业需要通过机器人对生产线中的料盒底部进行涂胶作业。机器人已经完成了电源硬件的安装和电源线缆的连接。现需要规范启动机器人工作站，正确使用机器人的示教器，设置机器人的参数，并依次实现机器人启动、抓取胶枪功能。

任务 1

工业机器人的启动

[任务目标]

素养目标：

1. 遵循标准操作流程，主动检查关键步骤，确保操作步骤的准确率。

2. 能主动与队友沟通操作意图和进度，清晰、规范地讲解安全注意事项和操作要点，并协作完成分配的任务。

拓展阅读：
打破国外工业机器人技术垄断的青年专家——顾京君

知识目标：

1. 准确描述机器人控制柜主要组件的位置和基本功能。

2. 准确说明机器人示教器核心界面元素的功能和使用情境。

3. 明确机器人安全操作规程及其制定依据。

能力目标：

1. 能按照操作手册独立、无误地启动机器人。

2. 能在手动模式下实现机器人的关节轴运动、线性运动。

3. 能在突发危急情况下，迅速、正确地触发急停装置。

[任务描述]

在进入机器人操作领域之前，首要任务是掌握机器人操作的安全规范，以保障人身安全与提高生产效率。了解机器人的多样化类型，从工业制造的精密助手到服务行业的贴心伙伴，每种类型都有其独特的应用场景与操作要点。开机前：检查环境安全条件（无障碍、电源稳定），验证设备自检状态；操作时：注意工业机器人操作的安全规范；关机时：

执行标准关机流程，记录操作日志。

机器人技术作为现代工业和服务业的重要组成部分，其高效、精确的特性极大地提升了生产力和服务质量，但同时也伴随着一定的安全风险。因此，机器人操作者必须牢记以下安全守则：

①安全操作规程对人身安全和生产效率的重要性。

②多样化的机器人类型在不同应用场景下的操作要点。

③机器人开机与关机流程对设备稳定运行和使用寿命的影响。

④开机和关机前的环境与安全条件检查，确保启动过程的顺畅无阻。

⑤在追求高效、安全生产环境中，突出机器人操作的专业性和细致性。

[任务引入]

在确保安全启动机器人前，应了解和认识机器人的分类、典型应用、示教器、按钮等，具体如下：

①机器人的关节轴命名规则。

②机器人操作的安全规范。

③机器人控制柜的组成部分。

④示教器的各按钮功能。

⑤机器人开机、关机的操作规范。

机器人的示教器和控制柜如图 1-1 所示。

微课视频：
常见 ABB 工业机器人及其典型应用

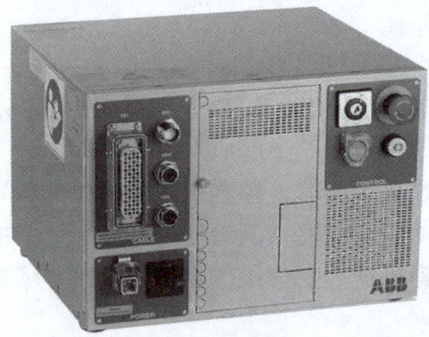

(a) 示教器   (b) 控制柜

图 1-1　机器人的示教器和控制柜

分析与思考

1. 工业上使用的机器人为什么多为 6 个关节轴，6 个关节轴的主要优势有哪些？

2. 机器人的使能按钮有什么用，有几个挡位？

3. 机器人的急停按钮在哪里？

[相关知识]

微课视频：
安全操作规范

1. 工业机器人安全操作规范

（1）示教前的安全规定

① 检查机器人的本体、控制柜等设备设施的完整程度，如发现任何异常，应立即联系相关专业人员处理。

② 示教人员应目检机器人系统和安全防护空间，确保不存在产生危险的外界条件。

③ 示教器的运动控制和急停控制应进行功能测试，以保证正常操作。示教操作开始前，应排除故障和失效。编程时，应关断机器人驱动器不需要的动力。

④ 示教人员进入工作区域前，所有的安全防护装置应确保在位，且在预期的示教方式下能正常工作。进入工作区域前，应要求示教人员进行编程操作，但不能进行自动运行操作。

⑤ 将控制柜上的钥匙开关选择到本地模式，防止操作过程中外围信号的输入引起机器人在操作人员不知道的情况下进行误操作。

⑥ 确认急停按钮是否正常。

⑦ 在示教前，为安全起见，应该设置示教锁。

⑧ 在安全围栏内进行示教操作时，必须以机器人慢速并保证人员安全为前提。

⑨ 所有相关操作需进行专业的培训并考核合格后才允许执行。

⑩ 为了防止示教人员之外的其他人员误操作各按钮，示教人员应挂出警示牌，以防止误启动。

⑪ 确认在安全围栏内没有其他人员。

⑫ 机器人系统有异常或故障时，立即禁止作业，应将故障排除后再进行操作。

⑬ 确认安全保护装置能够正确运行。

⑭ 如出现任何异常情况，均应停止操作。

（2）示教时的安全规定

① 示教期间仅允许示教人员在防护空间内，其他人员禁止入内。

② 示教时，操作人员要确保自己有足够的后退空间，并且后退空间没有障碍物，禁止倚靠示教。

③ 禁止戴手套操作示教器，避免误操作按钮。

④ 操作机器人时，确保机器人运动空间内没有人员。如果必须进入机器人运动空间才能示教，依照谁拿示教器谁靠近机器人的原则，禁止不拿示教器的人员指挥拿示教器的人员进行操作；如果控制柜距离机器人较远，必须两人配合示教，禁止使用呼喊的方式进行指挥，应使用打手势的方式。

⑤ 示教期间，机器人运动只能受示教装置控制。机器人不能接受其他设备的控制命令。

⑥ 示教人员应具有单独控制安全防护空间内的其他设备运动的权力，并且这些设备的控制应与机器人的控制分开。

⑦ 示教期间，如果安全防护空间内部有多台机器人，应保证示教其中一台的时候，

另外的机器人均处于使能切断的状态。

⑧ 若在安全防护空间内有多台机器人，而栅栏的连锁门处于开启状态或现场传感装置失去作用时，所有的机器人都应禁止自动运行。

⑨ 机器人系统中所有的急停装置都应保持有效。

⑩ 示教时，机器人的运动速度应低于 250mm/s，具体的速度选择应考虑万一发生危险，示教人员有足够的时间脱离危险或停止机器人的运动。

⑪ 在机器人等设备的动作范围内进行示教作业时，在动作范围之外要有人进行监护，并站在控制柜旁随时准备按下急停按钮，或让人拿着示教器站在防护区域外进行监护，随时准备按下急停按钮。

⑫ 示教人员应保持从正面观察机器人进行示教的姿势，看着示教点，进行手动示教。

⑬ 示教人员应预先选择好退避场所和退避路径。

⑭ 示教人员离开示教场地前，必须关闭工作站电源，防止其他工作人员误操作导致伤害。

⑮ 在启动机器人系统自动运行前，示教人员应确保暂停使用的安全防护装置功效恢复。

（3）其他有关示教的安全规定

① 示教人员离开场地时，要将示教数据存储和记录好，然后关闭工作站电源，防止其他工作人员误操作导致伤害。

② 示教过程中，如果需要短暂离开场地，应放置警告标志，并将急停等按钮按下，保证所有设备停止运行。

③ 中断示教时，为确保安全，应按下急停按钮保证所有设备停止运行。

④ 示教完成后，应核对每个示教点的准确性，防止运动之后出现不必要的问题。

⑤ 示教完成后，将机器人切换至自动运行模式，进行自动运行之前，应检查所有的防护措施是否有效，务必保证全部有效。

⑥ 示教完成后，需要运行程序时，应再跟踪示教一遍，确认动作后再使用程序。

⑦ 要解除急停，必须先查明原因。

⑧ 在使用操作面板和示教器作业时，严禁戴手套进行操作。

（4）自动运行的安全规定

① 预期的安全防护装置都在原位，并且全部有效。

② 在开始自动运行前，确保人员处在安全区域内。

③ 操作人员应在机器人运行的最大范围之外。

④ 保持从正面观察机器人，确保发生紧急情况时有安全退路。

⑤ 开始自动运行前，应保证其他设备均处于安全位置，如电线处于线槽中，示教器处于安全位置等。

⑥ 示教器使用后，一定要放回原来的位置。如不慎将示教器放在机器人、夹具或地上，当机器人工作时，可能会导致示教器与机器人或工具发生碰撞，有人身伤害或设备损坏的危险。

⑦ 操作人员应在机器人运行的最大范围之外，手应放在急停按钮上，随时准备按下。

⑧ 自动运行时应注意速度逐渐从慢到快，应从最慢的速度开始运行，观察运行路径

是否有问题，然后逐步加速。

⑨ 在自动运行时，严禁人员进入机器人等设备的动作范围内。

（5）程序验证的安全规定

程序验证是确认机器人的编程路径和处理性能是否与应用时所期望的路径和处理性能一致的方法。程序验证可以涵盖程序路径的全部或一段。程序验证的人员应尽可能在安全防护空间外执行。当人员必须在安全防护空间内完成程序验证时，应满足以下条件：

① 程序验证必须在机器人运动速度低于 250mm/s 时进行，除确保机器人的运动控制仅适用握持—运行装置或使能装置外，还应满足前述（1）～（4）的相关安全规定。

② 当要求机器人的运行速度超过 250mm/s 时，检验人员应在安全防护空间内检查已编程的作业任务以及与其他设备的相互配合关系，此时应采用以下安全防护要求：

a. 第一个循环应采用低于 250mm/s 的速度进行，然后由编程人员用键控开关谨慎操作，分步增加速度。

b. 安全防护空间内的工作人员应使用使能装置或与其安全级别等效的其他装置。

c. 应建立安全工作步骤，以将安全防护空间内的人员危险减至最小。

2. 工业机器人控制柜的面板

ABB 机器人的控制柜有两种型号，分别为紧凑型控制柜和标准型控制柜。

微课视频：
工业机器人的基本组成

（1）紧凑型控制柜

紧凑型控制柜由接线面板、电源面板、控制面板三个部分构成，如图 1-2 所示。ABB 机器人紧凑型控制柜的部件及功能如表 1-1 所示。

接线面板
电源面板
控制面板

图 1-2 ABB 机器人紧凑型控制柜

表 1-1 ABB 机器人紧凑型控制柜的部件及功能

部件图片	部件名称	功能说明
	电源开关	控制柜的总电源开关，图示状态为开启，逆时针转为关闭。每次断电长时间不使用时建议关闭

续表

部件图片	部件名称	功能说明
	急停按钮	当出现紧急状况时，可按下急停按钮，机器人就会立刻停止，当需要恢复按钮时，只需顺时针转动即可
	电机上电按钮及指示灯	① 将机器人切换到自动运行模式时，在示教器上点击确定后，还需要按下电机上电按钮，机器人才会进入自动运行状态； ② 当急停按钮恢复后，需按下此按钮，机器人才能启动
	运行状态切换旋钮	左侧为自动运行，中间为手动限速运行，右侧为手动全速运行（此状态不允许操作人员选用）
	制动闸释放按钮	当按下制动闸释放按钮时，机器人的制动闸会解除，机械臂可能会跌落

（2）标准型控制柜

标准型控制柜的部件与紧凑型控制柜的部件类似。ABB 机器人标准型控制柜，如图 1-3 所示。

3. 工业机器人示教器

（1）ABB 机器人示教器的主要特点

目前 ABB 公司的工业机器人均使用二代示教器，由于二代示教器最大的特点是结构简单直观、操作清晰明了，用户通过简单训练后便能快速掌握机器人示教编程的操作。

（2）ABB 机器人示教器的外观介绍

ABB 机器人示教器各部分的功能如表 1-2 所示。

（3）机器人示教器的使用

机器人的种类繁多，各种机器人示教器的外观如图 1-4 所示。

图 1-3　ABB 机器人标准型
控制柜

微课视频：
认识机器人示教器

表 1-2　ABB 机器人示教器各部分的功能

示教器正反面示意图	编号及名称	功能说明
	A：连接器	连接示教器与机器人控制柜
	B：触摸屏	实现显示与编程功能
	C：急停按钮	实现紧急停止功能
	D：控制杆	使用控制杆移动操纵器，称为微动控制机器人
	E：USB 端口	将 USB 存储器连接到 USB 端口以读取或保存文件。USB 存储器在对话和 FlexPendant 浏览器中显示为驱动器 / USB：可移动的。注意，在不使用时盖上 USB 端口的保护盖
	F：使能装置	在手动操作情况下，实现机器人的上电功能
	G：触摸笔	触摸笔随 FlexPendant 提供，放在 FlexPendant 的后面，拉小手柄可以松开笔。使用 FlexPendant 时，要用触摸笔触摸屏幕，不要使用螺丝刀或者其他尖锐的物品
	H：重置按钮	重置按钮会重置 FlexPendant，而不是控制器上的系统

(a) ABB机器人示教器

(b) 埃夫特机器人示教器

(c) 发那科机器人示教器

(d) 库卡机器人示教器

(e) 安川机器人示教器

(f) 华数机器人示教器

图 1-4　各品牌机器人示教器

① 示教器的握持方式。各品牌的机器人示教器都各有其特点，但是体积和质量都较大，需要通过一种比较合适的方式握持示教器。

握持前，注意找到一根绑带，手穿过这根绑带，以防示教器掉落，同时也可降低握持示教器的难度，绑带位置如图 1-5 所示。

 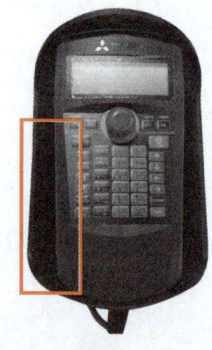 

(a) 安川机器人示教器　　(b) 三菱机器人示教器　　(c) 发那科机器人示教器

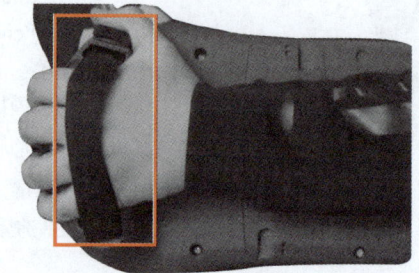

(d) ABB机器人示教器

图 1-5　各品牌机器人示教器的绑带位置

握持时，手指应能轻松触摸到示教器的使能按钮。机器人厂商一般会将使能按钮以较为显眼的颜色标识出来，如图 1-6 所示。

 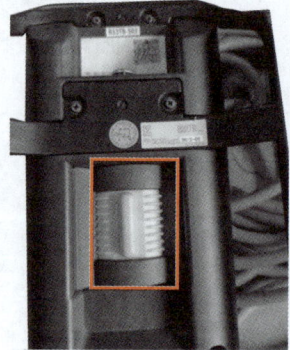 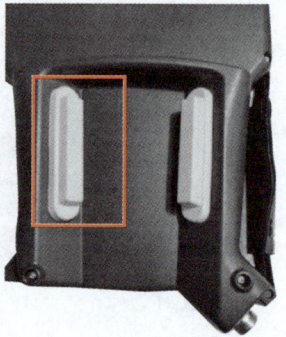

(a) 库卡机器人示教器　　(b) 三菱机器人示教器　　(c) 发那科机器人示教器

图 1-6　各品牌机器人示教器的使能按钮位置

②示教器使能按钮的使用。使能按钮是为保证操作人员人身安全而设计的。使能按钮分为两挡，在手动状态下按第一挡时，机器人将处于电机开启状态。只有在按下使能钮并保持电机开启状态时，才可以对机器人进行手动操作和程序调试。

在第一挡按下的情况下，再用力按使能按钮会进入第二挡，第二挡按下时机器人会处于防护停止状态，如图1-7所示。当发生危险时（例如出于惊吓），人会本能地将使能按钮松开或按紧，这两种情况下机器人都会马上停下来，从而保证了人身与设备的安全。

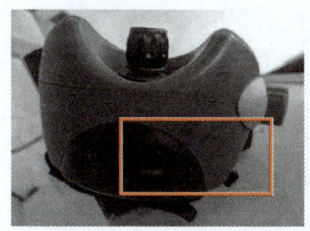 

(a) ABB机器人示教器的使能按钮　　(b) ABB机器人示教器使能按钮的使用

图1-7　ABB机器人示教器

（4）ABB机器人示教器的功能按钮

ABB机器人示教器按钮及功能如表1-3所示。其中，A～D为专用的可编程按钮，操作人员可以将自定义功能指定给这四个按钮。

微课视频：
可编程控制按钮的配置

表1-3　ABB机器人示教器按钮及功能

机器人示教器按钮示意图	按钮编号及对应功能
B C A E F G H I J K L（示意图）	A～D：可编程按钮
	E：选择机械单元
	F：切换运动模式，重定位或线性
	G：切换运动模式，第1～3轴或第4～6轴
	H：切换增量模式
	I：STEP BACKWARD（步退）按钮，可使程序后退至上一条指令
	J：START（启动）按钮，可开始执行程序
	K：STEP FORWARD（步进）按钮，可使程序前进至下一条指令
	L：STOP（停止）按钮，可停止程序执行

（5）ABB机器人示教器的屏幕功能

机器人启动后，ABB机器人示教器面板上可以看到图1-8所示的操作界面，ABB机器人示教器面板上的图标与功能如表1-4所示。

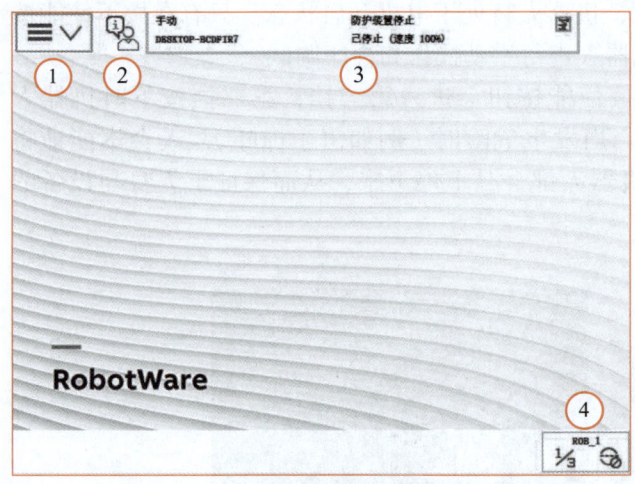

图 1-8　ABB 机器人示教器面板操作界面

表 1-4　ABB 机器人示教器面板上的图标与功能

图标	功能
①	主菜单：显示机器人各功能主菜单界面
②	操作人员窗口：机器人与操作人员交互的界面，显示当前状态信息
③	状态栏：显示机器人当前状态，如工作模式、电机状态、报警信息等
④	快速设置菜单：对机械单元、增量、运行模式、步进模式、速度、任务等参数进行设置

（6）ABB 机器人示教器的状态栏

ABB 机器人示教器的状态栏会显示当前状态的相关信息，如图 1-9 所示，例如操作模式、系统名称、机械单元等，如表 1-5 所示。

图 1-9　ABB 机器人示教器状态栏

表 1-5　ABB 机器人示教器状态栏功能

标号	功能
①	操作模式
②	系统名称（和控制器名称）
③	控制器状态
④	程序状态
⑤	机械单元。选定单元（以及与选定单元协调的任何单元）以边框标记。活动单元显示为彩色，而未启动单元则显示为灰色

（7）ABB 机器人示教器的快速设置菜单

点击图 1-10 中线框所示的位置，可以打开快速设置菜单。快速设置菜单提供了一种比微动控制视图更加快捷的方式，用于实现各个微动属性的切换。ABB 机器人示教器快速设置菜单功能说明如表 1-6 所示。

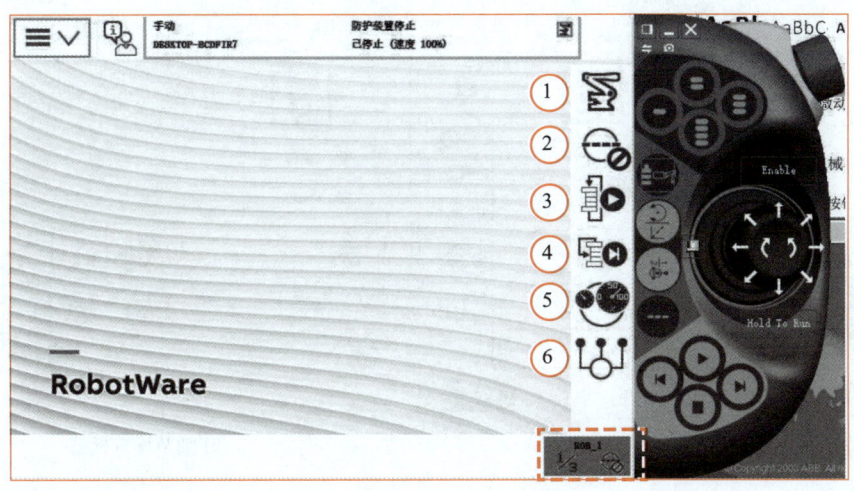

图 1-10　ABB 机器人示教器快速设置菜单

表 1-6　ABB 机器人示教器快速设置菜单功能说明

标号	说明	标号	说明
①	机械单元	④	步进模式
②	增量	⑤	速度
③	运行模式	⑥	任务

（8）机械单元

在快速设置菜单中，点击"机械单元"，然后选择一个机械单元，如图 1-11 所示。机械单元标签功能如表 1-7 所示。

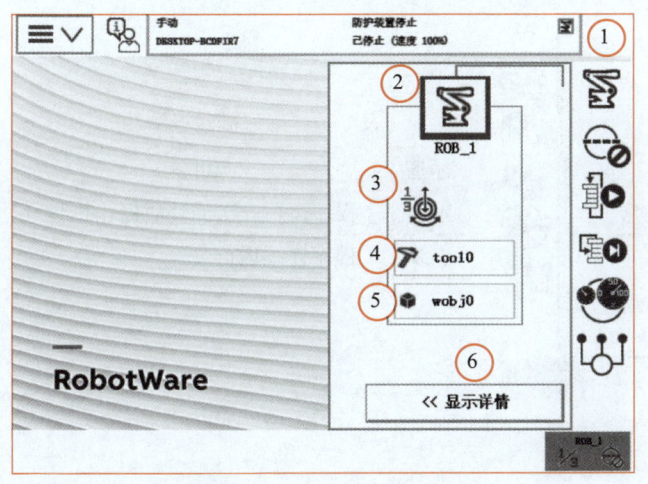

图 1-11　机械单元标签

表 1-7　机械单元标签功能

标号	功能
①	机械单元菜单按钮
②	机械单元，将突出显示选中的单元
③	运动模式设置（当前选定第 1～3 轴运动模式）
④	工具设置（当前选定 tool0）
⑤	工件设置（当前选定 wobj0）
⑥	显示详情

点击"显示详情"，可显示用于机械单元的细节设置，如图 1-12 所示。细节设置标签功能如表 1-8 所示。

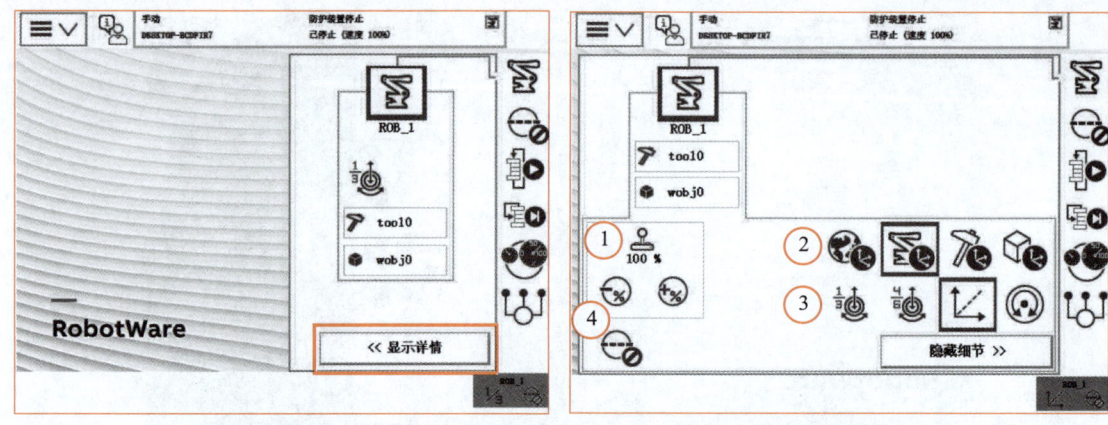

(a) 快速设置标签　　　　　　(b) 细节设置标签

图 1-12　快速设置标签

表 1-8　细节设置标签功能

标号	功能	标号	功能
①	手动控制速度设置	③	运动模式设置（当前选定线性运动模式）
②	坐标系统设置（当前选定基坐标）	④	打开或关闭用户增量模式

（9）运行模式

在快速设置菜单中，点击"运行模式"，如图 1-13 所示。运行模式标签功能如表 1-9 所示。

微课视频：
示教器基本参数的配置

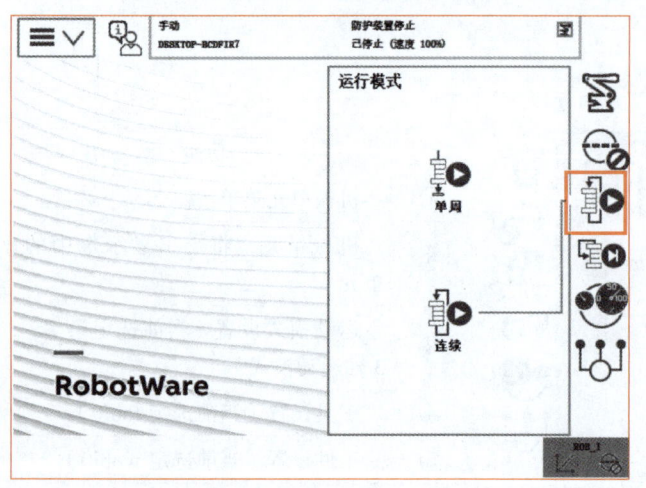

图 1-13　运行模式标签

表 1-9　运行模式标签功能

标签	功能
单周	程序运行一次循环后停止执行
连续	程序连续运行

（10）步进模式

在快速设置菜单中，点击"步进模式"，可以定义逐步执行程序的方式，如图 1-14 所示。步进模式标签功能如表 1-10 所示。

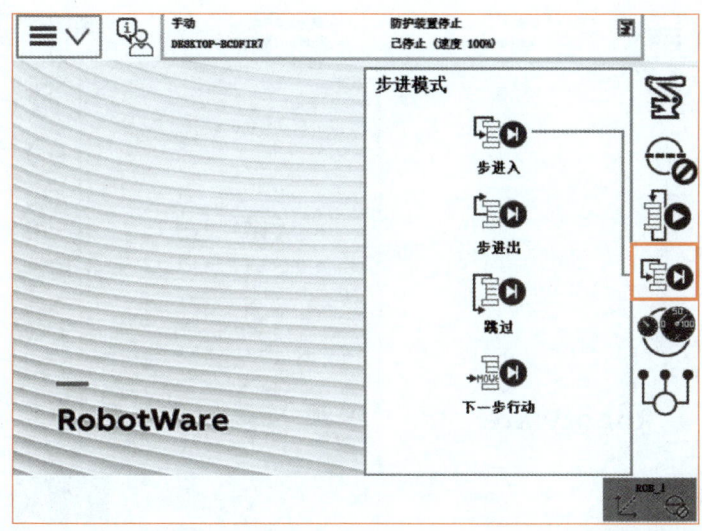

图 1-14 步进模式标签

表 1-10 步进模式标签功能

标签	功能
步进入	单步进入已调用的例行程序并逐步执行
步进出	执行当前例行程序的其余部分，然后在例行程序中的下一指令处（即调用当前例行程序的位置）停止。无法在 main 例行程序中使用
跳过	一步执行调用的例行程序
下一步行动	步进到下一条运动指令。在运动指令之前和之后停止，例如修改位置

（11）速度

在快速设置菜单中，点击"速度"，可以将速度设置为适用于当前操作模式的水平。但是，如果降低自动模式下的速度，更改模式后该设置也适用于手动模式。

在速度按钮上以相对于最大运行速度的形式显示当前运行速度，如图 1-15 所示。速度标签功能如表 1-11 所示。

微课视频：
机器人运行速度的调整

4. 工业机器人的开关机操作流程

（1）工业机器人的开机

① 开机检查。在使用工业机器人前，一定要做好开机前的准备工作，检查是否符合安全操作的规范，准备工作包括：检查各处螺栓、运动部件、安全防护装置等是否完好；检查并确认周边设备的状态和周边的环境，电源是否连接好，是否符合开机条件。

微课视频：
机器人工作站的启动与关闭

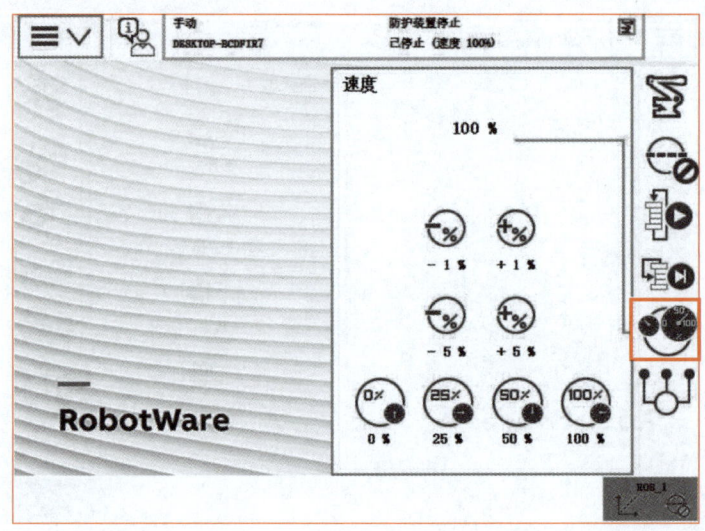

图 1-15　速度调整标签

表 1-11　速度标签功能

标签	功能
−1%	以 1% 的步幅减小运行速度
+1%	以 1% 的步幅增加运行速度
−5%	以 5% 的步幅减小运行速度
+5%	以 5% 的步幅增加运行速度
25%	以 25% 的速度运行
50%	以 50% 的速度运行
100%	以 100% 的速度运行

　　② 开机过程。工业机器人开机时，将机器人控制柜面板上的电源开关旋至"ON"挡，即可将机器人上电，上电后工业机器人示教器进入初始化状态，当示教器的状态栏中显示"等待"时，即可对机器人进行操作。具体可参照操作视频。

　　③ 开机注意事项。机器人开机后，如果无法正常工作，可先查看控制柜上的急停按钮和示教器上的急停按钮是否已经复位。如果没有复位，可按照按钮上的箭头方向旋转，按下电机上电按钮后，再查看机器人能否正常工作。

微课视频：
机器人急停状态
的解除

　　（2）工业机器人的关机

　　工业机器人使用完毕后，需要按照如下步骤关闭：

　　① 通过示教操作，将机器人恢复到原点位置，建议第 1 轴至第 6 轴依次为（0，0，0，0，90，0），如图 1-16 所示。

　　② 将机器人控制柜和示教器上的急停按钮按下。

　　③ 将机器人控制柜面板上的电源开关旋至"OFF"挡即可关机。

微课视频：
机器人的机械
结构

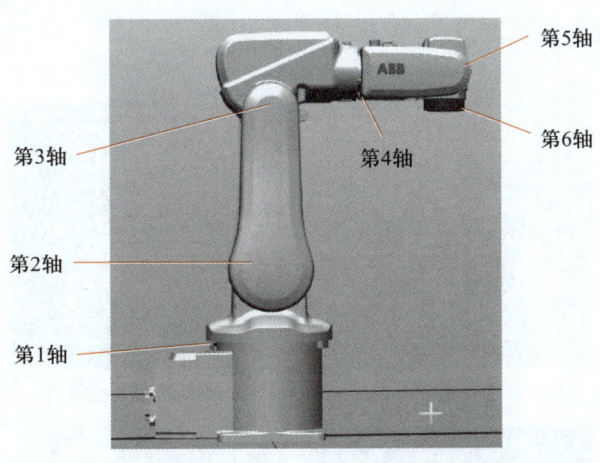

图 1-16　机器人原点参考姿态

[任务实施]

1. 完成工业机器人工作站启动前的准备工作

阅读机器人示教前的安全规定，围绕工作站巡查一周，并对巡检工作内容进行示意，如图 1-17 所示。

① 佩戴安全帽。

② 检查机器人工作站的台面、导轨及机器人周边的整洁度。

③ 检查机器人的本体、控制柜等设备设施的完整度。

(a) 检查机器人及其工作站台面　　　　　(b) 佩戴安全帽

图 1-17　启动前的准备工作

2. 规范启动工业机器人工作站

仔细阅读机器人控制柜操作的相关规定，启动机器人工作站步骤如图 1-18 所示。

① 打开总电源开关。

② 将控制柜的电源开关旋转至开启状态。

③ 将机器人运行状态旋转至手动限速运行。

④ 开启气泵，并调节气压至 0.4～0.6MPa。

⑤ 规范握持机器人示教器。

(a) 启动实训平台

(b) 启动机器人控制柜

(c) 运行状态为手动限速

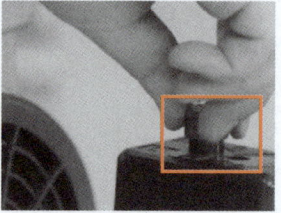
(d) 向上打开气泵

(e) 调节调压阀至0.4～0.6 MPa

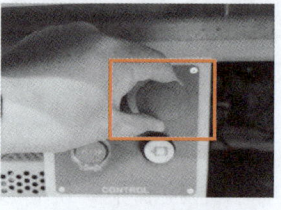
(f) 复位急停开关

(g) 按下电机上电按钮

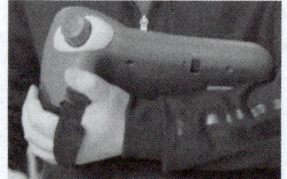
(h) 正确握持示教器

图 1-18 启动机器人工作站步骤

3. 规范操作工业机器人示教器

阅读机器人示教的安全规定，机器人示教器操作如图 1-19 所示。

① 手动将第 1～6 轴分别向正、负方向运动。

② 将机器人的末端分别向 X、Y、Z 轴的正、负方向运动。

③ 手动操纵机器人实现涂胶轨迹的运动。

4. 规范关闭工业机器人工作站

阅读机器人示教的安全规定，关闭机器人工作站步骤如图 1-20 所示。

微课视频：手动关节运动

微课视频：手动线性运动和重定位运动

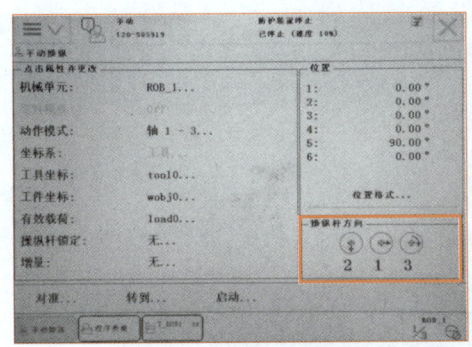

(a) 机器人的关节运动

(b) 机器人的线性运动

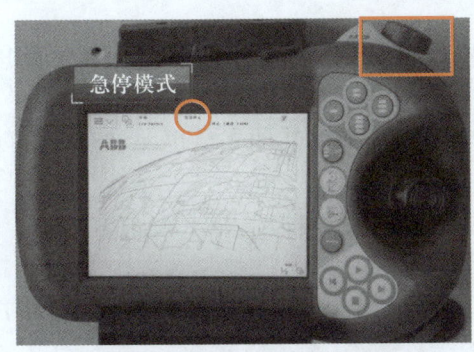

(c) 手动操纵实现涂胶轨迹运动

图 1-19　机器人示教器操作

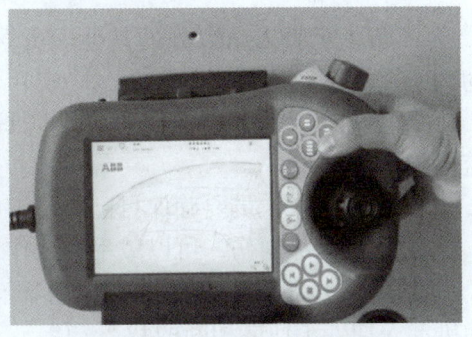

(a) 按下机器人示教器的急停按钮

(b) 将机器人示教器放在示教器架上

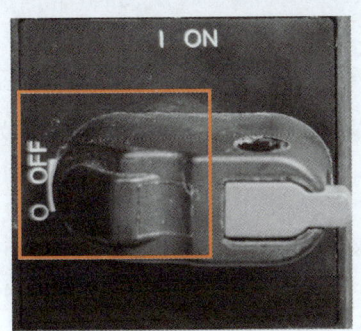

(c) 关闭控制柜电源

(d) 关闭实训平台电源

图 1-20　关闭机器人工作站步骤

①将机器人示教器的急停按钮按下。

②将机器人示教器放置回示教器架上。

③关闭机器人控制柜电源。

④关闭实训平台电源。

[拓展任务]

试通过网络资源，查询其他品牌机器人使用手册，并完成以下任务：

1. 在机器人手动模式下，当机器人 TCP 处于线性运动模式时，分别用力按下和松开使能按钮，观察机器人会怎么运动。

2. 找出 ABB 机器人上急停按钮的数量，并画出急停按钮的形状。

[评价测验]

自测题

选择题

示教时，机器人的运动速度应低于（　　　），具体的速度选择应考虑万一发生危险，示教人员有足够的时间脱离危险或停止机器人的运动。

A. 50mm/s　　　　　B. 250mm/s　　　　　C. 1250mm/s　　　　　D. 150mm/s

判断题

1. 为了防止示教人员以外的其他人员误操作各按钮，示教人员应挂出警示牌以防止误启动。（　　　）

2. 示教期间，允许示教人员在安全防护空间内操作，其他人员也允许在安全防护空间内监督。（　　　）

3. 示教时，操作人员要确保自己有足够的后退空间，可以倚靠示教。（　　　）

4. 为了防止手部划伤，可以戴手套操作示教器。（　　　）

5. 示教期间，如果安全防护空间内部有多台机器人，应保证示教其中一台的时候，另外的机器人均处于使能切断的状态。（　　　）

任务评价

序号	评价内容	任务评价	评价标准
1	操作流程准确	优□　良□　及格□	准确率≥90% 为优 准确率≥80% 为良 准确率≥60% 为及格
2	协作沟通能力	优□　良□　及格□	主动沟通、组织完成任务为优 主动沟通、主动承担任务为良 其余情况为及格
3	正确指出机器人控制柜主要组件的位置并描述基本功能	优□　良□　及格□	指出 3 个及以上位置并描述功能为优 指出 2 个位置并描述功能为良 指出 1 个位置并描述功能为及格

续表

序号	评价内容	任务评价	评价标准
4	正确指认机器人示教器的位置	合格□　不合格□	
5	正确描述机器人示教器核心界面元素的功能和使用情境	优□　良□　及格□	描述 3 个及以上功能为优 描述 2 个功能为良 描述 1 个功能为及格
6	复述并解释至少 5 条机器人安全操作核心规程	优□　良□　及格□	复述并解释 5 条为优 复述并解释 3 条为良 复述并解释 1 条为及格
7	安全独立启动机器人	合格□　不合格□	出现跳闸等异常情况为不合格
8	手动模式下实现机器人的关节轴运动、线性运动	合格□　不合格□	无法实现关节轴运动或线性运动为不合格
9	正确指出机器人关节轴第 1 轴到第 6 轴和坐标轴 X、Y、Z 轴的正方向	优□　良□　及格□	指出全部轴的正方向为优 指出 4 个轴的正方向为良 指出 2 个轴的正方向为及格
10	正确使用急停装置	合格□　不合格□	指出急停开关的位置并描述使用方法

[工单]

知　识　工　单

工业机器人的启动理论任务

班级＿＿＿＿＿＿＿学号＿＿＿＿＿＿＿姓名＿＿＿＿＿＿第＿＿＿组

模块一　涂胶工作站的编程与调试	
项目一	基础技能——涂胶工作的示教器参数设置与示教
任务 1	工业机器人的启动

一、工业机器人的基础认识

1. 常见的工业机器人典型应用有哪些?

常见的工业机器人典型应用有＿＿＿＿＿＿、＿＿＿＿＿＿、＿＿＿＿＿＿、＿＿＿＿＿＿等。

2. 常见的工业机器人有哪几种类型?

序号	机器人示意图	机器人类型	应用特点（课外完成）
1			
2			
3			
4			

序号	机器人示意图	机器人类型	应用特点（课外完成）
5			
6			

3. 工业机器人的基本组成部分有哪些？

工业机器人由主体、_____ 和 _____ 三个基本部分组成。主体即机座和执行机构，包括 _____、_____、_____ 和手腕部，其中手腕部有 _____ 个运动自由度。驱动系统包括动力装置和传动机构，用以使执行机构产生相应的动作。控制系统按照输入的程序对驱动系统和执行机构发出指令信号，并进行控制。

4. 在下图中标出各机械轴的名称。

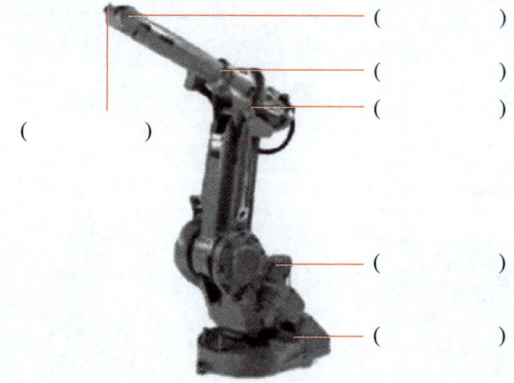

（　　　）
（　　　）
（　　　）
（　　　）
（　　　）
（　　　）

二、工业机器人安全规范

1. 判断题

（1）检查机器人的本体、控制柜等设备设施的完整程度，如发现任何异常，应立即联系相关专业人员处理。（　　）

（2）示教人员应目检机器人系统和安全防护空间，确保不存在产生危险的外界条件。（　　）

2. 填空题

（1）第一个循环应采用低于 _____ 的速度进行，然后由编程人员用键控开关谨慎操作，分步增加速度。

（2）安全防护空间内的工作人员应使用使能装置或与其安全级别 _____ 的其他装置。

（3）应建立安全工作步骤，以将安全防护空间 _____ 的人员危险减至最小。

（4）示教过程中，如果需要短暂离开场地，应放置警告标志，并将 _____ 等按钮按下，保证所有设备停止运行。

（5）在使用操作面板和示教器作业时，_____ 戴手套进行操作。

（6）操作人员要在机器人运行的最大范围 _____。

三、工业机器人工作站启动

1. 仔细阅读机器人控制柜按钮的功能，在图中标出按钮标号，并在下表中填写按钮名称。

接线面板　　　　　　　　　　　　控制面板

电源面板

按钮标号	按钮名称	功能
A		控制柜的总电源开关，图示状态为开启，逆时针转为关闭。每次断电长时间不使用时建议关闭
B		当出现紧急状况时，可按下此按钮，机器人就会立刻停止，当需要恢复按钮时，只需顺时针转动即可
C		将机器人切换到自动运行模式时，在示教器上点击确定后，还需要按下这个按钮，机器人才会进入自动运行状态
D		左侧为自动运行，中间为手动限速运行，右侧为手动全速运行（此状态不允许操作人员选用）
E		当按下此按钮时，机器人的制动闸会解除，机械臂可能会跌落

2. 下图为 3 种不同品牌的机器人示教器，试分别圈出各示教器的使能按钮。

 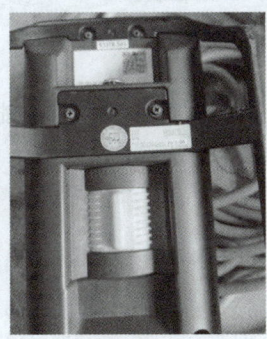 

（a）库卡机器人示教器　　　（b）三菱机器人示教器　　　（c）发那科机器人示教器

续表

3. 将下表中的空压机和气路等按钮标号在下图中圈出并标注。

按钮标号	按钮名称
A	空压机电源
B	空压机端气路总按钮
C	设备端气路总按钮
D	调压阀

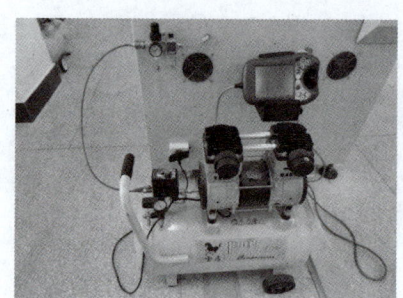

四、示教器的认识

1. 完成示教器功能表格的填写。

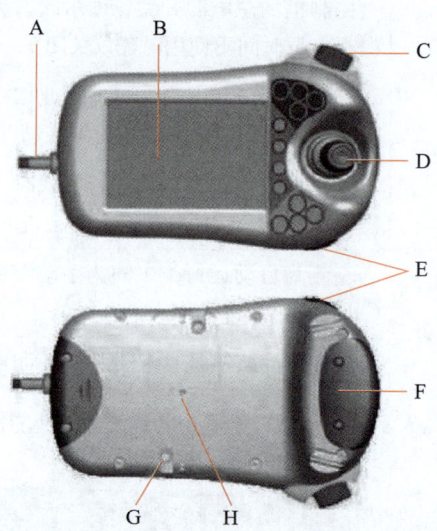

编号	名称	功能
A		连接示教器与机器人控制柜
B		实现显示与编程功能
C		实现紧急停止功能
D		使用控制杆移动操纵器，称为微动控制机器人
E		将 USB 存储器连接到 USB 端口以读取或保存文件。USB 存储器在对话和 FlexPendant 浏览器中显示为驱动器 /USB：可移动的。注意在不使用时盖上 USB 端口的保护盖

编号	名称	功能
F		在手动操作情况下，实现机器人的上电功能
G		触摸笔随 FlexPendant 提供，放在 FlexPendant 的后面，拉小手柄可以松开笔。使用 FlexPendant 时要用触摸笔触摸屏幕，不要使用螺丝刀或者其他尖锐的物品
H		重置按钮会重置 FlexPendant，而不是控制器上的系统

2. 根据示教器的功能按钮，将对应的标号填至表格中。

按钮标号	对应功能
	可编程按钮
	选择机械单元
	切换运动模式，重定向或线性
	切换运动模式，第 1～3 轴或第 4～6 轴
	切换增量模式
	STEP BACKWARD（步退）按钮，可使程序后退至上一条指令
	START（启动）按钮，可开始执行程序
	STEP FORWARD（步进）按钮，可使程序前进至下一条指令
	STOP（停止）按钮，可停止程序执行

五、工业机器人操作

在下图中，标出机器人 X、Y、Z 坐标系（基坐标系），并通过"+"号标出各坐标轴的正方向。

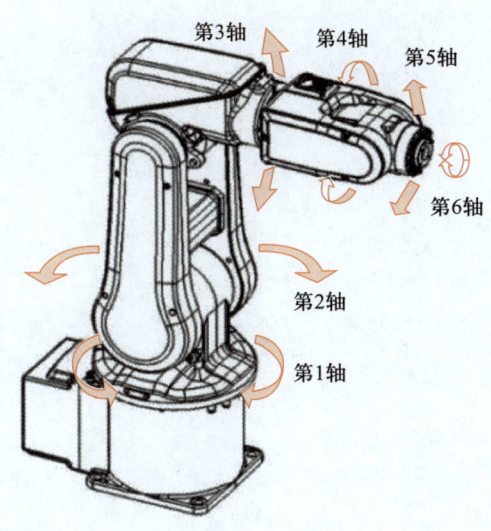

实 施 工 单

工业机器人的启动实操任务

班级_____ 学号_____ 姓名_____ 第____组

模块一 涂胶工作站的编程与调试	
项目一	基础技能—涂胶工作的示教器参数设置与示教
任务 1	工业机器人的启动

一、工业机器人启动前准备

1. 确认工作任务

序号	需要完成的任务	确认情况	备注
1	操作机器人实现轴关节运动		
2	操作机器人实现线性运动		
3	操作示教器实现点位示教		

2. 确认安全准备工作

序号	需要完成的任务	确认情况	备注
1	检查机器人周围是否放置水瓶等杂物		
2	检查操作人员是否穿拖鞋		
3	检查操作人员是否佩戴安全帽		
4	检查操作人员是否戴手套		

二、工作站的启动

1. 完成工业机器人工作站的启动

序号	需要完成的任务	完成情况	备注
1	启动实训平台		
2	启动机器人控制柜		
3	逆时针旋转急停按钮实现解锁		
4	按下控制柜上的电机上电按钮		
5	按下使能按钮实现电机上电功能		

2. 启动工业机器人并实现关节和轴的正方向运动

（1）操作机器人6个轴分别运动

序号	需要完成的任务	完成情况	备注
1	将第1轴分别向正、负方向运动		
2	将第2轴分别向正、负方向运动		
3	将第3轴分别向正、负方向运动		

序号	需要完成的任务	完成情况	备注
4	将第 4 轴分别向正、负方向运动		
5	将第 5 轴分别向正、负方向运动		
6	将第 6 轴分别向正、负方向运动		
7	使机器人回到原点位置		（0，0，0，0，90，0）

（2）操作机器人分别向三个轴方向运动

序号	需要完成的任务	完成情况	备注
1	将机器人分别向 X 轴正、负方向运动		
2	将机器人分别向 Y 轴正、负方向运动		
3	将机器人分别向 Z 轴正、负方向运动		

三、手动操纵工业机器人，实现下图所示的涂胶轨迹运动。

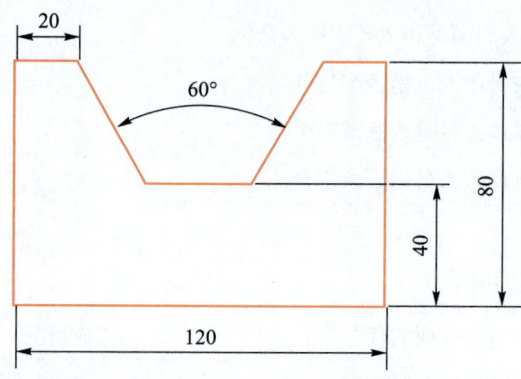

四、关闭工业机器人平台实训设备

序号	需要完成的任务	完成情况	备注
1	使机器人回到原点位置		（0，0，0，0，90，0）
2	按下急停按钮		
3	关闭机器人控制柜		
4	关闭实训平台		

任务2

工业机器人抓取胶枪工具的示教编程

[任务目标]

素养目标：

1. 严格遵循工艺要求与安全规范，确保目标点示教精度，体现一丝不苟、精工细作的劳动精神。

2. 主动沟通协作完成分工任务，按时完成机器人抓取工具小组任务。

知识目标：

1. 准确解释 MoveJ 和 MoveL 指令的功能、适用场景、参数含义及其区别，正确选择和应用该指令实现路径规划。

2. 准确解释 Set 和 Reset 指令的功能，正确应用该指令编写程序。

3. 清晰描述工业机器人编程的基本流程和常用方法。

能力目标：

1. 能操作示教器完成机器人程序的建立、删除、重命名。

2. 能在示教器中编写抓取胶枪程序，且具有线性运动和置位复位夹爪功能。

3. 能在规定时间内操作示教器完成单个目标点的示教，且示教精度符合要求。

4. 能完成单步、连续、运行至光标等调试基本操作。

[任务描述]

在机器人沿特定轨迹执行涂胶作业前，应具备对胶枪工具的自主安装功能。当前任务为编制安装胶枪工具的控制程序，该程序需确保机器人能凭借夹具，自动、精确地完成胶枪工具的安装功能。

机器人在抓取胶枪过程中，夹具会与胶枪发生接触。因此，机器人操作人员必须注意以下要点：

① 仅通过关节运动很难将机器人的夹具移动至目标点。故手动操控机器人时，应使用线性运动和重定位运动，减少关节运动的使用。

② 机器人在进行示教点位操作时，应注意运动方向，以免发生碰撞。

③ 首次试运行程序时，运动速度不能超过设定值的 25%。

[任务引入]

在机器人执行涂胶作业前，应先通过夹具抓取胶枪工具，如图 1-21 所示。实现该功能需要明确以下几点：

① 机器人应从原点开始运行。

② 机器人要线性运动到胶枪工具位置。

③ 关闭夹具抓取胶枪工具。

④ 机器人完成胶枪抓取作业后，应回到原点位置。

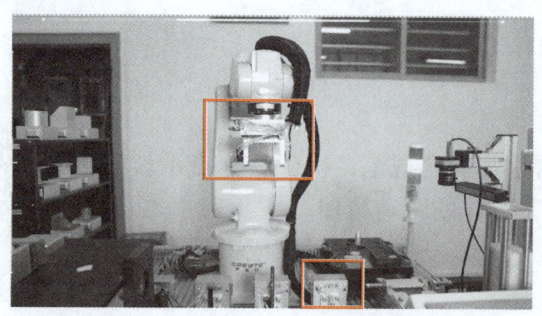

图 1-21　机器人的夹具和胶枪位置

分析与思考

1. 运用何种指令实现机器人的运动？

2. 运用何种指令打开或关闭夹具？

3. 机器人从原点位置抓取胶枪工具需要哪些步骤？

[相关知识]

1. 工业机器人重定位的方向

机器人重定位运动是基于坐标系运动的。ABB 机器人通过控制杆实现沿着 X、Y、Z 轴进行旋转运动。可以通过右手定则确定机器人重定位的方向。

以机器人默认的工具坐标系 tool0 为例，tool0 坐标系位置和方向如图 1-22 所示。

市面上工业机器人的坐标系一般都遵循笛卡尔坐标系原则，右手依次握住需要旋转的坐标轴，大拇指指向坐标轴的正方向，四指指向的方向即为 ABB 机器人对应坐标轴重定位的正方向，如图 1-23 所示。

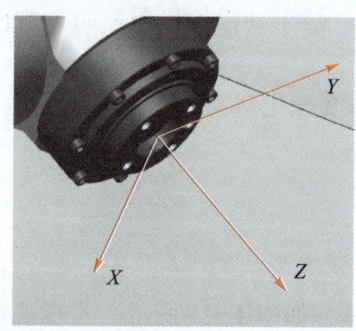

图 1-22　tool0 坐标系位置和方向

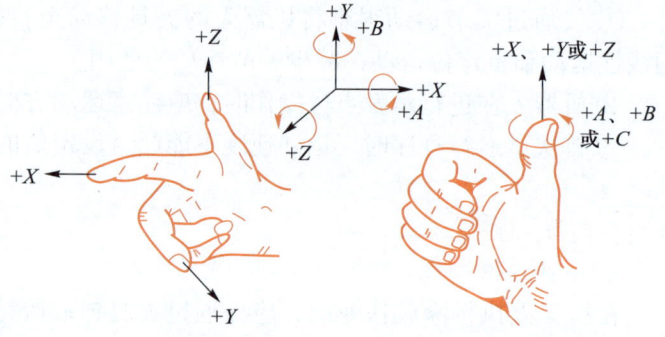

图 1-23　通过右手确定各坐标轴旋转的正方向

2. MoveL（线性运动指令）

MoveL 指令用于将机器人的工具中心点（TCP）沿直线运动到目标点，适用于对路径和轨迹精度要求高的小范围运动场合，如图 1-24 所示。线性运动指令中，目标点的数据类型为 robtarget。

微课视频：
MoveL 指令

运动路径为当前点与目标点之间构成的直线，运动路径唯一，常用于机器人的直线运动中，特别是在需要精确控制机器人路径和轨迹的场合。

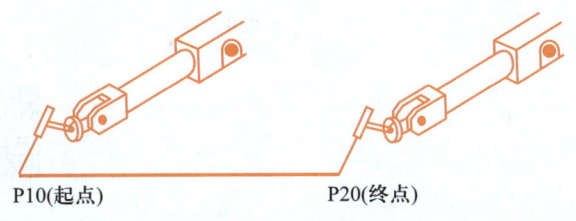

P10(起点)   P20(终点)

图 1-24 机器人线性运动

程序示例：

```
MoveL P10, v1000, z50, tool1\Wobj:=wobj1;
MoveL P20, v1000, fine, tool1\Wobj:=wobj1;
```

功能释义：机器人从当前点线性运动至 P10 后，再线性运动至 P20。

实操视频：
MoveL 指令

程序参数及含义见表 1-12。

表 1-12 程序参数及含义

参数	含义
P10/P20	目标点位置数据，定义当前机器人 TCP 在工件坐标系中的位置，通过点击"修改位置"进行修改
v1000	运动速度数据，定义速度为 1000mm/s
z50/fine	转角区域数据，定义转弯区的大小，单位为 mm
tool1	工具数据，定义当前指令使用的工具坐标
wobj1	工件数据，定义当前指令使用的工件坐标

注：

转角区域数据（zonedata）：该参数有很多种常见设置，例如"z1""fine""z50""z100"等，下面以"z50""fine"为例进行说明。

① z50：代表离目标点 50mm 处开始转弯，目的是使运动更加平滑。转弯区域数据越大，机器人的动作路径就越圆滑与流畅。如果机器人没有转弯而是直接到达某点，则应使用 fine。

② fine：指机器人 TCP 精确地到达目标点，在目标点速度降为零。此时，机器人的动作会有所停顿，然后再向下一个位置运动。如果是一段路径的最后一个点，也应设置

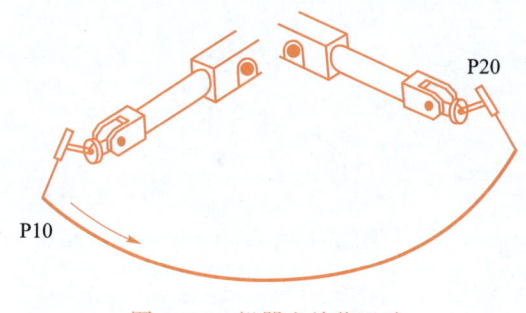

为 fine。

3. MoveJ（关节运动指令）

MoveJ 指令是以关节模式按照预设的轨迹移动的运动指令。总体来看，机器人的运动状态不完全可控（即不确定以何种轨迹运动到目标点），但运动路径保持唯一（即重复运行该段程序，机器人会以相同的方式运动到目标点）。关节运动指令中，目标点的数据类型为 robtarget。MoveJ 指令常用于机器人在空间中的大范围移动，如图 1-25 所示。

图 1-25　机器人关节运动

程序示例：

```
MoveJ P20, v1000, fine, tool1\Wobj:=wobj1;
```

功能释义：以关节运动模式到达目标点 P20，运行速度为 1000mm/s，转角参数以完全到达的形式，工具坐标系为 tool1，工件坐标系为 wobj1（上述指令运行前，机器人处于 P10 点）。

4. Set（置位指令）

Set 指令用于将数字输出信号的值设置为 1。

程序示例 1：

```
Set do15;
```

功能释义：将信号 do15 的值设置为 1。

程序示例 2：

```
Set weld_on;
```

功能释义：将信号 weld_on 的值设置为 1。

注：

① 若需要控制指示灯等设备，信号会及时输出。

② 若需要控制电磁阀等存在机械动作的设备，信号可能会有延时，可以配合 WaitDI、WaitTime 等指令（可自行学习相关指令）。

5. Reset（复位指令）

Reset 指令用于将数字输出信号的值重置为 0。

程序示例 1：

```
Reset do15;
```

功能释义：将信号 do15 的值设置为 0。

程序示例 2：

```
Reset weld_on;
```

功能释义：将信号 weld_on 的值设置为 0。

6. WaitTime（时间等待指令）

WaitTime 指令用于当程序运行到当前指令时，延时一定时间，到等待时间后继续执行下面的指令。

指令格式：WaitTime time;

time 为相应等待时间，单位为 s。

程序示例：

```
WaitTime 3;
```

功能释义：等待时间为 3s。

7. 程序与点位的命名规则

（1）机器人程序的命名

机器人程序的命名规则有很多，如果命名合适，会简化后期的很多工作，同时也大大增加程序的可读性。

程序的命名，可以使用拼音或英文单词，建议使用英文，如果不习惯，这里介绍如何通过拼音对程序进行命名。

例如，针对实现轨迹功能的程序，可以把子程序命名为轨迹的首字母"gj"或"GJ"（ABB 程序中字母不区分大小写）。同时，建议所有的程序名称前面都加一个"R"，代表 RAPID 程序，以便与目标点变量进行区分，故轨迹子程序可以命名为"RGJ"。

（2）机器人点位的命名

机器人点位的命名规则也有很多，同样可以使用拼音或英文单词命名，这里介绍如何通过拼音命名。

例如，针对需要完成轨迹焊接的任务，可以将轨迹命名为拼音首字母，建议在轨迹名称前面加一个"P"，代表位置信息（point），以便与机器人的例行程序名称进行区分。

例如，可以将机器人的起始点位命名为 PGJQS（P：点位；GJQS："轨迹起始"首字母）。

8. 绘制机器人程序的流程图

流程图是对过程、算法、流程的一种图像表示，在技术设计、交流及商业简报等领域有广泛的应用。它通常用一些图框来表示各种类型的操作，并在图框内描述各个步骤，然后用带箭头的线把这些图框连接起来，以表示执行的先后顺序。这种用图形表示算法的方式直观形象，易于理解。有时候流程图也称为输入-输出图，即用图直观地描述一个工作过程的具体步骤。这个过程既可以是生产线上的工艺流程，也可以是完成一项任务所必需的管理过程。流程图元素及定义如表 1-13 所示。

表 1-13　流程图元素及定义

元素	名称	定义
	开始或结束	表示流程图的开始或者结束
	流程	即操作处理，表示具体某一个步骤或者操作
	判定	表示方案名称或者条件标准
	文档	表示输入或者输出的文件
	子流程	即已定义流程，表示决定下一个步骤的一个子进程
	数据库	即归档，表示文件和档案的存储
	注释	表示对已有元素的注释说明
	页面内引用	即连接，表示流程图之间的接口

　　涂胶机器人工作站需要对夹具、胶枪位置、胶枪清洗等信号进行分析，可以将涂胶机器人的工作任务进行分解，通过流程图表示涂胶机器人与外界的交互信号。

　　涂胶机器人工作站的流程图示例如图 1-26 所示。通过流程图可以清楚地看出何时需要对夹具进行检测、控制、胶枪清洗等操作。在程序调试过程中，也可以通过流程图明确程序应该如何修改。

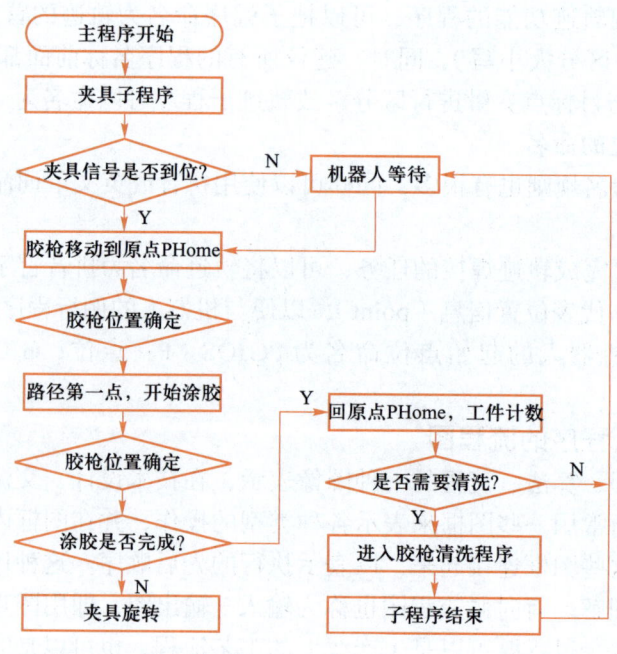

图 1-26　涂胶机器人工作站的流程图示例

[任务实施]

1. 明确流程要求

抓取胶枪工具的过程中，机器人的位置及操作为：原点→胶枪工具上方→打开夹爪→抓取胶枪工具位置→关闭夹爪→抓取胶枪工具位置上方→原点位置，如图 1-27 所示。

微课视频：
机器人夹取工具程序的编写

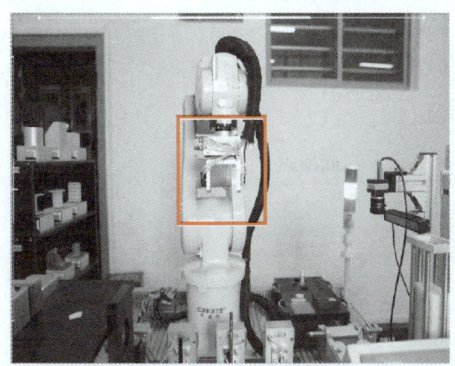

(a) 原点 PHome

(b) 胶枪工具上方

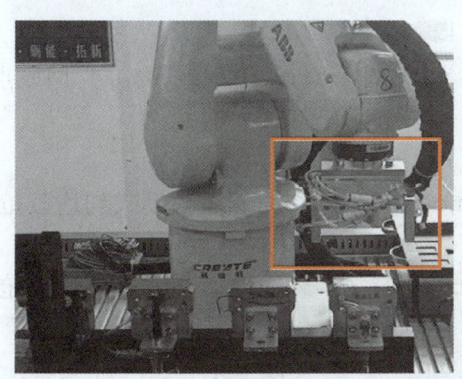

(c) 打开夹爪

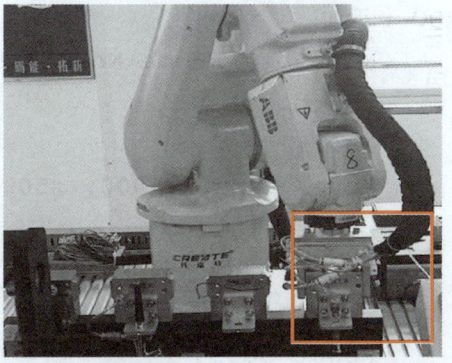

(d) 抓取胶枪工具位置，关闭夹爪

(e) 回原点

图 1-27　机器人抓取胶枪工具的工作过程

2. 绘制流程图

机器人抓取胶枪工具的流程图如图 1-28 所示。

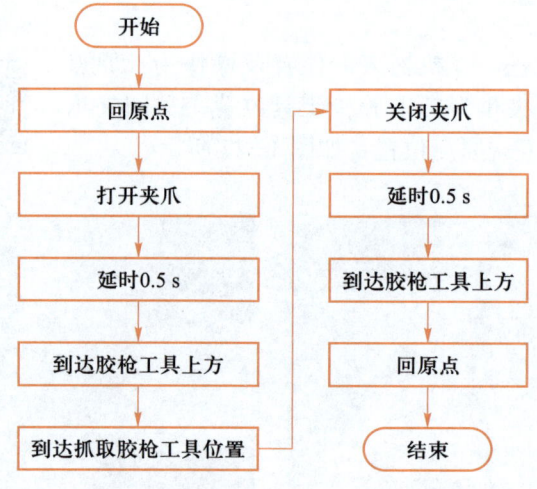

图 1-28　机器人抓取胶枪工具的流程图

3. 编写功能程序

```
PROC rzxp(  )
     MoveAbsJ PHome\NoEOffs, v1000, fine, tool0;  ! 回原点
     Set do09;                        ! 打开夹爪
     WaitTime 0.5;                    ! 延时 0.5s
     MoveJ pxps, v1000, z50, tool0;   ! 以关节运动模式到达胶枪工具
                                        上方
     MoveL pxp, v200, fine, tool0;    ! 以线性运动方式到达胶枪工具
                                        位置
     Reset do09;                      ! 关闭夹爪
     WaitTime 0.5;                    ! 延时 0.5s
     MoveL pxps, v1000, z50, tool0;   ! 以线性运动方式到达胶枪工具
                                        上方
     MoveAbsJ PHome\NoEOffs, v1000, z50, tool0;
                                      ! 以绝对运动模式回到原点
ENDPROC
```

4. 工业机器人实现手动重定位运动

① 在"手动操纵-动作模式"界面中，选中"重定位"，然后点击"确定"，如图 1-29 所示。

② 点击"坐标系"，如图 1-30 所示。

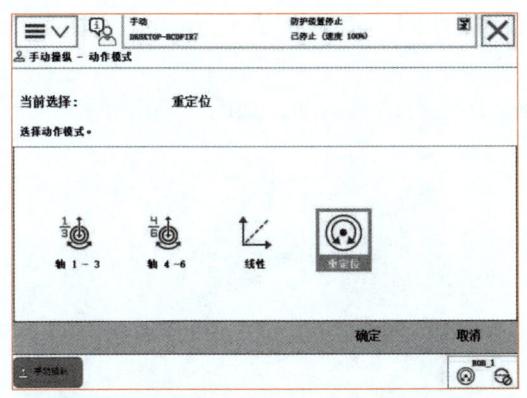

图1-29　选择"重定位"动作模式

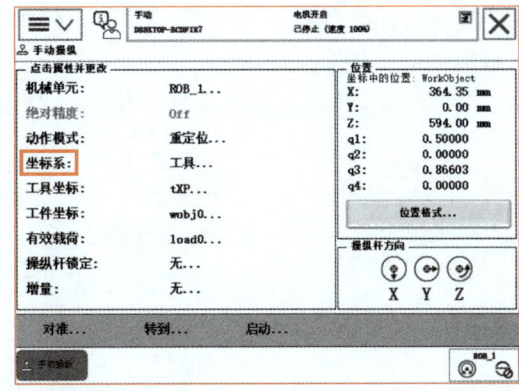

图1-30　选择"坐标系"

③选中"工具",然后点击"确定",如图1-31所示。

④点击"工具坐标",如图1-32所示。

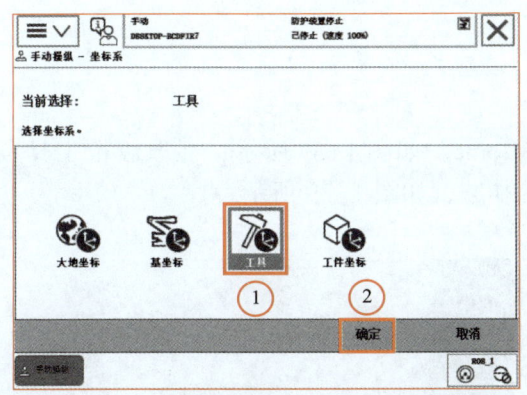

图1-31　选择当前坐标系为工具坐标系

图1-32　点击工具坐标系

⑤选中正在使用的工具"tXP",然后点击"确定",如图1-33所示。

⑥用左手按下使能按钮,进入电机开启状态,状态栏中显示"电机开启",如图1-34所示。

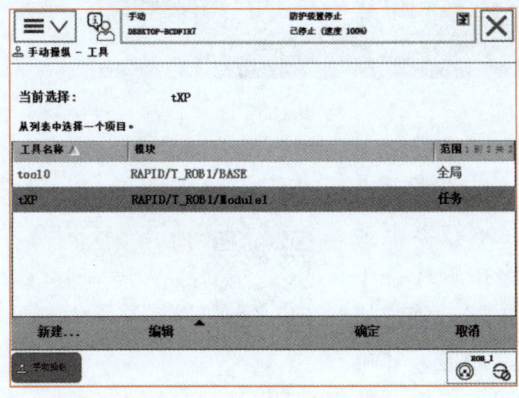

图1-33　确定需要更换的坐标系

图1-34　进入电机开启状态

⑦ 操作界面右下方显示 X、Y、Z 轴的操纵杆方向，箭头代表正方向，如图 1-35 所示。

⑧ 操纵示教器上的操纵杆，机器人绕着 TCP 作姿态调整运动，如图 1-36 所示。

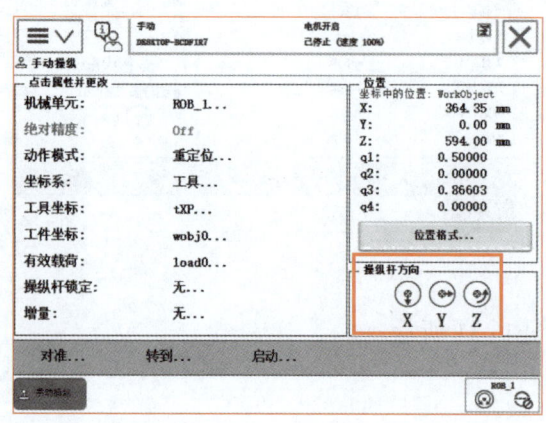
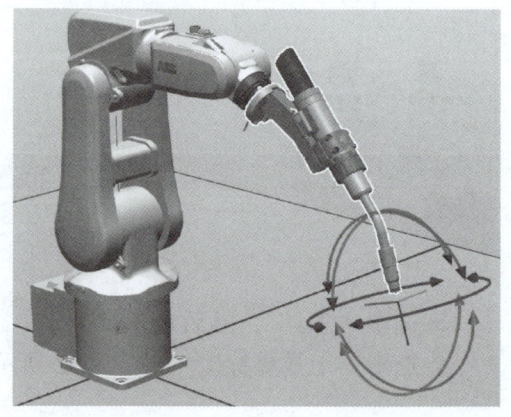

图 1-35　X、Y、Z 轴的正方向　　　　　图 1-36　新坐标系下的重定位基准

5. 示教目标点位置

本任务需要示教 3 个点位，分别为原点 PHome，如图 1-37 所示；抓取胶枪工具点 PJQ，如图 1-38 所示；抓取胶枪工具点正上方 PJQS，如图 1-39 所示。

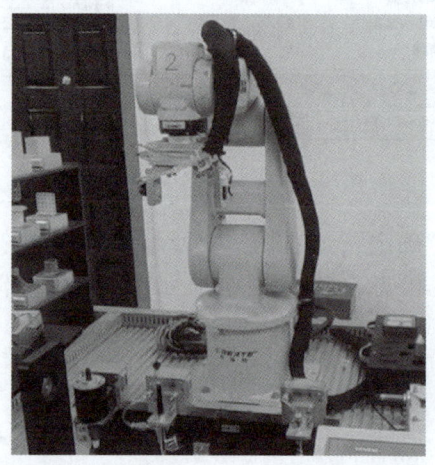
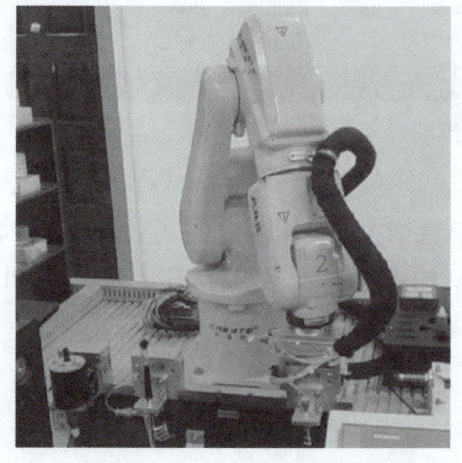

图 1-37　原点 PHome　　　　　　　　图 1-38　抓取胶枪工具点 PJQ

6. 调试程序实现功能

用正确的方法手握示教器，按下使能按钮，示教器上显示"电机开启"，然后按下步进按钮，机器人程序按顺序往下执行。第一次运行程序务必单步运行，直至程序末尾，确定机器人运行的逻辑没有问题，机器人与工件不会发生碰撞，才可以按下启动按钮。需要停止程序时，先按停止按钮，再松开使能按钮。

微课视频：
机器人碰撞故障的解除

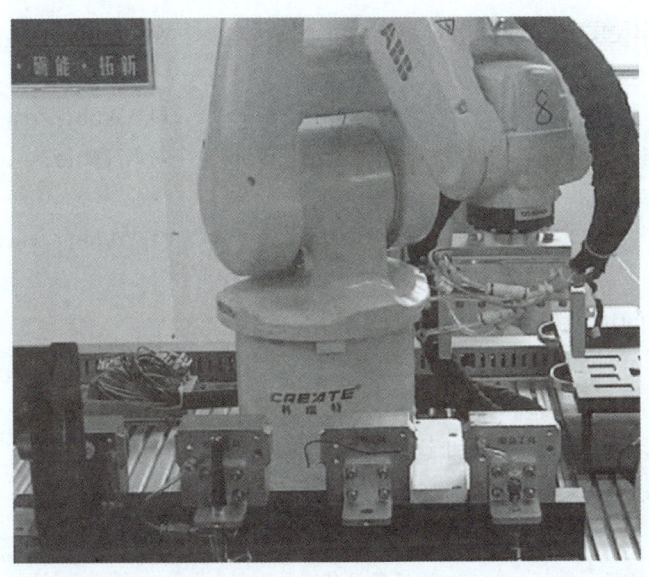

图 1-39 抓取胶枪工具正上方点 PJQS

[拓展任务]

机器人当前状态为已经抓取胶枪工具，请编写程序实现从原点 PHome 开始，放回胶枪工具功能，并验证程序，放回胶枪工具示意见图 1-40。

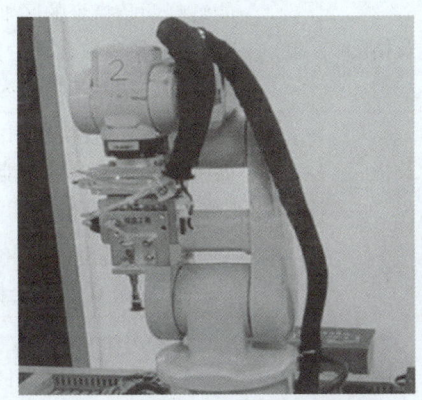 

(a) 抓取胶枪工具在原点(初始状态)　　　　(b) 放下胶枪工具位置(最终状态)

图 1-40 放回胶枪工具示意

[评价测验]

自测题

选择题

1. 使用示教器操作机器人时，按下使能按钮，（　　　）模式下无法获得使能。

A. 手动　　　　　　B. 自动　　　　　　C. 示教　　　　　　D. 增量

2. 指令为"MoveL P1，v2000，z40，grip1\Wobj：=wobjTable；"，其中的可选变量是（　　　）。

A. P1　　　　　　　B. v2000　　　　　　C. z40　　　　　　D. \Wobj：=wobjTable

3. 指令为"MoveL P1，v2000，z40，grip1\Wobj：=wobjTable；"，其中的可选变量是（　　　）。

A. P1　　　　　　　B. v2000　　　　　　C. z40　　　　　　D. \Wobj：=wobjTable

判断题

1. 机器人在空间内大范围移动一般使用 MoveJ 指令。（　　　）

2. MoveJ 指令可使机器人以最快捷的方式运动至目标点，机器人运动状态不完全可控。（　　　）

3. 与 MoveL 运动一样，MoveJ 运动也会出现奇异点。（　　　）

4. 指令"MoveL P10，v1000，z50，Tool1；"所使用的工件坐标系为 wobj0。（　　　）

任务评价

序号	评价内容	任务评价	评价标准
1	一丝不苟、精工细作的劳动精神	优□　良□　及格□	所有目标点精度≤±1mm 为优 存在 ±1mm＜精度≤±2mm 目标点为良 存在精度＞±2mm 的目标点为及格
2	协作沟通能力	优□　良□　及格□	主动沟通、组织完成任务为优 主动沟通、主动承担任务为良 其余情况为及格
3	准确解释 MoveJ 和 MoveL 指令并描述功能、适用场景、参数含义及其区别	优□　良□　及格□	能解释两条指令的区别为优 能解释参数含义为良 只能描述功能和场景为及格
4	准确解释 Set 和 Reset 指令的功能	优□　良□　及格□	能使用指令编程实现功能为优 能解释 2 条指令的功能为良 能解释 1 条指令的功能为及格
5	描述工业机器人编程的基本流程和常用方法	合格□　不合格□	能正确描述为合格 描述不正确为不合格
6	编写一个包含运动指令、置位复位指令的工业机器人程序	优□　良□　及格□	错误处≤1 为优 1＜错误处≤2 为良 错误处＞2 为及格
7	完成程序文件建立、删除、重命名等管理工作	合格□　不合格□	能正确完成为合格
8	5 分钟内完成 1 个目标点示教	合格□　不合格□	定位精度≤±1mm 为合格 精度＞±1mm 或超时为不合格
9	完成单步、连续、运行至光标等调试基本操作	优□　良□　及格□	基本操作完成大于 3 个为优 基本操作完成 2 个为良 基本操作完成 1 个为及格

［ 工 单 ］

知 识 工 单

工业机器人抓取胶枪工具的示教编程理论任务

班级_____学号_____姓名_____第____组

模块一　涂胶工作站的编程与调试	
项目一	基础技能——涂胶工作的示教器参数设置与示教
任务 2	工业机器人抓取胶枪工具的示教编程

1. 在下面示例程序中有（　　　）个目标点。

MoveJ P20，v1000，fine，tool1\Wobj：=wobj1；

A. 1 个　　　　　　　　B. 2 个　　　　　　　　C. 3 个　　　　　　　　D. 4 个

2. 试写出机器人 MoveJ 指令各参数的含义。

MoveJ P20，v1000，fine，tool1\Wobj：=wobj1；

参数	含义
	目标点位置数据，定义当前机器人 TCP 在工件坐标系中的位置，通过点击"修改位置"进行修改
	运动速度数据，定义速度为 1000mm/s
	转角区域数据，定义转弯区的大小，单位为 mm
	工具数据，定义当前指令使用的工具坐标
	工件数据，定义当前指令使用的工件坐标

3. 试写出 MoveL 指令在形式上、轨迹上与 MoveJ 指令的相同点与不同点。

MoveJ P10，v100，fine，tool2\Wobj：=wobj2；

MoveL P10，v100，fine，tool2\Wobj：=wobj2；

指令名称	MoveL	MoveJ	对比异同
目标点位置数据			
运动速度数据			
转角区域数据			
工具数据			
工件数据			
运动轨迹	直线□　圆弧□ 不确定□	直线□　圆弧□ 不确定□	
奇异点判断	可能□ 不可能□	可能□ 不可能□	
适用场景			

4. 试写出置位、复位指令的功能。

指令名称	机器人指令格式（以 DO09 为例）	该指令实现的功能
置位指令		
复位指令		

5. 根据"机器人夹取工具功能演示"视频绘制流程图。

6. 给上述流程图标注指令，标注方式如下图所示。

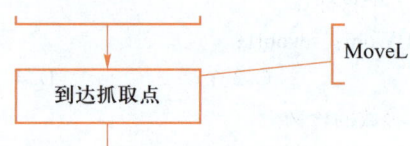

7. 对机器人抓取胶枪工具程序、程序中的目标点进行命名。

（1）机器人抓取胶枪工具程序名称为＿＿＿＿＿＿＿＿＿＿。

（2）目标点命名：

序号	位置	目标点名称
1	原点	
2	抓取胶枪工具位置上方	
3	抓取胶枪工具位置	

8. 根据流程图编写机器人抓取胶枪工具的功能程序。

9. 对比关节运动、线性运动、重定位运动。

运动类型	单轴运动		线性运动		重定位运动	
屏幕上的标志	ROB_1 □	ROB_1 □	ROB_1 □	ROB_1 □	ROB_1 □	ROB_1 □
	1/3 □	4/6 □	1/3 □	4/6 □	1/3 □	4/6 □
切换按钮						
机器人如何运动	绕关节运动□ 沿着坐标系运动□ 绕着坐标轴旋转□		绕关节运动□ 沿着坐标系运动□ 绕着坐标轴旋转□		绕关节运动□ 沿着坐标系运动□ 绕着坐标轴旋转□	

10. 机器人重定位运动的正方向可以通过＿＿＿＿＿＿＿＿＿定则确定，用＿＿＿＿＿＿手握住机器人的坐标轴，大拇指指向坐标轴的（正方向□ / 负方向□），四指指向的方向就是重定位的正方向。

11. 右图是机器人的工具末端，用箭头标出重定位运动的正方向。

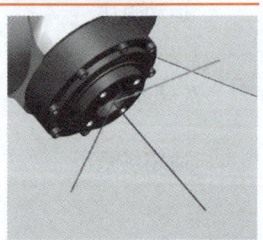

实 施 工 单

工业机器人抓取胶枪工具的示教编程实操任务

班级_____学号_____姓名_____第____组

模块一　涂胶工作站的编程与调试	
项目一	基础技能——涂胶工作的示教器参数设置与示教
任务 2	工业机器人抓取胶枪工具的示教编程

一、工业机器人启动前准备

序号	需要完成的任务	确认情况	备注
1	检查机器人周围是否放置水瓶等杂物		
2	检查操作人员是否穿拖鞋		
3	检查操作人员是否佩戴安全帽		
4	检查操作人员是否戴手套		

二、编程并实现功能

1. 完成工业机器人工作站的启动

序号	需要完成的任务	完成情况	备注
1	启动实训平台		
2	启动机器人控制柜		
3	逆时针旋转急停按钮实现解锁		
4	按下控制柜上的电机上电按钮		
5	按下使能按钮实现电机上电功能		

2. 编写工业机器人功能程序

（1）编写机器人功能程序

序号	需要编写的指令	完成情况	备注
1	机器人回到原点位置		（0，0，0，0，90，0）
2	机器人到达抓取点上方		
3	机器人打开夹爪		
4	机器人到达抓取点		
5	机器人夹取工具		
6	机器人回到抓取点上方		
7	机器人回到原点位置		（0，0，0，0，90，0）

（2）示教目标点

序号	需要示教的点位	完成情况	备注
1	原点位置		（0，0，0，0，90，0）
2	机器人抓取胶枪工具位置上方		
3	机器人抓取胶枪工具位置		

（3）单步试运行功能程序

序号	需要完成的任务	完成情况	备注
1	将机器人调整为手动模式		
2	将 PP 移至程序的第一行		
3	将速度调整到 20%		
4	按下使能按钮		
5	通过步进按钮验证程序		
6	单步试运行中是否存在问题		如果存在请填写下表

（4）单步试运行中存在的问题

序号	存在问题的现象	分析产生的原因	分析可能的解决方案
1			
2			

（5）连续试运行功能程序

序号	需要完成的任务	完成情况	备注
1	将机器人调整为手动模式		
2	将 PP 移至程序的第一行		
3	将速度调整到 20%		
4	按下使能按钮		
5	通过启动按钮验证程序		
6	连续试运行中是否存在问题		如果存在请填写下表

（6）连续试运行中存在的问题

序号	存在问题的现象	分析产生的原因	分析可能的解决方案
1			
2			

三、关闭设备

序号	需要完成的任务	完成情况	备注
1	使机器人回到原点位置		（0，0，0，0，90，0）
2	按下急停按钮		
3	关闭机器人控制柜		
4	关闭实训平台		

四、检查工作任务的完成情况

序号	需要完成的任务	完成情况	备注
1	绘制流程图		
2	编写机器人运行程序		
3	操作示教器实现点位示教		
4	试运行程序检验功能		

技能提升——涂胶轨迹的示教编程

某企业需要通过机器人对生产线中的料盒进行涂胶作业。机器人在前期任务中已经实现了胶枪工具的抓取，本项目需要实现涂胶轨迹的示教编程功能，对于料盒的不同位置，需要以不同的姿态完成涂胶作业。具体要求如下：

① 涂胶轨迹的示教编程：料盒底端中部需要进行涂胶作业，胶枪可以垂直于料盒底端进行涂胶，涂胶过程中不需要调整工具的姿态。

② 涂胶工作姿态变化的示教编程：料盒底端与侧面的交汇处需要进行涂胶作业，以实现料盒内衬的粘贴，为了避免胶枪碰撞到料盒的侧面，涂胶过程中需要调整工具的姿态。

任务 1

涂胶轨迹的示教编程

[任务目标]

素养目标：

1. 在 100% 安全操作下，树立机器人路径优化意识。
2. 在示教点位中，树立高精度示教的质量意识。

知识目标：

1. 正确阐述 MoveAbsJ 与 MoveC 指令的核心差异。
2. 独立编写包含 MoveC 指令的程序。
3. 清晰描述不同 zonedata 状态的机器人运动轨迹。

能力目标：

1. 能够正确使用运动指令，实现机器人回原点与绘制轨迹功能。
2. 能通过机器人绘制带圆弧的轨迹，轮廓误差符合要求。
3. 能快速准确地标定绘制轨迹中各目标点。

拓展阅读：
中国工业机器人领域科研和产业化的奠基者——蔡鹤皋

[任务描述]

本任务是对机器人的涂胶轨迹进行示教编程，涂胶轨迹图如图 1-41 所示。要求掌握机器人的 MoveC 指令、MoveAbsJ 指令的使用方法，机器人涂胶轨迹编程、目标点设置的方法，

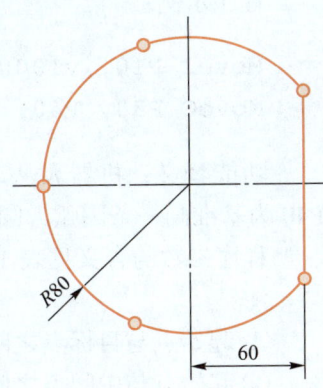

图 1-41　涂胶轨迹图

确保机器人能规范进入起始点，正确完成所需轨迹的涂胶，规范离开绘图纸，在无须人工介入的情况下实现相关功能。

[任务引入]

在机器人进行涂胶作业之前，必须先通过夹爪抓取胶枪工具。实现该功能需要明确以下几点：

① 机器人的原点位置。

② 胶枪工具位置。

③ 控制打开或关闭夹爪。

④ 机器人需要运动到涂胶起始点上方后，再直线运动到涂胶起始点。

⑤ MoveC 指令中有两个目标点。

⑥ 机器人完成涂胶作业后，需要线性运动回结束点上方。

分析与思考

1. 几个点可以确定一条直线？

2. 几个点可以确定一段半圆弧？

3. 从原点运行至起始点上方位置，需要使用 MoveJ 指令还是 MoveL 指令？

[相关知识]

1. MoveC（圆弧运动指令）

在 MoveC 指令中，机器人通过中间点以圆弧移动的方式运动至目标点，起始点、中间点与目标点 3 点决定一段圆弧，机器人运动状态可控，运动路径保持唯一。MoveC 指令常用于机器人在工作状态移动。圆弧运动指令中，目标点的数据类型为 robtarget。圆弧运动路径如图 1-42 所示。

程序示例：

```
MoveL P10, v1000, fine, tool1\wobj1;
MoveC P30, P40, v1000, fine, tool1\Wobj: =wobj1;
```

功能释义：机器人从起始点（P10）开始，以 P10、P30、P40 为基准画一条圆弧，圆弧的终点为 P40。

程序参数与含义见表 1-14。

注：

① 起始点与目标点之间的最小距离为 0.1mm。

② 起始点与中间点之间的最小距离为 0.1mm。

③ 中间点与中间点之间的最小距离为 0.1mm。

④ 圆弧运动路径角度（图 1-43 中的 θ）不可超过 240°。

⑤ 圆周点必须位于圆弧运动路径的中间部分（α 必须为 θ 的 25%~75%）。

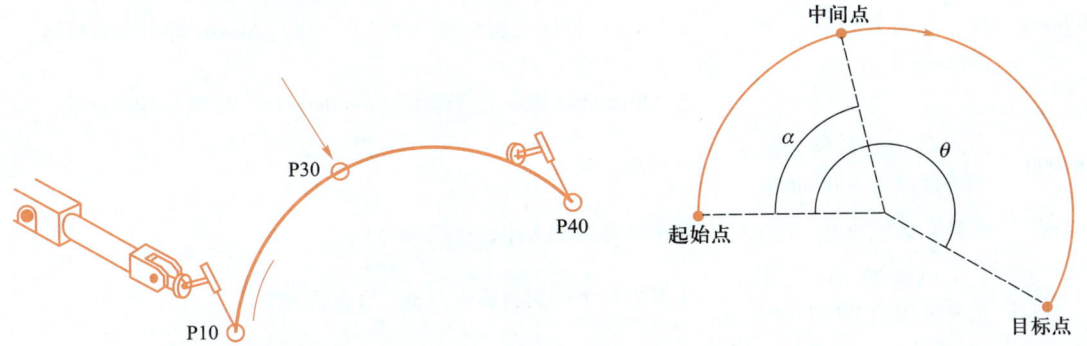

图 1-42　圆弧运动路径　　　　　　图 1-43　起始点、中间点、目标点之间的关系

表 1-14　程序参数与含义

参数	含义
P10	圆弧的第一个点（起始点）
P30	圆弧的第二个点（中间点）
P40	圆弧的第三个点（目标点）
wobj1	工件数据，定义当前指令使用的工件坐标

2. MoveAbsJ（绝对运动指令）

MoveAbsJ 指令用于将机械臂和外轴移动至轴位置中指定的绝对位置。绝对运动指令的目标点以 jointtarget 类型的数据进行存储。

应用场景如下：

① 机器人运动的目标点为奇异点。

② 机器人运动到关节角度已知的位置。

③ 机器人回原点位置。

程序示例：

```
MoveAbsJ JPhome\NoEOffs, v1000, fine, tool1\Wobj:=wobj1;
```

功能释义：机器人以绝对运动的方式运动到 JPhome 位置，NoEOffs 变量表示外轴不会出现偏移量。运动过程只与关节角度有关，机器人的工具、工件坐标系不影响机器人目标点的位置。程序参数与含义见表 1-15。

表 1-15　程序参数与含义

参数	含义	备注
JPhome	目标点位置数据，运动的目标点位置记录在 JPhome 中	① 该目标点数据不能与 MoveJ、MoveC、MoveL 指令的目标点共用； ② 一般在目标点前面加一个 "J"，以与 MoveJ 等指令的目标点区分； ③ MoveAbsJ 指令的目标点以 jointtarget 类型的数据进行存储
v1000	运动速度数据，指令中的速度为 1000mm/s	速度单位为 mm/s
fine	转角区域数据	定义转弯区的大小，单位为 mm
tool1	工具数据，定义当前指令使用的工具坐标	工具数据不影响目标点位置，可设置为默认
wobj1	工件数据，定义当前指令使用的工件坐标	工件数据不影响目标点位置，可设置为默认

注：

① MoveAbsJ 指令的运动不受有效程序位移的影响，且如果通过开关 \NoEOffs 执行，则外轴将不会出现偏移量。当未采用开关 \NoEOffs 时，目标中的外轴将受外轴有效偏移量的影响。

② 通过插入轴角，将工具移动至目的绝对接头位置。这意味着，各轴均以恒定轴速率运动，且所有轴均同时到达目的接头位置，从而形成一条非线性路径。

③ 通常，TCP 以适当的编程速率运动。在 TCP 运动的同时，进行工具的重定位并使外轴移动。如果无法达到重定位或外轴的编程速率，TCP 的速率将会降低。

④ 当运动转移至下一段路径时，通常会产生角路径。如果在区域数据中指定停止点，则仅当机械臂和外轴达到适当的位置时，方才继续执行程序。

3. 六自由度机器人的奇异点

机器人的奇异点是指在其运动空间内，无法通过机器人的坐标逆运算计算出各个关节轴旋转角度的位置点。简言之，在奇异点上，逆运动学问题无解。从另一视角来看，机器人在空间中的位置与姿态，需通过 3 个位置坐标值（X、Y、Z）以及 3 个绕轴旋转的角度（绕 X 轴、Y 轴、Z 轴）共 6 个参数来完整描述。六自由度机器人具备 6 个关节轴，恰好能提供这 6 个变量，从而准确表达其在空间中的位置与姿态。然而，若某一时刻机器人的两个关节轴的运动效果重合，相当于 6 个关节轴缩减为 5 个，此时无法提供足够的 6 个变量，导致机器人在某些点上无法执行预期运动，这些点即为奇异点。因此，在规划机器人的目标点及进行手动操作时，应尽量避免触及奇异点。

（1）奇异点常见的发生位置

机器人的奇异点与机械手臂的姿态有关，六自由度机器人的奇异点常见的发生位置有腕关节、肩关节、肘关节。

① 腕关节奇异点。当第 4 轴与第 6 轴共线，会造成系统尝试将第 4 轴与第 6 轴瞬间旋转 180°，如图 1-44 所示。

　　② 肩关节奇异点。当第 1 轴与腕关节中心点（第 5 轴与第 6 轴之交点）共线，如图 1-45 所示，会造成系统尝试将第 1 轴与第 4 轴瞬间旋转 180°。此类型有一种特殊的情况，当第 1 轴与腕关节中心 C 点共线，且与第 6 轴共线时，会造成系统尝试将第 1 轴与第 6 轴瞬间旋转 180°。

　　③ 肘关节奇异点。当腕关节中心点与第 2 轴、第 3 轴共平面或者是与第 2 轴、第 5 轴共平面时，会造成肘关节卡住，像是被锁住一般，无法再移动，如图 1-46 所示。

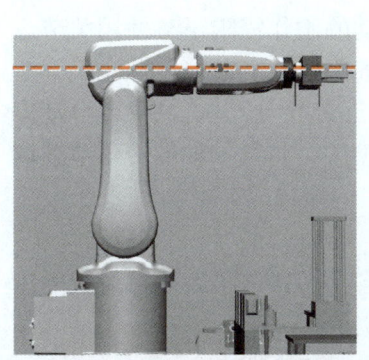
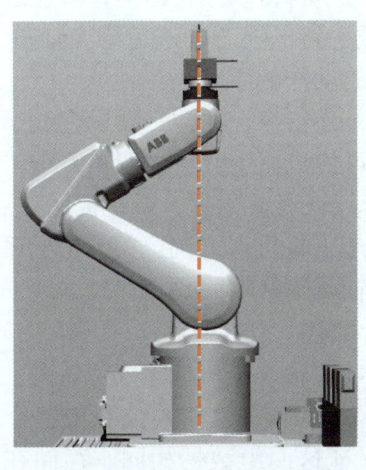
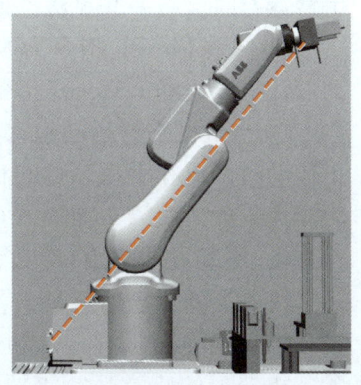

图 1-44　腕关节奇异点　　　　图 1-45　肩关节奇异点　　　　图 1-46　肘关节奇异点

　　例如在当前的姿态下，机器人端点的速度是由 v_1 和 v_2 两个速度合成的。其中，v_1 是由第一个旋转关节产生的，v_2 是由第二个旋转关节产生的。

　　可以看到，图 1-47（a）中两个速度矢量 v_1 和 v_2 在平面上是独立、不共线的，可以通过调整 v_1 和 v_2 的大小得到任意的合速度（大小和方向）。

　　当机器人处于图 1-47（b）中的姿态时，无论怎样改变 v_1 和 v_2 的大小，都只能合成出和 v_1（v_2）方向相同的速度。这意味着机器人端点的速度不是任意的，只能产生某个方向上的速度，这样机器人就处于奇异点了。从机器人控制上来说，这意味着不能随意控制机器人朝着想要的方向前进，即所谓的自由度退化、逆运动学无解。

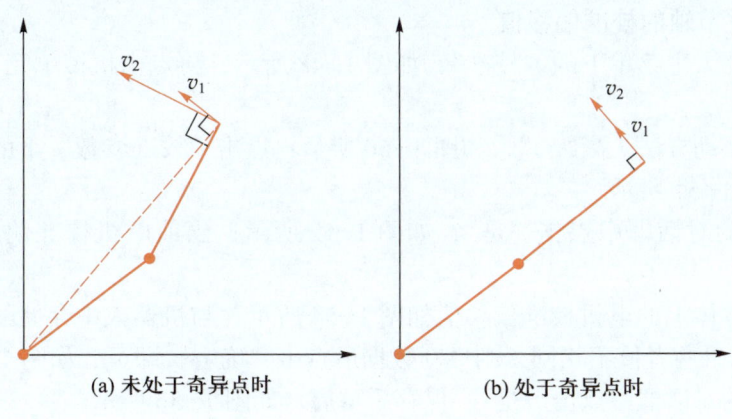

　　　　　(a) 未处于奇异点时　　　　　　　(b) 处于奇异点时

图 1-47　肘关节下的奇异点产生原理

（2）避免奇异点的方法

理论上，机械手臂到达奇异点时的角速度趋于无限大，为避免损坏，工业机器人厂商已在机器人的底层控制程序里加入了安全算法，当速度过快时，机械手臂停止运动，并产生错误提示信息。使用者也可以限制机械手臂经过奇异点附近时的速度，使其缓慢地通过，避免停机。

在 ABB 机器人的机械手臂控制器中，当第 5 轴角度为 0°，即第 4 轴与第 6 轴共线时，会出现错误提示信息，机械手臂自动停止运动，可通过以下方法来避免奇异点问题：

① 增加目标点并调整机械手臂的姿态，避免第 5 轴角度出现 0° 的情况，这也是机械手臂运行时会有一些无法预期的动作的原因。

② 修改 MoveL 指令为 MoveJ 指令，在非必须以直线运动的工作需求下，使用关节运动取代直线运动。MoveJ 指令可使机械手臂自主调整姿态，避免运行至奇异点附近。

③ 当机械手臂运动到奇异点或者其附近，系统提示"靠近奇异点"，机械手臂自动停止运动时，可在手动运行的状态下将机器人调至关节坐标系模式，将第 5 轴的转角单独调为非零数值，使第 4 轴和第 6 轴解除共轴关系。

4. 更新机器人的转数计数器

机器人的零点信息是指各关节轴处于机械零点位置时，各关节轴电机编码器对应的读数。零点信息数据存储在机器人本体、机器人控制柜两个位置，机器人的正常运行需要保证这两组数据相同。存储在机器人本体串行测量板上的数据，需持续供电才能保存，掉电后数据将会丢失。

🔗 微课视频：
工业机器人转数
计数器的更新

（1）转数计数器更新的时机

在遇到下列情况时，需要进行转数计数器更新操作：

① 当系统报警提示"转数计数器未更新"时。

② 当转数计数器发生故障，并经过修复后。

③ 当转数计数器与测量板之间断开过，并经过修复后。

④ 在断电状态下，工业机器人的关节轴发生移动时。

⑤ 在更换伺服电动机转数计数器电池之后。

🔗 微课视频：
机器人后备电池
的更换

⑥ 在第一次安装完工业机器人和控制器，并进行线缆连接之后。

（2）更改关节轴的校准偏移值

① 点击机器人主菜单下的"校准"，如图 1-48 所示；再点击机械单元"ROB_1"，如图 1-49 所示。

② 点击"手动方法（高级）"，如图 1-50 所示；点击"校准参数"下的"编辑电机校准偏移"，如图 1-51 所示。

③ 在弹出的对话框中点击"是"，如图 1-52 所示；当前电机校准偏移值如图 1-53 所示。

④ 机器人本体上的电机校准偏移值如图 1-54 所示。与机器人中存储的电机校准偏移值进行对比，如果两者值不相同，则更新数据后点击"确定"即可，如图 1-55 所示。

⑤ 在弹出的对话框中点击"是"，保存后重启，如图 1-56 所示。

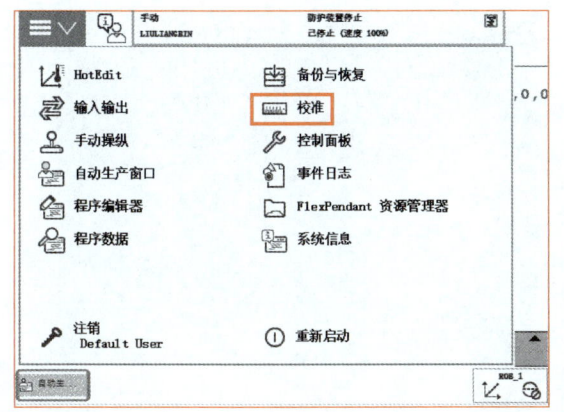

图 1-48　点击主菜单下的"校准"

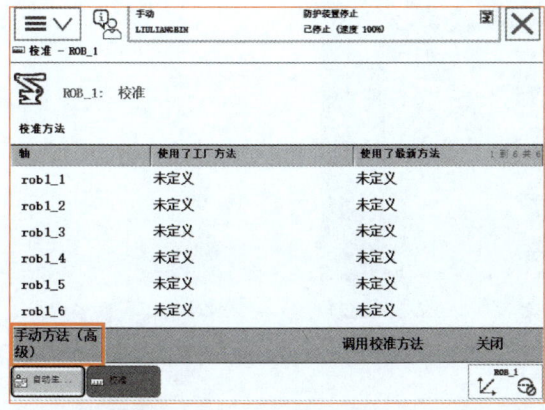

图 1-49　点击"ROB_1"

图 1-50　点击"手动方法（高级）"

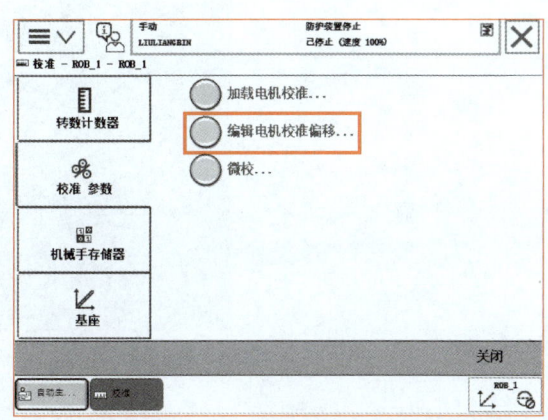

图 1-51　点击"编辑电机校准偏移"

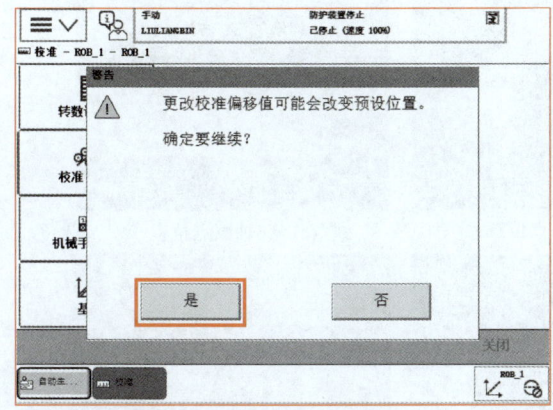

图 1-52　点击"是"

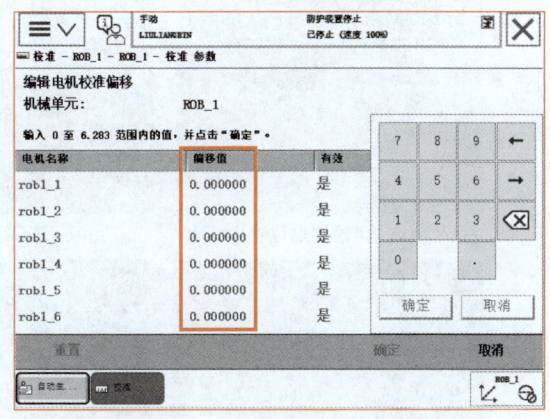

图 1-53　当前电机校准偏移值

（3）机器人关节轴回原点

在将机器人的第 2 轴和第 3 轴进行回原点操作之后，对第 4～6 轴进行回原点操作会变得不便。因此，通常的做法是按照 4-5-6-1-2-3 的顺序，依次将机器人的各个关节轴回原点。IRB120 机器人各轴原点位置如图 1-57 所示。

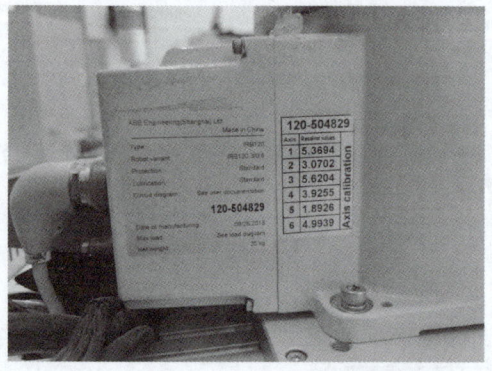

图 1-54　机器人本体上的电机校准偏移值

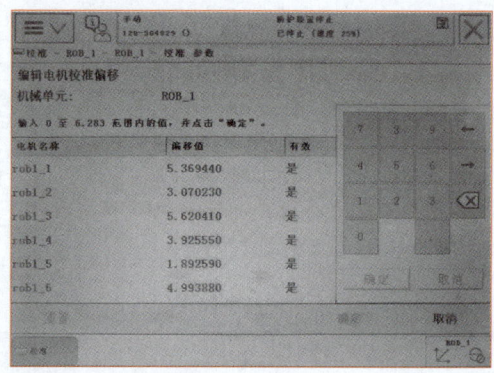

图 1-55　机器人中存储的电机校准偏移值

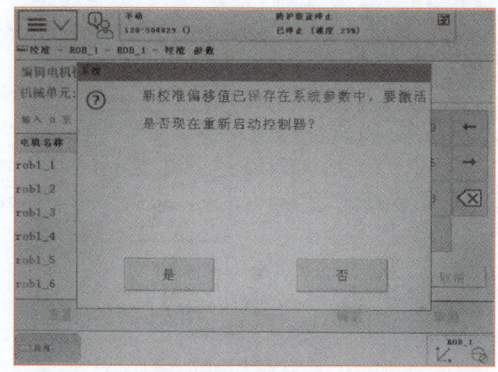

图 1-56　点击"是"

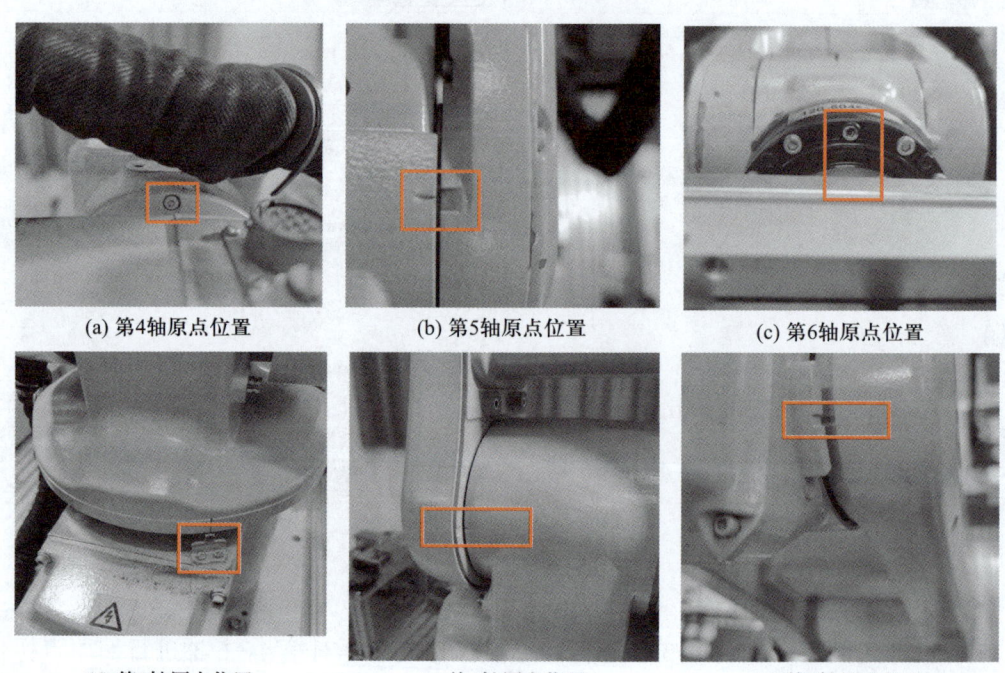

(a) 第4轴原点位置　　　　(b) 第5轴原点位置　　　　(c) 第6轴原点位置

(d) 第1轴原点位置　　　　(e) 第2轴原点位置　　　　(f) 第3轴原点位置

图 1-57　IRB120 机器人各轴原点位置

（4）更新转数计数器

① 单击机器人主菜单下的"校准"，并点击"更新转数计数器"，如图 1-58 所示；在弹出的对话框中点击"是"，如图 1-59 所示。

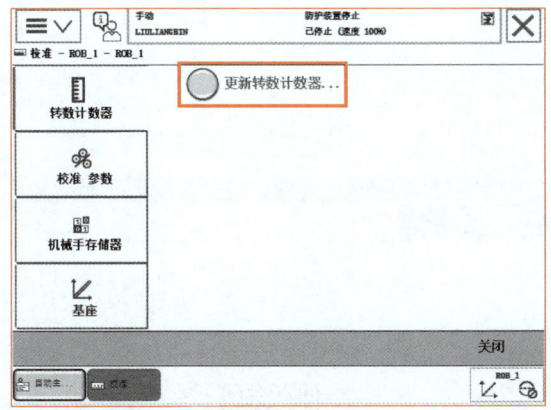 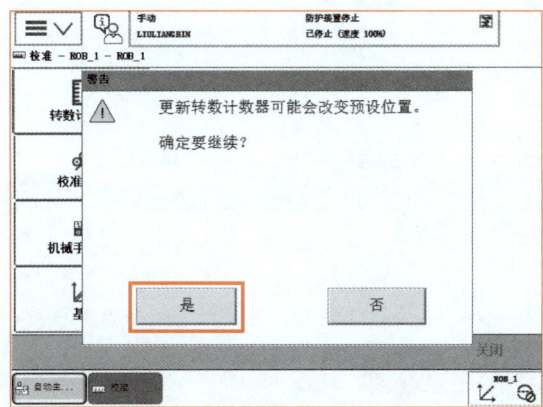

图 1-58　点击"更新转数计数器"标签　　　　图 1-59　点击"是"

② 选择"ROB_1"并点击确定，进入校准，如图 1-60 所示；勾选需要更新的转数计数器，并点击"更新"，如图 1-61 所示。

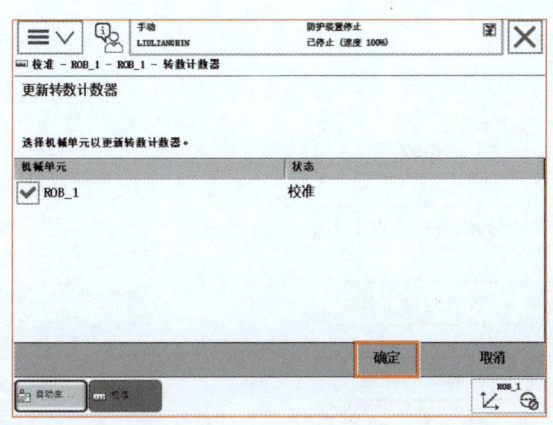 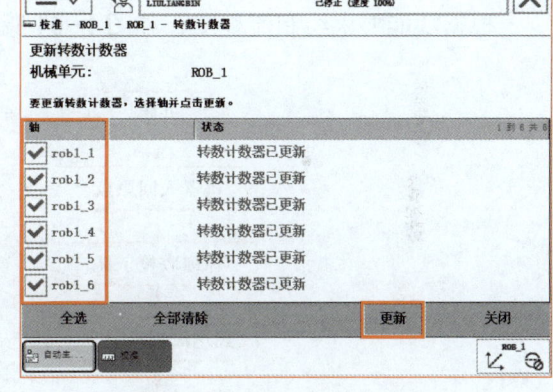

图 1-60　点击"确定"　　　　　　　　　　图 1-61　选择需要更新的轴

③ 在弹出的对话框中点击"更新"，如图 1-62 所示；更新后会弹出"更新转数计数器"对话框，显示"转数计数器更新已成功完成"字样即代表更新成功，如图 1-63 所示。

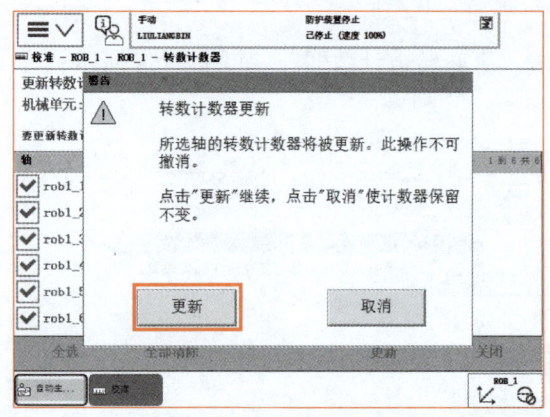
图1-62 点击"更新"

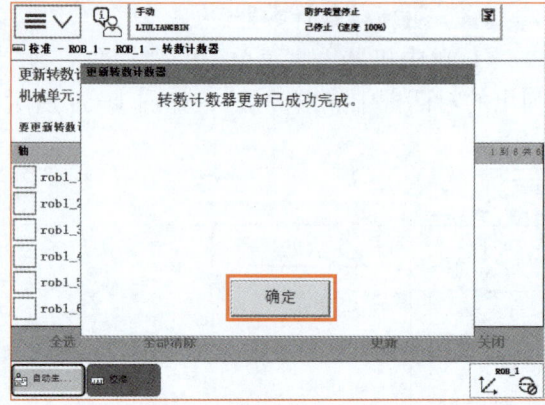
图1-63 更新完成后的界面

[任务实施]

1. 明确流程要求

在机器人执行涂胶作业的过程中，机器人的运动轨迹为：
机器人回原点→抓取胶枪工具→到达涂胶点上方→到达涂胶起始点→涂胶→回到涂胶结束点上方→放置胶枪工具→机器人回原点。

2. 绘制流程图

根据功能要求绘制流程图，如图1-64所示。

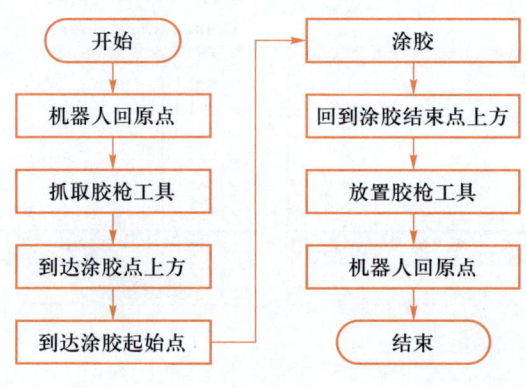
图1-64 程序流程图

3. 编写功能程序

抓取胶枪工具程序示例见项目一任务2，涂胶示例程序如下。

```
PROC GJ(  )
    MoveAbsJ pHome\NoEOffs, v1000, z50, tool0;  ! 回原点
    MoveJ PGJQSSF, v1000, z50, tool0;           ! 轨迹起始点上方
    MoveL PGJQS, v100, fine, tool0;             ! 轨迹起始点
```

```
    MoveC P10, P20, v100, fine, tool0;           ！绘制第一段圆弧
    MoveC P30, P40, v100, fine, tool0;           ！绘制第二段圆弧
    MoveL PGJQS, v100, fine, tool0;              ！回轨迹起始点
    MoveLPGJQSSF, v100, z50, tool0;              ！回轨迹起始点上方
    MoveAbsJ pHome\NoEOffs, v1000, z50, tool0;   ！回原点
ENDPROC
```

4. 示教目标点位置

本任务需要示教 6 个目标点，分别为原点 PHome、轨迹起始点上方（PGJQSSF）轨迹点 PGJQS、P10、P20、P30、P40，如图 1-65 所示。

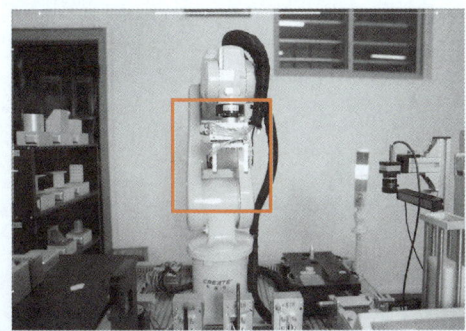
(a) 原点PHome

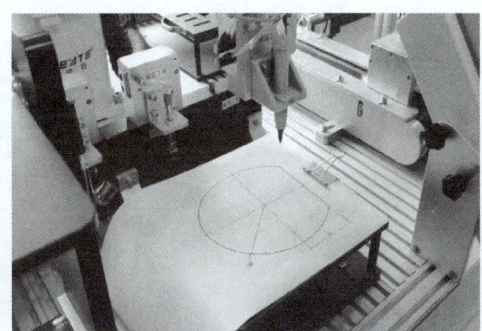
(b) 轨迹起始点上方(PGJQSSF)

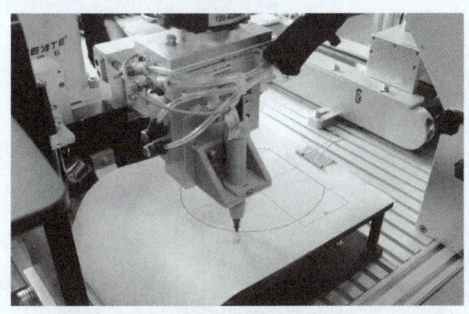
(c) 轨迹绘制中间点

(d) 轨迹结束点上方(与PGJQSSF相同)

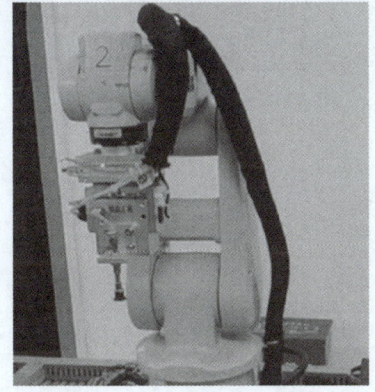
(e) 回原点

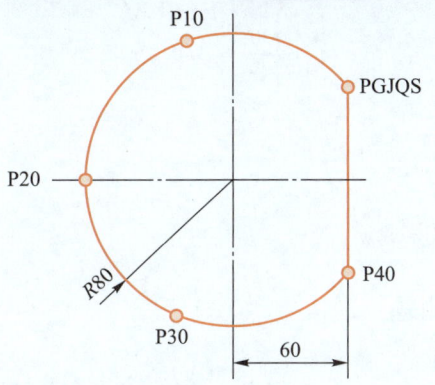
(f) 轨迹点PGJQS、P10、P20、P30、P40

图 1-65　机器人示教点位示意

5. 调试程序实现功能

用正确的方法握持示教器，按下"使能"按钮，示教器上显示"电机开启"，然后按下步进按钮，机器人程序按顺序往下执行。第一次运行程序务必单步运行，直至程序末尾，确定机器人运行每一条语句都没有错误，与工件不会发生碰撞，才可以按下启动按钮。需要停止程序时，先按停止按钮，再松开使能按钮。

[拓展任务]

按照步骤，完成图 1-66、图 1-67、图 1-68 所示轨迹图的绘制。

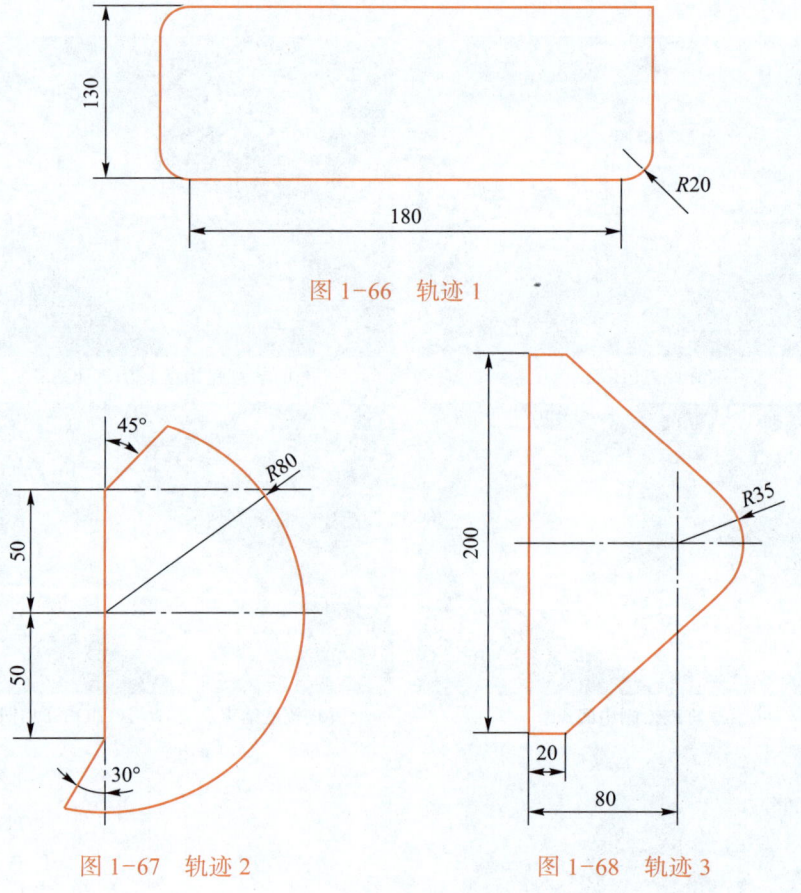

图 1-66　轨迹 1

图 1-67　轨迹 2　　　　　　图 1-68　轨迹 3

[评价测验]

自测题
选择题
1. 一条 MoveC 指令中有（　　　）个目标点。
A. 1　　　　　　　　B. 2　　　　　　　　C. 3　　　　　　　　D. 4

2. 定义程序模块、例行程序、程序数据名称时不能使用系统占用符，下列选项中（ ）可以作为自定义程序模块的名称。

A. ABB   B. TEST   C. BASE   D. Set

判断题

1. MoveJ 与 MoveAbsJ 指令中的目标点没有区别。（   ）

2. 至少需要两个 MoveC 指令才能形成一个完整的圆周运动轨迹。（   ）

3. MoveAbsJ 指令可使机器人以单轴运行的方式运动至目标点，绝对不存在奇异点，运动状态完全不可控。（   ）

填空题

六轴串联型机器人常见的奇异点有 _____、_____、_____3 种。

任务评价

序号	评价内容	任务评价	评价标准
1	树立机器人路径优化意识	合格□ 不合格□	提出≥1 个轨迹优化方案（路径缩短 10% 或节拍提升 5%）
2	树立高精度示教的质量意识	合格□ 不合格□	示教点位精度≤1mm 为合格
3	阐述 MoveAbsJ 与 MoveC 指令的核心差异	优□ 良□ 及格□	阐述大于 3 项为优 阐述 2 项为良 阐述 1 项为及格
4	编写含 MoveC 指令的程序	优□ 良□ 及格□	错误处≤1 为优 1<错误处≤2 为良 错误处>2 为及格
5	根据不同 zonedata 值，描述机器人的实际运动轨迹	合格□ 不合格□	描述正确为合格 描述错误为不合格
6	正确使用机器人运动指令	合格□ 不合格□	回原点使用 MoveAbsJ 指令、绘制轨迹使用 MoveC 指令为合格
7	机器人绘制轨迹并对 8 个采样点进行轮廓误差判定	优□ 良□ 及格□	8 个点误差≤2mm 为优 5 个点误差≤2mm 为良 2 个点误差≤2mm 为及格
8	快速准确对绘制轨迹目标点标定	优□ 良□ 及格□	标定时间≤3 分钟为优 标定时间≤7 分钟为良 标定时间≤10 分钟为及格

[工单]

知 识 工 单

涂胶轨迹的示教编程理论任务

班级_____学号_____姓名_____第___组

模块一　涂胶工作站的编程与调试	
项目二	技能提升——涂胶轨迹的示教编程
任务 1	涂胶轨迹的示教编程

一、基础训练

1. 一条 MoveC 指令中有（　　）个目标点。

A. 1　　　　　　　　B. 2　　　　　　　　C. 3　　　　　　　　D. 4

2. 一条 MoveC 指令能绘制的最大弧度是（　　）。

A. 180°　　　　　　　B. 240°　　　　　　　C. 270°　　　　　　　D. 360°

3. 区分 MoveC 指令在形式、轨迹上与 MoveL 指令的相同点与不同点。

MoveL P10，v100，fine，tool2\Wobj：=wobj2；

MoveC P10，P20，v100，fine，tool2\Wobj：=wobj2；

指令名称	MoveC	MoveL	对比异同
目标点数量			相同□　不相同□
目标点类型	robtarget □　jointtarget □	robtarget □　jointtarget □	相同□　不相同□
运动速度数据			相同□　不相同□
转角区域数据			相同□　不相同□
运动轨迹	直线□　圆弧□　不确定□	直线□　圆弧□　不确定□	相同□　不相同□
奇异点判断	可能□　不可能□	可能□　不可能□	相同□　不相同□

4. 区分 MoveAbsJ 指令在形式、轨迹上与 MoveJ 指令的相同点与不同点。

MoveJ P10，v100，fine，tool2\Wobj：=wobj2；

MoveAbsJ PHome\NoEOffs，v100，fine，tool2\wobj：=wobj2；

指令名称	MoveAbsJ	MoveJ	对比异同
目标点数量			相同□　不相同□
目标点类型	robtarget □　jointtarget □	robtarget □　jointtarget □	相同□　不相同□
运动速度数据			相同□　不相同□
转角区域数据			相同□　不相同□
工具数据是否影响目标点位置	是□　否□	是□　否□	相同□　不相同□
工件数据是否影响目标点位置	是□　否□	是□　否□	相同□　不相同□
运动轨迹	直线□　圆弧□　不确定□	直线□　圆弧□　不确定□	相同□　不相同□

续表

续表

指令名称	MoveAbsJ	MoveJ	对比异同
奇异点判断	可能☐　不可能☐	可能☐　不可能☐	相同☐　不相同☐
适用场景	大范围转移　　　☐ 回原点　　　　　☐ 接近／离开目标点☐	大范围转移　　　☐ 回原点　　　　　☐ 接近／离开目标点☐	相同☐　不相同☐

5. 根据需要完成的涂胶轨迹绘制流程图。

6. 给上述流程图标注指令，标注方式如下图所示。

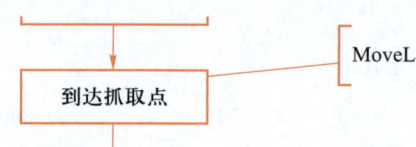

7. 对机器人涂胶轨迹程序、程序中的目标点进行命名。

（1）机器人涂胶轨迹程序名称为：_____。

（2）目标点命名：

位置	目标点名称	位置	目标点名称
原点		圆弧的第 1 点	
涂胶轨迹起始点上方		圆弧的第 2 点	
涂胶轨迹起始点		圆弧的第 3 点	
涂胶轨迹直线末端位置			

8. 将涂胶轨迹中需要示教的点在"涂胶轨迹图 1"中标出。

9. 根据流程图编写绘制涂胶轨迹的功能程序。

10. 试通过胶枪完成"涂胶轨迹图 1"中轨迹的绘制。

二、技能提升

试通过上述方法，完成"涂胶轨迹图 2"中轨迹的绘制。

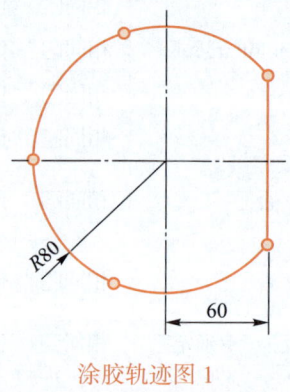

涂胶轨迹图 1

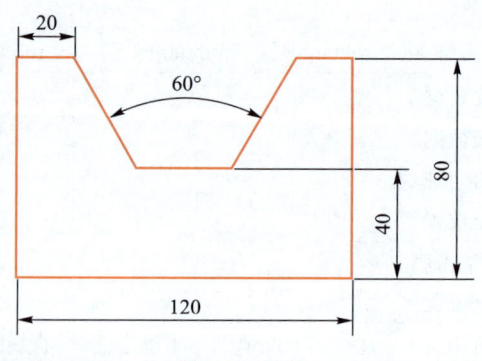

涂胶轨迹图 2

实 施 工 单

涂胶轨迹的示教编程实操任务

班级＿＿＿＿＿＿学号＿＿＿＿＿＿姓名＿＿＿＿＿＿第＿＿组

模块一 涂胶工作站的编程与调试	
项目二	技能提升——涂胶轨迹的示教编程
任务 1	涂胶轨迹的示教编程

一、工业机器人启动前准备

序号	需要完成的任务	确认情况	备注
1	检查机器人周围是否放置水瓶等杂物		
2	检查操作人员是否穿拖鞋		
3	检查操作人员是否佩戴安全帽		
4	检查操作人员是否戴手套		

二、编程并实现功能

1. 完成工业机器人工作站的启动

序号	需要完成的任务	完成情况	备注
1	启动实训平台		
2	启动机器人控制柜		
3	逆时针旋转急停按钮实现解锁		
4	按下控制柜上的电机上电按钮		
5	按下使能按钮实现电机上电功能		

2. 编写工业机器人功能程序

（1）编写机器人功能程序

序号	需要编写的指令	完成情况	备注
1	机器人回到原点位置		（0，0，0，0，90，0）
2	机器人到达轨迹绘制起始点上方		
3	机器人到达轨迹绘制起始点		
4	机器人完成直线的绘制		
5	机器人完成第一段圆弧的绘制		
6	机器人完成第二段圆弧的绘制		
7	机器人到达轨迹绘制结束点上方		
8	机器人回到原点位置		（0，0，0，0，90，0）

（2）示教目标点

序号	需要示教的点位	完成情况	备注
1	原点位置		（0，0，0，0，90，0）

序号	需要示教的点位	完成情况	备注
2	起始点上方		
3	起始点		
4	直线末端点		
5	圆弧的第 1 点		
6	圆弧的第 2 点		
7	圆弧的第 3 点		

（3）单步试运行功能程序

序号	需要完成的任务	完成情况	备注
1	将机器人调整为手动模式		
2	将 PP 移至程序的第一行		
3	将速度调整到 20%		
4	按下使能按钮		
5	通过步进按钮验证程序		
6	单步试运行中是否存在问题		如果存在请填写下表

（4）单步试运行中存在的问题

序号	存在问题的现象	分析产生的原因	分析可能的解决方案
1			
2			

（5）连续试运行功能程序

序号	需要完成的任务	完成情况	备注
1	将机器人调整为手动模式		
2	将 PP 移至程序的第一行		
3	将速度调整到 20%		
4	按下使能按钮		
5	通过启动按钮验证程序		
6	连续试运行中是否存在问题		如果存在请填写下表

续表

（6）连续试运行中存在的问题

序号	存在问题的现象	分析产生的原因	分析可能的解决方案
1			
2			

三、关闭设备

序号	需要完成的任务	完成情况	备注
1	使机器人回到原点位置		（0, 0, 0, 0, 90, 0）
2	按下急停按钮		
3	关闭机器人控制柜		
4	关闭实训平台		

四、检查工作任务的完成情况

序号	需要完成的任务	完成情况	备注
1	绘制流程图		
2	编写机器人运行程序		
3	操作示教器实现点位示教		
4	试运行程序检验功能		

任务 2

涂胶工作姿态变化的示教编程

[任务目标]

🔗 拓展阅读：
乐观心态、坚定
信念——曲道奎

素养目标：

1. 在设备中找出可以国产替代的设备，建立国产技术应用信心。
2. 在路径优化、标定效率提升等方面，树立工艺优化探索意识。

知识目标：

1. 正确阐述机器人的工具、工件、大地、基坐标系区别。
2. 清晰描述工具坐标系标定的流程。

能力目标：

1. 能够在规定时间内完成工具坐标系标定，且符合精度要求。
2. 能实现机器人末端姿态变化的涂胶轨迹，且符合精度要求。

[任务描述]

前任务实现了机器人自动抓取胶枪工具并进行涂胶作业。但在涂胶过程中，胶枪工具均保持垂直向下的姿态。实际操作中，常需要对料盒内侧进行涂胶，此时需要机器人以倾斜角度进行涂胶。本任务要求掌握机器人的几种不同的坐标系、机器人工具坐标系的建立方法、机器人以不同的角度对料盒内侧进行涂胶的方法，确保机器人能对料盒内部进行涂胶，并不与料盒侧面发生碰撞。机器人调整姿态涂胶示意图如图 1-69 所示。

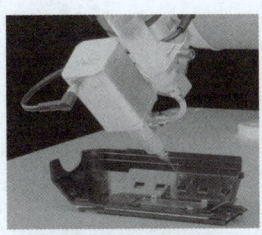
(a) 涂胶角度示意1

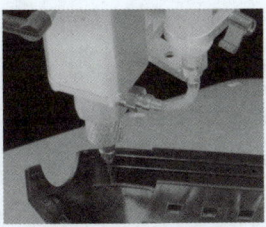
(b) 涂胶角度示意2

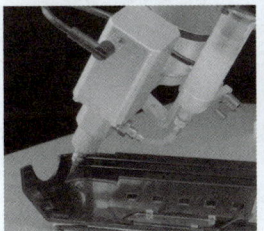
(c) 涂胶角度示意3

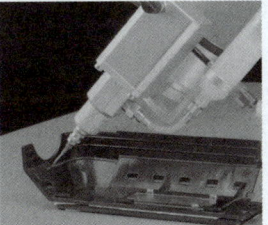
(d) 涂胶角度示意4

图 1-69　机器人调整姿态涂胶示意图

[任务引入]

机器人在涂胶过程中，需要以胶枪工具的末端点为中心调整姿态。在机器人开始涂胶工作前，首先要确定胶枪的末端点，并以此为中心建立工具坐标系，如图 1-70 所示。实现该功能需要明确以下几点：

① 建立机器人的工具坐标系 TJQ，并进行标定。

② 程序中应使用 TJQ 作为工具坐标系。

③ 目标点标定时，所用工具坐标系应选择 TJQ。

图 1-70　机器人 TCP 标定目标点

分析与思考

1. 建立机器人的工具坐标系有什么优势？

2. 机器人的工具坐标系能否通过测量的方式得到？

3. 如果不使用标定后的 TJQ 工具坐标系，能否实现料盒内壁的涂胶？

[相关知识]

1. 坐标系的认识

微课视频：
机器人的坐标系

机器人有若干坐标系，比较重要的是基坐标系、大地坐标系、工具坐标系、工件坐标系。

（1）基坐标系

基坐标系是以机器人安装基座为基准，用来描述机器人本体运动的直角坐标系。

任何机器人都离不开基坐标系，基坐标系是机器人 TCP 在三维空间运动所必需的基本坐标系，即面对机器人，前后为 X 轴；左右为 Y 轴；上下为 Z 轴，如图 1-71 所示。

（2）大地坐标系

大地坐标系是以大地作为参考的直角坐标系。90% 的大地坐标系与基坐标系是重合的，但在以下两种情况下，大地坐标系与基坐标系不重合：

① 倒装机器人。如图 1-72 所示，倒装机器人的基坐标系与大地坐标系的 Z 轴方向相反，机器人可以倒过来，但是大地却不可以倒过来。

② 带外部轴的机器人。如图 1-73 所示，大地坐标系固定好位置，而基坐标系可以随着机器人整体的移动而移动。

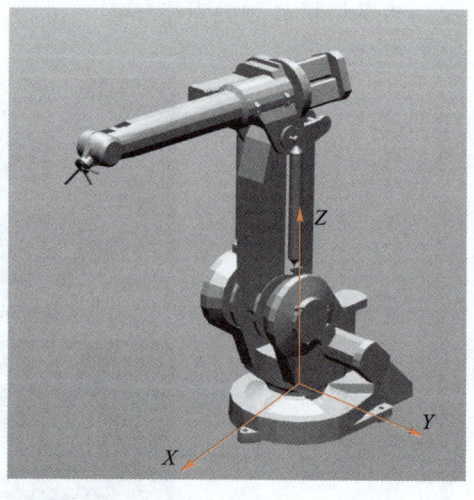

图 1-71　机器人的基坐标系

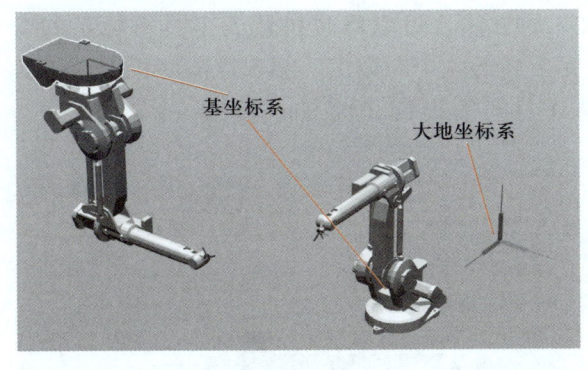

图 1-72　倒装机器人

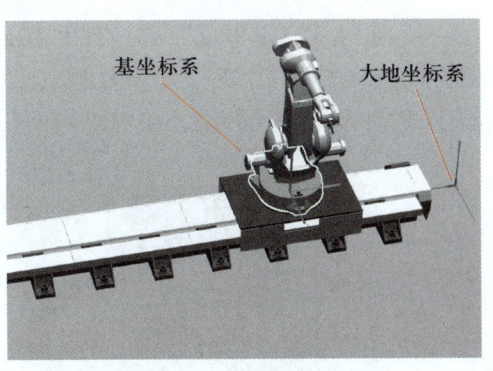

图 1-73　带外部轴的机器人

（3）工具坐标系

工具坐标系是以工具中心点（TCP）为原点的坐标系。工具数据（tooldata）用于描述安装在机器人第 6 轴上工具的 TCP、质量、重心等参数数据。

一般不同的机器人配置不同的工具，如弧焊机器人使用焊枪作为工具，如图 1-74 所示；而用于搬运板材的机器人使用吸盘式的夹具作为工具。

默认工具（tool0）的工具中心点位于机器人末端安装法兰盘的中心。如图 1-75 所示，图中坐标系的中心就是原始的工具中心点。

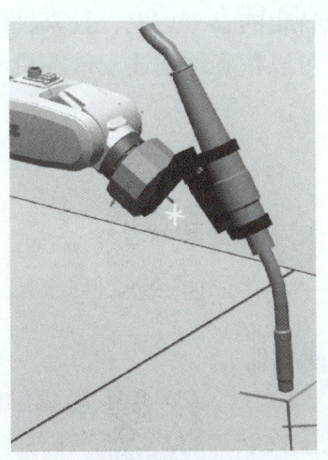

图 1-74　焊枪工具坐标系

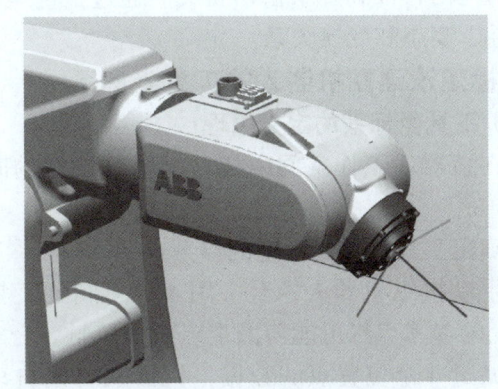

图 1-75　机器人默认工具坐标系位置

TCP 的设定步骤如下：

① 在机器人工作范围内找一个精确度较高的固定点作为参考点 1，如图 1-76 所示。

② 在工具上确定一个参考点 2（最好是工具的末端点），如图 1-76 所示。

③ 通过"TCP（默认方向）"的方法（见图 1-77），对机器人的工具坐标系进行定义，可以通过手动线性运动、重定位运动、关节运动操作机器人，使工具上的参考点 2 以 4 种以上不同的机器人姿态尽可能与参考点 1 刚好接触。其中，第四种姿态需确保工具的参考点 2 垂直于参考点 1。机器人通过这 4 个位置点的数据计算并求得 TCP 的数据，将 TCP 的数据保存在 tooldata 这个程序数据中，供程序进行调用。

④通过"TCP 和 Z"或"TCP 和 Z，X"的方法，可以修改机器人工具坐标系的方向。以"TCP 和 Z，X"方法为例，在定义完上述的 4 个点以后，第 5 点需使机器人工具的 TCP 向 X 轴方向移动，第六点需使机器人工具的 TCP 向 Z 轴方向移动。

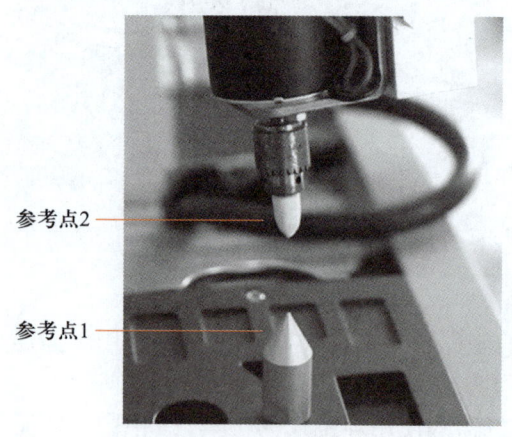

图 1-76　参考点 1、2 的位置

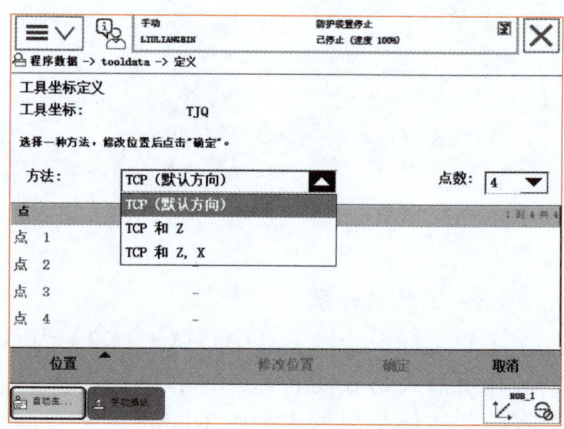

图 1-77　工具坐标系的几种定义方式

（4）工件坐标系

工件坐标系是机器人系统中用于描述工件位置和姿态的一种坐标系。它是以某个工件作为原点建立的坐标系，其原点通常位于工件的中心或特定的参考点上，且其轴线和方向与工件的几何特征和要求密切相关。通过工件坐标系，可以精确地描述工件在机器人操作中的位置、姿态和变换关系。

2. 标定法建立机器人的工具坐标系

（1）工具坐标系的定义原理

①在机器人工作空间内找一个精确尖锐的固定点作为参考点。

②确定工具上需要标定的参考点。

③手动操纵机器人，至少用 4 种不同的工具姿态使机器人工具上的参考点尽可能与固定点刚好接触。

④通过 4 个位置点的数据，机器人可以自动计算出 TCP 的位置，并将 TCP 的位置数据保存在 tooldata 程序数据中，供程序调用。

微课视频：
工具和工件坐标系等无法设置故障的解决

微课视频：
机器人的工具坐标系

（2）工具坐标系的参数及含义

tooldata 程序数据由三个参数组成，各参数的定义及功能如表 1-16 所示。

表 1-16　tooldata 程序数据各参数的定义及功能

参数	数据类型	功能
robhold	bool	定义工业机器人是否夹持工具： ① TRUE：工业机器人法兰安装工具。 ② FALSE：工业机器人法兰不安装工具，工具固定在一个位置

续表

参数	数据类型	功能
tframe	pose	工具坐标系，用来描述： ① TCP 的位置（X、Y 和 Z），单位为 mm，相对于腕坐标系（tool0）的位置。 ② 工具坐标系的方向，相对于腕坐标系（tool0）的姿态
tload	loaddata	（1）工业机器人夹持工具，用于描述工具的负载： ① 工具的质量，单位为 kg。 ② 工具负载的重心（X、Y 和 Z），单位为 mm，相对于腕坐标系的位置。 ③ 工具力矩主惯性轴，相对于腕坐标系的方位。 ④ 围绕力矩主惯性轴的惯性矩，单位为 $kg \cdot m^2$。如果将所有惯性部件定义为 $0kg \cdot m^2$，则将工具作为一个点质量来处理。 （2）固定工具，用于描述夹持工件的夹具的负载： ① 所移动夹具的质量，单位为 kg。 ② 所移动夹具的重心（X、Y 和 Z），单位为 mm，相对于腕坐标系的位置。 ③ 所移动夹具力矩主惯性轴，相对于腕坐标系的方位。 ④ 围绕力矩主惯性轴的惯性矩，单位为 $kg \cdot m^2$。如果将所有惯性部件定义为 $0kg \cdot m^2$，则将夹具作为一个点质量来处理

工具坐标系的参数如图 1-78 所示。

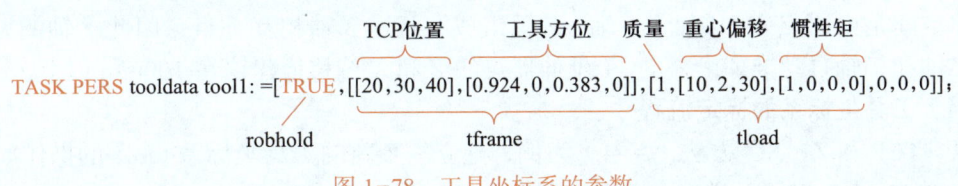

图 1-78　工具坐标系的参数

工具数据 tool1 的定义如下：

① 工业机器人法兰安装工具。

② TCP 所在点沿工具坐标系 X 方向偏移 20mm，沿工具坐标系 Y 方向偏移 30mm，沿工具坐标系 Z 方向偏移 40mm。

③ 工具的方向相对于腕坐标系偏移（0.924，0，0.383，0），换算成欧拉角，即工具的 X 方向和 Z 方向相对于腕坐标系 Y 方向旋转 45°。

④ 工具质量为 1kg。

⑤ 重心所在点沿腕坐标系 X 方向偏移 10mm，沿腕坐标系 Y 方向偏移 2mm，沿腕坐标系 Z 方向偏移 75mm。可将负载视为一个点质量，即不带转矩惯量。

（3）定义工具坐标系的方法

ABB 机器人定义工具坐标系的方法有 3 种："TCP（默认方向）""TCP 和 Z""TCP 和 Z，X"，如图 1-79 所示。

① TCP（默认方向）：在定义新建工具坐标系的原点 TCP 时，由于新建工具坐标系的方向仍然使用 tool0 默认方向。新建工具坐标系的 TCP 的 X、Y、Z 数据是相对于机器人第 6 轴末端法兰盘中心（默认工具坐标系 tool0）的偏移量，新工具的方向（X、Y、Z 轴）

使用 tool0 默认方向，所以 q_1、q_2、q_3、q_4 都是零，其余参数不变。

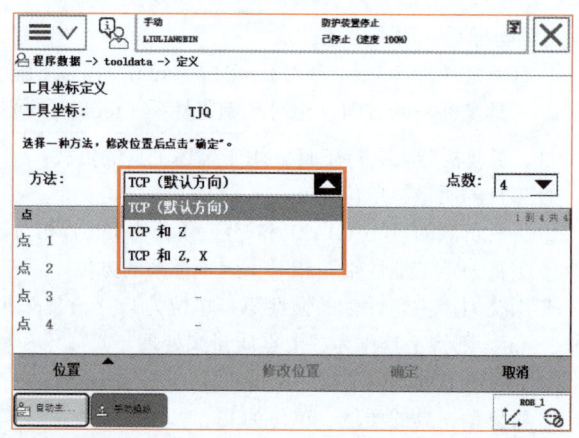

图 1-79　三种工具坐标系的定义方法

②TCP 和 Z：新建工具坐标系的 TCP 数据是相对 tool0 的偏移量，新工具的 Z 方向要根据需求进行定义，X 轴和 R 轴组成的平面与新工具的 Z 轴垂直。（延伸器点的 Z 偏移值建议在 100mm 以上）。

③TCP 和 Z，X：新建工具坐标系时，TCP 原点和 X 轴、Z 轴正方向需自行定义。因为立体空间是由原点 O、X 轴、Y 轴、Z 轴组成，且这 3 轴相互垂直，因此 Y 轴的方向是根据 X 轴和 Z 轴自动推理出来的。（延伸器点的 Z 和 X 偏移值建议在 100mm 以上）。

（4）工具坐标系的标定流程

以 "TCP 和 Z，X" 方法（$N=4$）为例，建立一个新的工具坐标系 tool1 的操作如下：

①单击 ABB 按钮，弹出主菜单，如图 1-80 所示。

②选择 "手动操纵"，如图 1-81 所示。

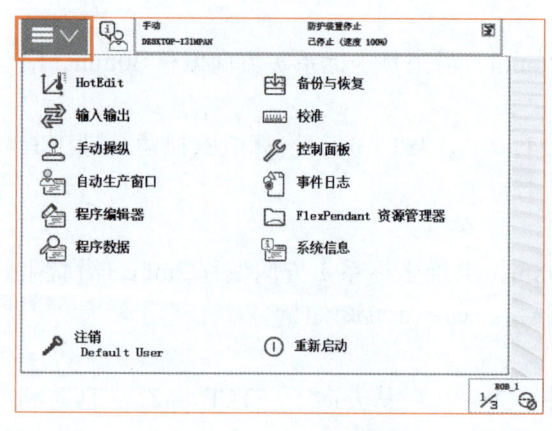

图 1-80　打开主菜单

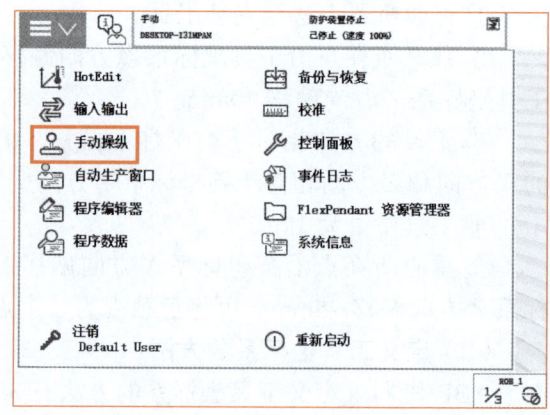

图 1-81　选择 "手动操纵"

③选择 "工具坐标"，如图 1-82 所示。

④点击 "新建"，如图 1-83 所示。

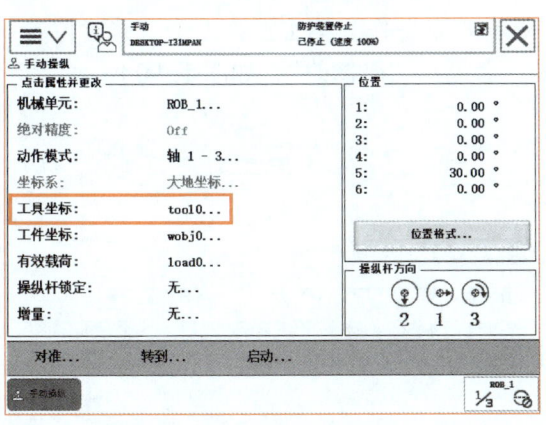

图 1-82　选择"工具坐标"

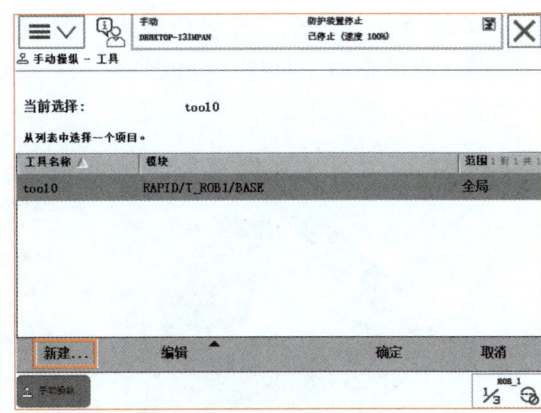

图 1-83　点击"新建"

⑤点击"确定"，如图 1-84 所示。

⑥选中"tool1"，点击"编辑"菜单中的"定义"选项，如图 1-85 所示。

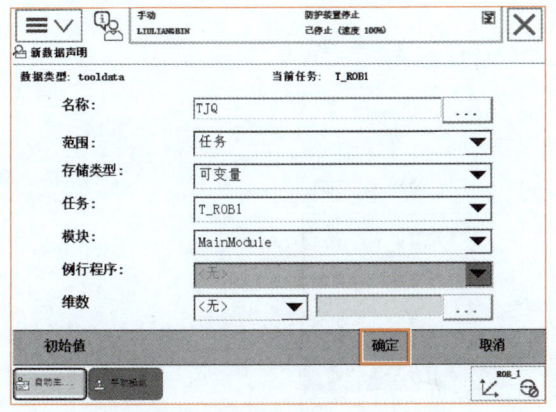

图 1-84　点击"确定"

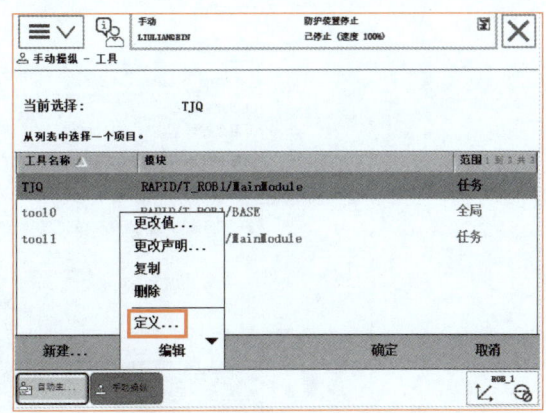

图 1-85　点击"定义"

⑦方法选择"TCP 和 Z，X"，点数选择"4"，如图 1-86 所示。

⑧通过示教器选择合适的手动操纵模式，如图 1-87 所示。

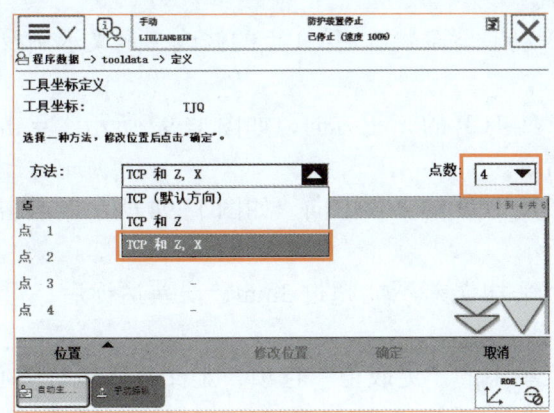

图 1-86　选择定义方法

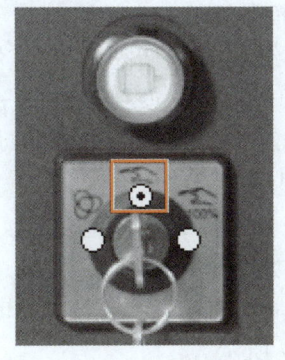

图 1-87　选择手动操纵模式

⑨ 按下使能按钮，操纵机器人以图1-88所示的姿态作为第1点，点击"修改位置"完成第1点的修改，如图1-89所示。修改完成后会显示"已修改"，如图1-90所示。

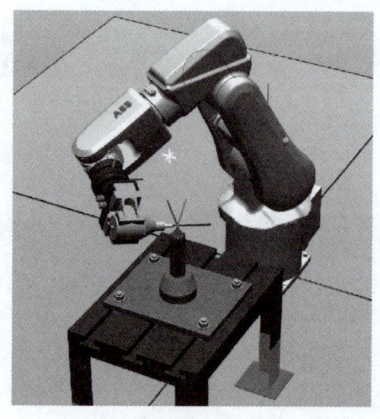

图1-88　机器人的第一个姿态

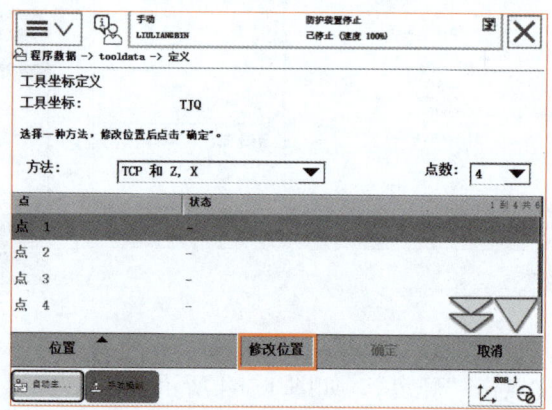

图1-89　点击"修改位置"

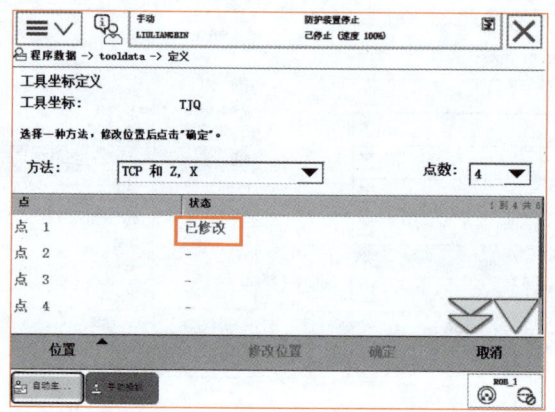

图1-90　显示"已修改"

注意：如果为"TCP（默认方向）"方式标定，到此步工具坐标系就已标定完成，可直接跳转至第⑭步定义质量、重心的值。

⑩ 按照上面的操作依次完成对第2点、第3点、第4点的修改，定义示例及定义完成后的界面如图1-91所示。

⑪ 操纵机器人从固定点移动到工具TCP的X正方向，如图1-92所示。点击"修改位置"，显示"已修改"，如图1-93所示。

⑫ 操纵机器人从固定点移动到工具TCP的Z正方向，如图1-94所示。点击"修改位置"，显示"已修改"，如图1-95所示。

⑬ 查看误差，误差越小越好，且平均误差不能超过3mm，误差达标后，可以点击"确定"，如图1-96所示。

⑭ 选中"TJQ"，单击"编辑"菜单中的"更改值"选项，定义其质量、重心的值，如图1-97所示。

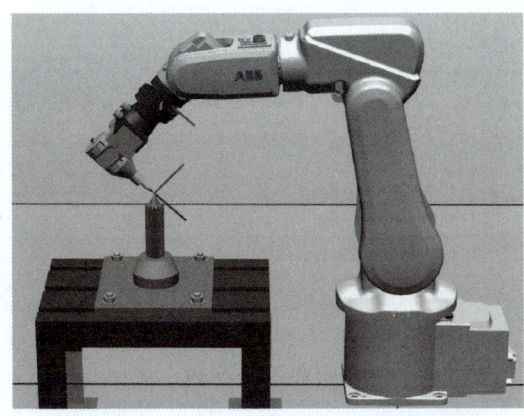

(a) 第2点的位置

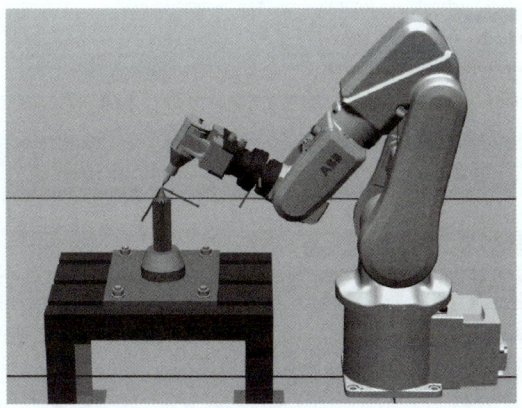

(b) 第3点的位置

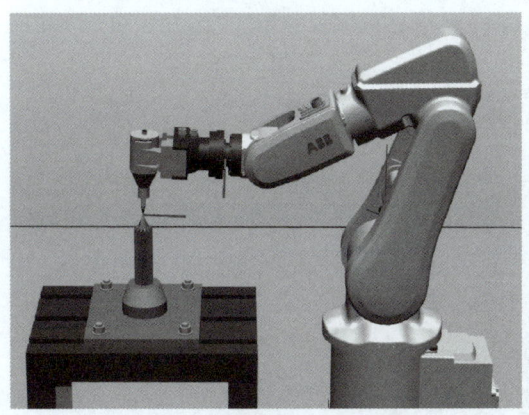

(c) 第4点的位置

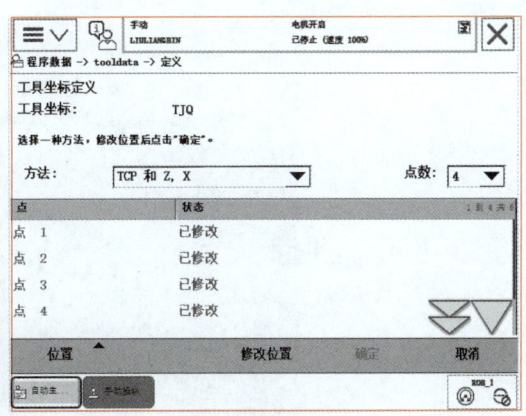

(d) 定义完4个点以后的界面

图 1-91　定义示例及定义完成后的界面

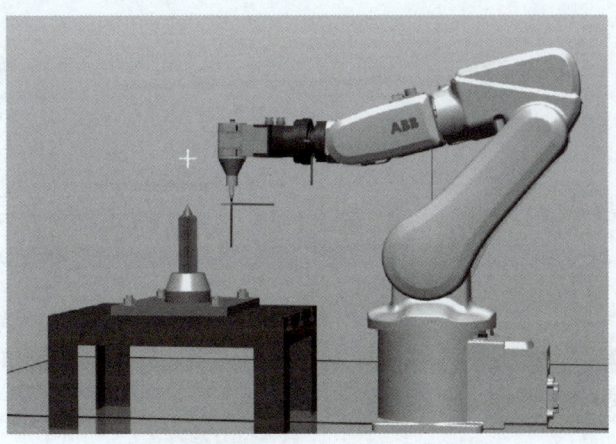

图 1-92　TCP 的 X 正方向的位置

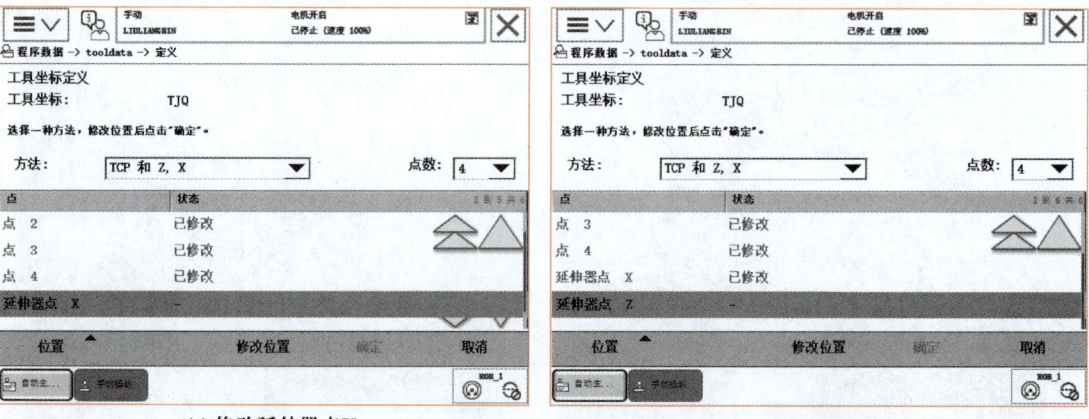

(a) 修改延伸器点X   (b) 修改后的界面

图 1-93　延伸器点 X 的位置修改

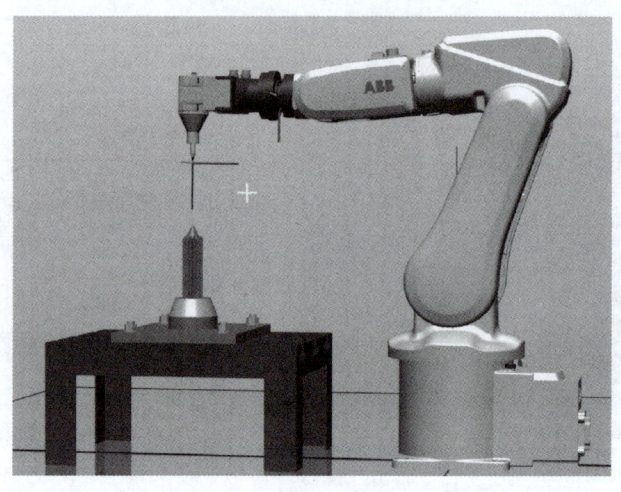

图 1-94　TCP 的 Z 正方向

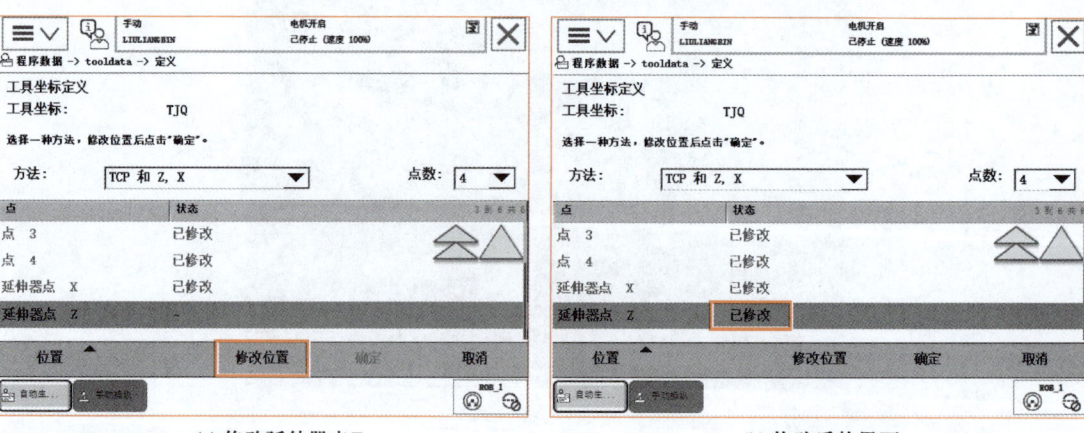

(a) 修改延伸器点Z   (b) 修改后的界面

图 1-95　延伸器点 Z 的位置修改

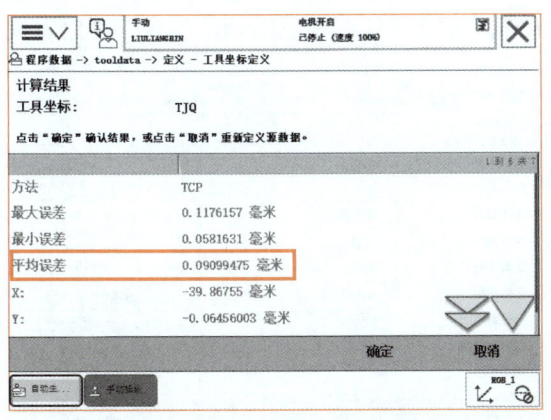

图 1-96　查看误差

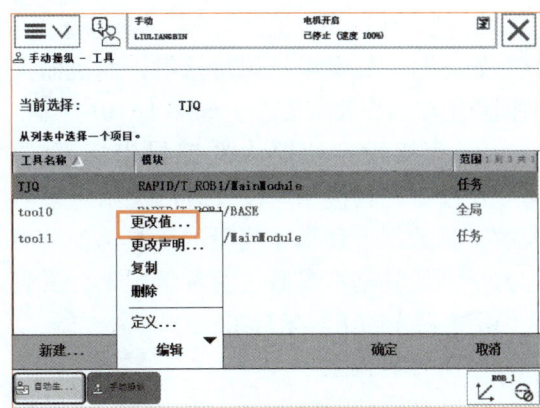

图 1-97　点击"更改值"

⑮ 单击下拉箭头，选择"mass"，更改为工具的实际质量，如图 1-98 所示。

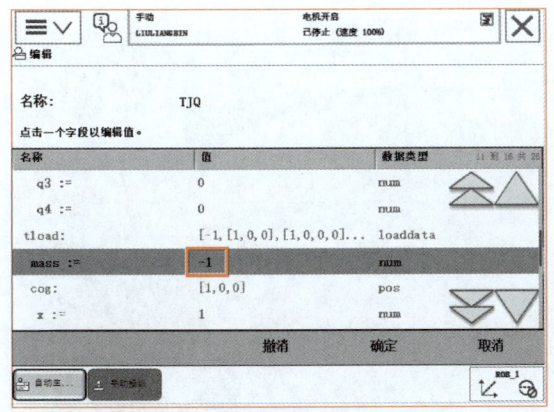

(a) 默认质量

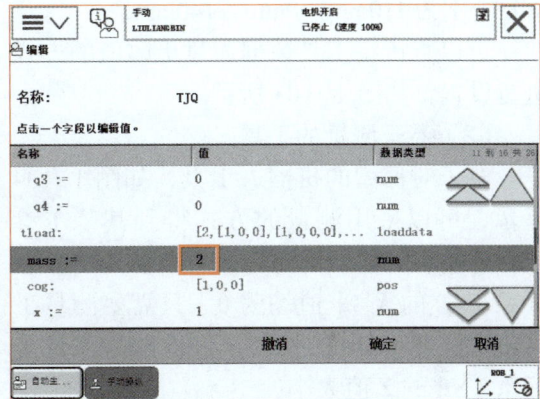

(b) 将质量修改为2 kg

图 1-98　修改质量数值

⑯ 编辑工具重心坐标，以实际质量为最佳，如图 1-99 所示。

⑰ 点击"确定"，完成 TJQ 数据修改，如图 1-100 所示。

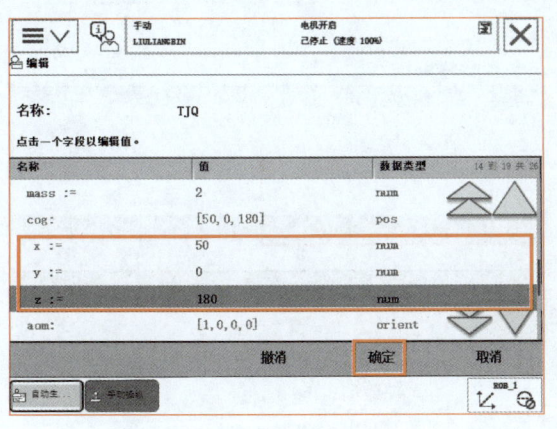

图 1-99　修改重心数值

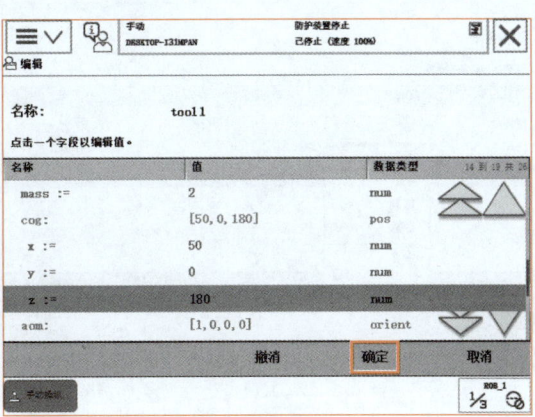

图 1-100　点击"确定"

⑱把坐标选为"工具",工具坐标选为"TJQ",按照工具重定位的动作模式,可以发现TCP始终与工具参考点保持接触,而机器人根据重定位操作改变姿态,如图1-101所示。

3. 直接设定机器人的工具坐标系

在已有工具模型(设计方已经给定机器人的工具数据)和易于测量的工具(工具对称容易测量其基本参数)两种情况下,可直接设定机器人的工具坐标系。

(1)已有模型

在已有模型的情况下,可以将工具的模型导入 RobotStudio 或三维软件中,然后通过工具进行测量如图1-102所示。工具的末端点相对于法兰盘的位置在 X、Y、Z 方向的偏移量分别为 110mm、0mm、140mm。

可以直接将工具数据通过更改值的方式进行设置,如图1-103所示。

(2)易于测量的工具

对于对称型的机器人工具,如图1-104所示,可以采用测量的方式得到其基本参数。因左右、前后均对称,可以认为工具坐标系 TXP 的 X、Y 值均为 0。只需要测量工具末端距离 tool0 的长度,该值即为工具坐标系 TXP 的 Z 值大小。

对于对称型吸盘工具,因其左右、前后对称,只需要考虑 Z 轴方向的距离。如图1-105所示,Z 轴方向为150mm。

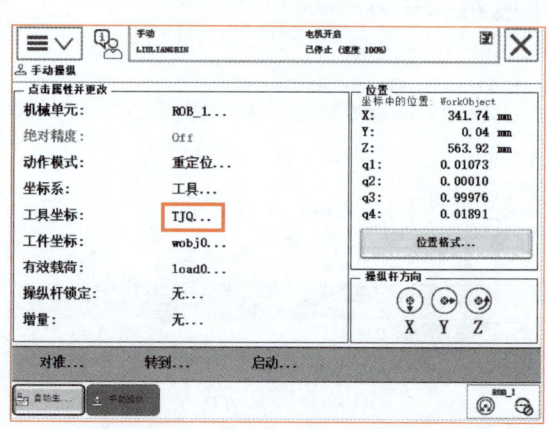

图1-101 工具坐标选为"TJQ"

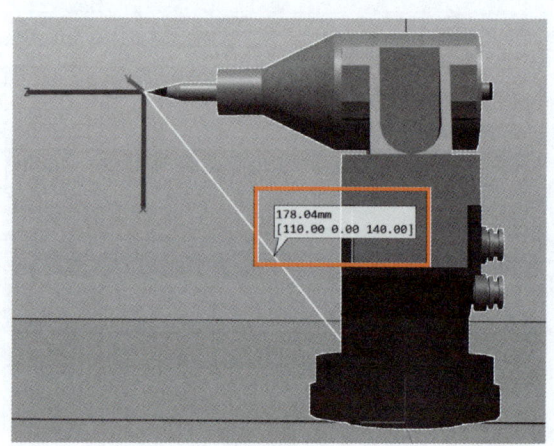

图1-102 工具的末端点相对于法兰盘的偏移量

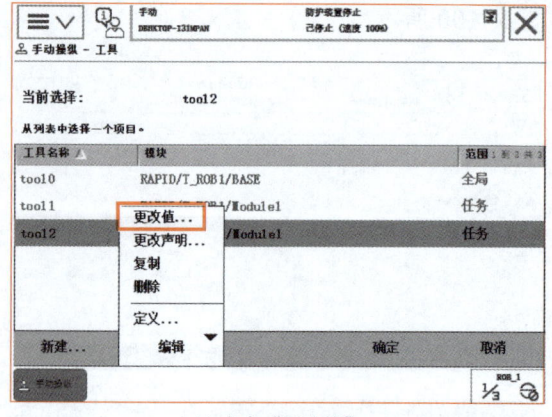

(a)点击"更改值"

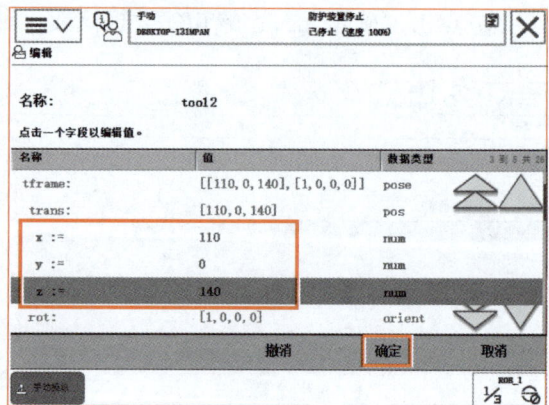

(b)将工具偏移量输入后点击"确定"

图1-103 更新工具数据

150 mm

图 1-104　对称型机器人工具　　　　　　图 1-105　对称型吸盘工具

设置对称型吸盘工具的工具数据的方式如下：

选中"tool3"并点击"更改值"，将 X、Y、Z 分别设置为 0、0、150，如图 1-106 所示。

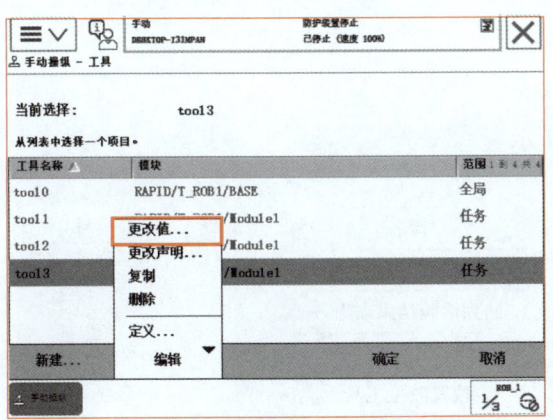

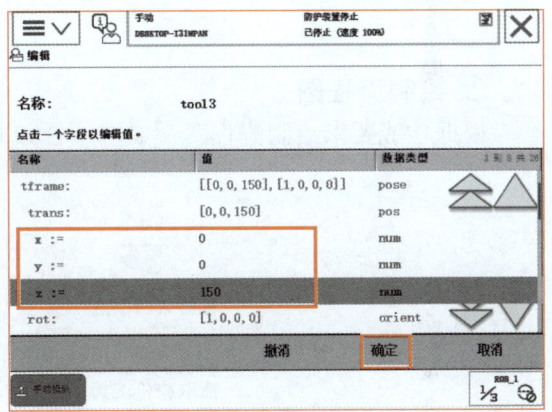

(a) 选中"tool3"并点击"更改值"　　　　　(b) 设置工具数据并点击"确定"

图 1-106　设置工具数据

[任务实施]

1. 明确流程要求

（1）标定机器人工具坐标系的流程

手动安装胶枪工具→将机器人工具的末端运动至标定点 1 并记录→将机器人工具的末端运动至标定点 2 并记录→将机器人工具的末端运动至标定点 3 并记录→将机器人工具的末端运动至标定点 4 并记录→修改工具质量数据→修改工具重心数据。

（2）机器人的运动流程

在机器人执行涂胶作业的过程中，机器人的运动轨迹为：机器人回原点→抓取胶枪工具→到达涂胶点上方→到达涂胶起始点→涂胶→回到涂胶结束点上方→放置胶枪工具→机器人回原点。

按照轨迹图精确绘制轨迹，如图1-107所示。轨迹绘制完成后，回到轨迹结束点上方，如图1-108所示，再回到原点。

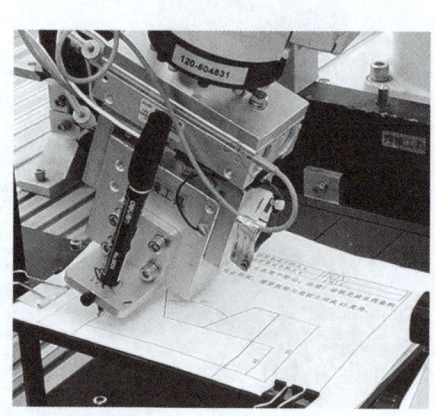

图1-107　轨迹绘制中间点

图1-108　轨迹结束点上方

2. 绘制流程图

根据功能要求绘制流程图，如图1-109所示。

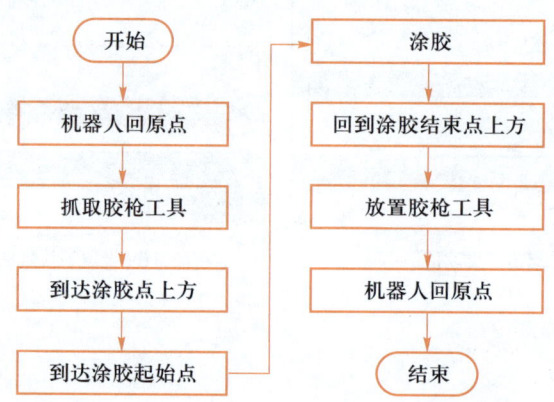

图1-109　程序流程图

3. 编写功能程序

```
PROC GJ( )
    MoveAbsJ PHome\NoEOffs, v1000, z50, tool0;
    MoveJ PGJQSSF, v1000, z50, TJQ;
    MoveL PGJQS, v100, fine, tjq;
    MoveL P10, v100, fine, tjq;
    MoveL P11, v100, fine, tjq;  ! 姿态调整点
```

```
    MoveL P20, v100, fine, tjq;
    MoveL P21, v100, fine, tjq;    ! 姿态调整点
    MoveL P30, v100, fine, tjq;
    MoveL P31, v100, fine, tjq;    ! 姿态调整点
    MoveL P40, v100, fine, tjq;
    MoveL P41, v100, fine, tjq;    ! 姿态调整点
    MoveL P50, v100, fine, tjq;
    MoveL P51, v100, fine, tjq;    ! 姿态调整点
    MoveL P60, v100, fine, tjq;
    MoveL P61, v100, fine, tjq;    ! 姿态调整点
    MoveL P70, v100, fine, tjq;
    MoveL P71, v100, fine, tjq;    ! 姿态调整点
    MoveL PGJJS, v100, fine, tjq;
    MoveL PGJQSSF, v100, z50, tjq;
    MoveAbsJ PHome\NoEOffs, v1000, z50, tool0;
ENDPROC
```

4. 示教目标点位置

本任务要求示教的点位分别为原点 PHome、轨迹起始点上方（GJQSSF）轨迹点 PGJQS、P10、…、PGJJS，如图 1–110 所示。

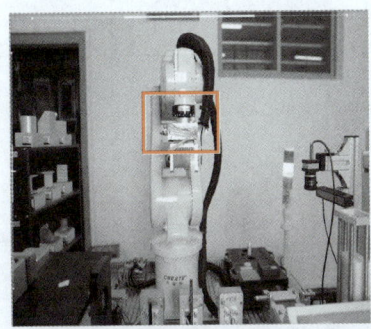

(a) 原点PHome

(b) 轨迹起始点上方

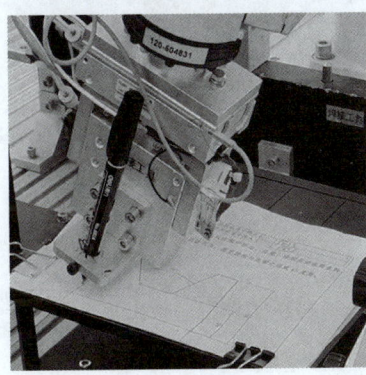

(c) 轨迹绘制中间点

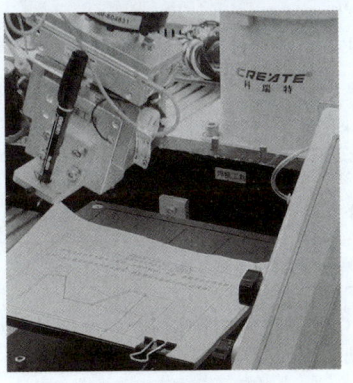

(d) 轨迹结束点上方

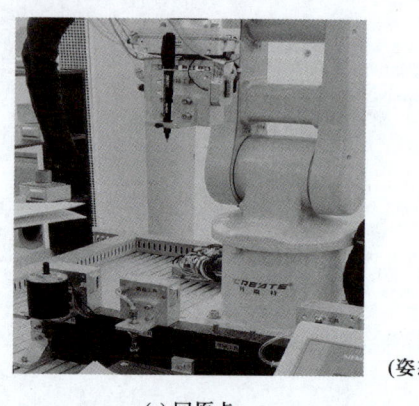

(e) 回原点

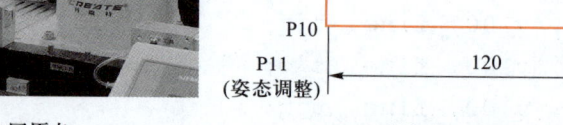

(f) 轨迹点PGJQS、P10、…、PGJJS

图 1-110　示教的目标点示意

5. 调试程序实现功能

用正确的方法握持示教器，按下使能按钮，示教器上显示"电机开启"，然后按下步进按钮，机器人程序按顺序往下执行。第一次运行程序务必单步运行，直至程序末尾，确定机器人运行每一条语句都没有错误，与工件不会发生碰撞，才可以按下启动按钮。当需要停止程序时，先按停止按钮，再松开使能按钮。

[拓展任务]

试完成图 1-111 所示轨迹图的绘制。注意涂胶是涂在料盒内部，为了避免胶枪碰到料盒侧面，需要胶枪与底面之间呈 15°～30° 角。

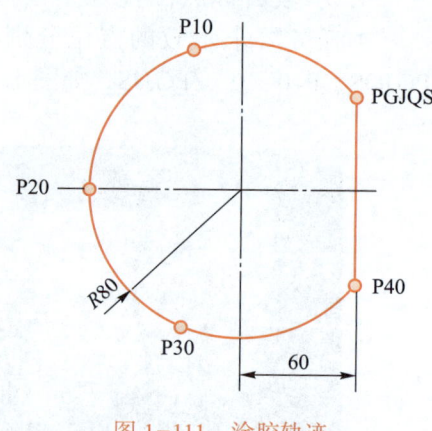

图 1-111　涂胶轨迹

[评价测验]

自测题

选择题

创建工具坐标系时，一般使用（　　　）方法进行工具坐标系标定。

A. 四点和六点　　　B. 三点　　　　C. 五点　　　　D. 九点

判断题

在工具坐标系未定义时，系统自动采用默认的工具，此时，工具坐标系与末端法兰盘处的工具坐标系重合。（　　　）

任务评价

序号	评价内容	任务评价	评价标准
1	建立国产技术应用信心	合格□　　不合格□	从实训台中找出 1 个可国产替代的产品为合格

续表

序号	评价内容	任务评价	评价标准
2	树立工艺优化探索意识	合格☐ 不合格☐	提出≥1项路径优化/标定效率提升工艺优化提案为合格
3	阐述工具、工件、大地、基坐标系的区别	优☐ 良☐ 及格☐	阐述 5 条以上为优 阐述 3 条为良 阐述 1 条为及格
4	描述工具坐标系标定流程	合格☐ 不合格☐	标定流程描述正确为合格
5	规定时间内完成标定精度≤3mm的工具坐标系标定	优☐ 良☐ 及格☐	标定时间≤4 分钟为优 标定时间≤7 分钟为良 标定时间≤10 分钟为及格
6	完成机器人末端姿态变化的涂胶轨迹，并对 8 个采样点进行轮廓误差判定	优☐ 良☐ 及格☐	轨迹偏差≤1mm 为优 轨迹偏差≤2mm 为良 轨迹姿态变化为及格

[工单]

知 识 工 单

涂胶工作姿态变化的示教编程理论任务

班级_____ 学号_____ 姓名_____ 第___组

模块一 涂胶工作站的编程与调试	
项目二	技能提升——涂胶轨迹的示教编程
任务 2	涂胶工作姿态变化的示教编程

1. 写出机器人各坐标系的特点和适用场景。

坐标系名称	大地坐标系	基坐标系	工具坐标系	工件坐标系
采用哪种坐标系	直角坐标系□ 柱面坐标系□ 极坐标系 □	直角坐标系□ 柱面坐标系□ 极坐标系 □	直角坐标系□ 柱面坐标系□ 极坐标系 □	直角坐标系□ 柱面坐标系□ 极坐标系 □
单机器人系统	需要标定 □ 不需要标定□	需要标定 □ 不需要标定□	需要标定 □ 不需要标定□	需要标定 □ 不需要标定□
倒装机器人或 外部轴系统	需要标定 □ 不需要标定□	需要标定 □ 不需要标定□	需要标定 □ 不需要标定□	需要标定 □ 不需要标定□
参考的基准位置				
为什么需要建立				
随机器人的什么 运动	工具□ 工件□ 基座□ 不动□	工具□ 工件□ 基座□ 不动□	工具□ 工件□ 基座□ 不动□	工具□ 工件□ 基座□ 不动□

2. 试说明工具坐标系的功能。

工具坐标系一般是对机器人的_____ 进行标定。机器人在示教操作中，目标点记录的是在_____（工件/基）坐标系下的位置。

工具坐标系的设定中，_____ 类型的工具以直接输入数值的方式进行标定，_____ 类型的工具以四点法或六点法等方式进行标定。

标定工具坐标系后有以下优势：_____。

3. MoveL 运动指令如下，指令的工具坐标系为_____，试在图中标出示教目标点 P10 时，机器人记录的目标点位置。

MoveL P10, v100, fine, txp;

4. 在标定完工具坐标系后，还需要对部分参数进行设置，否则该工具坐标系无法使用，试完成下表。

tool0

txp

参数名称	参数功能	取值范围	是否必须设置
robhold			是□ 否□
trans: x、y、z			是□ 否□

续表

续表

参数名称	参数功能	取值范围	是否必须设置
q1、q2、q3、q4			是□ 否□
mass			是□ 否□
cog：x、y、z			是□ 否□
aom：q1、q2、q3、q4		－	是□ 否□

5. 根据"机器人绘制图形程序的编写"视频绘制流程图。

（1）抓取胶枪工具   （2）放回胶枪工具

（3）绘制涂胶轨迹   （4）主程序

6. 给上述流程图标注指令，标注方式如下图所示。

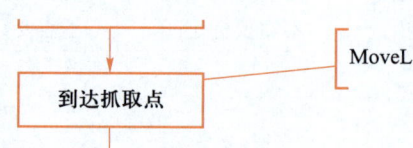

7. 试对机器人抓放胶枪程序、程序中的目标点进行命名。

（1）机器人抓取胶枪程序名称为 _____。

（2）机器人放回胶枪程序名称为 _____。

（3）目标点命名：

序号	位置	目标点名称
1	原点	
2	抓取胶枪上方	
3	抓取胶枪点	

8. 对机器人绘制轨迹程序、程序中的目标点进行命名。

（1）机器人绘制轨迹程序名称为 _____。

（2）目标点命名：

序号	位置	目标点名称	序号	位置	目标点名称
1	原点		4	涂胶轨迹中的点1	
2	涂胶轨迹起始点上方		5	点1姿态调整	
3	涂胶轨迹起始点		6	涂胶轨迹中的点2	

续表

续表

序号	位置	目标点名称	序号	位置	目标点名称
7	点 2 姿态调整		13	点 5 姿态调整	
8	涂胶轨迹中的点 3		14	涂胶轨迹中的点 6	
9	点 3 姿态调整		15	点 6 姿态调整	
10	涂胶轨迹中的点 4		16	涂胶轨迹中的点 7	
11	点 4 姿态调整		17	点 7 姿态调整	
12	涂胶轨迹中的点 5		18	涂胶轨迹结束点	

9. 将涂胶轨迹中需要示教的点在下图中标出。注意涂胶是涂在料盒内部，为了避免胶枪碰到料盒侧面，需要胶枪与底面之间呈 15°～30° 角。

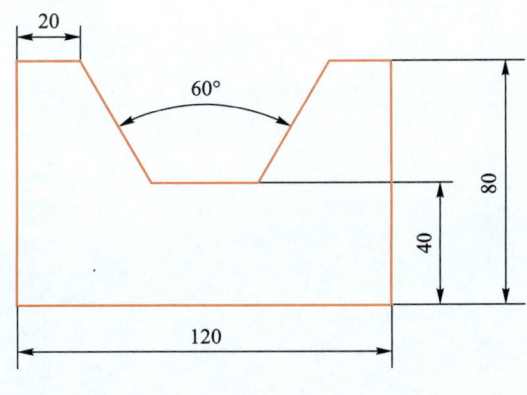

涂胶轨迹图

10. 根据流程图编写绘制涂胶轨迹的功能程序。

11. 通过胶枪完成"涂胶轨迹图"中轨迹的绘制。

实 施 工 单

涂胶工作姿态变化的示教编程实操任务

班级_____学号_____姓名_____第___组

模块一 涂胶工作站的编程与调试

项目二	技能提升——涂胶轨迹的示教编程
任务 2	涂胶工作姿态变化的示教编程

一、工业机器人启动前准备

序号	需要完成的任务	确认情况	备注
1	检查机器人周围是否放置水瓶等杂物		
2	检查操作人员是否穿拖鞋		
3	检查操作人员是否佩戴安全帽		
4	检查操作人员是否戴手套		

二、编程并实现功能

1. 完成工业机器人工作站的启动

序号	需要完成的任务	完成情况	备注
1	启动实训平台		
2	启动机器人控制柜		
3	逆时针旋转急停按钮实现解锁		
4	按下控制柜上的电机上电按钮		
5	按下使能按钮实现电机上电功能		

2. 标定机器人的工具坐标系

序号	需要完成的任务	完成情况	备注
1	建立工具坐标系 TJQ		
2	以胶枪的末端为基准标定坐标系		
3	修改坐标系的质量参数（mass）		
4	修改坐标系的重心参数（cog）		
5	通过重定位测试工具标定是否成功		

3. 示教编程

（1）编写机器人程序

序号	需要编写的子程序	完成情况	备注
1	机器人抓取胶枪工具		
2	机器人放回胶枪工具		
3	机器人完成涂胶轨迹		
4	主程序		

续表

（2）示教目标点

序号	需要示教的点位	完成情况	备注	序号	需要示教的点位	完成情况	备注
1	原点			10	涂胶轨迹中的点 4		
2	涂胶轨迹起始点上方			11	点 4 姿态调整		
3	涂胶轨迹起始点			12	涂胶轨迹中的点 5		
4	涂胶轨迹中的点 1			13	点 5 姿态调整		
5	点 1 姿态调整			14	涂胶轨迹中的点 6		
6	涂胶轨迹中的点 2			15	点 6 姿态调整		
7	点 2 姿态调整			16	涂胶轨迹中的点 7		
8	涂胶轨迹中的点 3			17	点 7 姿态调整		
9	点 3 姿态调整			18	涂胶轨迹结束点		

（3）单步试运行功能程序

序号	需要完成的任务	完成情况	备注
1	将机器人调整为手动模式		
2	将 PP 移至程序的第一行		
3	将速度调整到 20%		
4	按下使能按钮		
5	通过步进按钮验证程序		
6	单步试运行中是否存在问题		如果存在请填写下表

（4）单步试运行中存在的问题

序号	存在问题的现象	分析产生的原因	分析可能的解决方案
1			
2			

（5）连续试运行功能程序

序号	需要完成的任务	完成情况	备注
1	将机器人调整为手动模式		
2	将 PP 移至程序的第一行		
3	将速度调整到 20%		

序号	需要完成的任务	完成情况	备注
4	按下使能按钮		
5	通过启动按钮验证程序		
6	连续试运行中是否存在问题		如果存在请填写下表

（6）连续试运行中存在的问题

序号	存在问题的现象	分析产生的原因	分析可能的解决方案
1			
2			

三、关闭设备

序号	需要完成的任务	完成情况	备注
1	使机器人回到原点位置		（0，0，0，0，90，0）
2	按下急停按钮		
3	关闭机器人控制柜		
4	关闭实训平台		

四、检查工作任务的完成情况

序号	需要完成的任务	完成情况	备注
1	绘制流程图		
2	编写机器人程序		
3	操作示教器实现点位示教		
4	试运行程序检验功能		

模块二
装配工作站的编程与调试

本模块旨在深入探讨工业机器人在装配工作站中的编程与调试。由于工业机器人具有高精度和高效率的特点，非常适合在装配任务中替代人工操作，特别是在表面平整物体的装配方面。装配机器人在汽车制造、电子产品装配、精密机械生产等多个领域都展现出巨大的应用价值，它不仅能提升生产线的自动化水平，还能在复杂装配任务中表现出卓越的灵活性和准确性。

在实施自动化装配过程中，工业机器人不仅极大地提高了生产效率，降低了人力成本，还增强了生产过程的稳定性和可靠性。此外，工业机器人还能够灵活应对复杂多变的装配需求，实现高效、精确的自动化装配，从而推动制造业向更加智能化、自动化的方向发展。

基础技能——装盒工作的数据设置与编程

某企业计划利用机器人实现生产线上的物料装盒工作。机器人已经完成了必要的电源硬件安装以及与电源线缆的连接。为启动机器人工作站并顺利实现物料装盒工作，还需完成以下任务：

① 单一物料装盒的指令参数设置与编程。首先，需要编写机器人装配物料的功能程序；其次，需要设置运动指令中的 zonedata 参数，提高机器人装配的可靠性与效率；最后，实现机器人对单一物料的精准抓取与装盒功能。

② 物料装盒的数据类型设置与模块化编程。首先将物料的抓取位置和放置位置分别赋值给子程序的抓取点和放置点，然后反复调用该装配子程序，实现物料的装配功能。数据类型设置确保了数据的一致性和准确性。

任务 1

单一物料装盒的指令参数设置与编程

[任务目标]

素养目标：
1. 在缩短节拍等方面，树立流程改进的创新意识。
2. 参照机器人安全规范，树立操作机器人的规范意识。

🔗 拓展阅读：
精益求精，让客户满意——何敏佳

知识目标：
1. 正确阐述不同转弯区数据（zonedata）对机器人运动轨迹的影响。
2. 清晰描述不同转弯区数据下，I/O 信号触发事件的差异。
3. 正确阐述 Offs 指令中各参数的含义。

能力目标：
1. 能够正确设置程序运动指令中的 zonedata 参数。
2. 能正确使用 Offs 指令实现接近点和离开点的设置，实现装盒功能。

[任务描述]

在工业场景中，通常需要对多台相同的设备进行编程与调试。一旦其中一台设备完成调试，其程序可直接复制到其他设备上应用，但程序中的目标点往往需要根据实际情况进行微调。此外，当设备遭遇碰撞、零点丢失等问题时，也需要对目标点进行重新校准。为了降低程序的复杂度，工程师在编程时会尽量精简目标点的数量。运动指令中转弯区数据的设置会直接影响指令的运动轨迹、指令的执行时间以及末端姿态变化的时间等关键要素。本任务的核心在于正确设置机器人运动指令中的转弯区数据，并能利用偏移指令设置上方点，从而有效减少示教过程中所需设置的目标点数量。

［ 任务引入 ］

物料位于机器人的右侧，机器人从原点到抓取点的过程中，可以采用大范围移动指令（如 MoveJ），运动过程会经过摄像头区域，应注意避免发生碰撞。机器人抓取和放置实现该功能需要明确以下几点：物料位置如图 2-1 所示。

① 为了避免碰撞边上的摄像头，需要设置中间过渡点。

② 机器人需要可靠抓取吸盘工具。

③ 机器人在到达抓取点前和离开抓取点后都应经过上方点。

④ 机器人在靠近和离开抓取点时都应使用 MoveL 指令。

 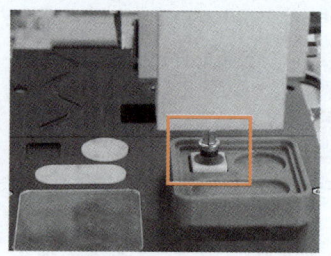

(a) 机器人抓取物料位置　　　　(b) 机器人放置物料位置

图 2-1　机器人抓取和放置物料位置

分析与思考

1. 机器人运动过程中比较僵硬，有没有办法让机器人运动得更为顺畅？

2. 什么是机器人的指令预读？

3. 机器人的抓取点与正上方点的坐标有什么差异？

［ 相关知识 ］

1. Offs（偏移指令）

使用 Offs 指令时，机器人会根据指定的偏移量从基准点出发，沿着工件坐标系的相应轴方向进行偏移，从而到达一个新的位置点。这个新的位置点就是偏移后的目标点。目标点的数据类型为 robtarget。

Offs 指令的基本格式为 Offs（目标点，XOffset，YOffset，ZOffset）。其中，"目标点"是偏移的基准点，"XOffset""YOffset""ZOffset"分别是沿工件坐标系 X 轴、Y 轴、Z 轴的偏移量。Offs 的参数及含义见表 2-1。

表 2-1　Offs 的参数及含义

参数	数据类型	含义
目标点	robtarget	偏移的基准点
XOffset	num	沿工件坐标系 X 轴的偏移量
YOffset	num	沿工件坐标系 Y 轴的偏移量
ZOffset	num	沿工件坐标系 Z 轴的偏移量

程序示例 1：

```
MoveL Offs (P2, 0, 0, 10), v1000, z50, tool1;
```

功能释义：将机器人沿直线运动移到以 P2 位置为基准，沿 Z 轴方向偏移 10mm 的目标点处。

程序示例 2：

```
P1:=Offs（P1, 5, 10, 15）;
```

功能释义：将机器人沿直线运动到以 P1 位置为基准，沿 X 轴方向偏移 5mm，沿 Y 轴方向偏移 10mm，且沿 Z 轴方向偏移 15mm 的目标点处。

2. 转弯区数据的表达形式

转弯区数据（又称转角路径数据或区域数据）用于规定如何结束一个位置，即在朝下一个位置移动之前，机器人应该以何种方式接近编程位置。机器人可以以"停止点"或"飞跃点"的形式到达该位置。

微课视频：转角路径对机器人轨迹的影响

（1）停止点

停止点参数的形式为 fine。这意味着机器人和外轴必须在下一个指令执行之前到达指定位置（到达目标点的时候，机器人末端点的速度为 0）。同时，还可能定义除预定义的 fine 以外的其他停止点。该停止标准用于判定机械臂是否被视为已达到有关点。

程序示例 1：

```
MoveJ P10, v1000, fine, tool0; !机器人到达 P10（停止点）
MoveL P20, v1000, fine, tool0; !机器人到达 P20（停止点）
MoveL P30, v1000, fine, tool0; !机器人到达 P30（停止点）
```

程序示例 1 中，P10、P20、P30 均为停止点（fine），如图 2-2 所示。

（2）飞跃点

飞跃点参数的形式为 zxx，其中"xx"为正整数。这意味着机器人不会到达程序中的目标点位置，而是在到达该位置之前，一旦到达区域边缘，随即产生角路径（抛物线）改变运动方向。

程序示例 2：

```
MoveJ P10, v1000, fine, tool0; !机器人到达 P10（停止点）
MoveL P20, v1000, z50, tool0; !机器人在距离 P20 50mm 处开始
                               飞跃（飞跃点）
MoveL P30, v1000, fine, tool0; !机器人到达 P30（停止点）
```

程序示例 2 中，P20 为飞跃点（z50），如图 2-3 所示。

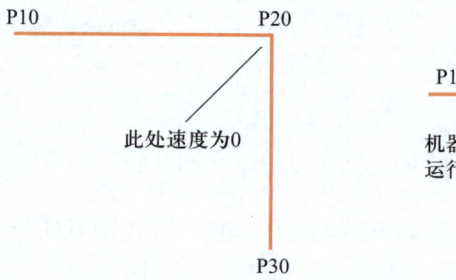

图 2-2　P20 为完全到达

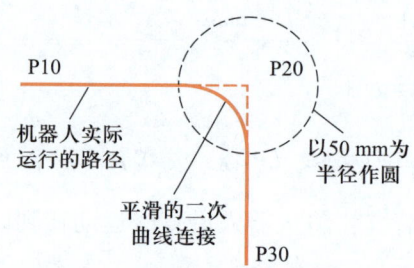

图 2-3　P20 处转弯区数据为 z50

程序示例 3：

```
MoveJ P10, v1000, fine, tool0; !机器人到达 P10（停止点）
MoveL P20, v1000, z100, tool0; !机器人在距离 P20 100mm 处开始
                                飞跃（飞跃点）
MoveL P30, v1000, fine, tool0; !机器人到达 P30（停止点）
```

程序示例 3 中，P20 为飞跃点（z100），如图 2-4 所示。

3. 转弯区数据的最大设定范围

转弯区数据的最大值为短边的一半。

程序示例 4：

```
MoveJ P10, v1000, fine, tool0; !机器人到达 P10（停止点）
MoveL P20, v1000, z100, tool0; !机器人在距离 P20 100mm 处开始
                                飞跃（飞跃点）
MoveL P30, v1000, fine, tool0; !机器人到达 P30（停止点）
```

程序示例 4 中，P10 与 P20 之间的距离为 300mm，P20 与 P30 之间的距离为 200mm。P20 为飞跃点，如图 2-5 所示。

注：

① 在机器人运动的起始点、停止点，转弯区数据应设置为 fine，否则机器人会报"转角路径故障"的警告。

② 在需要精确到达的点，例如抓取物料点、放置物料点等，转弯区数据应设置为 fine，否则可能不会到达目标点。

③ 在机器人需要大范围移动的点，应将转弯区数据设置为尽量大，以降低机器人当前工序的节拍时间。

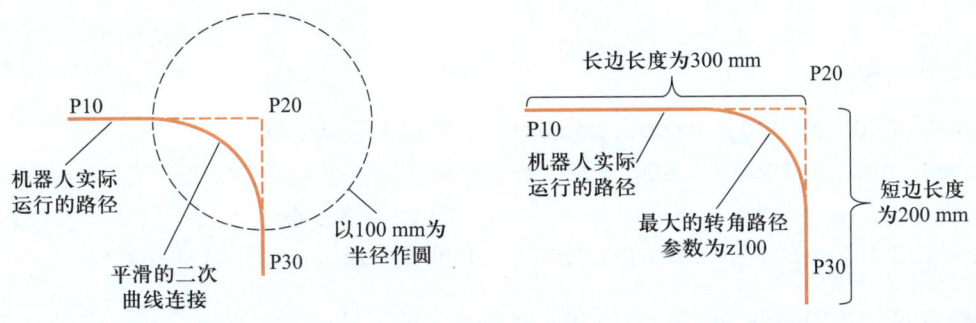

图 2-4　P20 处转弯区数据为 z100　　　图 2-5　P20 处转弯区数据最大可以设为 z100

4. 转弯区数据对机器人末端姿态的影响

① 停止点（以 fine 为例）。机器人 TCP 会精确地到达目标点，并在该点速度降为 0。如果后续指令是打开信号或执行其他逻辑操作，这些操作将在机器人完全停止在目标点后执行。

微课视频：
转角路径对机器人信号的影响

② 飞跃点（以 z50 为例）。机器人会在距离目标点一定距离（即 z50 指定的转弯半径）处开始转弯，以平滑的方式绕过目标点，而不是直接到达目标点。

机器人示教的三个目标点位置如图 2-6 所示，P30 处机器人具有不同的工具姿态。

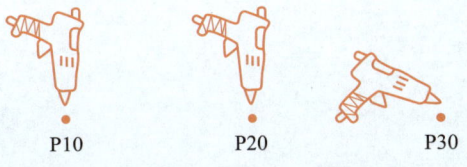

图 2-6　机器人示教的三个目标点位置

程序示例 1：

```
MoveJ P10, v1000, fine, tool0; !机器人到达 P10
MoveL P20, v1000, fine, tool0; !机器人在过了 P20 以后才开始调整
                                姿态
MoveL P30, v1000, fine, tool0; !机器人到达 P30
```

图 2-7 所示为所有点均为停止点（fine）时机器人的工具姿态。

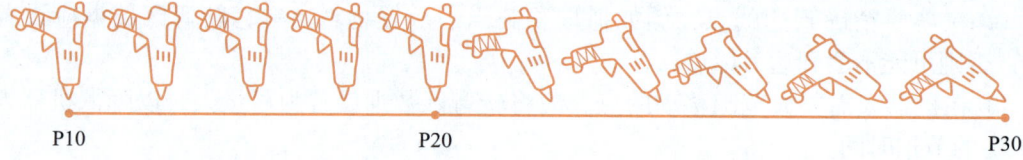

P10   P20   P30

图 2-7　所有点均为停止点时机器人的工具姿态

程序示例 2：

```
MoveJ P10, v1000, fine, tool0;  !机器人到达 P10
MoveL P20, v1000, z50, tool0;   !机器人在距离 P20 还有 50mm 处就
                                  开始调整姿态
MoveL P30, v1000, fine, tool0;  !机器人到达 P30
```

图 2-8 所示为中间点为飞跃点（z50）时机器人的工具姿态。

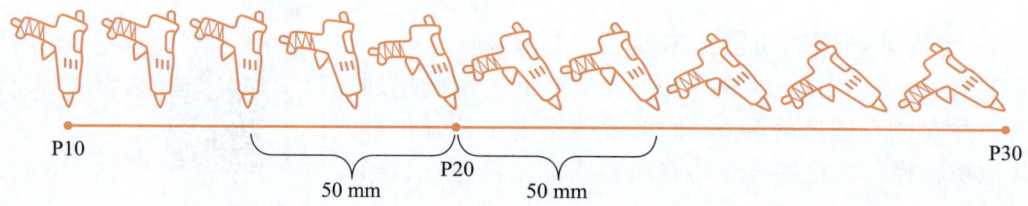

P10   50 mm P20 50 mm   P30

图 2-8　中间点为飞跃点时机器人的工具姿态

[任务实施]

微课视频：
机器人装配工作
站程序的编写

1. 明确流程要求

① 明确机器人动作顺序。

② 绘制流程图。

③ 编写功能程序。

④ 示教目标点位置。

⑤ 单步试运行功能程序。

⑥ 连续运行程序。

2. 明确机器人动作顺序

单一物料装盒过程中，机器人的位置及操作具体为：机器人原点位置→中间过渡点→抓取点上方→抓取点→打开吸盘→抓取点的上方→放置点上方→放置点→关闭吸盘→回到放置点上方→回中间过渡点→机器人原点位置。

3. 绘制流程图

根据机器人的动作顺序，绘制装配程序流程图，如图 2-9 所示。

微课视频：
通过 RobotStudio 软
件对机器人在线编程

4. 编写功能程序

根据流程图编写装配功能程序，示例如下：

```
PROC rzp( )
        MoveJ Pzjd, v1000, z50, tool0;       !机器人到达中间过渡点
        MoveJ offs（Ppick, 0, 0, 100）, v1000, z50, tool0\Wobj1;
                                             !机器人到达抓取点上方
        MoveL offs（Ppick, 0, 0, 0）, v1000, fine, tool0\Wobj1;
                                             !机器人到达抓取点
        set do05;                            !机器人抓取物料
        MoveL offs（Ppick, 0, 0, 100）, v1000, z50, tool0\Wobj1;
                                             !机器人回到抓取点上方
        MoveJ offs（Pput, 0, 0, 100）, v1000, z50, tool0\Wobj1;
                                             !机器人到达放置点上方
        MoveL offs（Pput, 0, 0, 0）, v1000, fine, tool0\Wobj1;
                                             !机器人到达放置点
        reset do05;                          !机器人放置物料
        MoveL offs（Pput, 0, 0, 100）, v1000, z50, tool0\Wobj1;
                                             !机器人回到放置点上方
        MoveJ Pzjd, v1000, z50, tool0;       !机器人到达中间过渡点
ENDPROC
```

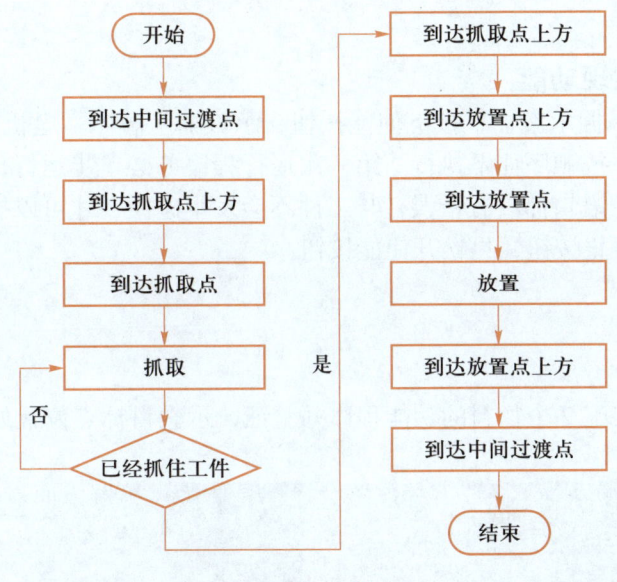

图 2-9　装配程序流程图

5. 示教目标点位置

本任务需要示教的点位为原点 PHome、中间点 Pzjd、抓取点 Ppick、放置点 Pput，如图 2-10 所示。

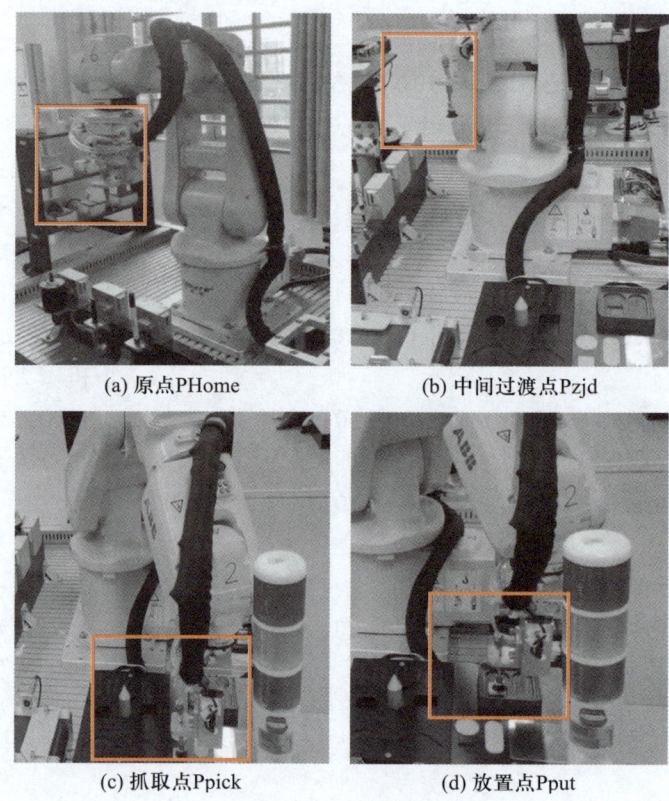

(a) 原点PHome   (b) 中间过渡点Pzjd

(c) 抓取点Ppick   (d) 放置点Pput

图 2-10　机器人需要示教的目标点位置

6. 调试程序实现功能

用正确的方法手握示教器，按下使能按钮，示教器上显示"电机开启"，然后按下步进按钮，机器人程序按顺序往下执行。第一次运行程序务必单步运行，直至程序末尾，确定机器人运行每一条语句都没有错误，与工件不会发生碰撞，才可以按下启动按钮。需要停止程序时，先按停止按钮，再松开使能按钮。

[拓展任务]

试编写机器人装配 2 个物料的功能程序并验证，示教目标点位置如图 2-11 所示。

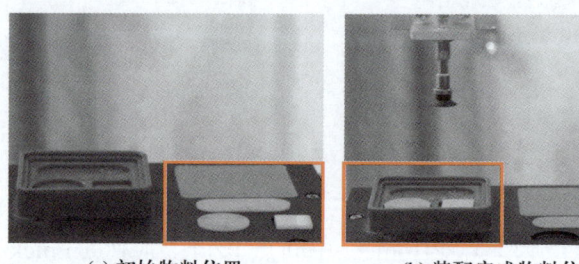

(a) 初始物料位置   (b) 装配完成物料位置

图 2-11　装配 2 个物料的示教目标点位置

[评价测验]

自测题
选择题

1. Offs 偏移指令参考的坐标系是（　　　）。

A. 大地坐标系　　　　　　　　　　B. 当前使用的工具坐标系

C. 当前使用的工件坐标系　　　　　D. 基坐标系

2. （多选题）直线运动指令中的参数 z 和 fine 的区别是（　　　）。

A. z 值表示逼近但不到达　　　　　B. z 值不可取零

C. fine 值不可取零　　　　　　　　D. fine 表示精确到达

判断题

zonedata 选择 z0 和选择 fine 效果是一样的。（　　　）

任务评价

序号	评价内容	任务评价	评价标准
1	树立操作机器人的规范意识	合格□　不合格	操作符合机器人安全要求应用规范为合格
2	树立流程改进的创新意识	合格□　不合格	主动实施≥1 项工艺改进（如缩短节拍）并验证成效为合格
3	分辨不同转弯区数据对 I/O 信号触发的差异	合格□　不合格	能描述 z50 和 fine 对 I/O 信号触发的影响为合格
4	正确解释 Offs 指令	合格□　不合格	能阐述指令参考的坐标系、指令参数的含义为合格
5	正确设置运动起始点、结束点、物料抓取点、过渡点的 zonedata 参数	优□　良□　及格□	正确设置 4 类点为优 正确设置 3 类点为良 正确设置 1 类点为及格
6	正确使用 Offs 指令优化抓取物料程序的编写	优□　良□　及格□	需要示教 1 个目标点为优 需要示教 2 个目标点良 需要示教 3 个目标点为及格

[工 单]

知 识 工 单

单一物料装盒的指令参数设置与编程理论任务

班级_____学号_____姓名_____第____组

模块二　装配工作站的编程与调试

项目一	基础技能——装盒工作的数据设置与编程
任务 1	单一物料装盒的指令参数设置与编程

1. 以下是机器人的运动指令，试用实线绘制出机器人运行的轨迹，并标出转弯的位置。

　　　　MoveL P10，v1000，fine，tool0；
　　　　MoveL P20，v1000，z50，tool0；
　　　　MoveL P30，v1000，fine，tool0；
　　　　MoveL P40，v1000，fine，tool0；

P10　　　　　　　　P20

P40　　　　　　　　P30

2. 以下指令是机器人装配工具程序，Set DO09 是打开夹爪，请在下面的程序中标出机器人打开、关闭夹爪处。

```
MoveAbsJ Jphome，v1000，fine，tool0；
MoveL PZQGJSF，v1000，z50，tool0；
Set DO09；
MoveL PZQGJ，v1000，fine，tool0；
ReSet DO09；
MoveL PZQGJSF，v1000，fine，tool0；
```

3. 对比 z50 和 fine 的特点以及应用场景。

参数名称	z50	fine
适用场景	过渡点　□ 绘制轨迹□ 抓放物料□	过渡点　□ 绘制轨迹□ 抓放物料□
使用该参数的优势	减少节拍时间□ 节能　　　□ 轨迹精确　□	减少节拍时间□ 节能　　　□ 轨迹精确　□
使用该参数对轨迹的影响	精确到达目标点□ 不会到达目标点□	精确到达目标点□ 不会到达目标点□

4. 现有以下指令，试标出偏移指令中各参数的含义。

　　　　MoveL offs（A，B，C，D），v1000，fine，tool0；

参数名称	参数功能	数据的类型（不定项选择）	单位
A		robotarget □ jointtarget □	—

续表

续表

参数名称	参数功能	数据的类型（不定项选择）	单位
B		num 型变量□ 数值　　□	mm□　　m□ cm□　dm□
C		num 型变量□ 数值　　□	mm□　　m□ cm□　dm□
D		num 型变量□ 数值　　□	mm□　　m□ cm□　dm□

5. 分别绘制抓取吸盘工具、吸取物料的功能流程图。

6. 对比抓取吸盘工具、吸取物料流程的异同。

功能	抓取吸盘工具程序所用指令	吸取物料程序所用指令	指令是否相同
回原点			相同□　不相同□
上方点			相同□　不相同□
目标点			相同□　不相同□
抓取 / 吸取			相同□　不相同□
上方点			相同□　不相同□
回原点			相同□　不相同□

7. 对机器人吸取物料程序、装配物料程序、程序中的目标点进行命名。

（1）机器人吸取物料程序名称为 _____。

（2）机器人装配物料程序名称为 _____。

（3）目标点命名：

序号	位置	目标点名称
1		
2		
3		
4		
5		
6		

8. 试编写吸取物料功能程序。

9. 试编写物料装盒功能程序。

实　施　工　单

单一物料装盒的指令参数设置与编程实操任务

班级＿＿＿＿＿＿学号＿＿＿＿＿＿姓名＿＿＿＿＿＿第＿＿组

模块二　装配工作站的编程与调试

项目二	基础技能——装盒工作的数据设置与编程
任务 1	单一物料装盒的指令参数设置与编程

一、工业机器人启动前准备

序号	需要完成的任务	确认情况	备注
1	检查机器人周围是否放置水瓶等杂物		
2	检查操作人员是否穿拖鞋		
3	检查操作人员是否佩戴安全帽		
4	检查操作人员是否戴手套		

二、编程并实现功能

1. 完成工业机器人工作站的启动

序号	需要完成的任务	完成情况	备注
1	启动实训平台		
2	启动机器人控制柜		
3	逆时针旋转急停按钮实现解锁		
4	按下控制柜上的电机上电按钮		
5	正确使用使能按钮实现电机上电功能		

2. 编写机器人功能程序

（1）编写机器人功能程序

序号	需要编写的子程序	完成情况	备注
1	机器人抓取物料子程序		
2	机器人放置物料子程序		
3	主程序		

（2）示教目标点

序号	需要示教的点位	完成情况	备注
1	原点		(0, 0, 0, 0, 90, 0)
2			
3			
4			
5			
6			

续表

（3）连续试运行功能程序

序号	需要完成的任务	完成情况	备注
1	将机器人调整为手动模式		
2	将 PP 移至程序的第一行		
3	将速度调整到 20%		
4	按下使能按钮		
5	通过启动按钮验证程序		
6	连续试运行中是否存在问题		如果存在请填写下表

（4）连续试运行中存在的问题

序号	存在问题的现象	分析产生的原因	分析可能的解决方案
1			
2			

三、关闭设备

序号	需要完成的任务	完成情况	备注
1	使机器人回到原点位置		（0，0，0，0，90，0）
2	按下急停按钮		
3	关闭机器人控制柜		
4	关闭实训平台		

四、检查工作任务的完成情况

序号	需要完成的任务	完成情况	备注
1	编写机器人抓取、放置物料程序		
2	完成目标点示教		
3	实现装配功能		

任务 2
物料装盒的数据类型设置与模块化编程

[任务目标]

素养目标：

拓展阅读：
用事实说话，用成绩
证明实力——顾纯元

1. 在面对未知的新指令时，树立自主学习的理念。
2. 在排除故障时，树立主动钻研解决方案的意识。

知识目标：

1. 正确描述常用数据类型的特点和适用场景（robtarget、jointtarget 等）。
2. 正确描述 VAR、PERS、CONST 三种存储类型的差异及各应用场景。
3. 掌握带参数赋值指令的使用方法。
4. 清晰描述任务、程序、模块三者的层级关系。

能力目标：

1. 能够正确设置机器人数据的类型和存储类型，且程序无报错。
2. 能正确绘制程序调用关系图。
3. 能合理运用模块化编程方式实现物料装盒功能。

[任务描述]

本任务机器人需要装配两个相似的物料。物料的大小、抓取点、放置点以及抓取和放置的运行轨迹都较为接近。为了减少示教编程的工作量，需要将物料的抓取和放置操作封装为一个子程序（即"抓、放"子程序）。在主程序中，首先为抓取点和放置点赋值，随后调用"抓、放"子程序，以实现两个物料的抓取与放置功能。

[任务引入]

在编写机器人的装盒程序时，需要先对两个抓取点和两个放置点进行示教，以实现两个不同位置物料的抓取和放置，如图 2-12 所示。实现该功能需要明确以下几点：

图 2-12　机器人抓取物料位置和放置物料位置

① 为了避免碰撞边上的摄像头，需要设置中间过渡点。

② 机器人需要可靠抓取吸盘工具。

③ 机器人的"抓、放"子程序中，抓取点、放置点的数据存储类型不能为常量（CONST）。

④ 在子程序中，对被赋值的目标点进行示教是无效的，应对主程序中赋值的点进行示教。

⑤ 示教过程中，注意工具、工件坐标系应与"抓、放"子程序中的运动指令相同。

分析与思考

1. "抓、放"子程序中的抓取点、放置点的数据存储类型是否可以为常量（CONST）？为什么？

2. 为什么要将"抓、放"功能封装为一个子程序？

[相关知识]

1. 赋值指令（:=）

赋值指令（:=）用来给数据赋一个新值。这个值可以是常量，也可以是任意表达式的结果。

程序示例 1：

```
reg1:=5;
```

功能释义：将 5 赋给 reg1。

程序示例 2：

```
reg1:=reg2-reg3;
```

功能释义：将 reg2-reg3 计算得到的数值赋给 reg1。

程序示例 3：

```
counter:=counter+1;
```

功能释义：将 counter 的值增加 1。

注：

① 赋值指令的左边为被赋值的变量，其类型可以为变量或可变量，不允许为常量。

② 赋值指令的右边可以为变量、可变量、常量。

③ 赋值指令左、右两边变量的数据类型应该相同，否则会报错。

2. 程序数据类型

ABB 机器人的程序数据共有 76 个类型，并且可以根据实

际情况进行程序数据的创建，为 ABB 机器人的程序设计带来了无限可能性。

在示教器的"程序数据"窗口，可查看和创建所需要的程序数据，如图 2-13 所示。

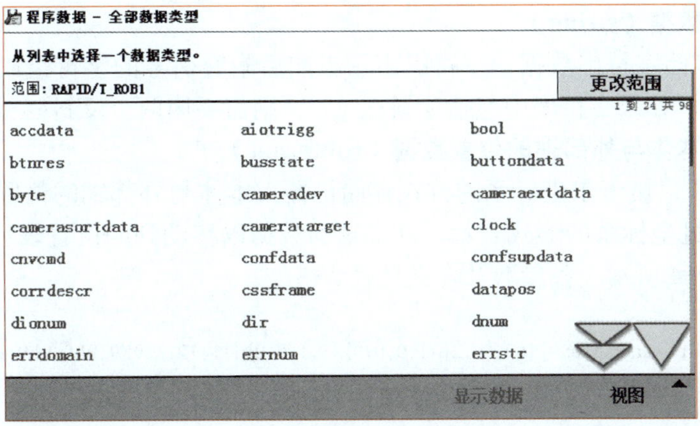

图 2-13　机器人的数据类型

3. 常用的程序数据

根据不同的数据用途，可以定义不同的程序数据，表 2-2 是机器人系统中常用的程序数据。

表 2-2　常用的程序数据

程序数据	说明	程序数据	说明
bool	布尔量数据	pos	位置数据（只有 X、Y 和 Z）
byte	整数数据 0～255	pose	坐标转换数据
clock	计时数据	robjoint	机器人轴角度数据
dionum	数字输入 / 输出信号数据	robtarget	机器人与外轴的位置数据
extjoint	外轴位置数据	speeddata	机器人与外轴的速度数据
intnum	中断标志符数据	string	字符串数据
jointtarget	关节位置数据	tooldata	工具数据
loaddata	负荷数据	trapdata	中断数据
mecunit	机械装置数据	wobjdata	工件数据
num	数值数据	zonedata	TCP 转弯半径数据
orient	姿态数据		

机器人系统中还有一些针对特殊功能的程序数据，在对应的功能说明书中会有详细介绍。可以查看 RobotStudio 软件中的帮助菜单以获取更多信息，也可以根据需要新建程序数据类型。下面以 num、bool、string、robtarget、jointtarget 几种数据类型为例，说明不同数据的存储情况。

（1）数值数据（num）

num 用于存储数值数据，例如计数器。num 的数据类型可以是整数，也可以是小数。

当存储的值为整数时，范围可以是 −8388607～+8388608。

（2）布尔量数据（bool）

bool 用于存储逻辑值（真 / 假），即 bool 型数据可以是 TRUE 或 FALSE。

（3）字符串数据（string）

string 用于存储字符串数据，字符串由一串前后附有引号的字符组成，一个字符串的最大字符数为 80。如果字符串中包括反斜杠（\），则需要用两个反斜杠（\\）进行代替。

（4）机器人本体与外部轴的位置数据（robtarget）

robtarget 用于以笛卡尔坐标系的方式存储机器人本体与外部轴的位置数据。其中机器人本体的数据通过坐标系的形式表示，外部轴的数据以移动到的位置表示。robtarget 变量的各参数如图 2-14 所示。各参数及含义见表 2-3。

CONST robtarget p10: =[[60,50,2],[1,0,0,0],[1,1,0,0],[11,12.3,9E9,9E9,9E9,9E9]];

　　　　　　　　　　　　trans　　　rot　　robconf　　　　　extax

图 2-14　robtarget 变量的各参数

表 2-3　**robtarget 变量各参数及含义**

参数	含义
trans	工具中心点的所在位置（X，Y，Z），单位为 mm。记录机器人工具中心点在当前工件坐标系下的位置。如果未设置工件坐标系，以大地坐标系作为基准
rot	工具的姿态，通过四元数表示（q1，q2，q3，q4）。记录机器人工具在当前工件坐标系下的姿态。如果未设置工件坐标系，以大地坐标系作为基准
robconf	机器人的轴配置参数，通过四个参数表示（cf1，cf4，cf6，cfx）。其中，cf1、cf4、cf6 分别代表第 1 轴、第 4 轴、第 6 轴当前的旋转角度。若轴的旋转角度在 0～90° 之间，该参数为 0，每增加 90°，该参数加 1。cfx 取决于工业机器人的类型
extax	外部轴的位置参数，通过（a，b，c，d，e，f）6 个变量表示，分别代表 6 个外部关节轴的角度（旋转轴）或位置（线性轴）。如不存在该轴，则用 9E9 表示

程序示例：

```
CONST robtarget P10:=[[60, 50, 2], [1, 0, 0, 0], [1, 1, 0,
0], [11, 12.3, 9E9, 9E9, 9E9, 9E9]];
```

位置 P10 定义如下：

机器人的位置：在目标坐标系中，X=60mm、Y=50mm 和 Z=2mm。工具方位与目标坐标系方向相同。

机器人的轴配置：第 1 轴和第 4 轴位于 90°～180°，第 6 轴位于 0～90°。外部逻辑轴 a 和 b 的位置以度或毫米表示（根据轴的类型）。未定义外部轴 c 到 f。

（5）关节位置数据（jointtarget）

jointtarget 用于以关节轴旋转角度的方式存储机器人本体与外部轴的位置数据。其中机器人本体的数据通过各关节轴旋转角度的方式表示，外部轴的数据以移动到的位置表示。jointtarget 变量的各参数如图 2-15 所示。各参数的含义如表 2-4 所示。

CONST jointtarget PHome: =[[0,0,0,0,0,0],[0,9E9,9E9,9E9,9E9,9E9]];

$\underbrace{\qquad}_{\text{robax}}$ $\underbrace{\qquad}_{\text{extax}}$

图 2-15　jointtarget 变量的各参数

表 2-4　jointtarget 变量各参数及含义

参数	含义
robax	机器人本体的各关节轴旋转角度（axis1，axis2，axis3，axis4，axis5，axis6），单位为度（°）。记录机器人本体各轴沿校准位置旋转的角度
extax	外部轴的位置参数，通过（a，b，c，d，e，f）6 个变量表示，分别代表 6 个外部关节轴的角度（旋转轴）或位置（线性轴）。如不存在该轴，则用 9E9 表示

程序示例：

```
CONST jointtarget PHome:=[[0, 0, 0, 0, 0, 0], [0, 9E9, 9E9,
9E9, 9E9, 9E9]];
```

位置 PHome 的定义如下：

机器人的 6 个关节轴的旋转角度均为 0°。同时定义外部逻辑轴 a 的正常校准位置，以度（°）或 mm 表示（根据轴的类型）。未定义外部轴 b 到 f。

4. 程序数据的存储类型

（1）变量 VAR

变量型数据在程序执行的过程中和停止时均会保持当前值。但如果程序指针被手动移到其他子程序，当前值会丢失，变为该变量在程序声明处定义的初始值。

微课视频：
程序数据的存储
类型

程序示例：

```
VAR num num1:=0;          !名称为 num1 的数值数据，num1 此时值为零。
VAR bool flag1:=FALSE;    !名称为 flag1 的布尔量数据，flag1 状态为
                          FALSE。
```

在程序编辑窗口中的显示如图 2-16 所示。

在机器人执行的 RAPID 程序中，也可以对变量存储类型的程序数据进行赋值操作，如图 2-17 所示。

定义数据类型：上述程序中，①位置处，VAR 表示存储类型为变量；num、bool 表示程序数据的类型。

定义数据的初始值：在定义数据时，可以定义变量型数据的初始值。上述程序中，①位置处，num1 的初始值为 0；flag1 的初始值为 FALSE。

程序执行：在程序中，可以对变量型数据进行赋值。上述程序中，②位置处，num1 为数值数据，经过计算后的结果为 1；flag1 为布尔量数据，此时为 TRUE。

```
MODULE module11
  ⊟    VAR num num1:=0;
       VAR bool flag1:=FALSE;
    ENDMODULE
```

图 2-16 设置为变量

```
MODULE module11
  ⊟    VAR num num1:=0;         ⎫
       VAR bool flag1:=FALSE;   ⎬ ①
  ⊟  PROC fw()                  
         num1:=3-2;             ⎫
         flag1:=TRUE;           ⎬ ②
     ENDPROC
ENDMODULE
```

图 2-17 将变量赋值

程序指针移动：程序指针被手动移动到其他程序时，变量的值会回到其初始值，例如，num1 会变回初始值 0；flag1 会变回初始值 FALSE。

（2）可变量 PERS

可变量的特点是无论程序指针如何移动，都会保持最后被赋予的值。

程序示例：

```
PERS num num2:=0;           ! 名称为 num2 的数值数据
PERS bool flag2:=FALSE;     ! 名称为 flag2 的布尔量数据
```

在机器人执行的 RAPID 程序中，也可以对可变量存储类型的程序数据进行赋值操作，如图 2-18 所示。

定义数据的初始值：在定义数据时，可以定义可变量的初始值。上述程序中，③位置处，num2 的初始值为 0；flag2 的初始值为 FALSE。

程序执行：在程序中，可以对可变量进行赋值。上述程序中，④位置处，num2 为数值数据，经过计算后的结果为 1；flag2 为布尔量数据，此时为 TRUE。

程序指针移动：程序指针被手动移动到其

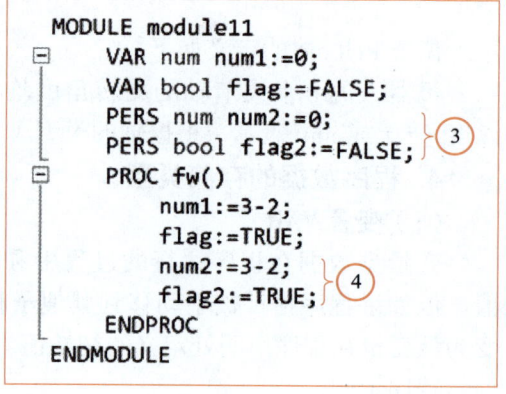

图 2-18 添加可变量

他位置时，可变量的值不会变化，例如，num2 仍为 1；flag2 仍为 TRUE（在程序执行以后，赋值的结果会一直保持，直到对其进行重新赋值）。

（3）常量 CONST

常量的特点是在定义时已赋予了数值，并不能在程序中进行修改，除非手动修改。

程序示例：

```
CONST num num3:=0;          ! 名称为 num3 的数值数据
CONST bool flag3:=FALSE;    ! 名称为 flag3 的布尔量数据
```

注：存储类型为常量的程序数据，不允许在程序中进行赋值操作。

（4）运行效果

下面的程序示例定义了三种不同的数据存储类型：num1、flag1 为变量；num2、flag2

为可变量；num3、flag3 为常量。因常量无法被赋值，故程序中没有列出 num3、flag3 的赋值指令。

程序示例：

```
MODULE MainModule
    VAR num num1:=0;
    VAR bool flag1:=FALSE;
    PERS num num2:=0;
    PERS bool flag2:=FALSE;
    CONST num num3:=0;
    CONST bool flag3:=FALSE;
  PROC main( )
     fw;
     WaitTime 3;
  ENDPROC
  PROC fw( )
  num1:=3-2;
  flag1:=TRUE;
  num2:=3-2;
  flag2:=TRUE;
    ENDPROC
ENDMODULE
```

① 程序运行前 num1、num2、num3 的初始值如图 2-19 所示，flag1、flag2、flag3 的初始值如图 2-20 所示。

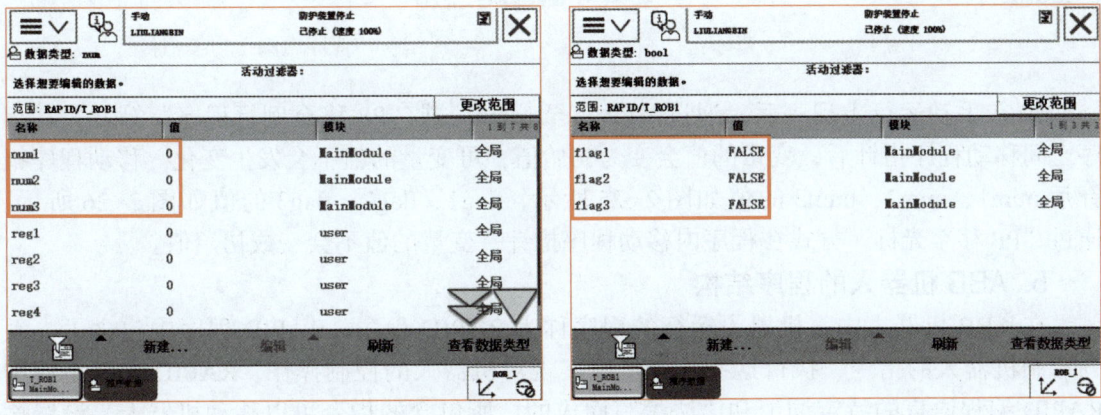

图 2-19　程序运行前 num1、num2、num3 的初始值　图 2-20　程序运行前 flag1、flag2、flag3 的初始值

② 通过手动运行主程序，程序运行后 num1、num2、num3 的值如图 2-21 所示，flag1、flag2、flag3 的值如图 2-22 所示。

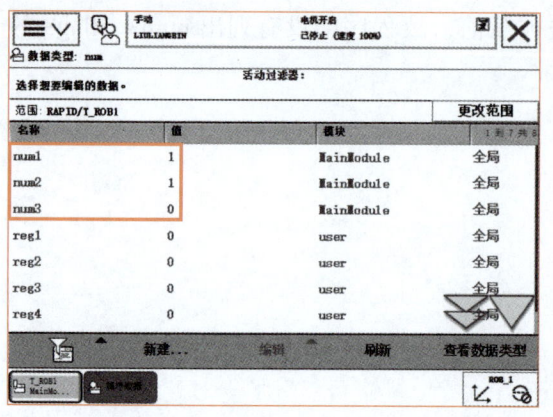

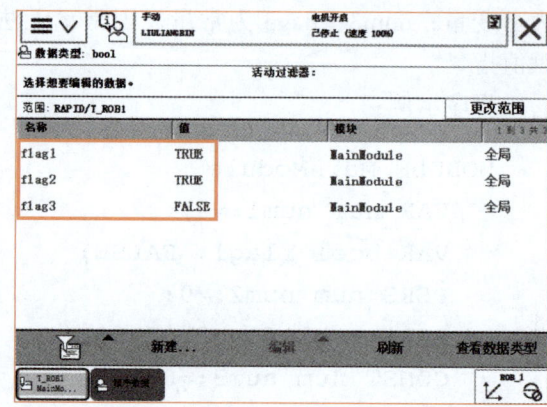

图 2-21 程序运行后 num1、num2、num3 的值 　　图 2-22 程序运行后 flag1、flag2、flag3 的值

③ 在手动运行主程序后，可以通过"PP 移至光标"方式在程序内移动程序指针，如图 2-23 所示；通过"PP 移至 Main"或"PP 移至例行程序"方式在程序之间移动程序指针，如图 2-24 所示。

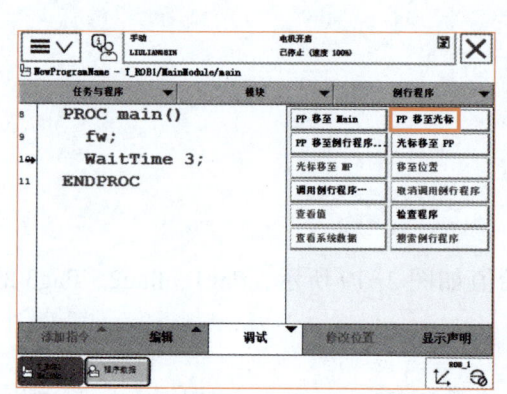

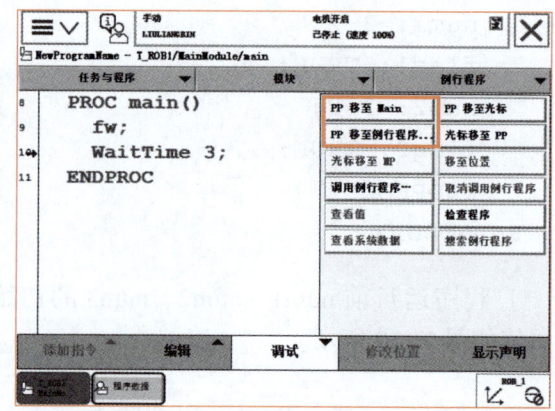

图 2-23 在程序内移动程序指针 　　　　　图 2-24 在程序之间移动程序指针

④ 在手动运行主程序后，通过"PP 移至 Main"或"PP 移至例行程序"等方式在程序之间移动程序指针后，变量的值会变为初始值，可变量的值不会发生变化。移动程序指针后 num1、num2、num3 的值如图 2-25 所示，flag1、flag2、flag3 的值如图 2-26 所示。通过"PP 移至光标"方式在程序内移动程序指针，变量的值不会变成初始值。

5. ABB 机器人的程序结构

在 ABB 机器人中，机器人运行的程序称为 RAPID 程序，RAPID 程序中包含了一系列控制机器人的指令，执行这些指令可以实现对机器人的控制操作。RAPID 程序是使用 RAPID 编程语言的特定词汇和语法编写而成的，所包含的指令可以移动机器人、设置输出、读取输入，还能实现决策、重复执行指令、构建程序、与系统操作员交流等。

RAPID 程序由一个或多个任务（Task）构成，任务又由系统模块（System Module）与程序模块（Program Module）组成。ABB 机器人的程序结构示意图如图 2-27 所示。

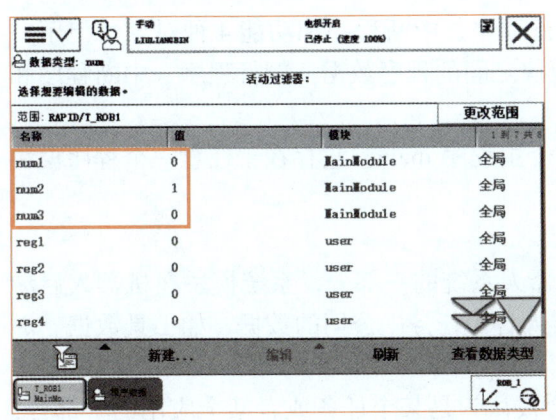

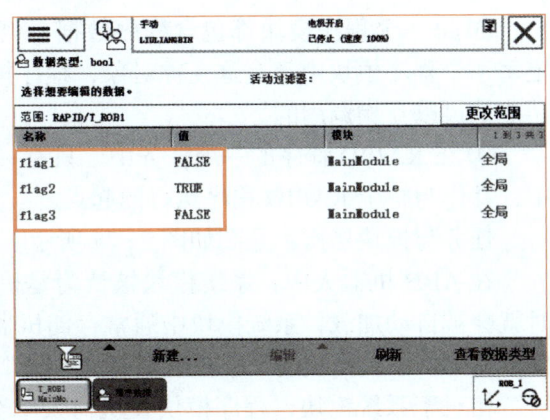

图 2-25　移动程序指针后 num1、num2、num3 的值　　图 2-26　移动程序指针后 flag1、flag2、flag3 的值

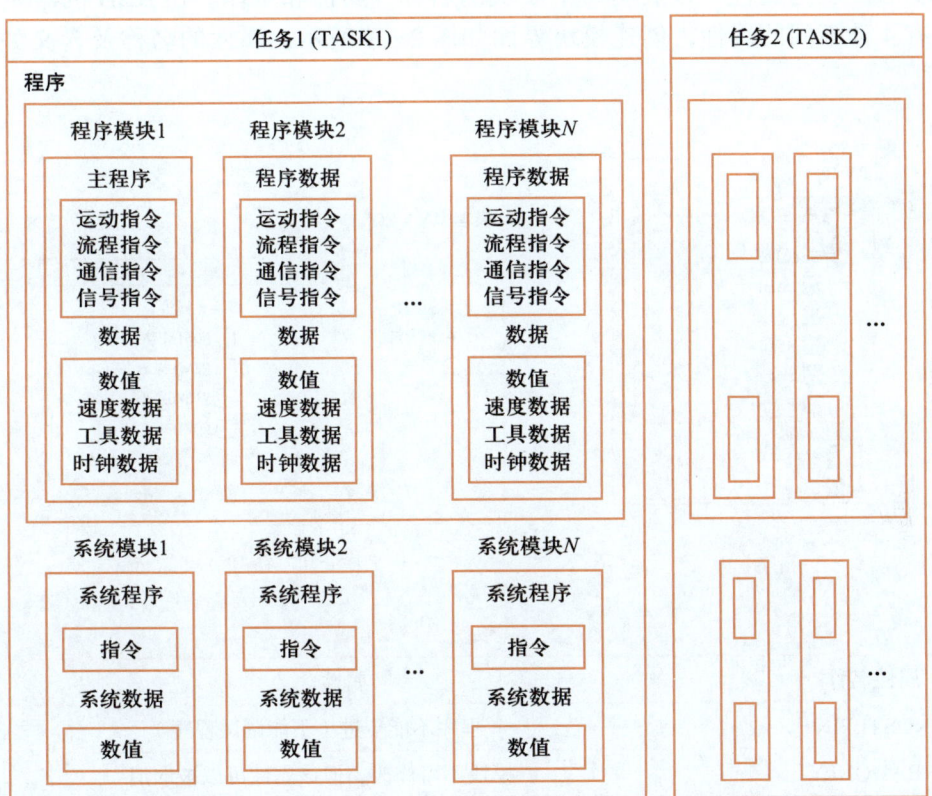

图 2-27　ABB 机器人的程序结构示意图

RAPID 程序的架构说明如下：

① RAPID 程序由程序模块与系统模块组成。一般只通过新建程序模块来构建机器人的程序，而系统模块多用于系统方面的控制。

② 可以根据不同的用途创建多个程序模块，如专门用于主控制的程序模块、用于位置计算的程序模块、用于存放数据的程序模块，这样便于归类管理不同用途的例行程序与数据。

③ 每一个程序模块都包含程序数据、例行程序、中断程序和功能 4 种对象，但不一定每一个程序模块中都有这 4 种对象，程序模块之间的程序数据、例行程序、中断程序和功能是可以互相调用的。

④ 在 RAPID 程序的一个任务中，只有一个主程序 main，它存在于任意一个程序模块中，并作为整个 RAPID 程序执行的起点。

任务与模块层次示意图如图 2-28 所示。

在 ABB 机器人中，系统模块被认为是机器人系统的一部分，系统模块在机器人启动时就会被自动加载，系统模块中通常存储机器人各个任务中公用的数据，如工具数据、焊接数据等。系统模块的文件扩展名是"*.sys"。

相对于系统模块，程序模块在机器人中会被认为是某个任务或者某个应用的一部分，程序模块通常用于一般的程序编写与数据存储。程序模块的文件扩展名是"*.mod"。

模块的声明与属性可以表明一个模块的名称、属性和本体。在 ABB 机器人中，模块一共有 4 种不同的属性，创建模块界面如图 2-29 所示，属性的名称及含义如表 2-5 所示。

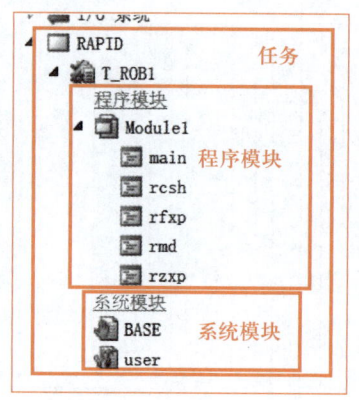

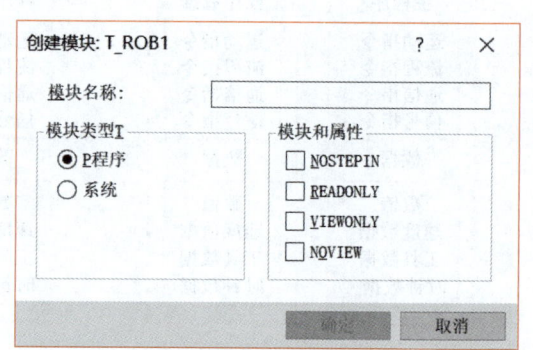

图 2-28　任务与模块层次示意图　　　　　图 2-29　创建模块界面

表 2-5　属性的名称及含义

属性名称	属性含义
NOSTEPIN	程序不能步进（不能调试程序）
READONLY	模块不可修改，但该属性可以被取消
VIEWONLY	模块不可修改
NOVIEW	示教器中无法查看，仅能执行

例如，将模块属性设为 NOVIEW，如图 2-30 所示，程序代码在示教器中将不可见，界面如图 2-31 所示。

通过设置模块属性的方式，可以实现程序模块的只读与隐藏，从而防止现场操作或者其他人员误操作的情况。但是它只能实现在示教器上进行限制，在 RobotStudio 上还是可以进行修改与查看的。所以设置模块属性主要用于避免人员误操作。

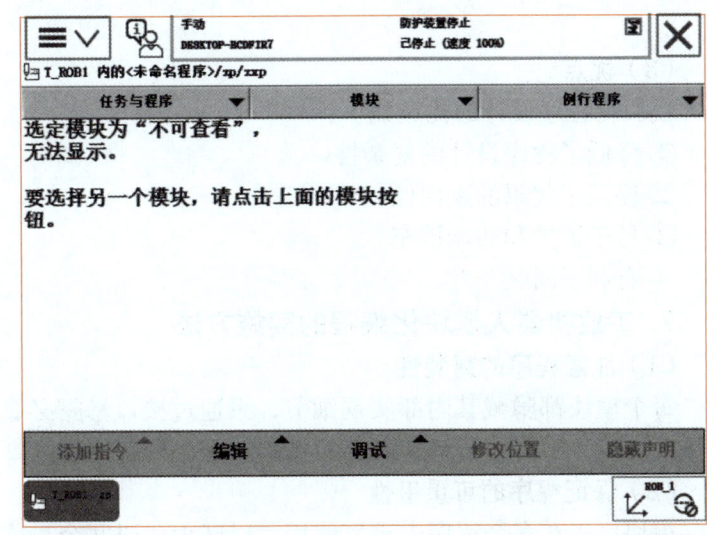

```
MODULE zp(NOVIEW)
□  PROC zxp()
        WaitTime 1;
    ENDPROC
ENDMODULE
```

图 2-30　NOVIEW 属性的模块　　　　　图 2-31　示教器上显示"不可查看"

6. 模块化程序设计

模块化程序设计是一种程序设计方法，是指在进行程序设计时，将一个大程序按照功能划分为若干小程序模块，每个小程序模块完成一个确定的功能，并在这些模块之间建立必要的联系，通过模块的互相协作完成整个程序的功能。

（1）思想

在设计较复杂的程序时，一般采用自顶向下的方法，将问题划分为几个部分，然后对各部分再进行细化，直到分解为易于解决的问题为止。模块化程序设计，简单地说就是程序的编写不是一开始就逐条录入计算机语句和指令，而是首先用主程序、子程序、子过程等框架把软件的主要结构和流程描述出来，并定义和调试好各框架之间的输入、输出链接关系，通过逐步求精，得到一系列以功能块为单位的算法描述。以功能块为单位进行程序设计，实现其求解算法的方法称为模块化。模块化程序设计的目的是降低程序的复杂度，使程序设计、调试和维护等操作简单化。

利用函数，不但可以实现程序的模块化，使得程序设计更加简单和直观，从而提高程序的易读性和可维护性，而且还可以把程序中经常用到的一些计算或操作编写成通用函数，以供随时调用。

（2）原则

一般说来，模块化程序设计应该遵循以下主要原则：

① 模块独立性。模块完成独立的功能，与其他模块的联系应该尽可能简单，各模块具有相对的独立性。

② 模块规模适当。模块的规模不能太大，也不能太小。如果模块的功能太强，可读性就会较差，若模块的功能太弱，就会有很多的接口。工程师需要通过较多的程序设计来积累经验。

③ 分解模块层次清晰。在进行多层次任务分解时，要注意对问题进行抽象化。在分解初期可以只考虑大的模块，在分解中期再逐步进行细化，分解为较小的模块进行

设计。

（3）优点

模块化程序设计的优点如下：

① 降低了程序设计的复杂性。

② 提高了代码的重用性。

③ 易于维护和功能扩充。

④ 有利于团队开发。

7. 工业机器人模块化编程的实施方法

（1）注意程序的封装性

每个模块都隐藏其内部实现细节，只通过接口暴露必要的功能。这样，其他模块在调用该模块时，不需要了解其内部的具体实现，只需按照接口规范进行操作即可。

（2）保证程序的可重用性

模块可以在多个程序中重复使用，以减少代码冗余。这不仅可以提高编程效率，还可以降低维护成本。例如，从上方抓取物料的程序都可以用相同的程序，需要修改的只有抓取点前的进入点高度、进入点、抓取 I/O 口的名称。以下抓取物料的子程序中，只需要示教一个点位置 ppick 即可，程序示例如下：

```
PROC rxq( )
    MoveJ offs(Ppick, 0, 0, 100), v1000, z50, tool0\Wobj1;
                            ! 以 Ppick 为基准偏移得到抓取点上方
    MoveL Ppick, v1000, fine, tool0\Wobj1;
                            ! 抓取点 Ppick
    set do05;
    MoveL offs(Ppick, 0, 0, 100), v1000, z50, tool0\Wobj1;
                            ! 以 Ppick 为基准偏移得到抓取点上方
ENDPROC
```

（3）注意程序的独立性

模块之间尽可能减少相互依赖，便于开发和维护。当一个模块出现问题时，可以单独对其进行修改和测试，而不会影响其他模块。可以通过设置相同的进入点和离开点来实现模块的独立性。

```
PROC rzp( )
    MoveAbsJ PHome\NoEOffs, v1000, z50, tool0;
                            ! 原点位置
    MoveJ Pzjd, v1000, z50, tool0;     ! 中间过渡点
    MoveJ offs(Ppick,0,0,100), v1000, z50, tool0\ Wobj1;
                            ! 以 Ppick 为基准偏移得到抓取点上方
    MoveL Ppick, v1000, fine, tool0\Wobj1;
                            ! 抓取点 Ppick
```

```
set do05;
MoveL offs(Ppick,0,0,100), v1000, z50, tool0\Wobj1;
                    ! 以 Ppick 为基准偏移得到抓取点上方
MoveJ offs(Pput,0,0,100), v1000, z50, tool0\Wobj1;
                    ! 以 Pput 为基准偏移得到放置点上方
MoveL Pput, v1000, fine, tool0\Wobj1;
                    ! 放置点 Pput
reset do05;
MoveL offs(Pput,0,0,100), v1000, z50, tool0\Wobj1;
                    ! 以 Pput 为基准偏移得到放置点上方
MoveJ Pzjd, v1000, z50, tool0;
                    ! 中间过渡点
MoveAbsJ PHome\NoEOffs, v1000, z50, tool0;
                    ! 原点位置
ENDPROC
```

（4）保证程序结构的清晰性

模块化编程使得程序结构更清晰，易于理解和维护。通过模块化，可以将复杂的控制逻辑划分为多个简单模块，每个模块都负责实现一个特定的功能。例如，通过模块化编程的主程序只有抓取工具、放置工具、装配和回原点这几个步骤，结构比较清晰，如图 2-32 所示。

[**任务实施**]

1. 明确流程要求

① 明确机器人动作顺序。

② 绘制流程图。

③ 编写功能程序。

④ 示教目标点位置。

⑤ 调试程序实现功能。

图 2-32　通过模块化
编程的装配功能流程图

微课视频：
变量赋值法实现机
器人的装配功能

2. 明确机器人动作顺序

机器人装配一个物料任务中，机器人的位置及操作具体为：中间过渡点→抓取点上方→抓取点→打开吸盘→抓取点上方→放置点上方→放置点→关闭吸盘→回到放置点上方→中间过渡点。

机器人装配一个物料任务的主程序中，子程序的调用情况具体为：初始化→抓取吸盘工具→装配→放置吸盘工具。

3. 绘制流程图

可以将任务分解为三个部分，第一个部分为抓取吸盘工具，第二个部分为装配，第三个部分为放置吸盘工具。

主程序流程图如图 2-33 所示。

装配子程序流程图如图 2-34 所示。

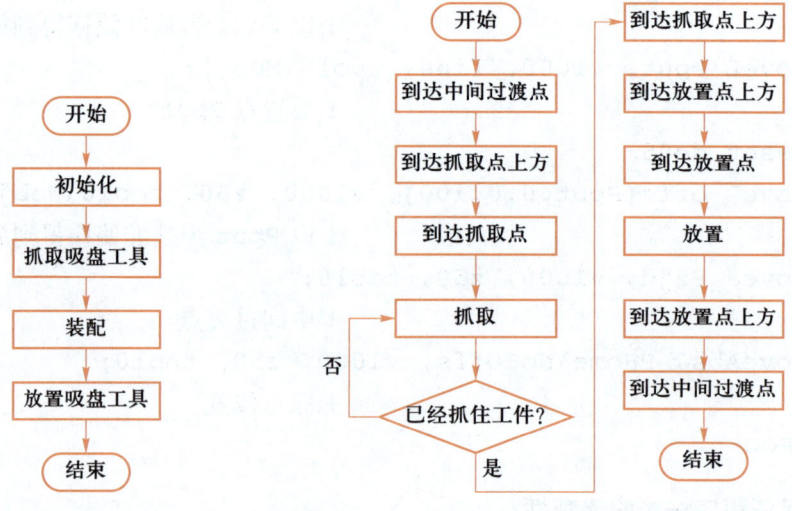

图 2-33　主程序流程图　　　　　图 2-34　装配子程序流程图

4. 编写功能程序

① 初始化程序示例如下：

```
PROC rcsh( )
    reset do05;                              ！关闭吸气功能
    reset do09;                              ！关闭夹爪
    MoveAbsJ PHome\NoEOffs, v1000, fine, tool0;
                                             ！机器人回原点位置

    ENDPROC
```

② 装配功能程序示例如下：

```
PROC rzp( )
    MoveJ Pzjd, v1000, z50, tool0;           ！到达中间过渡点位置
    MoveJ offs(Ppick, 0, 0, 100), v1000, z50, tool0\Wobj1;
                                             ！到达抓取点上方
    MoveL Ppick, v1000, fine, tool0\Wobj1;   ！到达抓取点
    set do05;

                                             ！打开吸气功能
    MoveL offs(Ppick, 0, 0, 100), v1000, z50, tool0\Wobj1;
    MoveJ offs(Pput,0,0,100), v1000, z50, tool0\Wobj1;
    MoveL Pput, v1000, fine, tool0\Wobj1;    ！到达放置点
    reset do05;
```

```
                                        ！关闭吸气功能
    MoveL offs(Pput, 0, 0, 100), v1000, z50, tool0\Wobj1;
                                        ！到达放置点上方
    MoveJ Pzjd, v1000, z50, tool0;
ENDPROC
```

③ 主程序示例如下：

```
PROC Main(  )
    rcsh;                   ！初始化程序
    MoveAbsJ PHome\NoEOffs, v1000, z50, tool0;
    rzxp;                   ！此处调用抓取吸盘工具子程序，可以参考前面任务
    Ppick:=Ppick1;          ！抓取点 1
    Pput:=Pput1;            ！放置点 1
    rzp;                    ！装配子程序（第一次装配）
    Ppick:=Ppick2;          ！抓取点 2
    Pput:=Pput2;            ！放置点 2
    rzp;                    ！装配子程序（第二次装配）
    rfxp;                   ！此处调用放置吸盘工具子程序，可以参考前面任务
ENDPROC
```

5. 示教目标点位置

本任务需要示教的点位为原点 PHome、中间过渡点 Pzjd、抓取点 1 Ppick1、抓取点 2 Ppick2、放置点 1 Pput1、放置点 2 Pput2。示教目标点位置如图 2-35 所示。

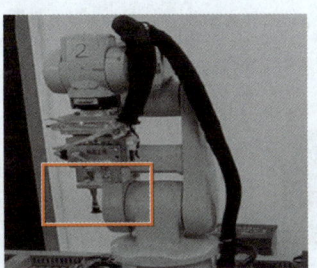

(a) 原点 PHome

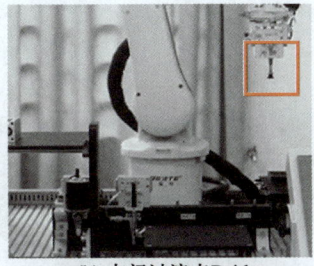

(b) 中间过渡点 Pzjd

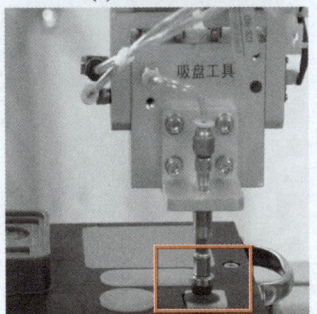

(c) 抓取点 1 Ppick1

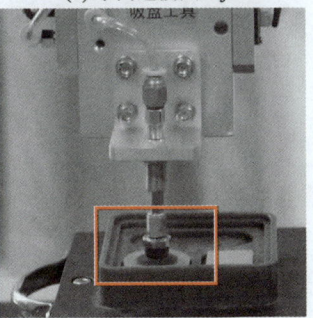

(d) 放置点 1 Pput1

125

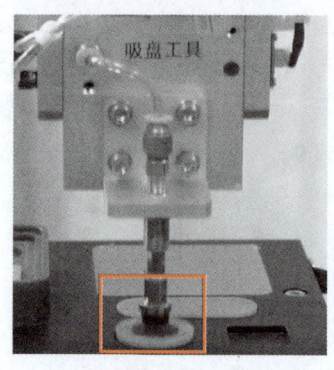
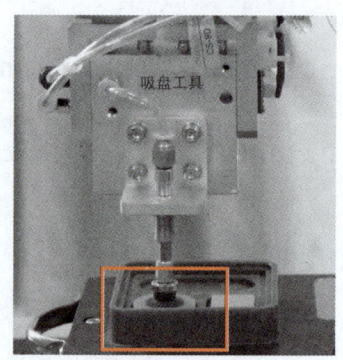

(e) 抓取点2 Ppick2 　　　　　　(f) 放置点2 Pput2

图 2-35　示教目标点位置

6. 调试程序实现功能

用正确的方法手握示教器，按下使能按钮，示教器上显示"电机开启"，然后按下步进按钮，机器人程序按顺序往下执行。第一次运行程序务必单步运行，直至程序末尾，确定机器人运行每一条语句都没有错误，与工件不会发生碰撞，才可以按下启动按钮。需要停止程序时，先按停止按钮，再松开使能按钮。

[拓展任务]

试编写机器人装配 4 个物料的功能程序并验证，示意图如图 2-36 所示。

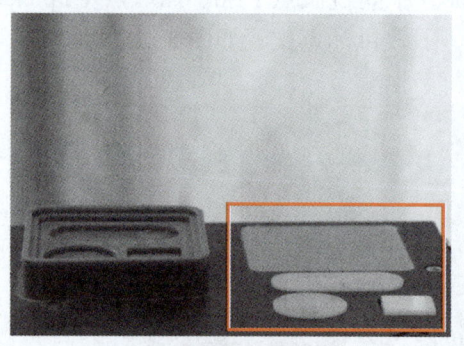
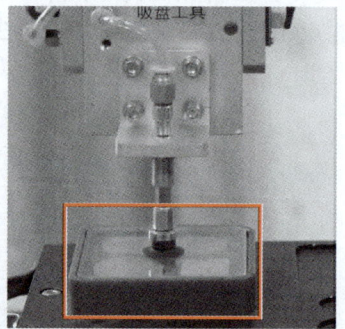

(a) 装配前物料的摆放状态 　　　　(b) 装配完成后物料的摆放状态

图 2-36　装配 4 个物料示意图

[评价测验]

自测题

选择题

1. 当程序指针移动时，（　　　　）会变为初始值。

A. PERS　　　　　B. VAR　　　　　C. CONST　　　　　D. 都不会变为初始值

2. 机器人有（　　　）种存储类型。

A. 无数　　　　　　B. 2　　　　　　C. 3　　　　　　D. 4

3. 模块化程序设计中，希望机器人的进入点和离开点尽量（　　　）。

A. 相同　　　　　　B. 不同　　　　　　C. 无所谓

4. 以下赋值指令写法正确的是（　　　）。

A. reg1 == reg2　　B. reg1 = reg2　　C. reg1∶= reg2　　D. reg1! = reg2

填空题

"∶="是 _____ 指令。

任务评价

序号	评价内容	任务评价	评价标准
1	树立自主学习新指令的理念	合格□ 不合格□	完成≥1个新指令的学习为合格
2	树立主动钻研解决方案的意识	合格□ 不合格□	解决≥1个未知故障/新工艺需求为合格
3	正确描述常用的数据类型的特点和适用场景	优□ 良□ 及格□	能描述3种数据类型为优 能描述2种数据类型为良 能描述1种数据类型为及格
4	正确描述VAR、PERS、CONST三种存储类型的差异和各自的应用场景	优□ 良□ 及格□	能描述3种存储类型为优 能描述2种存储类型为良 能描述1种存储类型为及格
5	正确使用赋值指令	合格□ 不合格□	能设置赋值指令中变量的数据类型和存储类型为合格
6	正确分辨任务、程序、模块的关系	合格□ 不合格□	能描述三者层级关系为合格
7	正确设置机器人数据的类型和存储类型	合格□ 不合格□	能设置机器人数据类型和存储类型且程序无报错为合格
8	合理运用模块化编程方式实现功能	合格□ 不合格□	使用模块化编程方式为合格

[工单]

知 识 工 单

物料装盒的数据类型设置与模块化编程理论任务

班级_____学号_____姓名_____第____组

模块二　装配工作站的编程与调试	
项目一	基础技能——装盒工作的数据设置与编程
任务 2	物料装盒的数据类型设置与模块化编程

1. 试分别说明以下机器人不同程序数据类型的名称和取值情况。

变量类型	类型名称	取值情况
bool		TRUE/FALSE ☐ 实数　　　☐ 字符　　　☐
num		TRUE/FALSE ☐ 实数　　　☐ 字符　　　☐
string		TRUE/FALSE ☐ 实数　　　☐ 字符　　　☐

2. 试对比 jointtarget、robotarget 数据类型的不同。

CONST jointtarget JPHome:=[[0,0,0,0,90,0],[9E+9,9E+9,9E+9,9E+9,9E+9,9E+9]];

CONST robtarget PXP:=[[0,0,0],[1,0,0,0],[−1,0,−1,0],[9E+9,9E+9,9E+9,9E+9,9E+9,9E+9]];

变量类型	jointtarget	robtarget
数据分别表达含义	第一组：_____ 第二组：_____	第一组：_____ 第二组：_____ 第三组：_____ 第四组：_____
适用的指令	MoveL　　☐ MoveJ　　☐ MoveC　　☐ MoveAbsJ ☐	MoveL　　☐ MoveJ　　☐ MoveC　　☐ MoveAbsJ ☐
变量参考的基准	坐标系　　☐ 关节角度　☐	坐标系　　☐ 关节角度　☐

3. 试分别说明机器人程序数据的不同存储类型及特点。

存储类型	类型名称	特点	
CONST		手动移动程序指针，值变为初始值	☐
		手动移动程序指针，值不会变化	☐
		程序中可以赋值	☐
VAR		手动移动程序指针，值变为初始值	☐
		手动移动程序指针，值不会变化	☐
		程序中可以赋值	☐
PERS		手动移动程序指针，值变为初始值	☐
		手动移动程序指针，值不会变化	☐
		程序中可以赋值	☐

4. 完善下面的指令，实现将 Ppick1 的位置赋值给 Ppick 变量。

_____:=_____

符号	名称	数据存储类型
:=		—
Ppick	赋值数据 ☐ 被赋值数据☐	VAR ☐ PERS ☐ CONST ☐
Ppick1	赋值数据 ☐ 被赋值数据☐	VAR ☐ PERS ☐ CONST ☐

5. 下图是程序、模块、任务之间的关系图，试在程序结构的横线处填写"模块""程序"或"任务"。

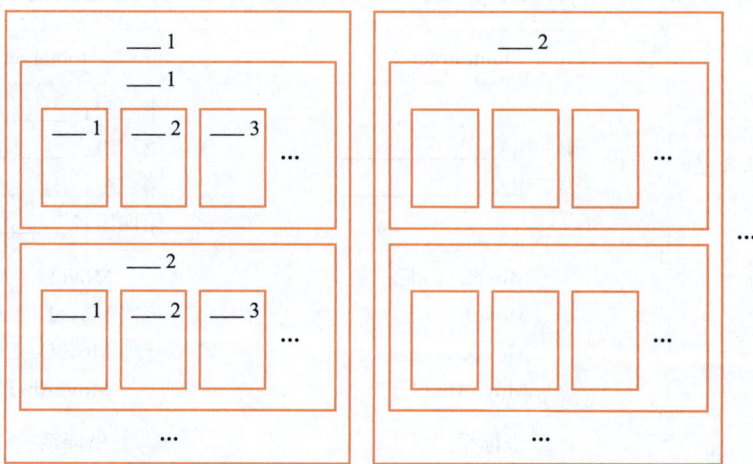

思考：

情况	条件	判断
同名程序	在同一个任务下的相同模块里	可以出现□ 不可以出现□
	在同一个任务下的不同模块里	可以出现□ 不可以出现□
	在不同任务下	可以出现□ 不可以出现□
同名模块	在同一个任务下	可以出现□ 不可以出现□
	在不同任务下	可以出现□ 不可以出现□

6. 说明模块化编程的原则有哪些?

7. 说明模块化编程的优点有哪些?

8. 试对机器人抓取物料、装配物料程序、主程序、抓取吸盘工具、放置吸盘工具进行命名。

(1)机器人抓取物料程序名称为 _____。

(2)机器人装配物料程序名称为 _____。

(3)机器人主程序名称为 _____。

(4)机器人抓取吸盘工具程序名称为 _____。

(5)机器人放置吸盘工具程序名称为 _____。

9. 请编写装配两个物料的主程序。

实　施　工　单

物料装盒的数据类型设置与模块化编程实操任务

班级＿＿＿＿＿＿学号＿＿＿＿＿＿姓名＿＿＿＿＿＿第＿＿组

模块二　装配工作站的编程与调试	
项目一	基础技能——装盒工作的数据设置与编程
任务 2	物料装盒的数据类型设置与模块化编程

一、机器人启动前准备

序号	需要完成的任务	确认情况	备注
1	检查机器人周围是否放置水瓶等杂物		
2	检查操作人员是否穿拖鞋		
3	检查操作人员是否佩戴安全帽		
4	检查操作人员是否戴手套		

二、编程并实现功能

1. 完成机器人工作站的启动

序号	需要完成的任务	完成情况	备注
1	启动实训平台		
2	启动机器人控制柜		
3	逆时针旋转急停按钮实现解锁		
4	按下控制柜上的电机上电按钮		
5	正确使用使能按钮实现电机上电功能		

2. 编写机器人功能程序

（1）编写机器人功能程序

序号	需要编写的子程序	完成情况	备注
1	初始化程序		
2	机器人抓取、放置物料子程序		
3	主程序		

（2）示教目标点

序号	需要示教的点位	完成情况	备注
1	原点		（0，0，0，0，90，0）
2			
3			
4			
5			
6			

（3）连续试运行功能程序

序号	需要完成的任务	完成情况	备注
1	将机器人调整为手动模式		
2	将 PP 移至程序的第一行		
3	将速度调整到 20%		
4	按下使能按钮		
5	通过启动按钮验证程序		
6	连续试运行中是否存在问题		如果存在请填写下表

（4）连续试运行中存在的问题

序号	存在问题的现象	分析产生的原因	分析可能的解决方案
1			
2			

三、关闭设备

序号	需要完成的任务	完成情况	备注
1	使机器人回到原点位置		（0，0，0，0，90，0）
2	按下急停按钮		
3	关闭机器人控制柜		
4	关闭实训平台		

四、检查工作任务的完成情况

序号	需要完成的任务	完成情况	备注
1	编写机器人抓取物料子程序		
2	编写机器人放置物料子程序		
3	编写主程序		

技能提升——生产线多个物料装盒

当料盒由传送带传送过来时，它们在传送带上的相对位置及摆放角度存在差异。通过定义工件坐标系，可以对料盒进行精确定位。多个物料的装盒工作可以采用以下两种方法来实现：

① 多个物料装盒的坐标设置与模块化编程。需要根据示教的料盘中基准物料与其他物料的偏移位置，实现机器人对多个物料的自动装盒。

② 多个物料装多盒的坐标系平移与模块化编程。为了满足多个物料装多盒的需求，需要通过坐标系平移与模块化编程，实现机器人高效、准确地完成批量装盒任务。

任务 1

多个物料装盒的坐标设置与模块化编程

[任务目标]

素养目标：
1. 在任务总结中，树立行业洞察力意识。
2. 在坐标系应用中，树立坐标系应用方案的优化意识。

知识目标：
1. 正确描述 WHILE、TEST 等指令的使用方法及参数含义。
2. 正确描述工件坐标系的参数含义。

能力目标：
1. 能迅速完成工件坐标系标定，且满足方向与精度要求。
2. 能正确运用偏移指令，实现多种物料的装配功能。

拓展阅读：
有想法、有胆识的
年轻人——许礼进

[任务描述]

本任务机器人需要装配 4 个不同形状的物料。4 个物料的大小、抓取点、放置点以及运行轨迹相似。若采用前个任务的示教方式（直接示教所有抓取点和放置点），则需要示教 8 个目标点，会增加工程师现场调试的耗时。本任务通过坐标设置与模块化编程，能够将现场示教的目标点减少为一个。

[任务引入]

机器人装配 4 个物料的初始状态和完成状态如图 2-37 所示。进行 4 个物料的装配前，首先应编写机器人装配一个物料的子程序。实现该功能需要明确以下几点：

① 在调用"抓、放"子程序时，抓取点、放置点需要被赋值，应设置成可变量（PERS）或变量（VAR）。

② 为了保证物料的偏移位置准确，应为物料设置工件坐标系。

③ 为了保证工件坐标系的准确性，需要先对工具的末端进行工具坐标系的标定，然后再通过这个已标定的工具坐标系标定工件坐标系。

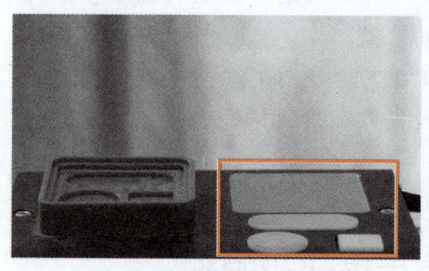 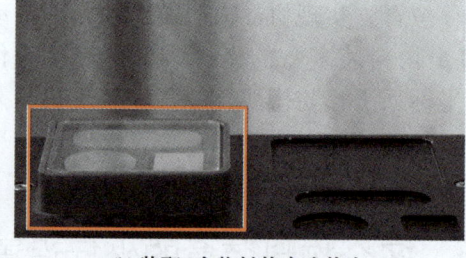

(a) 4 个物料的初始状态　　　　　　(b) 装配 4 个物料的完成状态

图 2-37　机器人装配 4 个物料的初始状态和完成状态

分析与思考

① 机器人有哪几种坐标系？

② 如何编程能够减少示教的目标点？

[相关知识]

微课视频：
FOR 循环与
WHILE 循环指令

1. WHILE（循环指令）

WHILE 用于当给定条件表达式评估为 TRUE 时，让机器人执行对应的指令。

程序示例：

```
WHILE reg1 < reg2 DO
...
reg1:= reg1 + 1;
ENDWHILE
```

功能释义：只要 reg1 < reg2，则重复执行 DO 与 ENDWHILE 之间的指令。

注：

① 指令格式：

WHILE Condition DO … ENDWHILE

② Condition 的数据类型为 bool。

2. Incr（加 1 指令）

Incr 用于将数值变量增加 1。

程序示例：

```
Incr reg1;
```

功能释义：将 reg1 增加 1，即 reg1:=reg1+1。

注：

① 指令格式：

　　Incr Name;

② Name 的数据类型为 num。

③ Name 的数据存储类型为待改变的变量或者可变量，不能为常量。

3. TEST…CASE（选择指令）

TEST…CASE 用于根据表达式或数据的值，执行不同的
指令。

微课视频：
流程控制指令与
TEST 指令

程序示例：

```
TEST reg1
    CASE 1, 2, 3:
        routine1;
    CASE 4:
        routine2;
    DEFAULT:
    TPWrite "Illegal choice";
    Stop;
ENDTEST
```

功能释义：根据 reg1 的值，执行不同的指令。如果该值为 1、2 或 3，则执行 routine1。如果该值为 4，则执行 routine2；否则，打印出错误消息，并停止执行。

注：

① 本指令也有其他替代选择，如 IF…ELSE 指令等。

② 指令格式：

TEST Test data {CASE Test value {, Test value}：…} [DEFAULT：…] ENDTEST

选择指令的主要参数及含义见表 2-6。

表 2-6　选择指令的主要参数及含义

参数	数据类型	含义
Test data	所有	用于比较测试值的数据或表达式

续表

参数	数据类型	含义
Test value	所有	测试数据必须拥有的值，以供执行相关的指令
DEFAULT	—	默认选项，当 CASE 后没有匹配的参数时，执行该标签后的相关指令
ENDTEST	—	TEST 指令的结束，该参数必须有，否则会报错

4. 机器人的工件坐标系（wobjdata）

工件坐标系是用户自定义的直角坐标系，用于描述工件在空间中的位置和方向，它定义了工件相对于大地坐标系（或其他坐标系）的位置。机器人可以拥有若干工件坐标系，这些坐标系既可以表示不同工件，又可以表示同一工件在不同位置的若干副本。

微课视频：机器人的工件坐标系

对机器人进行编程时，通常是在工件坐标系中创建目标和路径。优点如下：

① 重新定位工作站中的工件时，只需要更改工件坐标系的位置，所有路径将自动更新。

② 允许操作以外部轴或传送导轨移动的工件，因为整个工件可连同其路径一起移动。

例如，w 代表机器人的大地坐标系，为了方便编程，给第一个工件 A 建立了一个工件坐标系 wobj1，并在这个工件坐标系中进行轨迹编程（如绕 A 的外轮廓绘制轨迹）。

如果工作站上还有一个与 A 一样的工件 B，且需要按照相同的轨迹移动，那只需建立一个工件坐标系 wobj2，将工件坐标系 wobj1 中的轨迹复制一份，然后将工件坐标系从 wobj1 替换为 wobj2，就可以避免对工件 B 进行重复的轨迹编程了。工件 A 和 B 在坐标系中的示意图如图 2-38 所示。

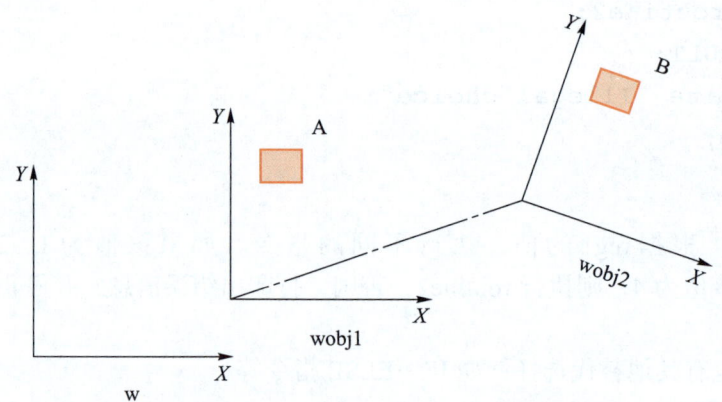

图 2-38　工件 A 和 B 在坐标系中的示意图

注：

① 如果在工件坐标系 wobj1 中对工件 A 进行了轨迹编程，当工件坐标系的位置变化成工件坐标系 wobj2 后，只需在机器人系统中重新定义工件坐标系 wobj2，则机器人的轨迹就自动更新到工件 B，不需要再次进行轨迹编程。因为工件 A 相对于 wobj1 与工件 B 相对于 wobj2 的位置关系一样，并没有因为整体偏移而发生变化。

② 在对象的平面上，只需要定义 3 个点，就可以建立一个工件坐标系，如图 2-39 所示。

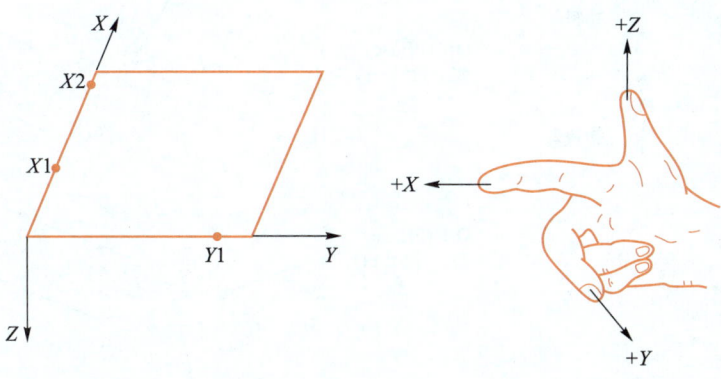

图 2-39　定义工件坐标系

③ $X1$、$X2$ 点确定工件坐标系中 X 轴的正方向，$Y1$ 点确定工件坐标系中 Y 轴的正方向。$X1$ 点并不能确定工件坐标系的原点。工件坐标系的建立符合右手定则。

[任务实施]

微课视频：
通过偏移量的方式实现装配功能

1. 明确流程要求
① 标定工件坐标系。
② 明确机器人的动作顺序。
③ 绘制流程图。
④ 编写功能程序。
⑤ 示教目标点位置。
⑥ 调试程序实现功能。

2. 标定工件坐标系
（1）确定工件坐标系的位置

图 2-40（a）为需要装配的工件，其中 $X1$、$X2$、$Y1$ 为需要标定的三个点位，在此基础上建立工件坐标系 wobj1。物料抓取点和放置点相对于基准点 PBase 的位置如图 2-40（b）所示。

（2）工件坐标系的标定

① 机器人应调整为手动模式，点击 ABB 主菜单，选择"程序数据"，如图 2-41 所示。

② 在程序数据界面中可以看到常用的数据，点击"视图"，点击"全部数据类型"，选择"wobjdata"（工件数据），如图 2-42 所示。

③ 在 wobjdata 界面，点击"新建"，输入工件坐标系的名称"wobj1"，点击"确定"，如图 2-43 所示。

④ 在工件坐标系界面，点击"编辑"选项中的"定义"，如图 2-44 所示。

⑤ 在用户方法界面选择默认的"3 点"，如图 2-45 所示。

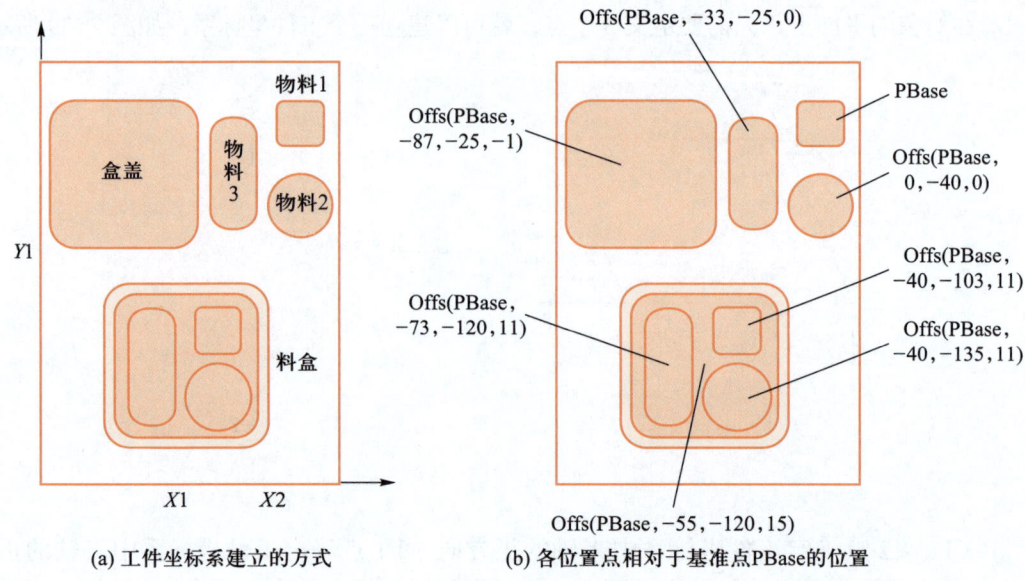

(a) 工件坐标系建立的方式　　　　　(b) 各位置点相对于基准点PBase的位置

图 2-40　物料相对于基准点的偏移参数

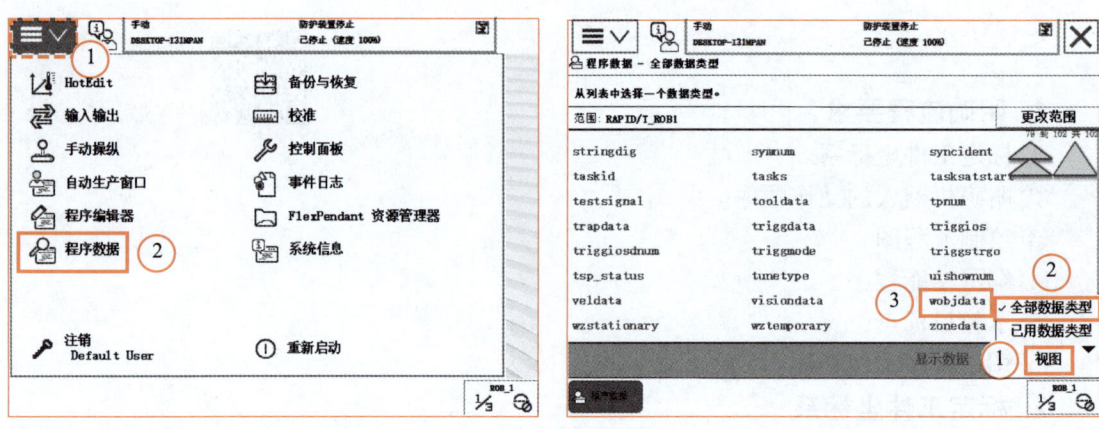

图 2-41　选择"程序数据"　　　　图 2-42　在"全部数据类型"下选择"wobjdata"

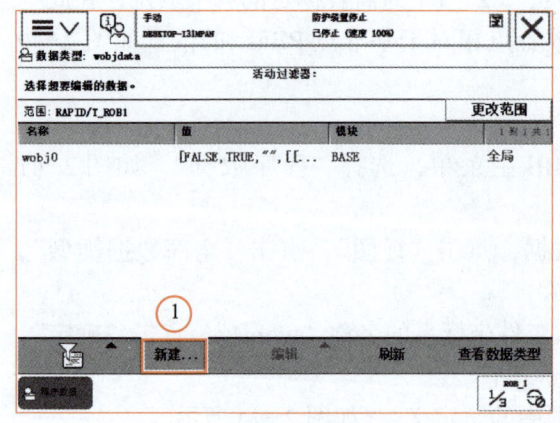

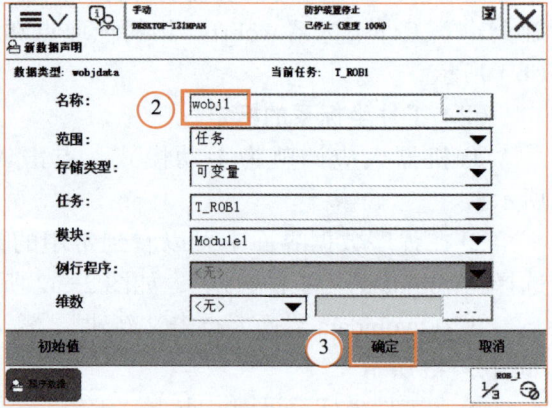

(a) 点击"新建"　　　　　　　　(b) 新建"wobj1"并点击"确定"

图 2-43　新建工件坐标系 wobj1

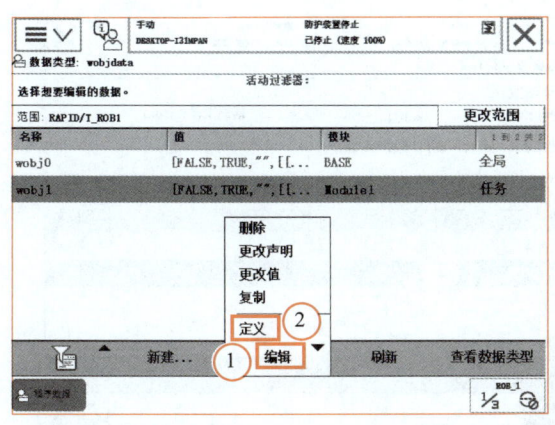
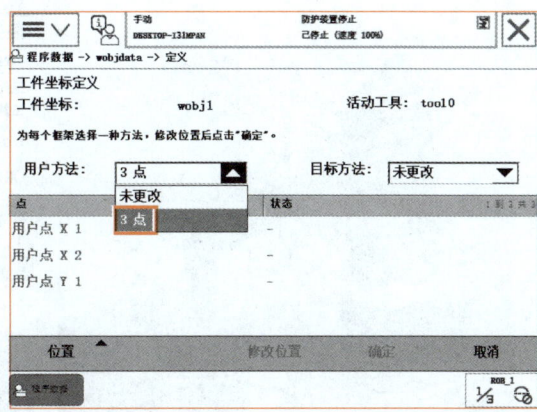

图 2-44 点击"编辑"选项中的"定义"　　　　图 2-45 选择"用户方法"为"3 点"

⑥ 标定第 1 个点：手动操纵机器人，使其工具参考点靠近已定义的工件坐标系中的 $X1$ 点，如图 2-46（a）所示；选中"用户点X1"，点击"修改位置"，将 $X1$ 点记录下来，如图 2-46（b）所示。

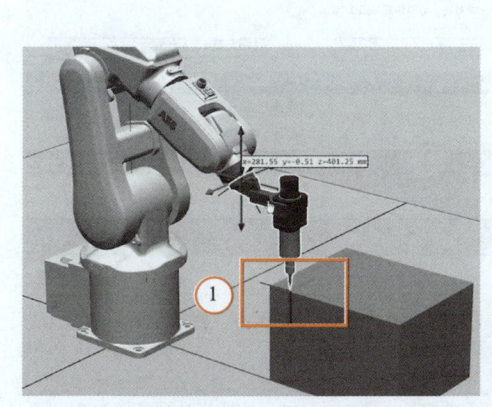
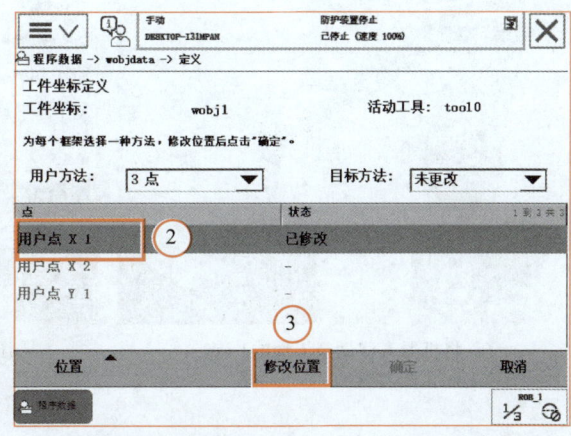

(a) 将机器人移动至工件的 $X1$ 点　　　　(b) 选中"用户点X1"并点击"修改位置"

图 2-46 标定 $X1$ 点位置

⑦ 标定第 2 个点：手动操纵机器人，使其工具参考点靠近已定义的工件坐标系中的 $X2$ 点，如图 2-47（a）所示，选中"用户点X2"，点击"修改位置"，将 $X2$ 点记录下来，如图 2-47（b）所示。

⑧ 标定第 3 个点：手动操纵机器人，使其工具参考点靠近已定义的工件坐标系中的 $Y1$ 点，如图 2-48（a）所示，选中"用户点 Y1"，点击"修改位置"，将 $Y1$ 点记录下来，如图 2-48（b）所示。

⑨ 三个点的位置均修改完成后，点击"确定"，如图 2-49 所示。

⑩ 标定完成后会出现 X、Y、Z 坐标方向上的数值，然后点击"确定"，如图 2-50 所示。

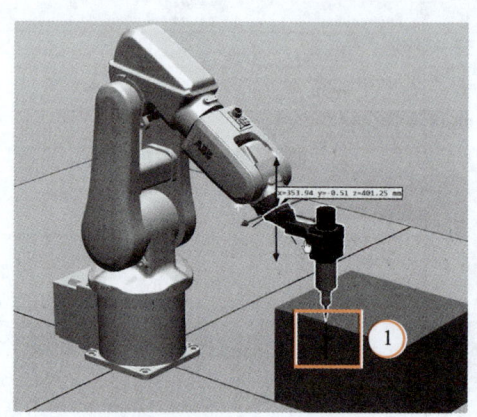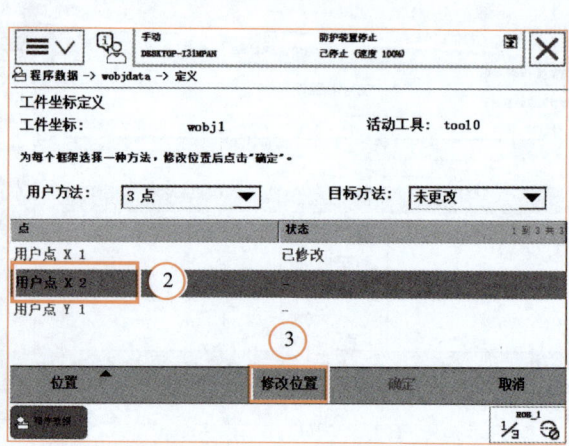

(a) 将机器人移动至工件的X2点　　　(b) 选中"用户点X2"并点击"修改位置"

图 2-47　标定 X2 点位置

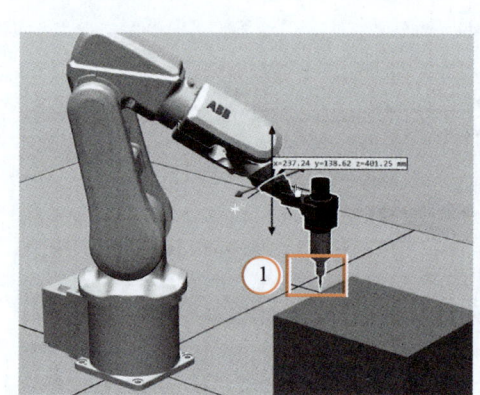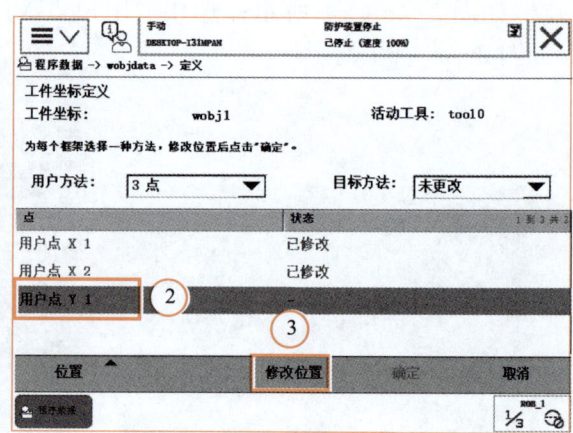

(a) 将机器人移动至工件的Y1点　　　(b) 选中"用户点Y1"并点击"修改位置"

图 2-48　标定 Y1 点位置

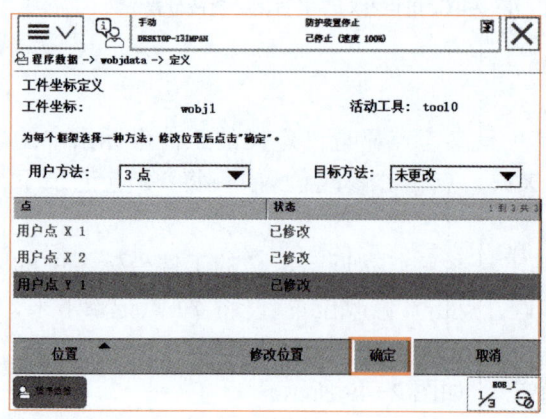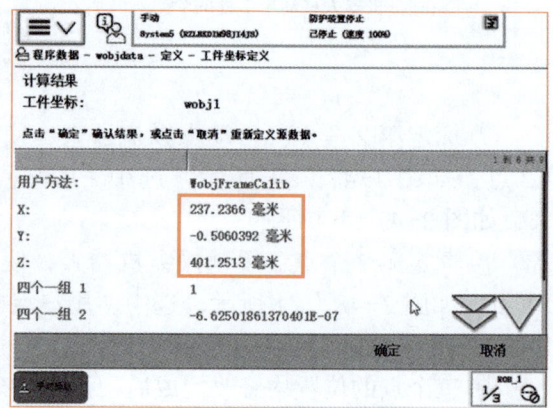

图 2-49　点击"确定"　　　　　　图 2-50　检查建立后的工件坐标系参数

⑪ 在手动操纵界面下，工件坐标系选择"wobj1"，坐标系选择"工件坐标"，扳动操

纵杆，确认是否能够按照设定的 X、Y 移动，如图 2-51 所示。

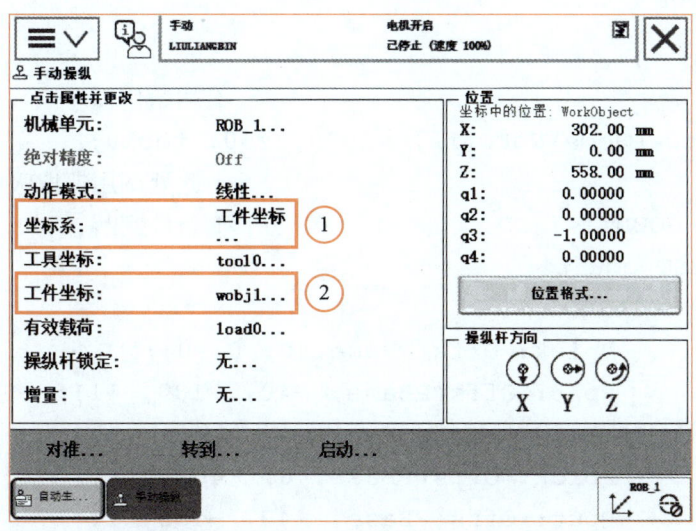

图 2-51　在手动操纵界面下测试工件坐标系

3. 明确机器人动作顺序

多个物料装盒任务中，机器人的位置及操作具体为：初始化→抓取吸盘工具→抓、放物料 1→抓、放物料 2→抓、放物料 3→抓、放物料 4→放置吸盘工具→机器人原点位置

4. 绘制流程图

装配功能程序、初始化程序、抓取吸盘工具程序、放置吸盘工具程序与前面相同，不再列出。主程序流程图如图 2-52 所示。

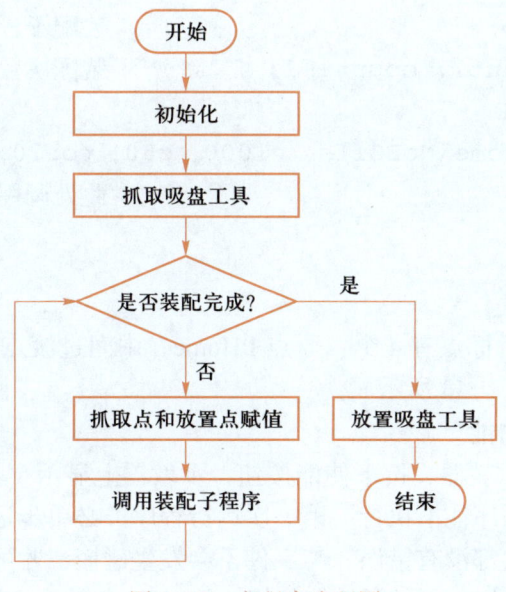

图 2-52　主程序流程图

5. 编写功能程序

主程序示例如下

```
PROC Main( )
    rcsh;                                      ! 初始化程序
   MoveAbsJ PHome\NoEOffs, v1000, z50, tool0;
    rzxp;                                      ! 此处调用抓取吸盘工具子程序
    WHILE COUNT1<7 DO                          ! 条件判断
        TEST count1
            CASE 1:
                Ppick:=Offs(PBase, 0, 0, 0); !
                Pput:=Offs(PBase, -40, -103, 11);
            CASE 2:
                Ppick:=Offs(PBase, 0, -40, 0);
                Pput:=Offs(PBase, -40, -135, 11);
            CASE 3:
                Ppick:=Offs(PBase, -33, -25, 0);
                Pput:=Offs(PBase, -73, -120, 11);
            CASE 4:
                Ppick:=Offs(PBase, -87, -25, -1);
                Pput:=Offs(PBase, -55, -120, 15);
            DEFAULT:
                Stop;
            ENDTEST
            rzp;                               ! 装配子程序
            count1:=count1+1;                  ! 装配次数加 1
        ENDWHILE
   MoveAbsJ PHome\NoEOffs, v1000, z50, tool0;
    rfxp;                                      ! 此处调用放置吸盘工具子程序
ENDPROC
```

6. 示教目标点位置

本任务需要示教的目标点有 4 个：原点 PHome、中间过渡点 Pzjd、抓取工具点 Pxp、装配基准点 PBase，如图 2-53 所示。

7. 调试程序实现功能

用正确的方法手握示教器，按下使能按钮，示教器上显示"电机开启"，然后按下步进按钮，机器人程序按顺序往下执行。第一次运行程序务必单步运行，直至程序末尾，确定机器人运行每一条语句都没有错误，与工件不会发生碰撞，才可以按下启动按钮。需要停止程序时，先按停止按钮，再松开使能按钮。

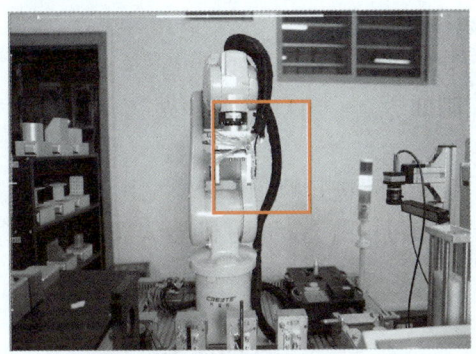
(a) 原点PHome

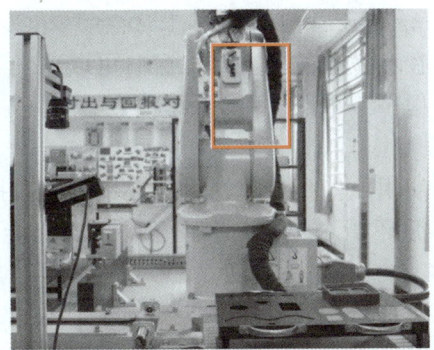
(b) 中间过渡点Pzjd

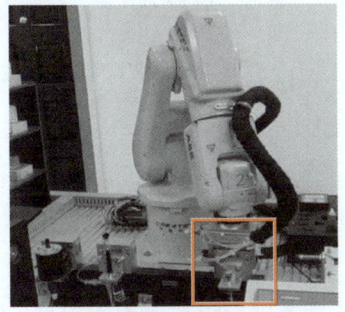
(c) 抓取工具点Pxp

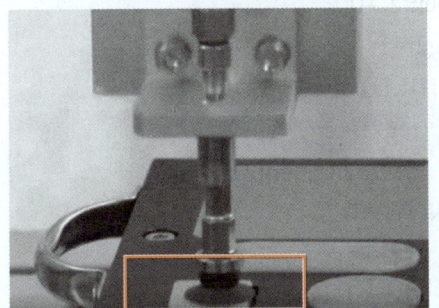
(d) 装配基准点PBase

图 2-53　机器人需要示教的目标点

[拓展任务]

试编写实现机器人将 4 个物料拆解至料盘功能的程序，物料拆解示意图如图 2-54 所示。

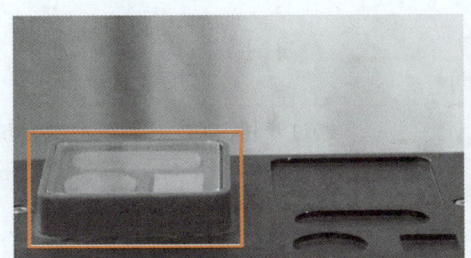
(a) 物料摆放初始状态

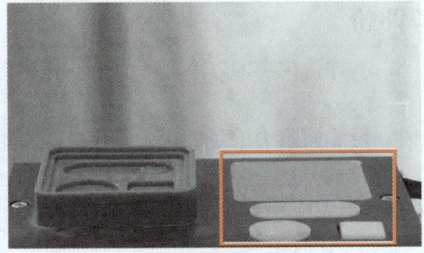
(b) 拆解完成状态

图 2-54　4 个物料拆解示意图

[评价测验]

自测题
选择题
1. "Incr reg1;" 等同于（　　　　）。

A. reg1:=reg1-1; B. reg1:=0; C. reg1:=1;

2. 在示教器的（　　）窗口可以定义工件坐标系

A. 程序编辑器　　B. 系统信息　　C. 控制面板　　D. 手动操纵

判断题

1. 使用赋值指令时，可以在不同的数据类型之间进行赋值。（　　）

2. 循环指令 WHILE 运行时，可能会出现死循环，在编写机器人程序时必须注意。
（　　）

填空题

1. 以下指令运行完以后，count2 的值为＿＿＿＿＿，reg2 的值为＿＿＿＿＿。

count2:=0;

reg2:=1;

WHILE count2<3 DO

　　reg2:=reg2+1;

　　count2:=count2+1;

ENDWHILE

2. 试补充以下 TEST 指令：

TEST reg1

　　＿＿＿＿ 1,2,3:

　　　　routine1;

　　＿＿＿＿ 4:

　　　　routine2;

　　DEFAULT:

　　　　TPWrite "Illegal choice";

　　　　Stop;

＿＿＿＿

任务评价

序号	评价内容	任务评价	评价标准
1	树立行业洞察力的意识	合格□　不合格□	通过专利、论文、调研报告等方式总结≥1 条本行业的痛点为合格
2	树立坐标系应用方案的优化意识	合格□　不合格□	提出 1 种程序优化方案为合格
3	正确描述 WHILE、INCR、TEST 指令的使用方法、参数含义	优□　良□　及格□	能描述 3 条指令为优　能描述 2 条指令为良　能描述 1 条指令为及格
4	正确描述工件坐标系坐标轴的确定方法、方向、原点位置	优□　良□　及格□	能描述 3 个参数为优　能描述 2 个参数为良　能描述 1 个参数为及格

续表

序号	评价内容	任务评价	评价标准
5	完成符合精度要求的工件坐标系标定	优□　良□　及格□	标定符合要求且时间≤180秒为优 坐标系方向符合要求且精度≤±1mm为良 坐标系方向符合要求为及格
6	正确运用偏移指令，实现多种物料的装配功能	优□　良□　及格□	15分钟内实现功能为优 运用了工件坐标系和偏移指令为良 仅运用了工件坐标系为及格

[工单]

知 识 工 单

多个物料装盒的坐标设置与模块化编程理论任务

班级＿＿＿＿＿学号＿＿＿＿＿姓名＿＿＿＿＿第＿＿组

模块二　装配工作站的编程与调试

项目二	技能提升——生产线多个物料入盒
任务 1	多个物料装盒的坐标设置与模块化编程

1. 试在下图中绘制机器人的工件坐标系，并标出正方向。

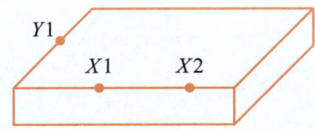 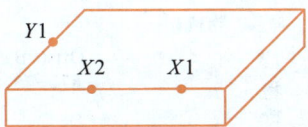

2. 运行以下指令时，若 ncount 值为 1，该指令会执行哪几行，试圈出来。

TEST ncount
CASE 1：
　pX:= PYP1;
　pF:= PYP1F;
CASE 2：
　pX:= PYP2;
　pF:= PYP2F;
CASE 3：
　pX:= PYP3;
　pF:= PYP3F;
	CASE 4：
	　pX:= PHG;
	　pF:= PHGF;
	DEFAULT：
	　Stop;
	ENDTEST
	RZP;

3. 列出两种实现加 1 的功能指令。

实现：ncount 加 1 功能	编写程序
第一种方式	
第二种方式	

4. 以下是 WHILE 循环指令，看完指令后回答下面的问题。

（1）在以下例行程序中，RZP 子程序会执行＿＿＿＿＿＿＿次。

（2）程序执行完以后，ncount 的值为＿＿＿＿＿＿＿。

ncount:=1; WHILE ncount<3 DO	CASE 3： 　pX:= PYP3;

续表

TEST ncount	pF:= PYP3F;
CASE 1：	DEFAULT：
pX:= PYP1;	Stop;
pF:= PYP1F;	ENDTEST
CASE 2：	RZP;
pX:= PYP2;	ncount:=ncount+1;
pF:= PYP2F;	ENDWHILE

5. 因重新建立工件坐标系，现需要对物料的相对位置重新进行计算。试在下图中计算出新坐标系下物料抓取点、放置点的相对偏移位置。

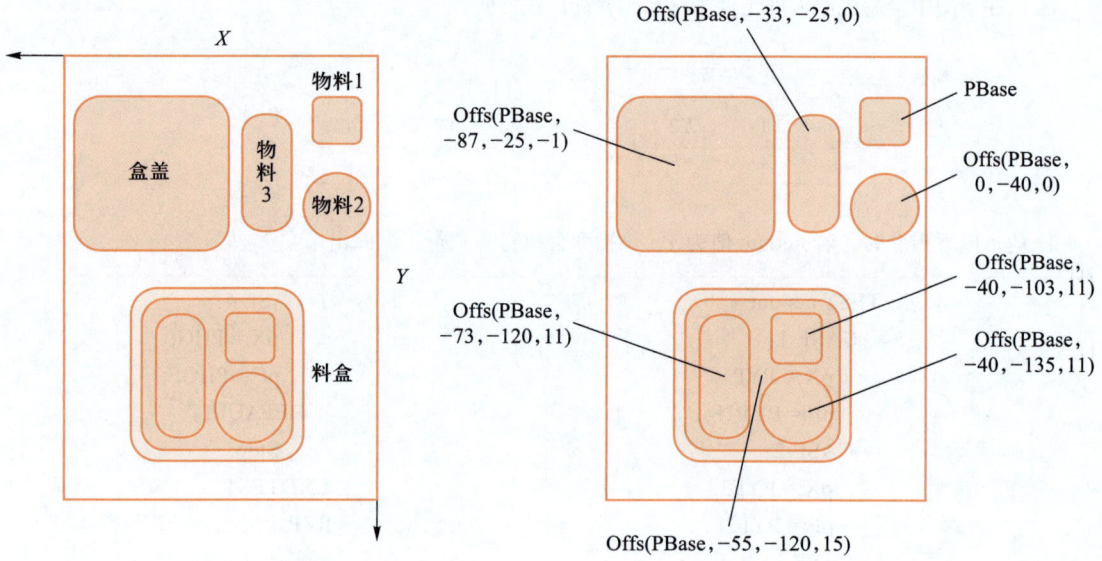

位置名称	新坐标系下的位置
物料 1 抓取点	Offs（PBase，0，0，0）或 PBase
物料 2 抓取点	
物料 3 抓取点	
盒盖抓取点	
物料 1 放置点	
物料 2 放置点	
物料 3 放置点	
盒盖放置点	

6. 对机器人抓取物料程序、装配物料程序、主程序、抓取吸盘工具程序、放置吸盘工具程序进行命名。

（1）机器人抓取物料程序名称为 _____。

（2）机器人装配物料程序名称为 _____。

（3）机器人主程序名称为 _____。

（4）机器人抓取吸盘工具程序名称为 _____。

（5）机器人放置吸盘工具程序名称为 _____。

7. 试编写通过偏移指令装配 3 个物料、1 个盒盖的主程序。

实 施 工 单

多个物料装盒的坐标设置与模块化编程实操任务

班级_____学号_____姓名_____第___组

模块二　装配工作站的编程与调试

项目二	技能提升——生产线多个物料入盒
任务 1	多个物料装盒的坐标设置与模块化编程

一、机器人启动前准备工作

序号	需要完成的任务	确认情况	备注
1	检查机器人周围是否放置水瓶等杂物		
2	检查操作人员是否穿拖鞋		
3	检查操作人员是否佩戴安全帽		
4	检查操作人员是否戴手套		

二、编程并实现功能

1. 完成机器人工作站的启动

序号	需要完成的任务	完成情况	备注
1	启动实训平台		
2	启动机器人控制柜		
3	逆时针旋转急停开关实现解锁		
4	按下控制柜上的电机上电按钮		
5	正确使用使能开关实现电机上电功能		

2. 建立机器人坐标系

序号	需要完成的任务	完成情况	备注
1	以机器人的吸盘工具建立工件坐标系		
2	建立机器人的工件坐标系 1		

3. 编写机器人功能程序

（1）编写机器人功能程序

序号	需要编写的子程序	完成情况	备注
1	初始化程序		
2	机器人抓取、放置物料子程序		
3	主程序		

（2）示教目标点

序号	需要示教的点位	完成情况	备注
1	原点		（0，0，0，0，90，0）
2			

序号	需要示教的点位	完成情况	备注
3			
4			
5			
6			

（3）连续试运行功能程序

序号	需要完成的任务	完成情况	备注
1	将机器人调整为手动模式		
2	将 PP 移至程序的第一行		
3	将速度调整到 20%		
4	按下使能按钮		
5	通过启动按钮验证程序		
6	连续试运行中是否存在问题		如果存在请填写下表

（4）连续试运行中存在的问题

序号	存在问题的现象	分析产生的原因	分析可能的解决方案
1			
2			

三、关闭设备

序号	需要完成的任务	完成情况	备注
1	使机器人回到原点位置		（0，0，0，0，90，0）
2	按下急停按钮		
3	关闭机器人控制柜		
4	关闭实训平台		

四、检查工作任务的完成情况

序号	需要完成的任务	完成情况	备注
1	建立并标定工件坐标系		
2	编写初始化程序		
3	编写机器人抓取、放置物料子程序		
4	编写主程序		
5	实现 4 个物料的装配功能		

任务 2

多个物料装多盒的坐标系平移与模块化编程

[任务目标]

素养目标：

1. 在面对未知指令时，有效使用 RobotStudio 帮助菜单，提升自主学习能力。

2. 在完成任务总结报告中，树立任务收获、不足及改进的工作闭环意识。

拓展阅读：
结合人工智能技术，
做精做强——王光能

知识目标：

1. 正确描述 MOD、DIV 指令的功能及参数类型。

2. 正确描述工具、工件坐标系标定的步骤，以及标定错误造成的影响。

能力目标：

1. 能在程序中使用 MOD、DIV 指令得到整数和余数。

2. 能够通过坐标系平移的方法实现 2 个物料的装配。

[任务描述]

前个任务中，机器人需要对一个料盒中的 4 个物料进行装盒工作。本任务中，机器人需要对 2 个料盒进行装料，每个料盒都装 4 个物料，且这 4 个物料相对于料盒的位置保持一致。如果按照前个任务中的方法，需要重新标定第 2 个料盒中物料的位置。本任务在第 1 个料盒的程序编写和目标点示教的基础上，通过重新标定工件坐标系，实现对第 2 个料盒的装配工作。

[任务引入]

本任务需要实现 2 个物料的装盒工作，在编程过程中，只需要完成一个料盒装配的编程操作，然后重新标定坐标系，即可实现第 2 个料盒的装配功能，如图 2-55 所示。实现该功能需要明确以下几点：

① 首先应标定机器人的工具坐标系。

② 然后需要根据 2 个工件（A、B 工件）标定 wobj1、wobj2 2 个坐标系。

③ 复制 wobj1 的数据，并将其命名为 wobjtemp。

④ 编写装配程序时，需要使用 wobjtemp。

⑤ 抓放吸盘工具需要使用默认工件坐标系 wobj0。

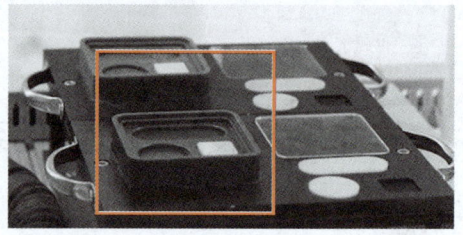

图 2-55　机器人多个物料装多盒的效果

分析与思考

1. wobjtemp 坐标系应设置为何种存储类型（VAR、PERS、CONST）？
2. 应该先建立工具坐标系还是工件坐标系？

[相关知识]

1. MOD（取余指令）

MOD 用于计算整数除法的余数（模数）。

程序示例 1：

```
reg1:=14 MOD 4;
```

功能释义：返回值为 2，因为 14 除以 4 的余数为 2。

程序示例 2：

```
VAR num num1:=11;          ! num1 被赋值为 11
VAR num num2:=5;           ! num2 被赋值为 5
VAR num num3;              ! num3 定义为 num 类型变量
...
num3:=num1 MOD num2;       ! num3 被赋值为 num1 除以 num2 的余数
```

功能释义：返回值为 1，因为 11 除以 5 的余数为 1。

2. DIV（取整指令）

DIV 用于计算整数除法的整数部分。

程序示例 1：

```
reg1:=14 DIV 4;
```

功能释义：因为 14 除以 4 的整数部分为 3，因此，返回值为 3。

程序示例 2：

```
VAR num num1:=10;    ! num1 被赋值为 10
VAR num num2:=5;     ! num2 被赋值为 5
```

```
VAR num num3;                    ! num3 定义为 num 类型变量
...
num3:= num1 DIV num2;            ! num3 被赋值为 num1 除以 num2 的整数部分
```

功能释义：因为 10 除以 5 的整数部分为 2，因此，返回值为 2。

3. 通过 RobotStudio 软件的帮助菜单学习指令

RobotStudio 软件有详细的帮助菜单，对于新的指令或指令的使用方法不清楚时，可以使用帮助菜单，学习指令的使用方法。下面通过 MoveJDO 指令的查看来学习帮助菜单的使用方法，如表 2-7 所示。

微课视频：
通过 RobotStudio 软件学习指令（MoveJDO）

实操视频：
通过 RobotStudio 软件学习指令（MoveJDO）

表 2-7　帮助菜单的使用方法

界面	说明
RobotStudio 6.07	安装并打开 ABB 机器人仿真软件 RobotStudio 6.07
文件、基本、建模、仿真、控制器(C)、RAPID、Add-Ins 菜单界面	1. 找到"文件"菜单栏下的"帮助"选项。 2. 如果需要了解指令的使用，点击右侧文档标签中的"RAPID 指令、函数和数据类型"选项卡
索引(N) 搜索(S)　键入关键字进行查找(W)：MoveJDO／MoveJ／MoveJAO／MoveJDO／MoveJGO	1. 在弹出的帮助菜单中，通过搜索需要了解的指令名称，可以定位到需要的指令。 2. 左图是搜索"set"指令的查找结果

续表

界面	说明
MoveJDO - 通过接头移动来移动机械臂，设置拐角处的数字信号输出 *RobotWare - OS* **手册用法** 当该运动无须位于直线中时，MoveJDO（*Move Joint Digital Output*）用于将机械臂迅速地从一点移动至另一点。在角路径中部设置/重置指定的数字信号输出信号。 机械臂和外轴沿非线性路径运动至目的位置。所有轴均同时达目的位置。 本指令仅可用于主任务T_ROB1，或者如果在*MultiMove*系统中，则可用于运动任务中。 **基本示例** 以下实例介绍了指令MoveJDO： **例 1** MoveJDO P1, vmax, z30, tool2, do1, 1; 工具的工具中心点tool2 沿非线性路径移动至位置P1，其速度数据为vmax，且区域数据为z30。将输出do1设置在P1处角路径中部。 **变元** MoveJDO ToPoint [\ID] Speed [\T] Zone Tool [\WObj] Signal Value [\TLoad] **ToPoint** 数据类型：robtarget 机器人和外部轴的目标点。定义为已命名的位置或直接存储在指令中（在指令中加 * 标记）。 **程序执行** 更多关于接头移动的信息，请参见指令MoveJ。 将数字信号输出信号设置/重置在飞焊点角路径的中间位置，如下图所示。 本图显示了MoveJDO角路径中数字信号输出信号的设置/重置。 **P3** **Sets the signal do1 to 1** MoveJDO P2, v1000, z30, tool2, do1, 1; **P1** **P2** z**one** 关于停止点，我们建议使用关于MoveJ+SetDO的"普通"编程顺序。但是，当使用指令MoveJDO中的停止点时，数字信号输出信号得以在机械臂达到停止点时设置/重置。 以连续执行模式逐步向前而非逐步向后地设置/重置指定的I/O信号。	1. 界面右侧可以看到指令简介。 2. 其中，"手册用法"描述的是指令功能。 3."基本示例"通过几个示例介绍指令的用法 4."程序执行"描述指令执行时的注意情况

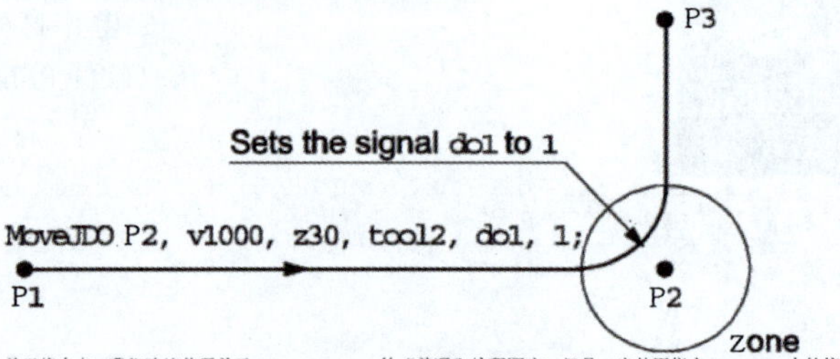

    ABB 机器人的常用指令有几十条，但机器人还有很多不常用的指令可供选择，现有资料都不可能涵盖所有的指令。而 ABB 机器人配套的仿真软件 RobotStudio 的帮助菜单非常详细，我们应该熟练掌握帮助菜单的使用。通过帮助菜单的搜索功能，既可以搜索不会使用的指令，也可以通过示例在短时间掌握指令的使用方法。

[任务实施]

1. 明确流程要求

① 标定工件坐标系。
② 明确机器人的动作顺序。
③ 绘制流程图。
④ 编写功能程序。
⑤ 示教目标点位置。
⑥ 调试程序实现功能。

微课视频：
通过切换坐标系的方式实现两个电路板的装配

2. 标定工件坐标系

图 2-56 为需要装配的第 1 套物料，按照图中标出的位置，基于 X_1、X_2、Y_1 建立工件坐标系 wobj1。图 2-57 为需要装配的第 2 套物料，按照图中标出的位置，基于 X_1、X_2、Y_1 建立工件坐标系 wobj2。

3. 明确机器人的动作顺序

机器人装配第 1 个料盒任务中，机器人的位置及操作具体为：机器人原点位置→中间点→抓、放物料 1→抓、放物料 2→抓、放物料 3→抓、放物料 4→回中间点→机器人原点位置。

机器人装配第 2 个料盒任务中，机器人的位置及操作具体为：机器人原点位置→中间点→抓、放物料 1→抓、放物料 2→抓、放物料 3→抓、放物料 4→回中间点→机器人原点位置。

4. 绘制流程图

装配功能程序、初始化程序、抓取吸盘工具程序、放置吸盘工具程序与前面相似，不再列出。主程序流程图如图 2-58 所示。

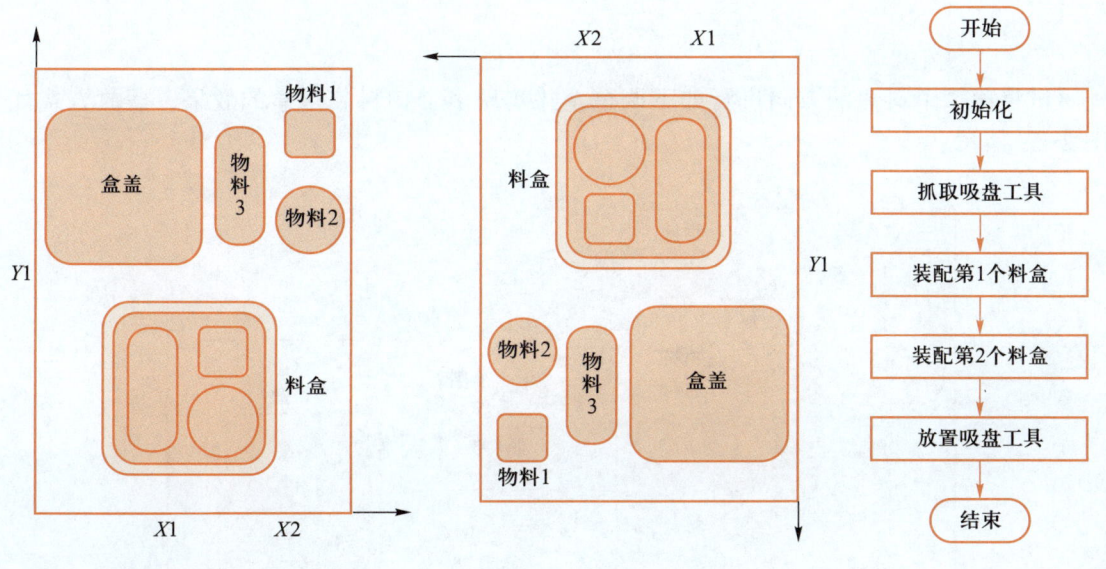

图 2-56　工件坐标系 1 "wobj1"　　图 2-57　工件坐标系 2 "wobj2"　　图 2-58　主程序流程图

5. 编写功能程序

主程序示例如下：

```
PROC Main( )
    rcsh;
    MoveAbsJ PHome\NoEOffs, v1000, z50, tool0;
    rzxp;                  !此处调用抓取吸盘工具子程序
    wobjtemp:=wobj1;!此处将坐标系设置为 wobj1
    rzp;                   !此处调用装配四个物料子程序
```

```
    wobjtemp:=wobj2;！此处将坐标系设置为 wobj2
    rzp;                        ！此处调用装配四个物料子程序
    MoveAbsJ PHome\NoEOffs, v1000, z50, tool0;
    rfxp;                          ！此处调用放置吸盘工具子程序
ENDPROC
```

6. 示教目标点位置

本任务需要示教的目标点有原点 PHome、工具抓取点 Pxp、中间点 Pzjd、装配的基准点 PBase 4 个。目标点位置同前一任务，此处不再赘述。

7. 调试程序实现功能

用正确的方法手握示教器，按下使能按钮，示教器上显示"电机开启"，然后按下步进按钮，机器人程序按顺序往下执行。第一次运行程序务必单步运行，直至程序末尾，确定机器人运行每一条语句都没有错误，与工件不会发生碰撞，才可以按下启动按钮。需要停止程序时，先按停止按钮，再松开使能按钮。

[拓展任务]

试将第 2 个料盒的方向进行如下调整，并实现多个物料装多盒的效果，摆放方式如图 2-59 所示。

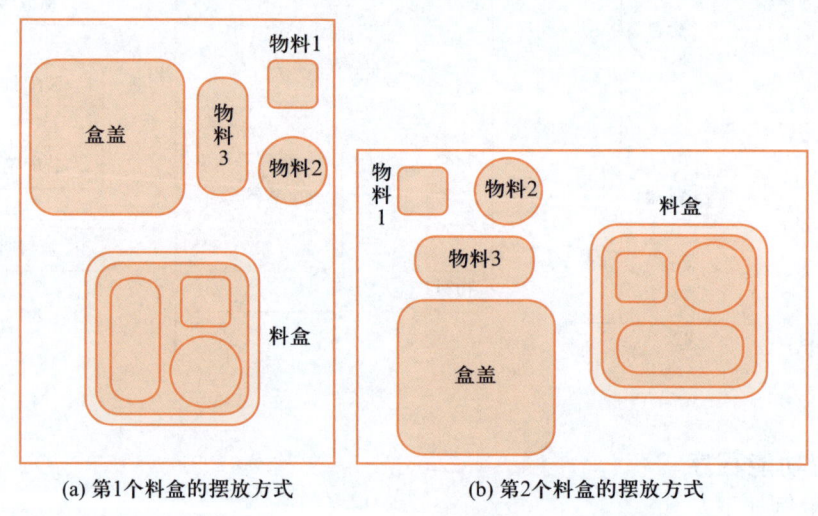

(a) 第1个料盒的摆放方式　　(b) 第2个料盒的摆放方式

图 2-59　调整后的料盒摆放方式

[评价测验]

自测题

选择题

1. Offs 偏移指令参考的坐标系是（　　　）。

A. 大地坐标系   B. 当前使用的工具坐标系

C. 当前使用的工件坐标系   D. 基坐标系

2. 使用 Offs 偏移指令返回的是（　　　　）数据类型。

A. robjoint   B. string   C. robtarget   D. singdata

3. 程序 reg1:=14 DIV 4 所得到的 reg1 的值为（　　　　）。

A. 1   B. 2   C. 3   D. 4

4. 程序 reg1:=14 MOD 4 所得到的 reg1 的值为（　　　　）。

A. 1   B. 2   C. 3   D. 4

判断题

Offs 偏移指令是以选定的目标点为基准，沿着选定工件坐标系的 X、Y、Z 轴方向偏移一定距离。（　　　　）

任务评价

序号	评价内容	任务评价	评价标准
1	通过 RobotStudio 帮助菜单学习指令，提升自主学习能力	优□ 良□ 及格□	自主学习条数≥3 条为优 自主学习条数≥2 条为良 自主学习条数≥1 条为及格
2	树立任务收获、不足及改进的工作闭环意识	优□ 良□ 及格□	总结≥3 条为优 总结≥2 条为良 总结≥1 条为及格
3	正确描述 MOD、DIV 指令的功能	合格□ 不合格□	正确描述两条指令功能和参数为合格
4	正确描述工具、工件坐标系标定的步骤，分析标定错误造成的影响	合格□ 不合格□	正确描述步骤和影响为合格
5	能在程序中使用 MOD、DIV 指令得到整数和余数	合格□ 不合格□	能实现功能为合格
6	能够通过坐标系平移的方法实现 2 个物料的装配	优□ 良□ 及格□	使用坐标系平移实现为优 能实现 2 个物料装配为良 能实现 1 个物料装配为及格

[工单]

知 识 工 单

多个物料装多盒的坐标系平移与模块化编程理论任务

班级_____学号_____姓名_____第____组

模块二 装配工作站的编程与调试

项目二	技能提升——生产线多个物料入盒
任务 2	多个物料装多盒的坐标系平移与模块化编程

1. 试用 MoveJ 指令与 SET DO09 指令实现以下指令的功能。

MoveJDO P10，v1000，z20，tool2，DO09，1；

MoveJ P20，v1000，fine，tool2，

序号	指令
1	
2	
3	

2. 试通过指令进行计算。

reg1:= 15 MOD 3;

reg2:= 17 MOD 2;

变量名	指令执行后的结果
reg1	
reg2	

3. 通过指令进行计算。

reg3:= 15 DIV 3;

reg4:= 17 DIV 2;

变量名	指令执行后的结果
reg3	
reg4	

4. 下图是需要装配的两个工件，在图中标出两个坐标系及 X_1、X_2、Y_1 的位置。

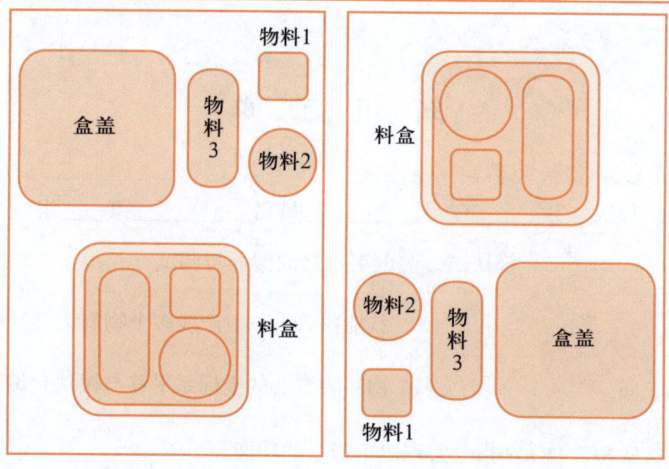

5. 试写出三个坐标系的参数。

坐标系名	wboj1	wobj2	wobjtemp
Trans.x			
Trans.y			
Trans.z			
Rot.q1			
Rot.q2			
Rot.q3			
Rot.q4			

6. 对机器人抓取物料程序、装配物料程序、主程序、抓取吸盘工具程序、放置吸盘工具程序进行命名。

（1）机器人抓取物料程序名称为 _____。

（2）机器人装配物料程序名称为 _____。

（3）机器人主程序名称为 _____。

（4）机器人抓取吸盘工具程序名称为 _____。

（5）机器人放置吸盘工具程序名称为 _____。

7. 编写通过偏移指令装配 2 个料盒的主程序。

实 施 工 单

多个物料装多盒的坐标系平移与模块化编程实操任务

班级_____学号_____姓名_____第___组

模块二 装配工作站的编程与调试	
项目二	技能提升——生产线多个物料入盒
任务 2	多个物料装多盒的坐标系平移与模块化编程

一、机器人启动前准备

序号	需要完成的任务	确认情况	备注
1	检查机器人周围是否放置水瓶等杂物		
2	检查操作人员是否穿拖鞋		
3	检查操作人员是否佩戴安全帽		
4	检查操作人员是否戴手套		

二、编程并实现功能

1. 完成机器人工作站的启动

序号	需要完成的任务	完成情况	备注
1	启动实训平台		
2	启动机器人控制柜		
3	逆时针旋转急停按钮实现解锁		
4	按下控制柜上的电机上电按钮		
5	正确使用使能按钮实现电机上电功能		

2. 建立机器人的坐标系

序号	需要完成的任务	完成情况	备注
1	以机器人的吸盘工具建立工件坐标系		
2	建立机器人的工件坐标系 1		
3	建立机器人的工件坐标系 2		
4	建立机器人的工件坐标系 temp		

3. 编写机器人功能程序

（1）编写机器人功能程序

序号	需要编写的子程序	完成情况	备注
1	初始化程序		
2	抓取吸盘工具程序		
3	机器人抓取、放置物料子程序		

续表

续表

序号	需要编写的子程序	完成情况	备注
4	放置吸盘工具程序		
5	主程序		

（2）示教目标点

序号	需要示教的点位	完成情况	备注
1	原点		（0，0，0，0，90，0）
2			
3			
4			
5			
6			

（3）连续试运行功能程序

序号	需要完成的任务	完成情况	备注
1	将机器人调整为手动模式		
2	将 PP 移至程序的第一行		
3	将速度调整到 20%		
4	按下使能按钮		
5	通过启动按钮验证程序		
6	连续试运行中是否存在问题		如果存在请填写下表

（4）连续试运行中存在的问题

序号	存在问题的现象	分析产生的原因	分析可能的解决方案
1			
2			

三、关闭设备

序号	需要完成的任务	完成情况	备注
1	使机器人回到原点位置		（0，0，0，0，90，0）
2	按下急停按钮		
3	关闭机器人控制柜		

续表

序号	需要完成的任务	完成情况	备注
4	关闭实训平台		

四、检查工作任务的完成情况

序号	需要完成的任务	完成情况	备注
1	建立工具、工件坐标系		
2	对信号等进行初始化		
3	完成抓取吸盘工具功能		
4	完成机器人抓取、放置物料功能		
5	完成放置吸盘工具功能		

模块三
视觉包装工作站的编程与调试

本模块通过两个项目系统介绍视觉包装工作站的关键技术。一是包装盒加盖工作的 I/O 信号设置，包括机器人的 I/O 模块、安全控制回路以及系统 I/O 配置方法。通过实际操作任务学习如何配置机器人的输入输出信号，如何将其与 PLC 信号进行关联，并编写相应的机器人与 PLC 程序，以实现包装盒加盖的自动化控制；二是中断处理、套接字通信以及视觉识别技术的实践应用，包括如何编写机器人的中断程序以应对异常情况，socket 通信的创建与实现方法，如何利用工业视觉识别技术进行标签的分色粘贴。

本模块旨在视觉包装工作站方面提升专业技能。

基础技能——包装盒加盖工作的 I/O 信号设置与编程

某企业计划实现包装生产线上的料盒加盖功能，并要求在示教器中显示当前的加盖数量、工序的加工时间等信息。目前机器人工作站已完成电源硬件安装、电源线缆连接与 DSQC652 模块的线路连接，但还未添加机器人系统 I/O 模块和 I/O 信号。现需要完成机器人的 I/O 口配置，实现包装盒加盖功能，并将当前机器人已完成的包装盒加盖的数量等信息显示在示教器上。

任务 1

包装盒加盖的信号配置与关联

[任务目标]

⊘ 拓展阅读：
梦想成真的实践者、科技创新的示范者——郭东妮

素养目标：
1. 规范 I/O 信号的命名规则，树立执行标准规范的职业意识。
2. 自主查阅机器人配套电路图，树立查阅技术文件的工作意识。

知识目标：
1. 正确描述机器人 I/O 板的类型及配置流程。
2. 明确 I/O 模块中引脚的功能。
3. 正确分析机器人的安全控制回路。

能力目标：
1. 能够配置机器人的 I/O 板、I/O 信号名称和系统输入输出功能。
2. 能根据电路图解决安全回路故障。

[任务描述]

完成机器人包装盒加盖任务不仅需要与外界的 PLC 等设备进行 I/O 口交互，还需要配置和关联机器人的 I/O 信号，并编写机器人与 PLC 的交互程序。本次任务需要：

① 设置一个名为 board10 的 DSQC652 类型的 I/O 模块。

② 设置一个名为 di1 的传送带到位的数字输入信号。

③ 设置一个名为 do09 的夹爪打开与关闭的数字输出信号。

④ 将 DI01 信号设置为系统 I/O 的上电功能。

⑤ 将 DO01 信号设置为系统 I/O 的自动运行功能。

[任务引入]

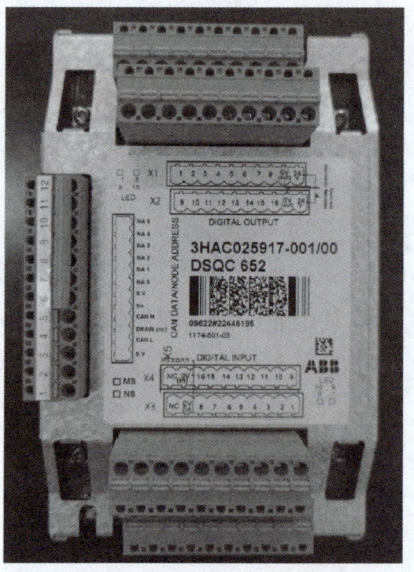

若要通过按键与 PLC 的协同控制实现机器人电机上电、启动等功能，需预先配置机器人的 I/O 信号。要实现该功能需要明确几点：

① 选择所需的 I/O 模块类型。

② 设置机器人 I/O 模块的 DeviceNet 总线地址（设备的地址取值范围为 0～63，但 0～9 的地址为系统预留，地址只能是 10～63 之间的数值）。

③ 命名机器人的 I/O 模块。

④ 设置机器人基本 I/O 映射地址对应的端口名称。

⑤ 关联系统 I/O 与机器人基本 I/O（即将部分 DI 设置为系统输入信号，将部分 DO 设置为系统输出信号）。

机器人的 I/O 模块如图 3-1 所示。

图 3-1　机器人的 I/O 模块

分析与思考

1. 如果有多块 DSQC652 类型的 I/O 板都安装在同一机器人系统中，机器人是如何区分的？

2. 什么是系统 I/O，与基本 I/O 有什么区别？

[相关知识]

1. 机器人的 I/O 模块

（1）机器人的通信方式

I/O 是 Input/Output 的缩写，即输入输出端口，机器人可通过 I/O 与外部设备进行交互。ABB 机器人提供了丰富的 I/O 通信接口，如 ABB 的标准通信、与 PLC 的现场总线通信、与 PC 机的数据通信，可以轻松地实现与周边设备的通信，如图 3-2 所示。

ABB 机器人标准 I/O 模块提供的常用信号处理有数字量输入、输出；组输入、输出；模拟量输入、输出。控制柜中 I/O 模块的安装位置如图 3-3 所示。

（2）常用标准 I/O 模块

机器人的常用标准 I/O 模块见表 3-1。

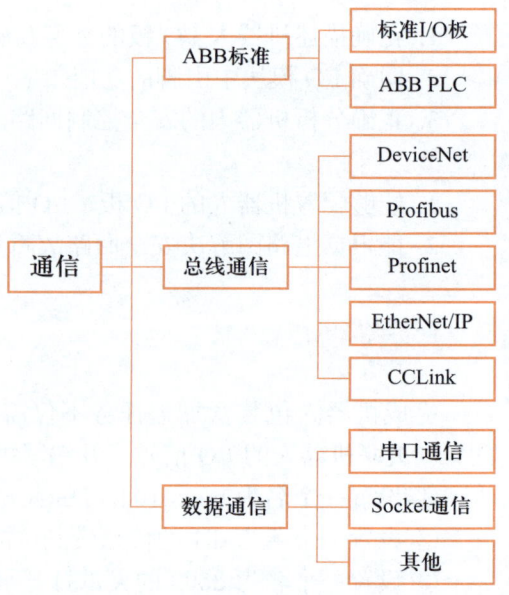

图 3-2　ABB 机器人常用的通信方式

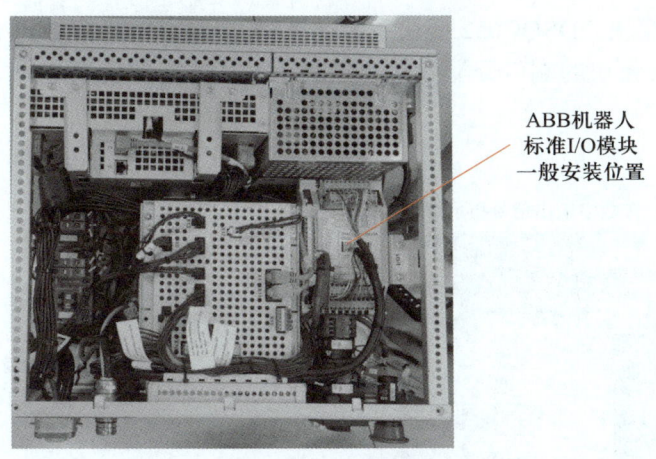

图 3-3　控制柜中 I/O 模块的安装位置

表 3-1　机器人的常用标准 I/O 模块

型号	说明	总线
DSQC651	分布式 I/O 模块 DI8/DO8/AO2	
DSQC652	分布式 I/O 模块 di16/do16	
DSQC653	分布式 I/O 模块 di8/do8 带继电器	DeviceNet
DSQC355A	分布式 I/O 模块 ai4/ao4	
DSQC377B	输送链跟踪单元	
DSQC1030	16 个数字输入端，16 个数字输出端	以太网 / IP 通信协议

注：DeviceNet 总线默认 5 根接线，2 根为电源线，2 根为 CAN+、CAN−，1 根（中间那根）为屏蔽线。

①DSQC651 模块。DSQC651 模块主要提供 8 个数字输入信号、8 个数字输出信号和 2 个模拟输出信号的处理。DSQC651 模块的端口分配如图 3-4 所示，其功能见表 3-2。

A 数字输出信号指示灯

X1 数字输出接口

X5 DeviceNet
总线通信接口

B 模块状态指示灯

X6 模拟输出接口

X3 数字输入接口

C 数字输入信号指示灯

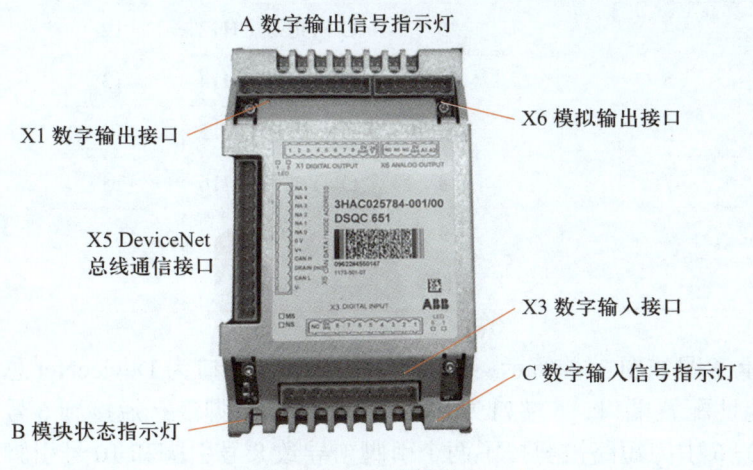

图 3-4　DSQC651 模块的端口分配

表 3-2　DSQC651 模块
的功能

编号	功能
A	数字输出信号指示灯
B	模块状态指示灯
C	数字输入信号指示灯
X1	数字输出接口
X3	数字输入接口
X5	DeviceNet 总线通信接口
X6	模拟输出接口

② DSQC652 模块。DSQC652 模块主要提供 16 个数字输入信号和 16 个数字输出信号的处理。DSQC652 模块的端口分配如图 3-5 所示，其功能见表 3-3。

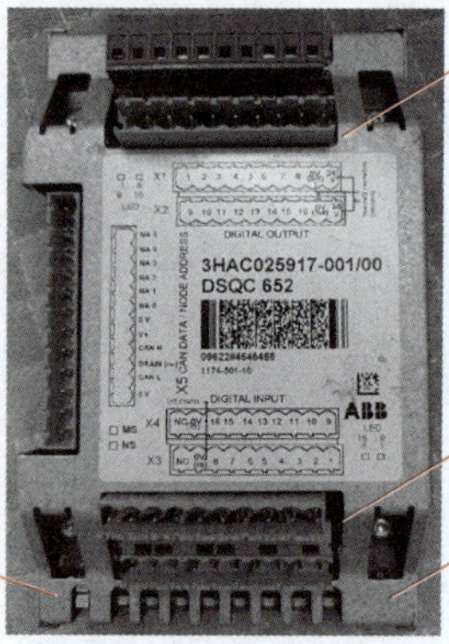

图 3-5　DSQC652 模块的端口分配

表 3-3　DSQC652 模块的功能

编号	功能
A	数字输出信号指示灯
X1、X2	数字输出接口
X5	DeviceNet 总线通信接口
B	模块状态指示灯
X3、X4	数字输入接口
C	数字输入信号指示灯

ABB 机器人的 DSQC652 模块有 X1、X2、X3、X4、X5 五种端口，分别见表 3-4、表 3-5、表 3-6、表 3-7、表 3-8。

表 3-4　DSQC652 模块的 X1 端口

端子编号	使用定义	映射地址
1	OUTPUT CH1	0
2	OUTPUT CH2	1
3	OUTPUT CH3	2
4	OUTPUT CH4	3
5	OUTPUT CH5	4
6	OUTPUT CH6	5
7	OUTPUT CH7	6
8	OUTPUT CH8	7
9	0V	
10	24V	

表 3-5　DSQC652 模块的 X2 端口

端子编号	使用定义	映射地址
1	OUTPUT CH9	8
2	OUTPUT CH10	9
3	OUTPUT CH11	10
4	OUTPUT CH12	11
5	OUTPUT CH13	12
6	OUTPUT CH14	13
7	OUTPUT CH15	14
8	OUTPUT CH16	15
9	0V	
10	24V	

IRB120 机器人 X5 端口示意图如图 3-6 所示，X5 端口中，1～5 端口为 DeviceNet 总线通信接口，6～12 端口为地址配置端口，6 端口为 0V，7～12 端口引脚没有短接到 6 号引脚时为高电平。例如，图 3-6 中因短路被剪掉了两个引脚，导致 8 号引脚和 10 号引脚未被短接，为高电平，地址配置端口为 $2^1+2^3=2+8=10$。

表 3-6　DSQC652 模块的 X3 端口

端子编号	使用定义	映射地址
1	INPUT CH1	0
2	INPUT CH2	1
3	INPUT CH3	2
4	INPUT CH4	3
5	INPUT CH5	4
6	INPUT CH6	5
7	INPUT CH7	6
8	INPUT CH8	7
9	0V	
10	未使用	

表 3-7　DSQC652 模块的 X4 端口

端子编号	使用定义	映射地址
1	INPUT CH9	8
2	INPUT CH10	9
3	INPUT CH11	10
4	INPUT CH12	11
5	INPUT CH13	12
6	INPUT CH14	13
7	INPUT CH15	14
8	INPUT CH16	15
9	0V	
10	未使用	

表 3-8　DSQC652 模块的 X5 端口（DeviceNet 接口）

端子编号	使用定义
1	0V（接黑色线）
2	CAN 信号线 low BLUE（接蓝色线）
3	屏蔽线
4	CAN 信号线 high WHITE（接白色线）
5	24V（接红色线）
6	GND 地址选择公共端
7	模块 ID bit 0（LSB）
8	模块 ID bit 1（LSB）
9	模块 ID bit 2（LSB）
10	模块 ID bit 3（LSB）
11	模块 ID bit 4（LSB）
12	模块 ID bit 5（LSB）

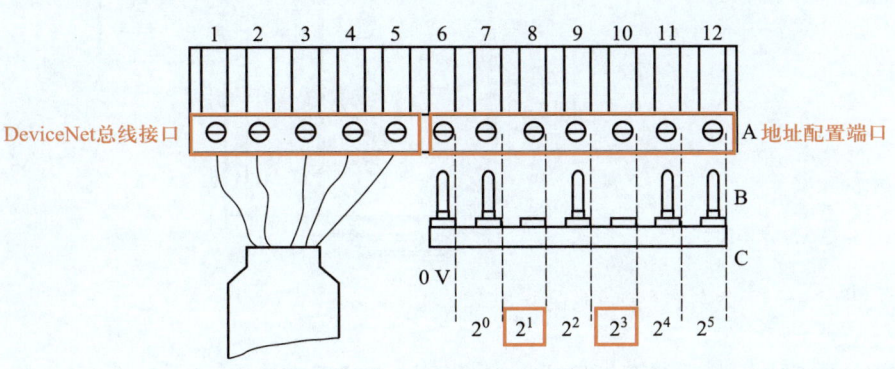

图 3-6　IRB120 机器人 X5 端口示意图

2. 机器人控制柜中的 I/O 模块

（1）机器人控制柜中的 DSQC652 模块

老款的 IRC5 compact 机器人控制柜中，会默认配备一个 DSQC652 模块，该模块通过内部线缆连接至机器人的控制柜接线面板上，如图 3-7、图 3-8 所示。

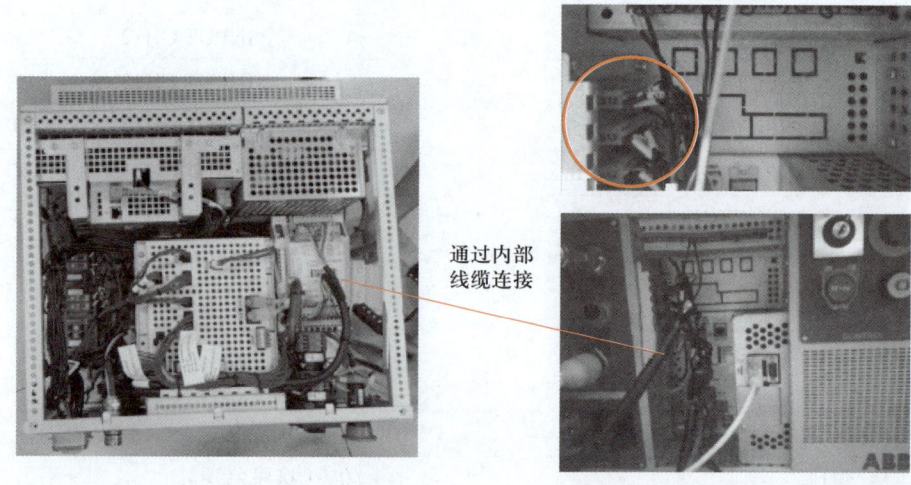

通过内部
线缆连接

图 3-7　机器人控制柜中的 DSQC652 模块线路连接情况

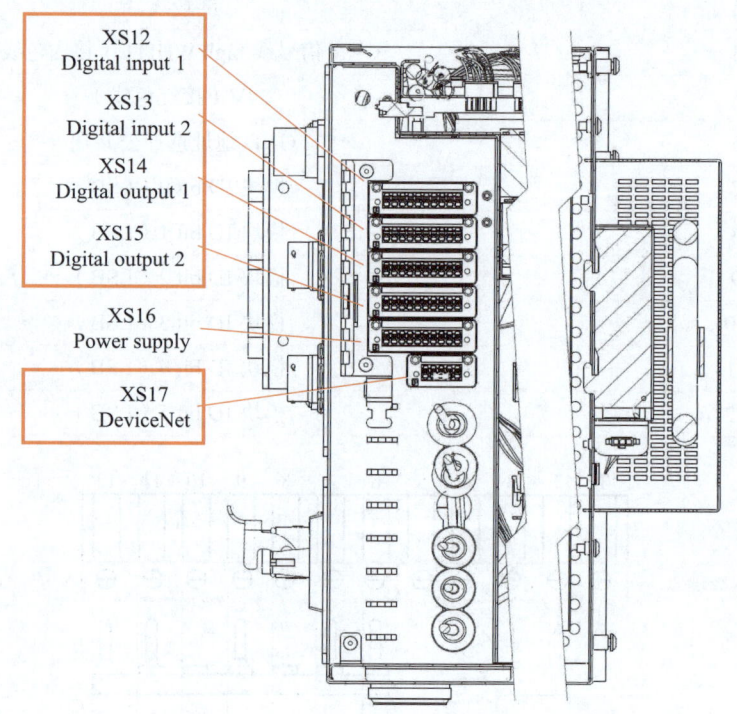

XS12
Digital input 1

XS13
Digital input 2

XS14
Digital output 1

XS15
Digital output 2

XS16
Power supply

XS17
DeviceNet

图 3-8　机器人紧凑型控制柜中 XS12、XS13、XS14、XS15、XS17 端口位置

DSQC652 模块与控制柜面板接线端口的连接情况见表 3-9。

表 3-9　DSQC652 模块与控制柜面板接线端口的连接情况

DSQC652 上的端子编号	机器人控制柜对应的端口编号	端口类型
X1	XS14	OUTPUT
X2	XS15	OUTPUT
X3	XS12	INPUT
X4	XS13	INPUT
X5	XS17	连接至 DeviceNet 总线通信接口

机器人 IRC5 compact 控制柜中的电路图如图 3-9、图 3-10 所示。

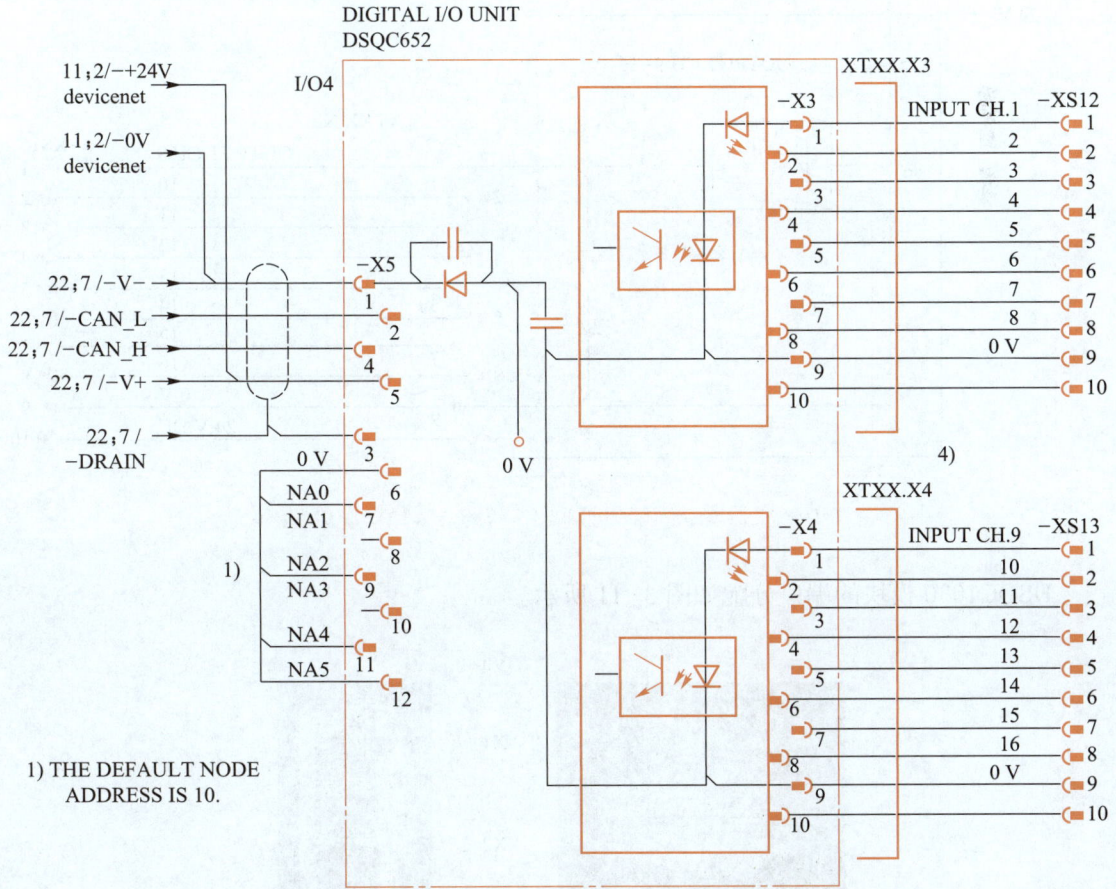

图 3-9　机器人控制柜中的输入接口与总线通信接口电路图

（2）机器人控制柜中的 DSQC1030 模块

新款的 IRC5 compact 机器人控制柜中，会默认配备一个 DSQC1030 模块，该模块通过内部线缆连接至机器人的控制柜接线面板上。老款的控制柜中，可以后期添加 DSQC1030 模块。

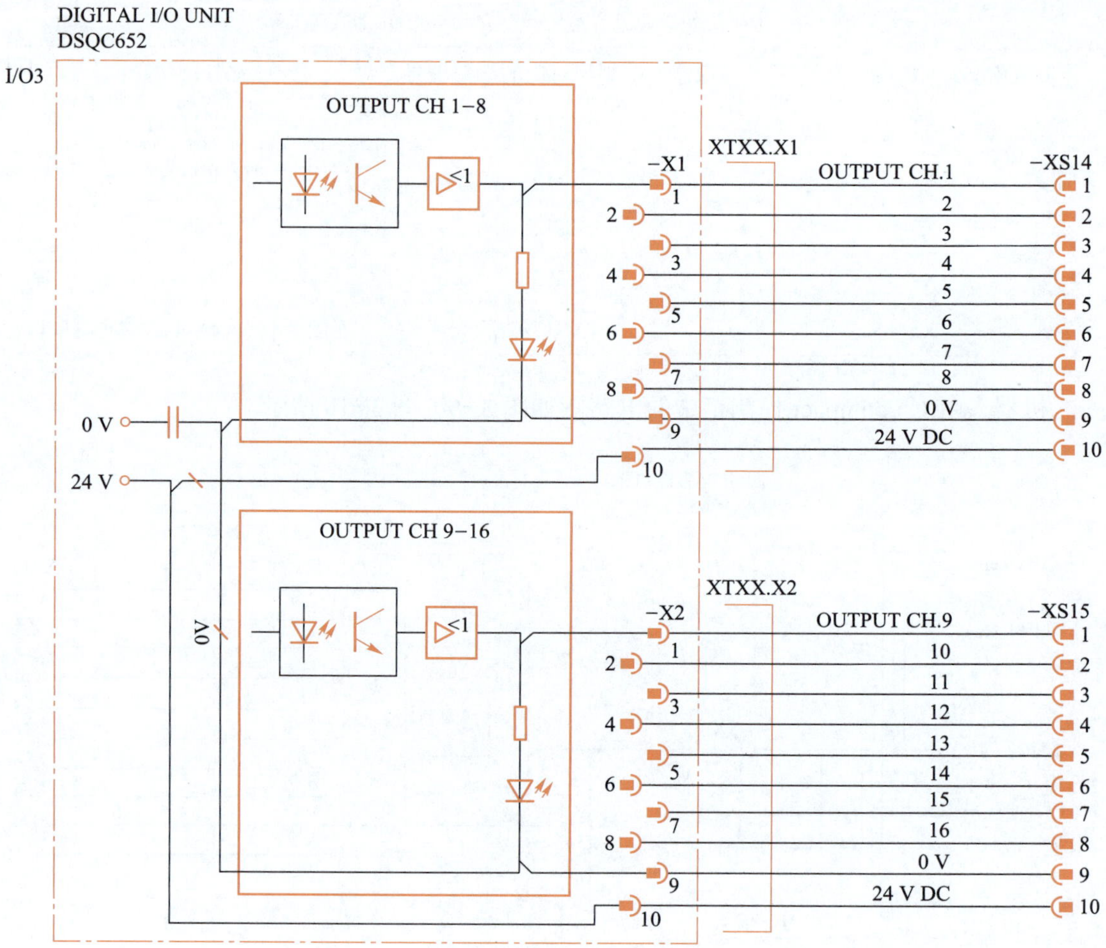

DIGITAL I/O UNIT
DSQC652

图 3-10　机器人控制柜中的输出接口与总线通信接口电路图

DSQC1030 模块的端口分配如图 3-11 所示。

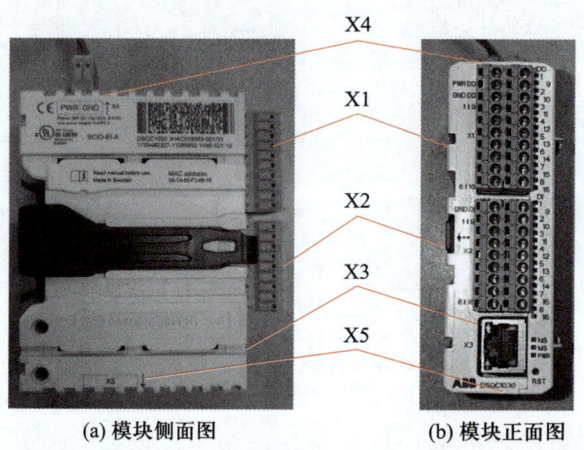

(a) 模块侧面图　　　　(b) 模块正面图

图 3-11　DSQC1030 模块

DSQC1030 模块的功能见表 3-10。

表 3-10　DSQC1030 模块的功能

位置	连接器名称	左边 / 功能描述	右边 / 功能描述
面板前方	X1 数字输出、电源	10-PWR DO	20-PWR DO
		9-GND DO	19-GND DO
		8-DO01	18-DO09
		7-DO02	17-DO10
		6-DO03	16-DO11
		5-DO04	15-DO12
		4-DO05	14-DO13
		3-DO06	13-DO14
		2-DO07	12-DO15
		1-DO08	11-DO16
	X2 数字输入	9-GND DI	18-GND DI
		8-DI01	17-DI09
		7-DI02	16-DI10
		6-DI03	15-DI11
		5-DI04	14-DI12
		4-DI05	13-DI13
		3-DI06	12-DI14
		2-DI07	11-DI15
		1-DI08	10-DI16
	X3 Ethernet		
面板上方	X4 逻辑电源	2-PWR	4-PWR
		1-GND	3-GND
面板下方	X5 Ethernet		

（3）机器人控制柜中的电源（XS16 端口）

紧凑型控制柜中机器人的 XS16 端口可以为外部相机提供 24V 电源。端口位置和线路图如图 3-12、图 3-13 所示。

（4）DeviceNet 总线通信接口（XS17 端口）

机器人控制柜中的 DeviceNet 总线通信接口为 XS17，控制柜共有 5 个引脚引出至 XS17，分别为 CAN_L、CAN_H、V+、V-、DRAIN。DeviceNet 总线通信接口要求在末端设备的 CAN_L、CAN_H 之间添加一个 120Ω 的电阻。DeviceNet 总线通信接口引脚功能见表 3-11 所示。

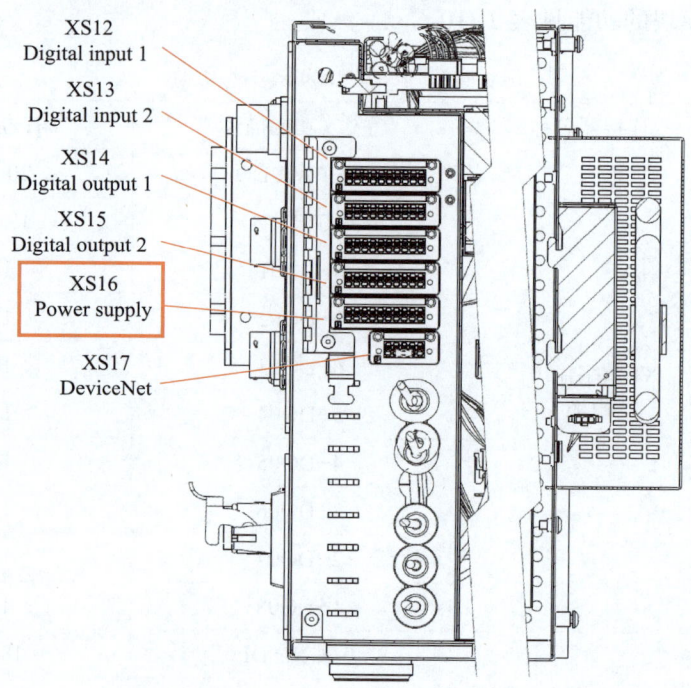

图 3-12　紧凑型控制柜中机器人 XS16 端口位置

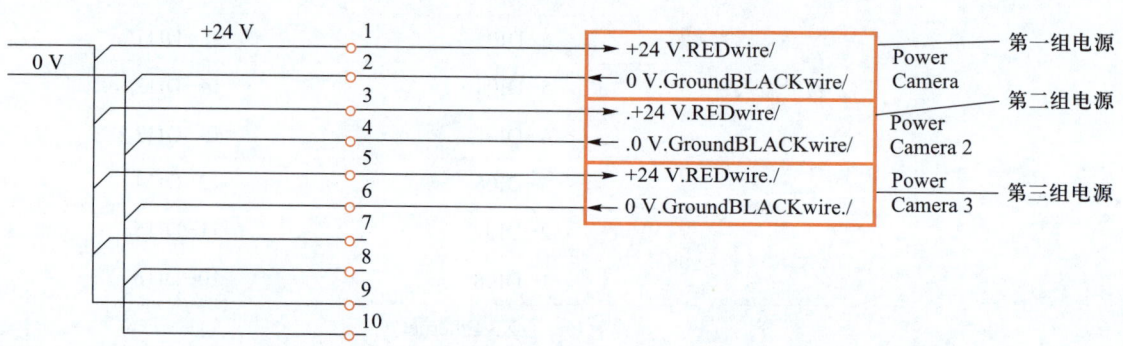

图 3-13　紧凑型控制柜中机器人 XS16 端口线路图

表 3-11　DeviceNet 总线通信接口引脚功能

引脚编号	引脚名称	功能
1	V−	电源负极
2	CAN_L	CAN 总线低电平信号
3	DRAIN	屏蔽层
4	CAN_H	CAN 总线高电平信号
5	V+	电源正极

XS17 端口的 DeviceNet 总线通信接口线路图如图 3-14 所示。

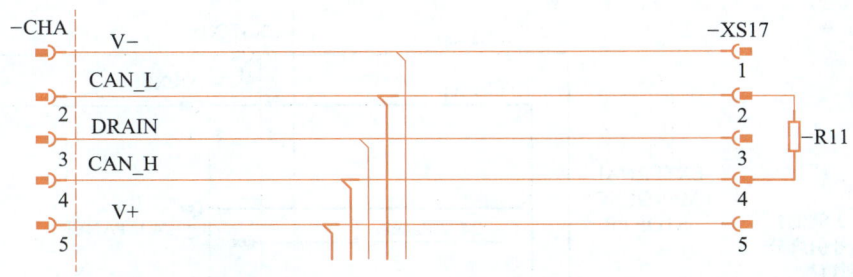

图 3-14　XS17 端口的 DeviceNet 总线通信接口线路图

3. 机器人的安全控制回路

（1）机器人的安全保护机制

机器人系统可以配备各种各样的安全保护装置，如门互锁开关、安全光栅等。常用的机器人工作站中，安全围栏通常会配备门互锁开关，打开此装置机器人会立刻停止运行，可避免造成人机碰撞伤害。

机器人控制器有 4 个独立的安全保护机制，分别为常规停止（GS）、自动停止（AS）、上级停止（SS）、紧急停止（ES），见表 3-12。

表 3-12　机器人的几种安全保护机制

安全保护名称	保护机制	备注
常规停止（General Stop）	在任何操作模式下都有效	—
自动停止（Auto Stop）	在自动模式下有效	—
上级停止（Superior Stop）	在任何操作模式下都有效	紧凑型控制柜无此功能
紧急停止（Emergency Stop）	在急停按钮按下时有效	—

（2）机器人的急停回路

在紧凑型机器人控制柜中，机器人以及停止回路需要在 XS7、XS8 端子上面跳接，而且需要采用双回路控制。双回路控制可以利用双常闭触点的紧急停止按钮作为外部急停按钮。机器人的急停端子及安全回路端子实物接线图如图 3-15 所示。急停回路 XS7、XS8 端口的接法如图 3-16、图 3-17 所示。

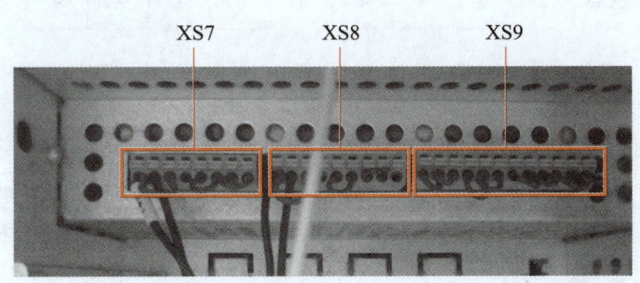

图 3-15　机器人的急停端子及安全回路端子实物接线图

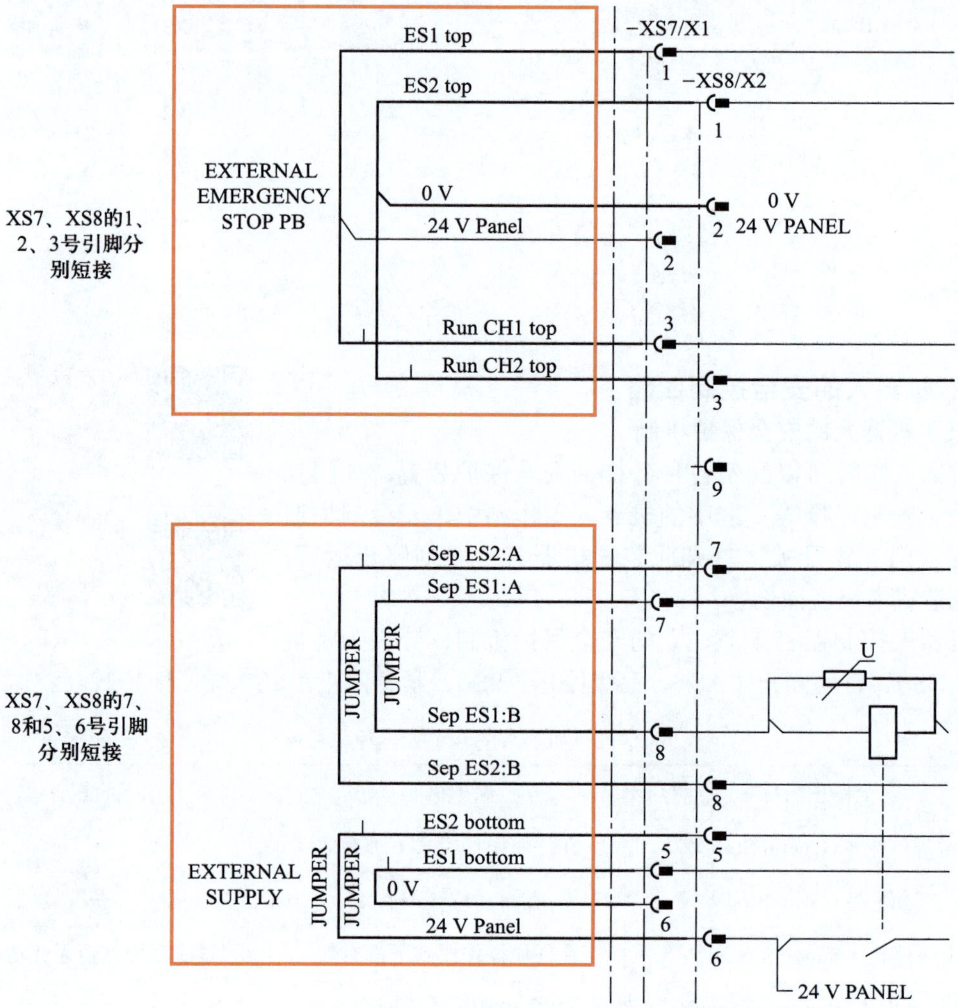

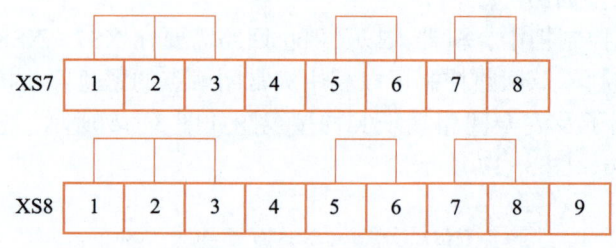

图 3-16　外部急停回路 XS7、XS8 端口的默认接法

图 3-17　XS7、XS8 回路的出厂默认连接方式

　　断开 XS7 端子上的 2 号引脚与 1、3 号引脚之间的连接，保持 1、3 号引脚正常连接；断开 XS8 端子上的 2 号引脚与 1、3 号引脚之间的连接，保持 1、3 号引脚正常连接。紧急停止回路 ES1 和 ES2（接急停按钮的常闭触点）分别接入 XS7 端子和 XS8 端子上的 1、2 号引脚之间，如图 3-18 所示。

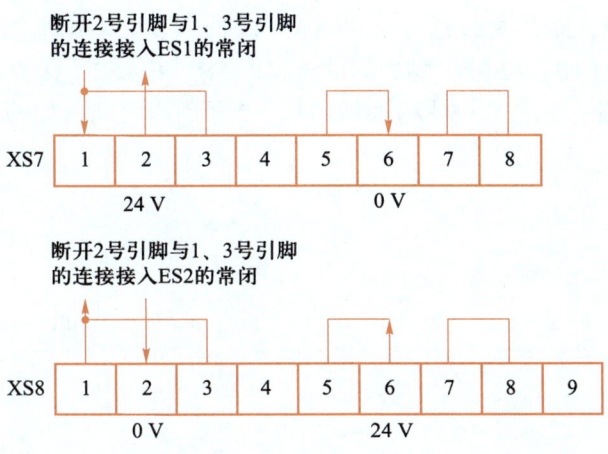

图 3-18 XS7、XS8 回路中 ES1、ES2 的接入方式

（3）机器人的安全控制回路

安全控制回路的线路连接在 XS9 端子上。自动停止回路和常规停止回路的接线方式如图 3-19 所示。

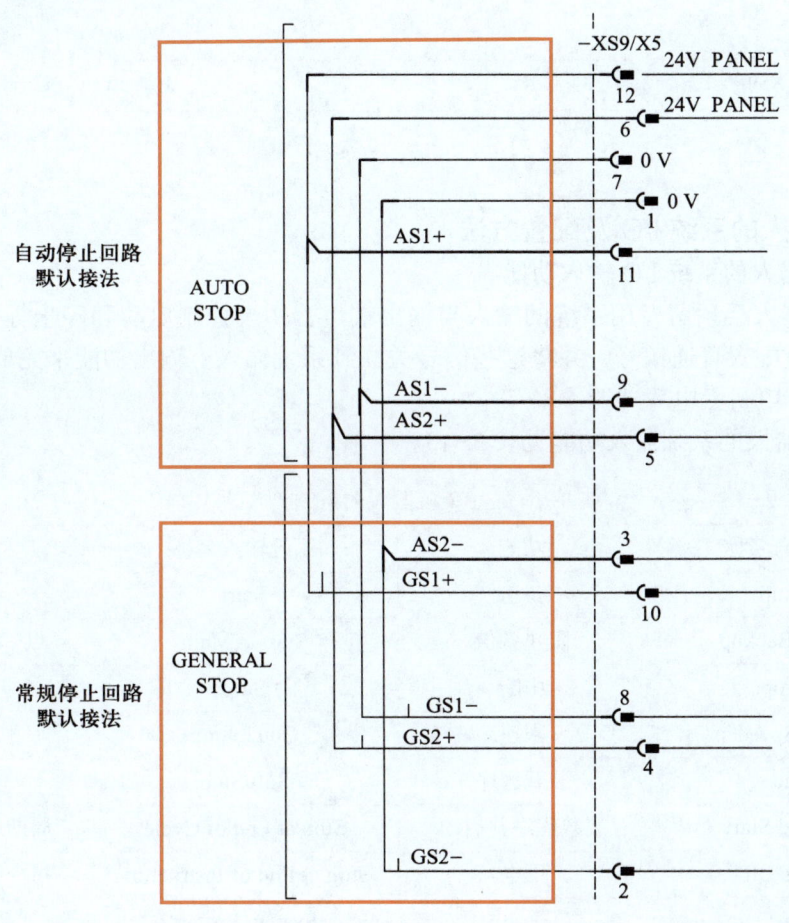

图 3-19 自动停止回路和常规停止回路的接线方式

自动停止回路中，断开 XS9 端子上的 5 号引脚与 4、6 号引脚之间的连接；断开 XS9 端子上的 11 号引脚与 10、12 号引脚之间的连接。AS1 和 AS2（接自动停止按钮的常闭触点）分别接入 XS9 端子上的 5、6 号引脚和 11、12 号引脚之间，如图 3-20 所示。

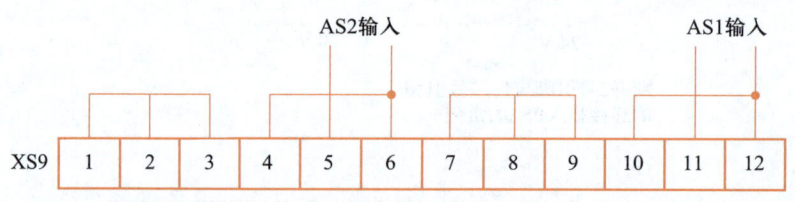

图 3-20　机器人自动停止回路 XS9 的接线

常规停止回路中，断开 XS9 端子上的 4 号引脚与 5、6 号引脚之间的连接；断开 XS9 端子上的 11 号引脚与 10、12 号引脚之间的连接。GS1 和 GS2（接常规停止按钮的常闭触点）分别接入 XS9 端子上的 4、6 号引脚和 11、12 号引脚之间，如图 3-21 所示。

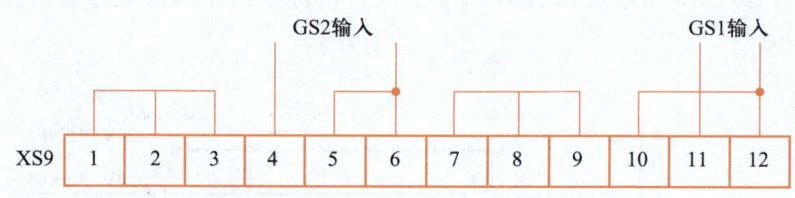

图 3-21　机器人常规停止回路 XS9 的接线

4. 机器人的系统 I/O 及配置方法

（1）机器人的系统 I/O 输入功能

日系机器人会预留专用系统的输入与输出端口，用于控制启动和停止等，而 ABB 机器人则是通过配置普通信号，并将这些信号关联到系统输入、输出功能来完成外部设备的启动、停止、电机上电等功能。

ABB 机器人的系统输入功能见表 3-13。

表 3-13　ABB 机器人的系统输入功能

系统输入名称	功能	系统输入名称	功能
Backup	备份	Start	开始
Disable Backup	阻止备份	Start at Main	从 Main 开始
Interrupt	中断	Stop	停止
Limit Speed	限速	Quick Stop	快速停止
Load	装载程序	Soft Stop	软停止
Load and Start	装载程序并启动	Stop at End of Cycle	周期结束后停止
Motors Off	下电	Stop at End of Instruction	指令结束后停止
Motors On	上电	System Restart	系统重启

系统输入名称	功能	系统输入名称	功能
Motors On and Start	上电并启动	SimMode	虚拟模式
PP to Main	移动指针到 Main	Collision Avoidance	避免碰撞（仅对 YUMI 机器人有效）
Reset Emergency Stop	复位急停按钮	Enable Energy Saving	节能模式
Reset Execution Error Signal	复位执行错误	Write Access	写权限

（2）机器人的系统 I/O 输出功能

机器人的系统输出能够通过输出 I/O 端口反映机器人当前的运行状态，ABB 机器人的系统输出功能如表 3-14。

表 3-14　ABB 机器人的系统输出功能

系统输出名称	功能	系统输出名称	功能
Absolute Accuracy Active	绝对精度激活	Motion Supervision Triggered	运动监控被触发
Auto On	自动模式	Path Return Region Error	回归路径错误
Backup Error	备份错误	Power Fail Error	上电失败错误
Backup in Progress	正在备份	Production Execution Error	生产执行错误
Cycle On	程序开始	Run Chain OK	运行链 OK
Emergency Stop	急停	Simulated I/O	I/O 处于仿真状态
Execution Error	执行错误	Task Executing	任务执行
Limit Speed	限速模式	TCP Speed	通过模拟量输出 TCP 速度
Mechanical Unit Active	机械单元被激活	TCP Speed Reference	通过模拟量输出 TCP 编程速度
Mechanical Unit Not Moving	机械单元没有移动	Sim Mode	仿真模式（仅针对 load 有效）
Motors Off	下电	CPU Fan not Running	CPU 风扇没有运转
Motors On	上电	Energy Saving Blocked	节能阻止
Motors Off State	下电状态	Write Access	写权限
Motors On State	上电状态	Temperature Warning	温度报警
Motion Supervision On	运动监控打开	SMB Battery Charge Low	SMB 电池电量低

[任务实施]

1. 明确流程要求

① 设置机器人信号。添加机器人 DSQC652 模块→为 DSQC652 模块添加 I/O 口→设置系统 I/O。

② 编写机器人程序。编写机器人抓、放吸盘工具功能程序→示教目标点→连续试运行功能程序。

③ 编写 PLC 程序。编写通过按钮控制机器人程序→编写机器人控制 PLC 状态灯程序→测试程序功能。

④ 调试程序实现功能。测试 PLC 控制机器人的启动、停止、复位等功能。

2. 设置机器人信号

（1）添加机器人 DSQC652 模块

① 打开示教器菜单的控制面板，如图 3-22 所示；选择"配置系统参数"，如图 3-23 所示。

微课视频：配置机器人的基本 I/O

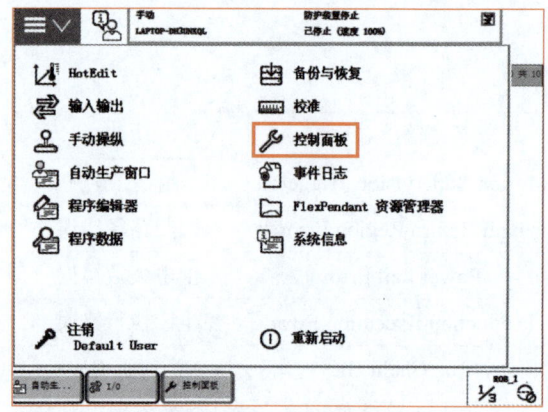

图 3-22　打开"控制面板"

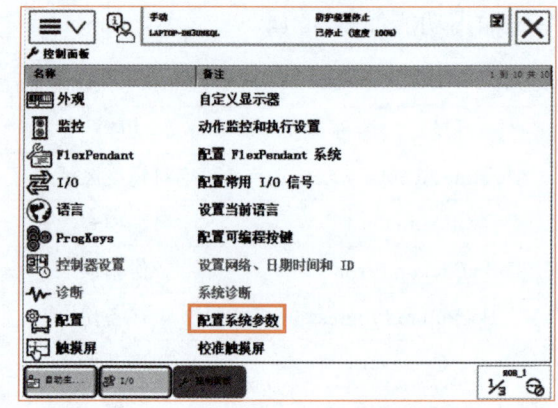

图 3-23　点击"配置系统参数"

② 点击"DeviceNet Device"，如图 3-24 所示；点击"添加"，如图 3-25 所示。

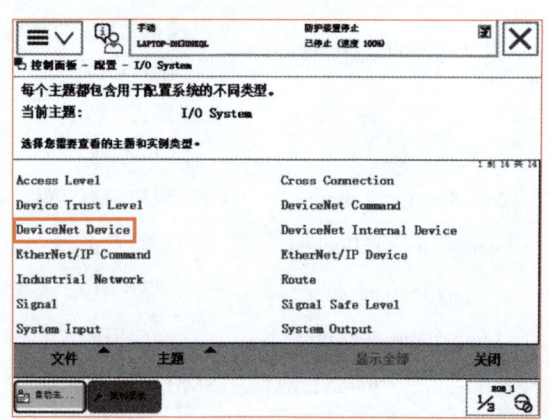

图 3-24　点击"DeviceNet Device"

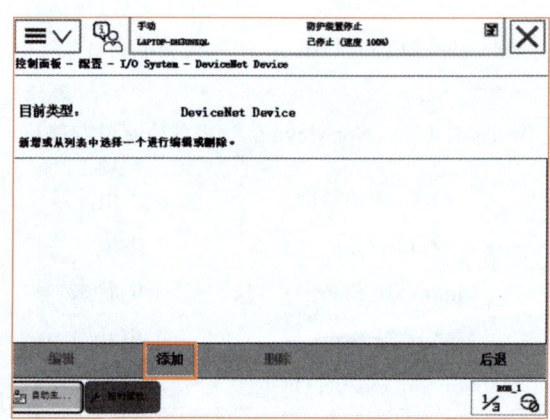

图 3-25　点击"添加"

③ 选择"DSQC652"，将名称修改为"board10"，如图 3-26 所示。

（2）添加机器人的数字输入信号

① 打开示教器菜单的控制面板，如图 3-27 所示；选择"配置系统参数"，如图 3-28 所示。

②选择"Signal",如图 3-29 所示,点击"添加",如图 3-30 所示。

③设置参数:将 Name 设置为"di1";将 Type of Signal 设置为"Digital Input";将 Assigned to Device 设置为"board10";将 Device Mapping 根据硬件的实际接线进行设置,如图 3-31 所示。

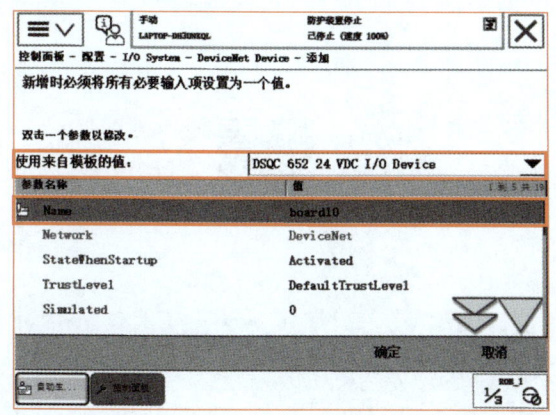

图 3-26　配置 DSQC652 模块参数

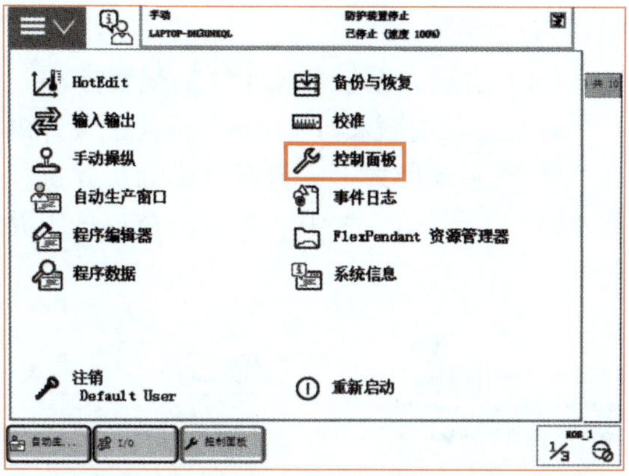

图 3-27　打开"控制面板"

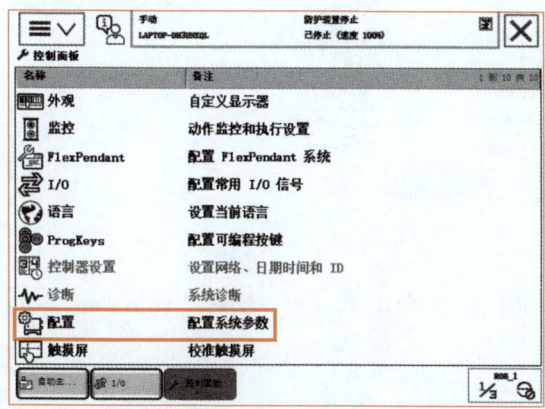

图 3-28　选择"配置系统参数"

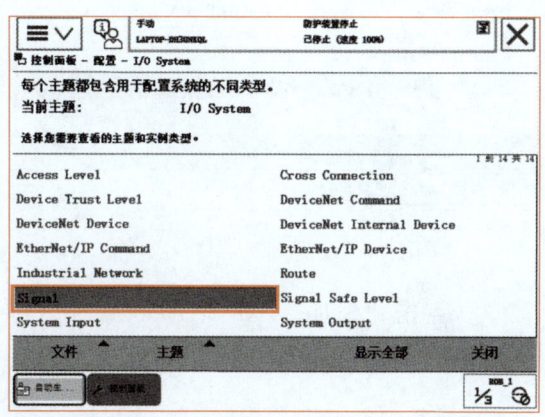

图 3-29　选择"signal"

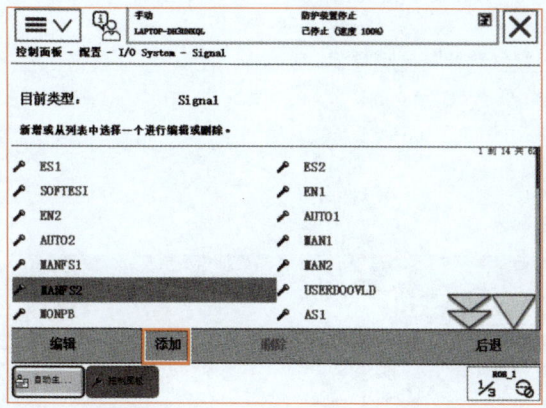

图 3-30　点击"添加"

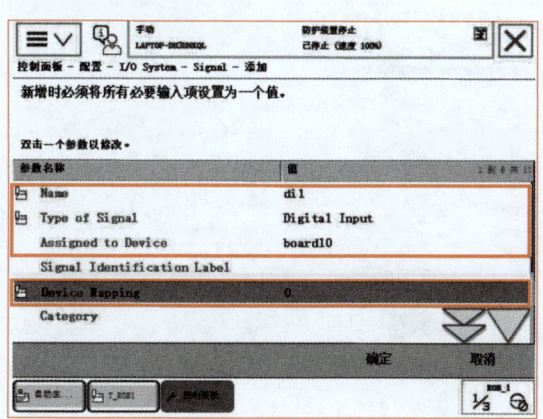

图 3-31　设置数字量输入信号

（3）设置机器人的数字输出信号

设置一个 Name 为"do09"，可以控制夹爪打开或关闭的数字输出信号。数字输出信号与数字输入信号设定的方法相似，只有最后一个界面有所不同。同样有四个需要设定的参数：将 Name 设置为"do09"；将 Type of Signal 设置为"Digital Output"；将 Assigned to Device 设置为"board10"；将 Device Mapping 根据硬件的实际接线进行设置，如图 3-32 所示。

（4）机器人系统输出 I/O 的配置方法

在配置系统输入与输出前，应先配置好机器人的基本 I/O 口。

① 在手动模式下，打开控制面板并选择"配置系统参数"，如图 3-33 所示。选中"System Output"并进入，如图 3-34 所示。

微课视频：
配置机器人的系统 I/O

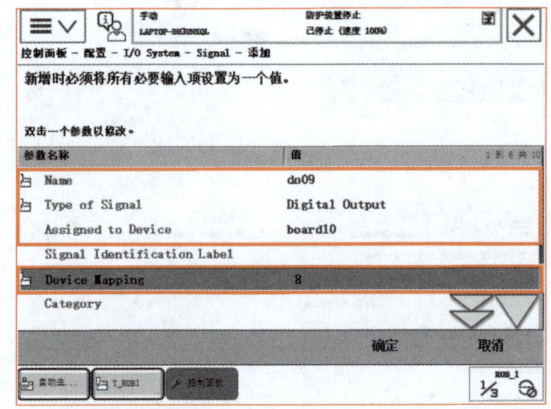

图 3-32　设置数字量输出信号

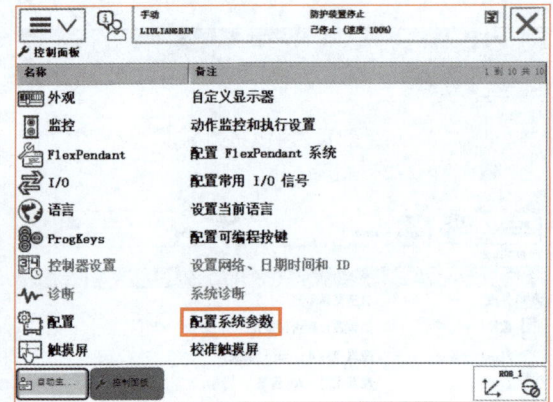

图 3-33　选择"配置系统参数"

② 点击"添加"，如图 3-35 所示；将 DO01 配置为电机上电功能"Auto On"，如图 3-36 所示。

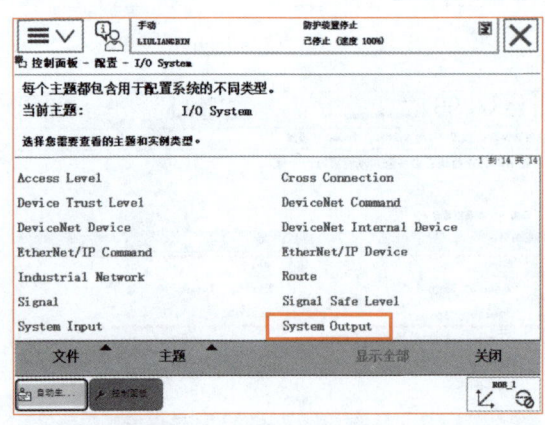

图 3-34　选中"System Output"

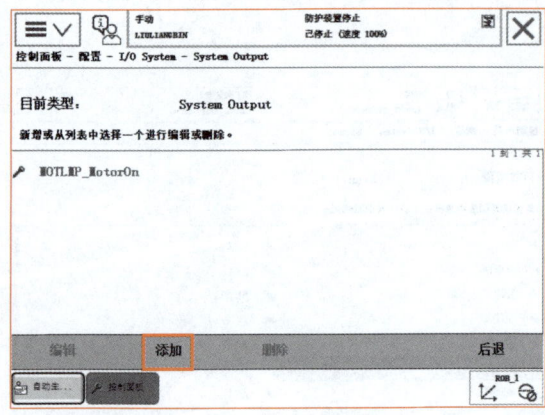

图 3-35　点击"添加"

③ 点击"是"，然后重启即可，如图 3-37 所示。

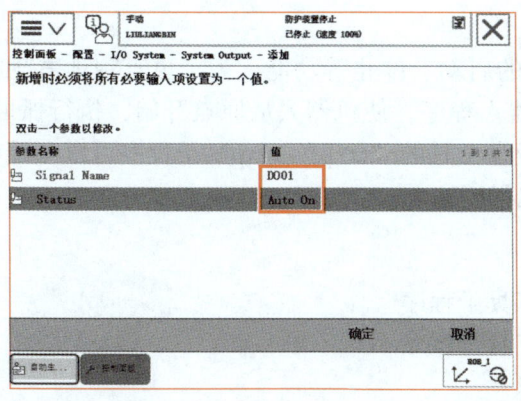

图 3-36　设置 DO01 为 "Auto On"

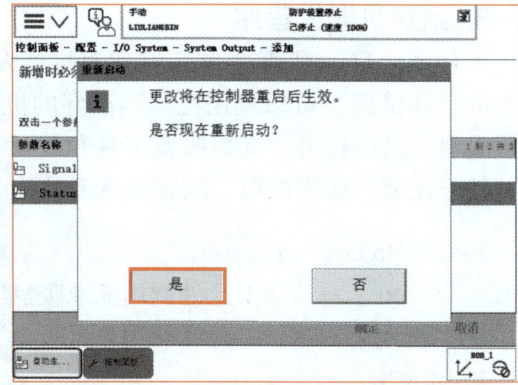

图 3-37　确认更改

（5）机器人系统输入 I/O 的配置方法

机器人系统输入 I/O 的配置方法与系统输出的配置方法相似，打开控制面板，选择 "配置系统参数" 选中 "System Input"，如图 3-38 所示。点击 "添加"，如图 3-39 所示。

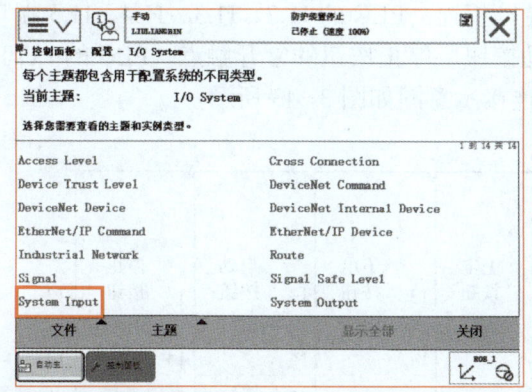

图 3-38　选择 "System Input" 选项

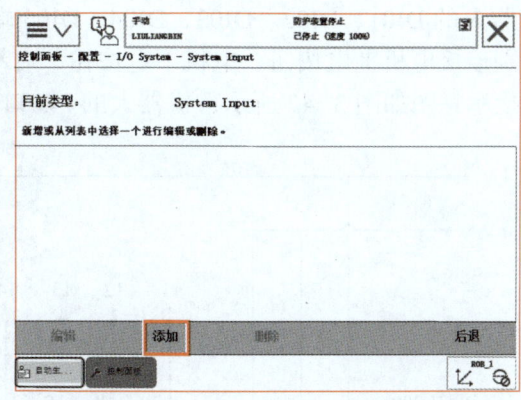

图 3-39　点击 "添加"

将 DI01 的功能设置为 "Motors On"，如图 3-40 所示。将 "Singnal Name" 设置为 "DI01"，将 "Action" 设置为 "Motors On"，点击 "确定" 后重启示教器即可，如图 3-41 所示。

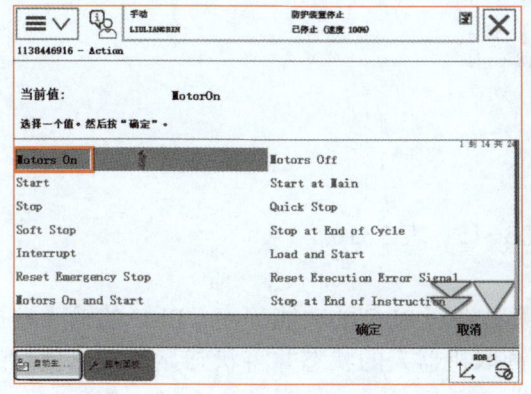

图 3-40　设置 DI01 为 "Motors On"

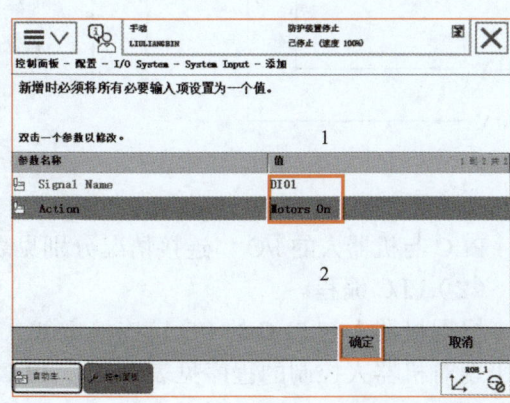

图 3-41　点击 "确定"

3. 编写机器人程序

本任务的目的是通过 PLC 实现对机器人的启动、停止等功能。为了更直观地看到机器人的动作情况，可以调用已经调试好的机器人程序，使机器人从原点开始，执行抓取、放置吸盘工具的任务。抓取吸盘工具和放置吸盘工具的"rzxp""rfxp"子程序可以参照前面的任务完成。调用抓取、放置吸盘工具的主程序如下。

```
PROC Main(  )
    rzxp;          !此处调用抓取吸盘工具子程序
    rfxp;          !此处调用放置吸盘工具子程序
ENDPROC
```

4. 编写 PLC 程序

（1）PLC 与机器人的线路连接

PLC 与机器人需要共 0V。机器人的 DO01、DO02、DO03、DO04 端口分别与 PLC 的 I0.6、I0.7、I1.0、I1.1 端口相连。PLC 的 Q0.4、Q0.5、Q0.6、Q0.7、Q1.0 端口分别与机器人的 DI01、DI02、DI03、DI04、DI05 端口相连。PLC 的 I1.2、I1.3、I1.4、I1.5 端口分别连接电机上电按钮、电机下电按钮、启动按钮、停止按钮的常开触点。PLC 的 I/O 口连接示意图如图 3-42 所示；机器人的 I/O 口连接示意图如图 3-43 所示。

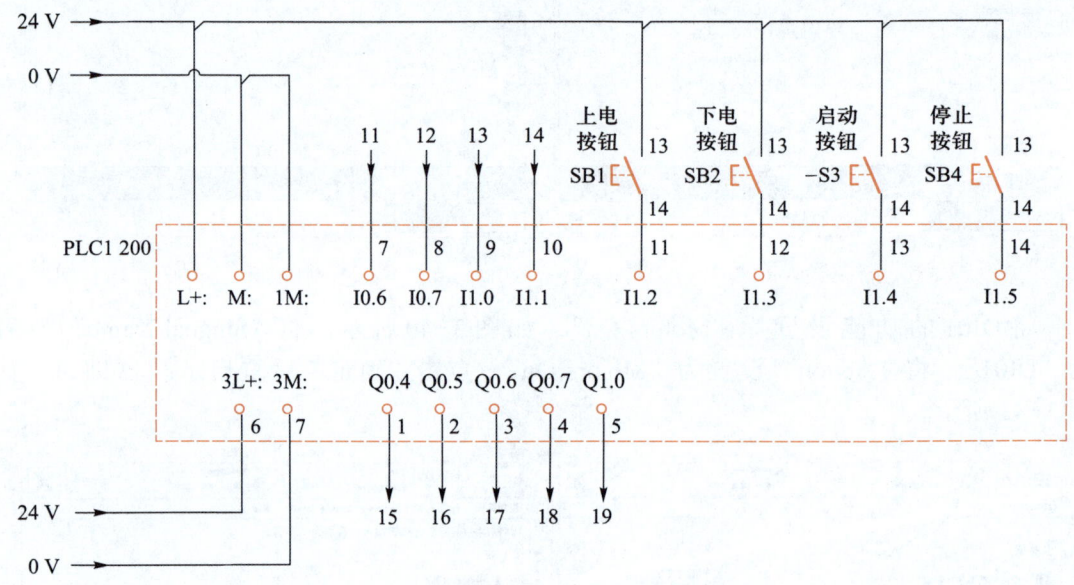

图 3-42　PLC 的 I/O 口连接示意图

PLC 与机器人的 I/O 口连接情况分别见表 3-15、表 3-16。

（2）PLC 编程

根据机器人与 PLC 的 I/O 口连接方式，可以编写 PLC 的功能程序，PLC 的输入端按钮实现对机器人控制的程序见表 3-17，PLC 读取机器人的状态并将状态显示在三色灯的程序见表 3-18。

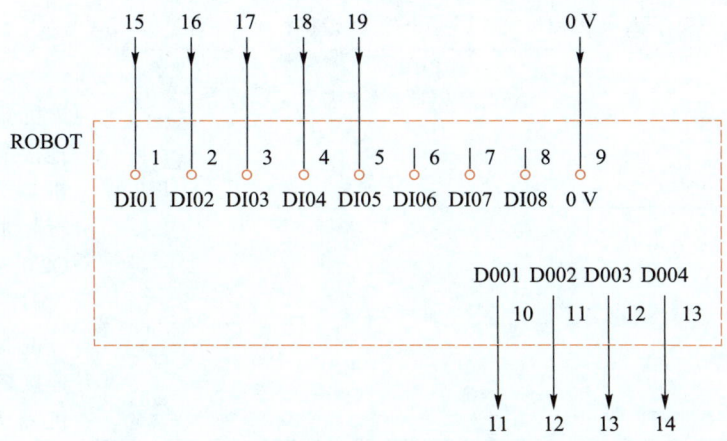

图 3-43　机器人的 I/O 口连接示意图

表 3-15　机器人输入信号

PLC 信号	机器人信号	功能
Q0.4	DI01	上电
Q0.5	DI02	下电
Q0.6	DI03	启动
Q0.7	DI04	停止
Q1.0	DI05	初始化

表 3-16　机器人输出信号

机器人信号	PLC 信号	功能
D001	I0.6	自动运行
D002	I0.7	程序状态
D003	I1.0	紧急停止
D004	I1.1	运行错误

表 3-17　PLC 的输入端按钮实现对机器人控制的程序

程序段编号	程序	功能
1	%I1.2 "上电按钮" ——||—————————( )—— %Q0.4 "上电"	上电按钮连接至 PLC 的 I1.2，当按下上电按钮，Q0.4 为高电平实现机器人上电功能
2	%I1.3 "下电按钮" ——||—————————( )—— %Q0.5 "下电"	下电按钮连接至 PLC 的 I1.3，当按下下电按钮，Q0.5 为高电平实现机器人下电功能
3	%I1.4 "启动按钮" ——||—————————( )—— %Q0.6 "启动"	启动按钮连接至 PLC 的 I1.4，当按下启动按钮，Q0.6 为高电平实现机器人启动功能
4	%I1.5 "停止按钮" ——||—————————( )—— %Q0.7 "停止"	停止按钮连接至 PLC 的 I1.5，当按下停止按钮，Q0.7 为高电平实现机器人停止功能

表 3-18　PLC 读取机器人的状态并将状态显示在三色灯的程序

程序段编号	程序	功能
1	%I0.6 "自动运行" ―||― %Q2.0 "绿灯" ―( )―	机器人的输出 DO01 连接至 PLC 的 I0.6，当机器人处于"自动运行"状态时，PLC 的 Q2.0 为高电平外接的"绿灯"亮
2	%I0.7 "程序状态" ―||― %Q2.1 "黄灯" ―( )―	机器人的输出 DO02 连接至 PLC 的 I0.7，当机器人处于"程序运行"状态时，PLC 的 Q2.1 为高电平外接的"黄灯"亮
3	%I1.0 "紧急停止状态" ―||― %Q2.2 "红灯" ―( )―	机器人的输出 DO03 连接至 PLC 的 I1.0，当机器人处于"紧急停止"状态时，PLC 的 Q2.2 为高电平外接的"红灯"亮

5. 调试程序实现功能

（1）手动情况下试运行机器人程序

在手动情况下，试运行机器人程序，验证机器人在手动运行的情况下是否可以正确实现工具的抓取和放置，不发生碰撞。

（2）PLC 程序验证

① 依次按下 PLC 的启动按钮、停止按钮、电机上电按钮，如图 3-44（a）所示；检查 PLC 的输入信号是否正确，如图 3-44（b）所示。

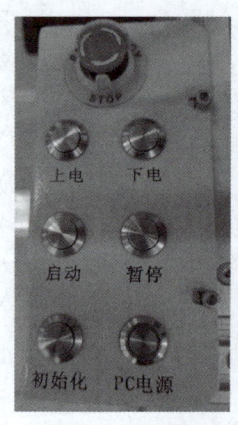

(a) 启动、停止等按钮

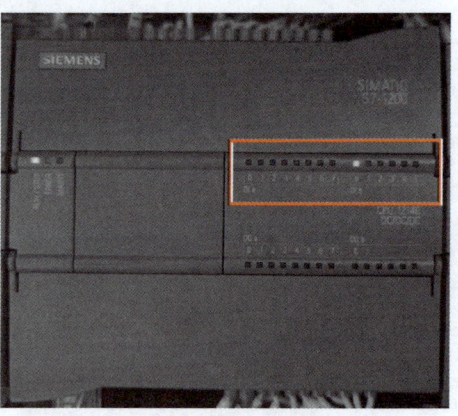

(b) PLC 的输入信号

图 3-44　按钮和 PLC 的输入位置

②依次按下 PLC 的启动按钮、停止按钮、电机上电按钮，检查 PLC 的输出信号是否正确，如图 3-45 所示。

③在机器人示教器中监控机器人的输入信号，依次按下 PLC 的启动按钮、停止按钮、电机上电按钮，检查机器人的输入信号是否正确，如图 3-46 所示。

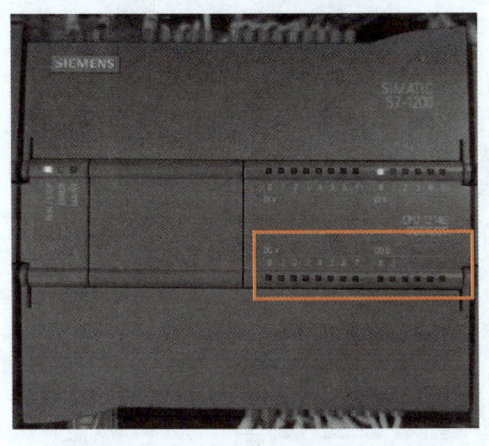
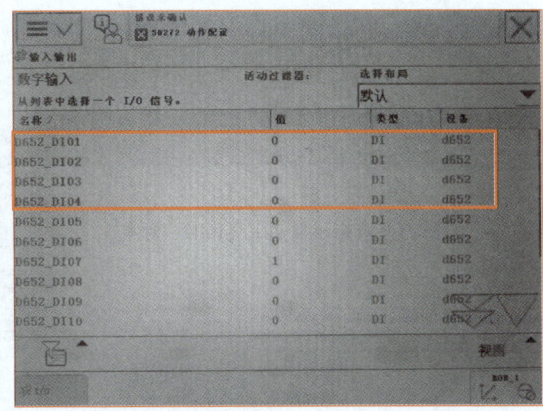

图 3-45　PLC 的输出信号位置　　　　　图 3-46　查看机器人输入信号

（3）机器人系统 I/O 功能测试

①单独测试机器人功能：测试机器人抓取、放置吸盘工具功能是否正常。

②低速自动模式下测试 PLC 控制机器人功能是否正常：在机器人处于初始状态下（在原点，未夹取工具），将机器人调整到自动模式，程序运行速度调到 20% 后运行程序，如图 3-47 所示。依次按下 PLC 的电机上电按钮、启动按钮、停止按钮、电机下电按钮，验证机器人是否可以通过 PLC 的信号实现相应功能。

微课视频：
输入输出信号的监控

③全速模式下测试 PLC 控制机器人功能是否正常：在机器人处于初始状态下（在原点，未夹取工具），将机器人调整到自动模式，程序运行速度调到 100%，依次按下 PLC 的电机上电按钮、启动按钮、停止按钮、电机下电按钮，验证机器人是否可以通过 PLC 的信号实现相应功能。

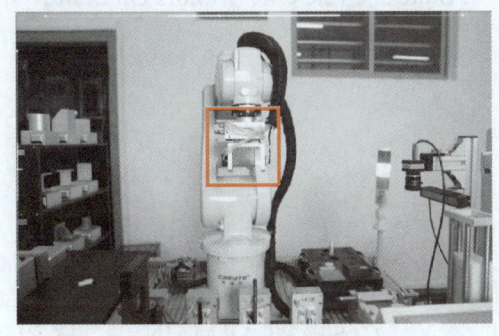

(a) 原点位置，未夹取工具　　　　　(b) 用钥匙将"手动/自动开关"调至"自动模式"

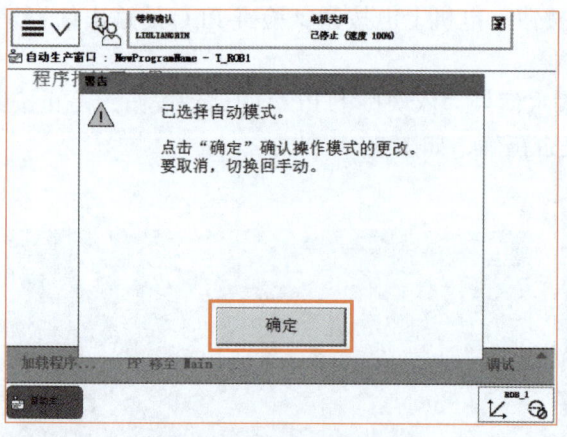

(c) 点击示教器上弹出的"确定"

(d) 按下电机上电按钮

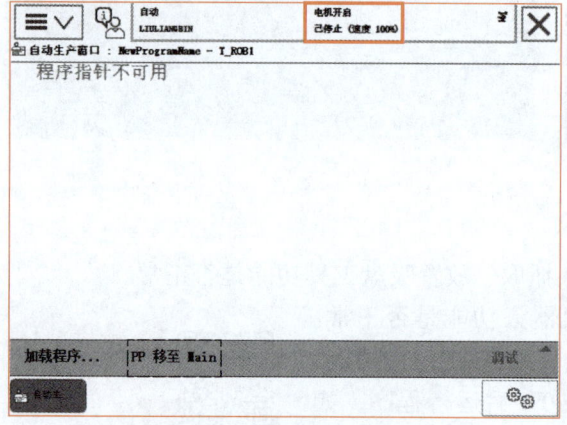

(e) 确认电机上电状态后点击"PP移至Main"

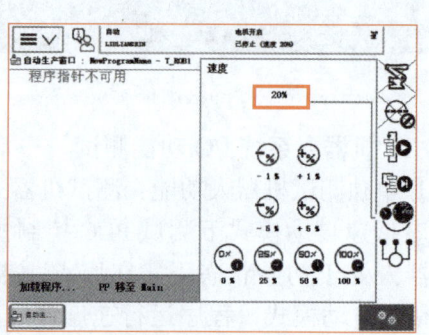

(f) 运行速度调整至"20%"
后点击"运行"按钮

图 3-47　低速状态下的运行程序

[拓展任务]

试设置机器人的系统输出功能：Motors Off State、Cycle On、Motors On State，并将其对应到 PLC 的输入信号中。

[评价测验]

自测题
选择题
远程控制中，若要从主程序启动机器人程序，可使用系统输入（　　　）。
A. START　　　　B. MOTORS ON START　　　　C. START AT MAIN　　　D. RUN
判断题
若要将信号 weld 设置为 off，能否使用以下指令：SetDO weld，0;（　　　）

填空题

_____ di11,1;　　　　! 指令的功能是：等待 di11 信号变为 1，再执行后面的程序。

任务评价

序号	评价内容	任务评价	评价标准
1	树立执行标准规范的职业意识	合格□　不合格	按 I/O 信号命名要求命名为合格
2	树立查阅技术文件的工作意识	合格□　不合格	能查阅安全回路电路图，完成安全回路连接为合格
3	描述机器人 I/O 板的类型和配置流程	优□　良□　及格	能描述两类 I/O 板配置流程为优 能描述一类 I/O 板的配置流程为良 能分辨 I/O 板类型为及格
4	描述机器人 I/O 控制模块的引脚功能	优□　良□　及格	能描述 X1~X5 端口各引脚功能为优 能描述一个端口各引脚的功能为良 能描述 X1~X5 的功能为及格
5	分析机器人的安全控制回路 X7、X8、X9	优□　良□　及格	能描述 3 组回路的接法为优 能描述 2 组回路的接法为良 能描述 1 组回路的接法为及格
6	能够配置机器人的 I/O 板、I/O 信号名称和系统输入输出功能	优□　良□　及格	能配置 3 种功能为优 能配置 2 种功能为良 能配置 1 种功能为及格
7	能根据电路图解决安全回路故障	合格□　不合格	能根据电路图解决急停、安全回路断开等安全回路故障为合格

[工单]

知 识 工 单

包装盒加盖的信号配置与关联理论任务

班级_____ 学号_____ 姓名_____ 第___组

模块三　视觉包装工作站的编程与调试

项目一	基础技能——包装盒加盖工作的 I/O 信号设置与编程
任务 1	包装盒的信号配置与关联

1. 机器人如果需要通过 I/O 接口与 PLC 等外部设备进行数据交互，需要用到 DSQC652、DSQC651 等模块。

序号	I/O 模块名称	I/O 接口数量
1	DSQC652	_____个数字量输入；_____个数字量输出；_____个模拟量输入；_____个模拟量输出
2	DSQC651	_____个数字量输入；_____个数字量输出；_____个模拟量输入；_____个模拟量输出

2. 以下是机器人 DSQC652 模块的地址设置情况。问当短路排以如下的方式进行剪脚，该模块的地址分别是什么？

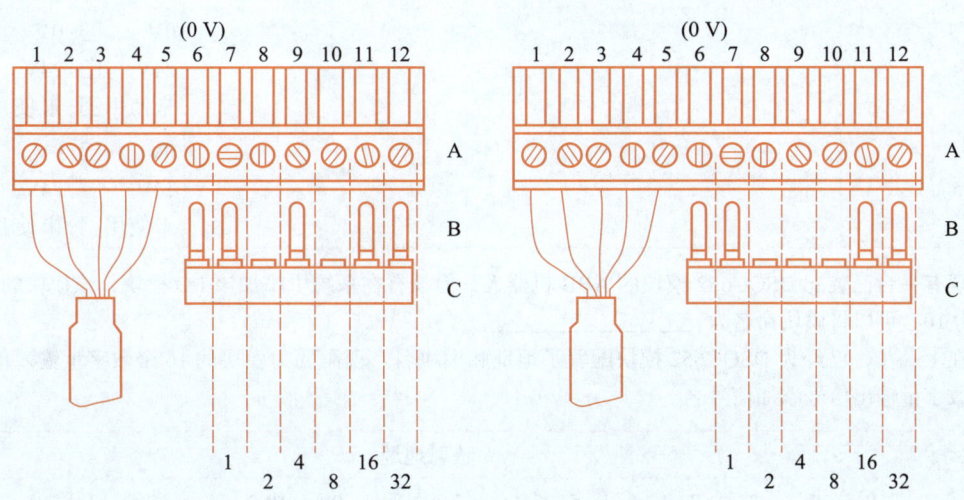

3. 在紧凑型控制柜中，ABB 机器人各功能对应的端口是什么？（将 XS7、XS8、XS9、XS12、XS13、XS14、XS15、XS16、XS17 填入下表）

序号	功能	机器人端口编号
1	紧急停止回路端口	
2	自动和常规停止回路（安全停止）端口	

续表

续表

序号	功能	机器人端口编号
3	输入端口	
4	输出端口	
5	电源端口	
6	DeviceNet 总线端口	

4. 机器人 XS12、XS13 号端子是机器人的（输入□/输出□）端口，说出各引脚的映射地址。

端子号	引脚映射地址									
	引脚 1	引脚 2	引脚 3	引脚 4	引脚 5	引脚 6	引脚 7	引脚 8	引脚 9	引脚 10
XS12									0V □ 24V □ 未使用□	0V □ 24V □ 未使用□
XS13									0V □ 24V □ 未使用□	0V □ 24V □ 未使用□

5. 机器人 XS14、XS15 号端子是机器人的（输入□/输出□）端口，说出各引脚的映射地址。

端子号	引脚映射地址									
	引脚 1	引脚 2	引脚 3	引脚 4	引脚 5	引脚 6	引脚 7	引脚 8	引脚 9	引脚 10
XS14									0V □ 24V □ 未使用□	0V □ 24V □ 未使用□
XS15									0V □ 24V □ 未使用□	0V □ 24V □ 未使用□

6. 现有一台已装配 DSQC652 模块的 ABB 机器人，但没有在系统中添加该 I/O 模块，该模块的硬件地址为 10。可以将模块命名为 _____。

7. 在上一步，已经为 DSQC652 模块配置了地址和模块名。现需要为模块的 16 个数字量输入信号、16 个数字量输出信号添加信号名。

数字量 输入	映射地址															
	0	1	2	3	4	5	6	7	8	9	10	11	12	13	14	15
端口名																
数字量 输出	映射地址															
	0	1	2	3	4	5	6	7	8	9	10	11	12	13	14	15
端口名																

8. XS17 端口电路图如下，说明机器人 XS16、XS17 端子各引脚的功能。

续表

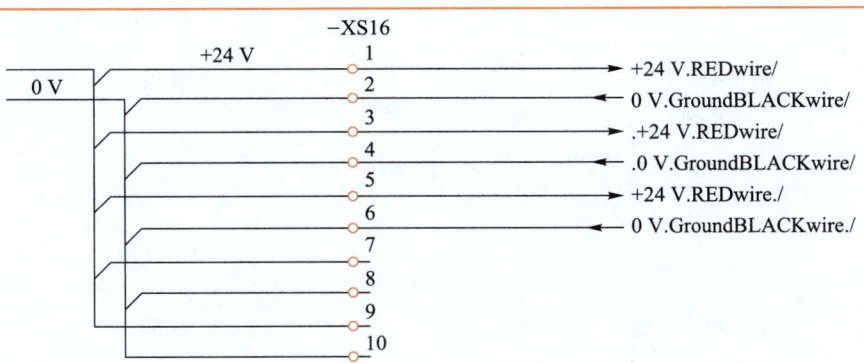

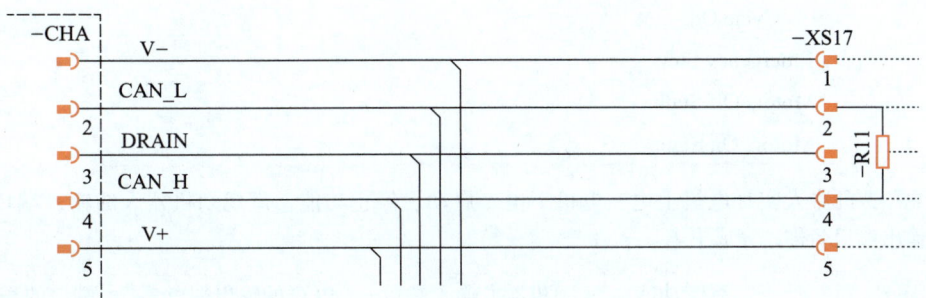

端口号	引脚功能					
	引脚 1	引脚 2	引脚 3	引脚 4	引脚 5	引脚 6
XS16	24V □ 0V □ 无 □	24V □ 0V □ 无 □	24V □ 0V □ 无 □	24V □ 0V □ 无 □	24V □ 0V □ 无 □	24V □ 0V □ 无 □
XS17	0V □ CANH □ CANL □ 24V □ 屏蔽 □	0V □ CANH □ CANL □ 24V □ 屏蔽 □	0V □ CANH □ CANL □ 24V □ 屏蔽 □	0V □ CANH □ CANL □ 24V □ 屏蔽 □	0V □ CANH □ CANL □ 24V □ 屏蔽 □	—

9. XS7、XS8、XS9 三个端子是机器人的 _____ 机制端口。

10. 将系统的输入 / 输出与 I/O 口信号关联起来，就可以对系统功能进行控制。试写出示教器系统 I/O 配置中英文对应的系统功能。

工业机器人的系统输入功能

系统输入名称	功能
Motors Off	
Motors On	
PP to Main	
Reset Emergency Stop	

续表

续表

系统输入名称	功能
Start	
Start at Main	
Stop	

工业机器人的系统输出功能

系统输出名称	功能
Auto On	
Cycle On	
Emergency Stop	
Motors Off State	
Motors On State	

11. 现需要机器人实现电机上电、电机下电、启动、停止功能，试规划机器人的输入端口名称、PLC 的输出端口名称，完成下表。

序号	系统功能	机器人输入端口	PLC 的输出端口	端口的作用
1	Motors Off	DI01		
2	Motors On	DI02		
3	Start	DI03		
4	Stop	DI04		

12. 试绘制按钮、PLC、机器人之间的线路连接情况。

13. 试编写 PLC 程序，实现按钮按下时，机器人端口得到高电平的输入信号功能。

实　施　工　单

包装盒加盖的信号配置与关联实操任务

班级_____学号_____姓名_____第____组

模块三　视觉包装工作站的编程与调试

项目一	基础技能——包装盒加盖工作的 I/O 信号设置与编程
任务 1	包装盒的信号配置与关联

一、机器人启动前准备

序号	需要完成的任务	确认情况	备注
1	检查机器人周围是否放置水瓶等杂物		
2	检查操作人员是否穿拖鞋		
3	检查操作人员是否佩戴安全帽		
4	检查操作人员是否戴手套		

二、编程并实现功能

1. 机器人 I/O 的配置

（1）添加机器人 DSQC652 模块

序号	需要完成的任务	完成情况	备注
1	设置 DSQC652 模块的地址		
2	设置 DSQC652 模块的名称		
3	重启设备完成 DSQC652 模块的添加		

（2）为 DSQC652 模块添加 I/O 口

序号	需要完成的任务	完成情况	备注
1	设置 DSQC652 模块的输入口		
2	设置 DSQC652 模块的输出口		
3	重启设备完成 DSQC652 模块的 I/O 添加		

（3）设置系统 I/O

序号	需要完成的任务	完成情况	备注
1	为 4 个输入端口设为系统输入功能		
2	为 4 个输出端口设为系统输出功能		
3	重启设备完成系统 I/O 的设置		

2. 编写机器人程序

（1）编写机器人抓放吸盘工具功能程序

序号	需要编写的子程序	完成情况	备注
1	机器人抓取吸盘工具程序		

序号	需要编写的子程序	完成情况	备注
2	机器人放置吸盘工具程序		
3	主程序		

（2）示教目标点

序号	需要示教的点位	完成情况	备注
1	原点位置		（0，0，0，0，90，0）
2	抓取吸盘工具位置		

（3）测试程序功能

序号	需要测试的功能	完成情况	备注
1	机器人正确抓取吸盘工具		
2	机器人正确放置吸盘工具		
3	主程序能正确运行抓、放功能		

3. 编写 PLC 功能程序

序号	需要编写的子程序	完成情况	备注
1	编写通过按钮控制机器人程序		
2	编写机器人控制 PLC 状态灯程序		
3	测试程序功能		

4. 调试程序实现功能

（1）单独测试机器人功能

序号	需要实现的功能	完成情况	备注
1	机器人调整到手动模式		
2	程序指针调到 main		
3	20% 速度手动连续运行程序		
4	100% 速度手动连续运行程序		

（2）单独测试 PLC 功能

序号	需要实现的功能	完成情况	备注
1	运行 PLC 程序		
2	测试按钮是否能控制 PLC 输入指示灯		
3	测试按钮是否能控制 PLC 输出指示灯		
4	测试按钮能否控制机器人的输入信号		

（3）低速模式下测试 PLC 控制机器人功能

序号	需要实现的功能	完成情况	备注
1	机器人调整到手动模式		
2	机器人回到原点、取下吸盘工具		
3	机器人调整到自动运行模式		
4	PP 移至 main		
5	速度调整到 20%		
6	按下电机上电按钮		
7	按下启动按钮		
8	按下停止按钮		
9	按下电机下电按钮		

（4）全速模式下测试 PLC 控制机器人功能

序号	需要实现的功能	完成情况	备注
1	机器人调整到手动模式		
2	机器人回到原点、取下吸盘工具		
3	机器人调整到自动运行模式		
4	PP 移至 main		
5	速度调整到 100%		
6	按下电机上电按钮		
7	按下启动按钮		
8	按下停止按钮		
9	按下电机下电按钮		

三、关闭设备

序号	需要完成的任务	完成情况	备注
1	将机器人回到原点位置		（0，0，0，0，90，0）
2	按下急停按钮		
3	关闭机器人		
4	关闭实训平台		

四、检查工作任务的完成情况

序号	需要完成的任务	完成情况	备注
1	机器人 I/O 的配置		
2	测试机器人手动运行程序		

序号	需要完成的任务	完成情况	备注
3	测试 PLC 程序		
4	测试 PLC 控制机器人启动、运行、停止功能		

任务 2
包装盒加盖的信息可视化编程

[任务目标]

素养目标:

1. 严格执行电路故障的排除流程,树立按步骤执行、严谨求实的操作意识。

2. 在排除功能故障后,提交一份故障分析报告,树立严谨的工作意识。

🔗 拓展阅读:
攻克行业"卡脖子"
难题——王群

知识目标:

1. 正确描述示教器清屏、写屏等指令的各参数含义。

2. 清晰描述定时器的重置、启动、停止等指令的各参数含义。

能力目标:

1. 能实现示教器清屏或显示特定数据的功能。

2. 能实现机器人定时器重置、启动、停止等功能。

[任务描述]

在工业设备的设计初期,便会设定硬性指标生产"节拍",它是指产线中连续完成相同的两个产品之间的间隔时间。在调试设备时,需要掌握当前工序的用时;工人在操作中,需要实时了解当前物料的加工数量,通过机器人信息可视化的方式,能实现设备的调试和加工数量的监控,进一步有效保证"节拍"。本任务需要:

① 使用定时指令实现工序的计时。

② 编程实现当前工序时间的监控。

③ 编程实现机器人当前加工数量的监控。

④ 编程实现物料到位后的包装功能。

[任务引入]

完成包装盒加盖的信息可视化,需要在示教器上显示图 3-48 所示的效果。在包装盒加盖的信息可视化编程前,还需要编写机器人的定时指令。实现该功能需要明确以下几点:

① 机器人的定时指令的变量不是 num 类型,需要用 ClkRead 指令读取。

② 注意 TPwrite 指令的使用格式。

③ 确定好物料到位的检测信号(以 DI13 为例说明)。

④ IF 指令应配合 WHILE 指令使用。

⑤ 在使用定时器前,需先用 ClkReset 指令对计时变量进行复位。

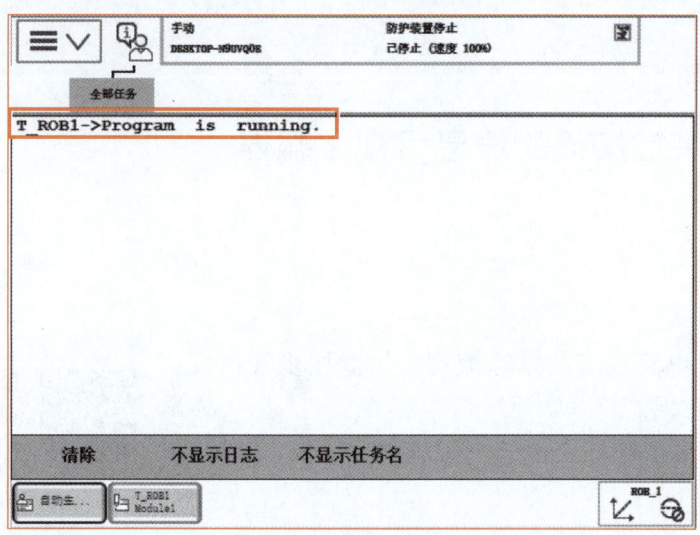

图 3-48　机器人示教器的可视化

分析与思考

1. ClkRead 指令的计时变量是什么？
2. 在什么位置放置启动计时和关闭计时的指令更合适？

[相关知识]

1. TPWrite（写屏指令）

TPWrite 用于在 FlexPendant 示教器上写入文本，可将特定数据的值以文本形式一同写入。

指令格式：TPWrite " ******** "

注意：双引号里面不能使用中文。

程序示例 1：

```
TPWrite "Execution started";
```

功能释义：在示教器上写入文本 Execution started。

程序示例 2：

```
TPWrite "********"\ 表达式或变量
TPWrite "No of produced parts="\Num:=reg1;
```

功能释义：若此时 reg1 保存值 5，则在示教器上写入文本 No of produced parts=5。

2. TPErase（清屏指令）

TPErase 用于清除 FlexPendant 示教器的显示内容。

程序示例：

```
TPErase;
TPWrite "Execution started";
```

功能释义：写入 Execution started 前，清除示教器显示。

3. ClkReset（重置用于定时的时钟）

ClkReset 用于重置作为定时的时钟。

程序示例：

```
ClkReset clock1;
```

功能释义：重置时钟 clock1。

注：

① 使用时钟之前，应使用此指令，以确保计时变量设置为 0。

② 如果时钟正在运行中，则将使其停止，然后进行重置。

③ 时间以秒计。

4. ClkStart（启动用于定时的时钟）

ClkStart 用于启动作为定时的时钟。

程序示例：

```
ClkStart clock1;
```

功能释义：启动时钟 clock1。

注：

① 启动时钟时，定时器将运行并持续读秒，直至停止。

② 当程序停止时，时钟继续运行。

③ 如果时钟正在运行中，则可以进行读数、停止或重置。

5. ClkStop（停止用于定时的时钟）

ClkStop 用于停止作为定时的时钟。

程序示例：

```
ClkStop clock1;
```

功能释义：停止时钟 clock1。

注：

① 当时钟停止时，其将停止运行。

② 如果时钟停止，则可以进行读数、重启或重置。

6. ClkRead（读取用于定时的时钟）

ClkRead 用于读取作为定时的时钟。

程序示例 1：

```
reg1:=ClkRead(clock1);
```

功能释义：读取时钟 clock1，并将时间（以秒计）储存在变量 reg1 中。

程序示例 2：

```
reg1:=ClkRead (clock1\HighRes);
```

功能释义：读取时钟 clock1，并以高分辨率将时间（以秒计）储存在变量 reg1 中。

注：

① 返回值的数据类型为 num。

② 将时间（以秒计）储存在时钟中，分辨率通常为 0.001 秒。如果使用 HighRes 开关，则可能获得 0.000001 秒的分辨率。

7. IF（判断指令）

微课视频：
Compact IF 与 IF
指令

IF 指令与 C 语言中的 IF 指令相似，用于判断一个条件是否成立。若条件成立，则执行紧随其后的指令；若条件不成立，则执行 ELSE 后面的指令。如果要实现多种条件的判断，可以使用 ELSEIF 指令实现。IF 指令以 IF 开头，并以 ENDIF 作为结束标志。

程序示例 1：

```
IF reg1 > 5 THEN
    Set do1;
    Set do2;
ENDIF
```

功能释义：仅当 reg1 大于 5 时，将信号 do1 和 do2 进行置位。

程序示例 2：

```
IF reg1 > 5 THEN
    Set do1;
ELSE
    Reset do1;
ENDIF
```

功能释义：当 reg1 大于 5 时，将信号 do1 进行置位；当 reg1 小于或等于 5 时，将信号 do1 进行复位。

程序示例 3：

```
IF counter > 100 THEN
    counter:= 100;
ELSEIF counter < 0 THEN
    counter:= 0;
ELSE
    counter:= counter + 1;
ENDIF
```

功能释义：如果 counter 大于 100，则令 counter 等于 100；如果 counter 小于 0，则令 counter 等于 0；当 counter 在 0 到 100 之间，则每执行一次，将 counter 加 1。

8. Compact IF（紧凑型判断指令）

Compact IF 指令功能与普通 IF 指令类似，但紧凑型判断指令后面仅允许添加一条需要执行的指令。

程序示例：

```
IF reg1 > 5 Set do1;
```

功能释义：如果 reg1 大于 5，将 do1 置位。

9. WaitDI（数字输入信号判断指令）

WaitDI 指令用于等待某一个数字输入信号，直到条件满足，继续执行下面的指令，如果条件一直不满足，如果超过最长等待时间，则报警。

程序示例：

```
WaitDI DI13, 1;
```

在 DI13 输入信号为 1 后，继续执行程序。

[任务实施]

1. 明确流程要求

① 编程实现写屏功能。清屏→屏幕上显示程序的运行状态。

② 编程实现当前件数的显示。编写机器人循环实现包装盒加盖子程序→编写主程序实现计数功能→测试程序功能。

③ 编程实现包装盒加盖时间的显示。复位定时器→启动定时器→实现包装盒加盖→停止计时器→显示当前任务的耗时。

2. 编程实现写屏功能

① 新建一个子程序，子程序名称为"RTP"，然后点击"确定"，如图 3-49 所示；点击添加指令，然后选择指令分类，当前为"Common"，选择"Communicate"，如图 3-50 所示。

② 对应的指令不在"Communicate"下，点击"下一个"进行翻页，如图 3-51 所示；在第二个界面点击"TPErase"，添加清屏指令，如图 3-52 所示。

③ 点击"TPWrite"，添加一条写屏指令，如图 3-53 所示；点击引号位置，在里面添加显示的信息，如图 3-54 所示。

④ 点击"编辑"，然后点击"ABC"，如图 3-55 所示；输入需要显示的内容"Program is running"，然后选择"确定"，如图 3-56 所示。

⑤ 指令添加完后，点击"确定"，如图 3-57 所示；机器人的写屏指令即完成，如图 3-58 所示。

⑥设置成功后，运行当前程序，在示教器的监控界面中，会显示"Program is running"，如图 3-59 所示。

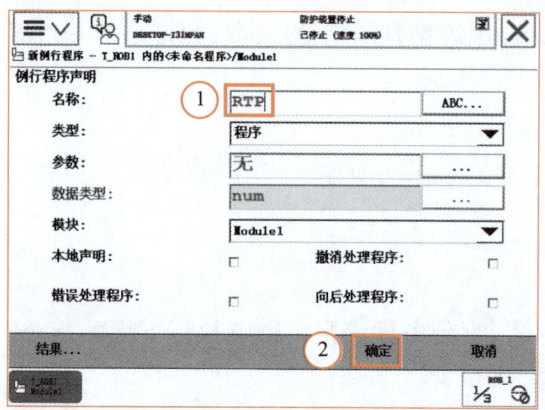

图 3-49　新建"RTP"子程序

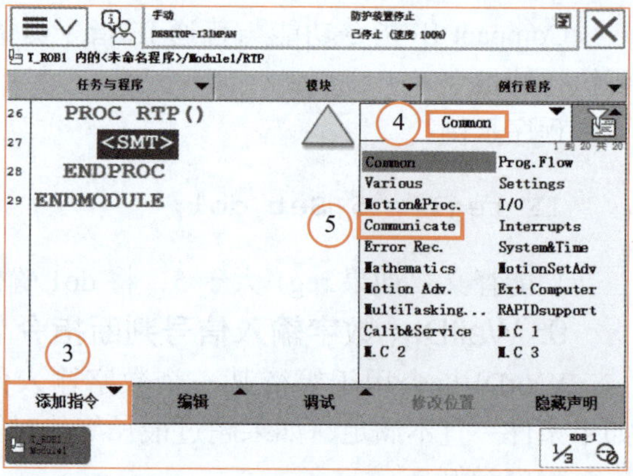

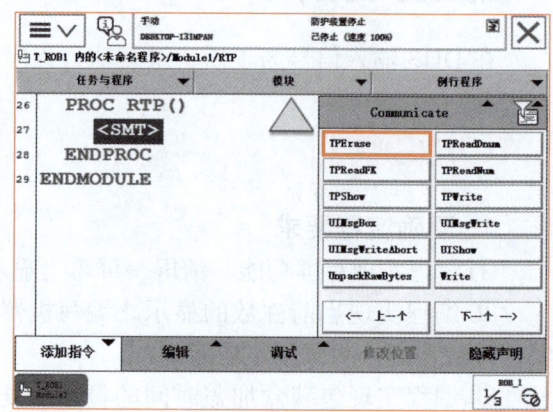

图 3-50　选择"Communicate"

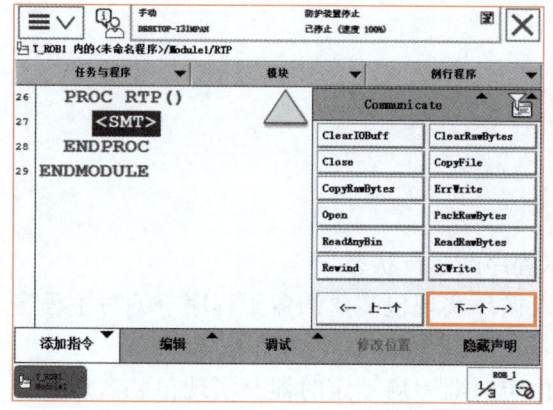

图 3-51　点击"下一个"

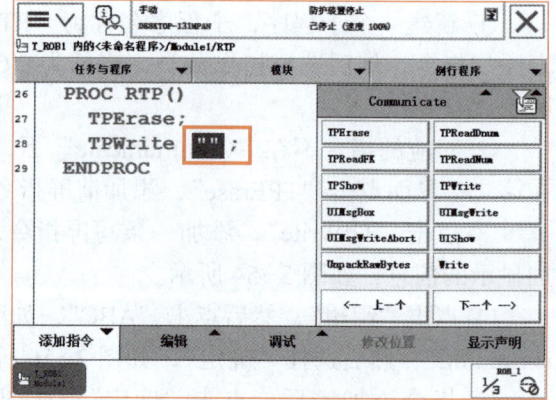

图 3-52　点击"TPErase"

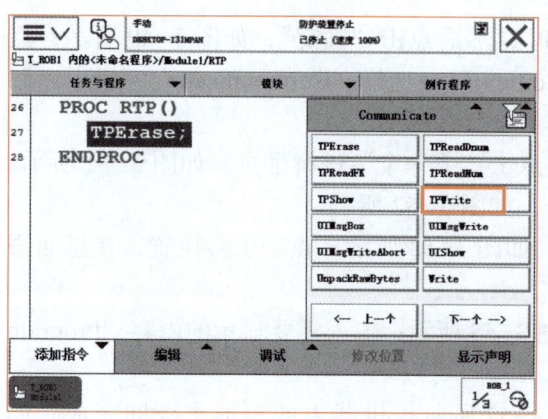

图 3-53　点击"TPWrite"

图 3-54　点击引号位置

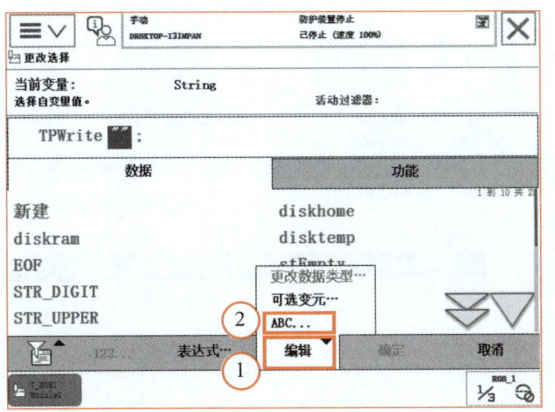

图 3-55　点击"编辑"中的"ABC"

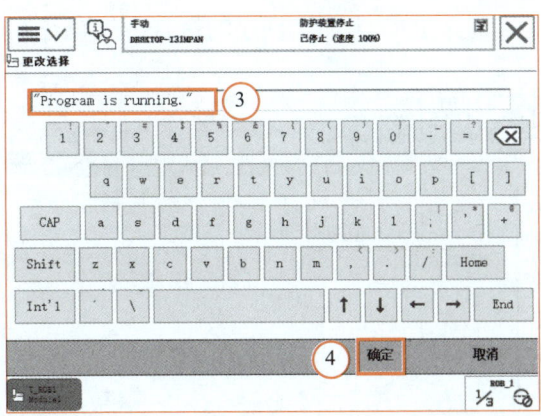

图 3-56　输入要显示的内容

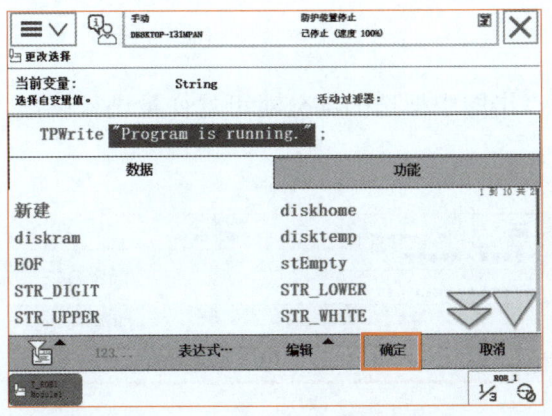

图 3-57　点击"确定"

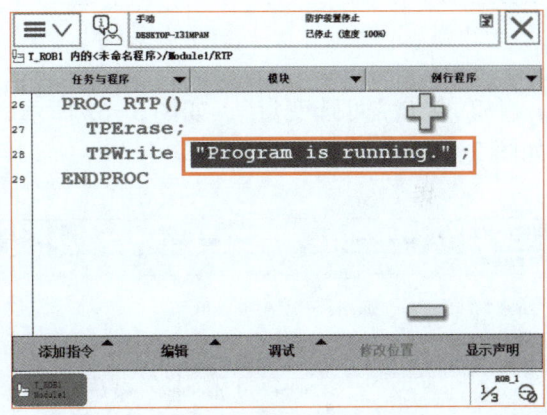

图 3-58　程序编写完成情况

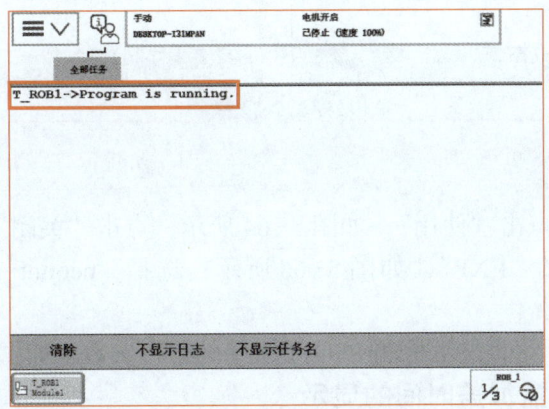

图 3-59　成功运行后的示意图

3. 编程实现当前件数的显示

① 添加"RJG"子程序，为了显示加工件数，调用"Incr"指令，如图 3-60 所示；添加"TPWrite"指令，在后面的显示部分添加"Number of produced parts="字符串，如图 3-61 所示。

注：RJG 为加工程序的拼音首字母缩写。

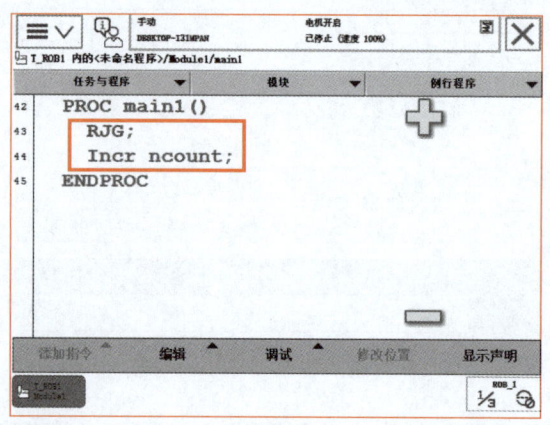

图 3-60　添加子程序和"Incr"指令

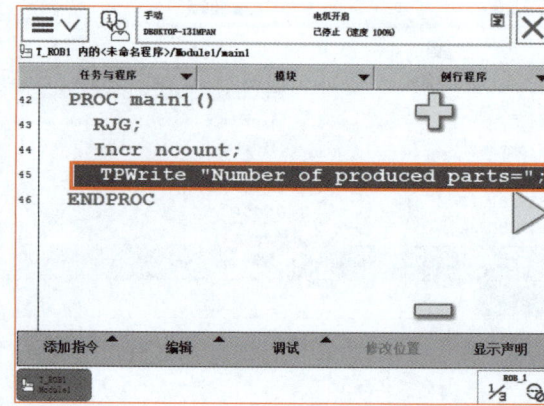

图 3-61　添加"TPWrite"指令

② 点击"可选变量"，如图 3-62 所示；点击图中框选的部分对可选变量进行设置，如图 3-63 所示。

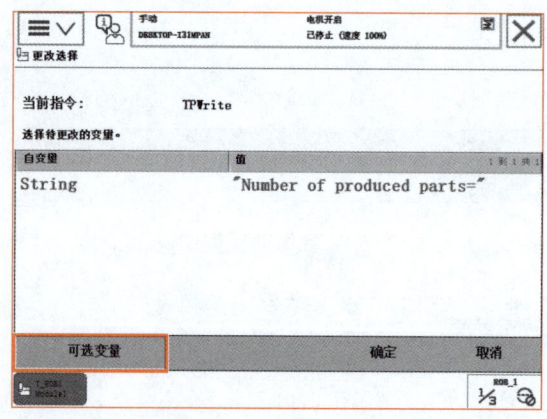

图 3-62　点击"可选变量"

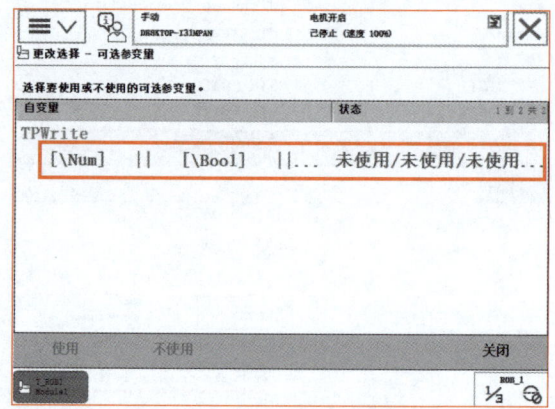

图 3-63　点击变量对应的参数

③ 选择"Num"，点击"使用"，如图 3-64 所示；点击"关闭"，如图 3-65 所示。

④ 点击"Num"的"EXP"，如图 3-66 所示；选择"ncount"变量，点击"确定"，如图 3-67 所示。

⑤ 运行当前程序，此时显示检测 RJG 子程序的运行次数，如图 3-68 所示。

4. 编程实现包装盒加盖时间的显示

① 点击"添加指令"，在"Common"界面，选择"System&Time"，如图 3-69 所示；在进入"System&Time"界面后，添加"Clkreset"指令，实现主程序中重置定时器，如图 3-70 所示。

② 添加完成后，实现定时器"clock1"的重置，如图 3-71 所示；在"System&Time"界面，点击"Clkstart"添加定时器启动指令，如图 3-72 所示。

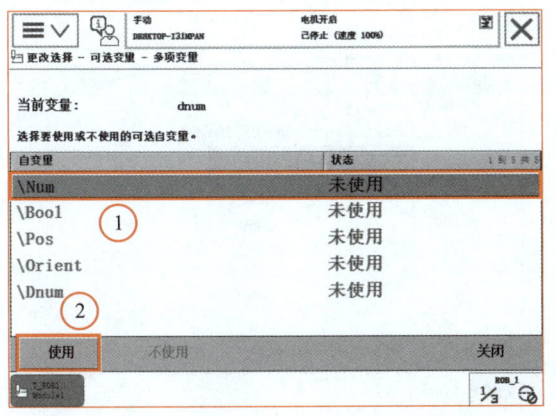

图 3-64　选择"Num"，点击"使用"

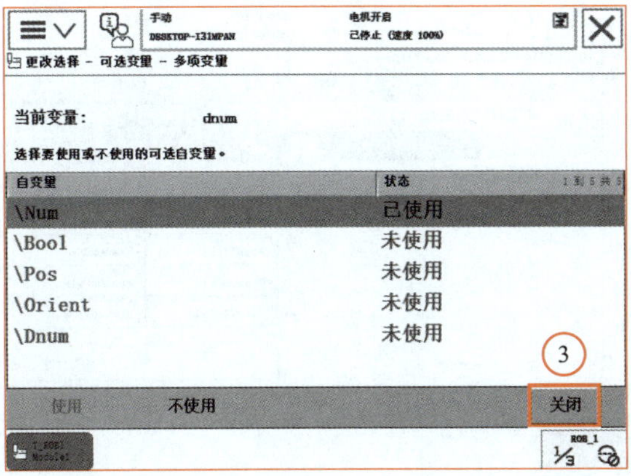

图 3-65　点击"关闭"

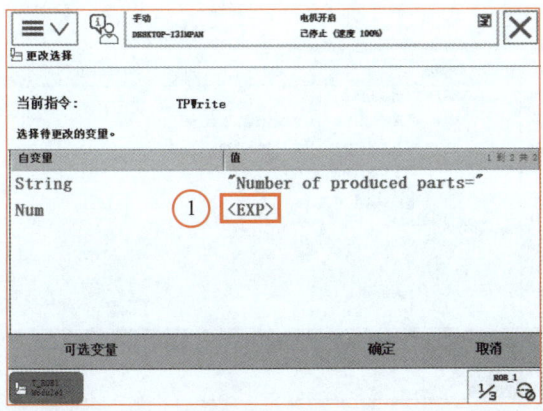

图 3-66　点击"EXP"

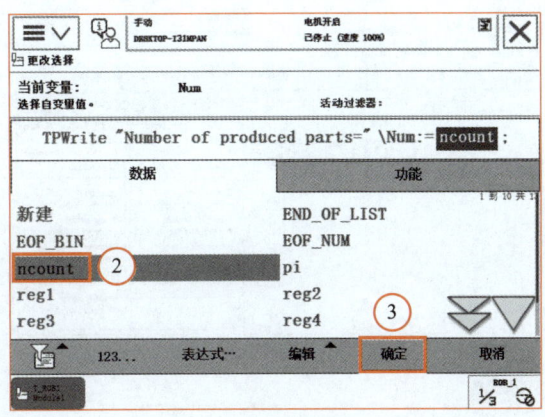

图 3-67　选择"ncount"变量

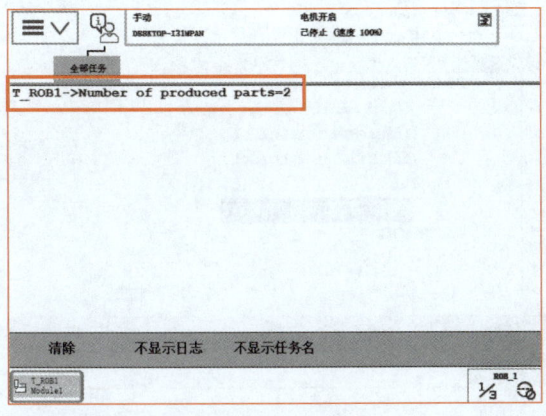

图 3-68　成功运行后的示意图

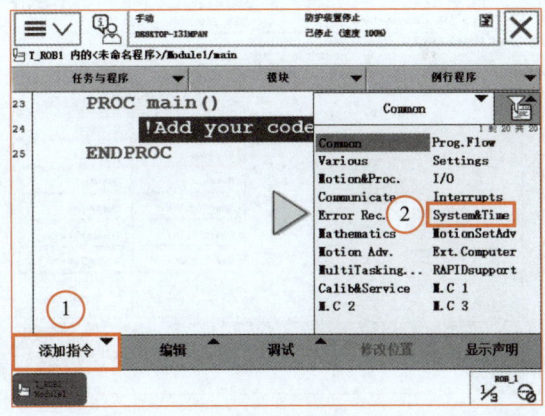

图 3-69　选择"System&Time"

③ 添加需要计时的子程序"RJG"，如图 3-73 所示；在"System&Time"界面，点击
"Clkstop"，添加停止计时指令，如图 3-74 所示。

④ 定时器实现计时的程序如图 3-75 所示。

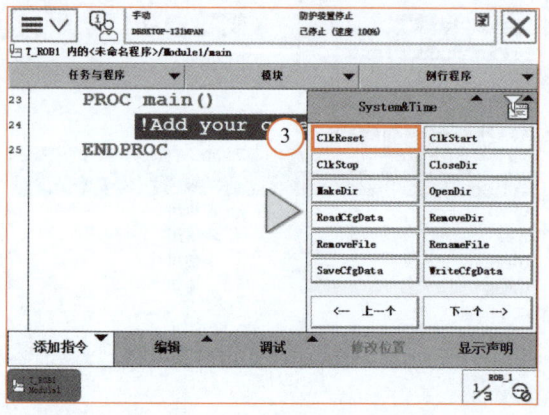

图 3-70 添加 "Clkreset" 指令

图 3-71 重置 "clock1" 定时器

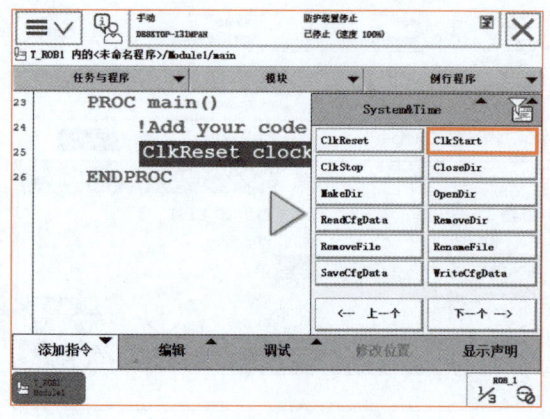

图 3-72 启动定时器

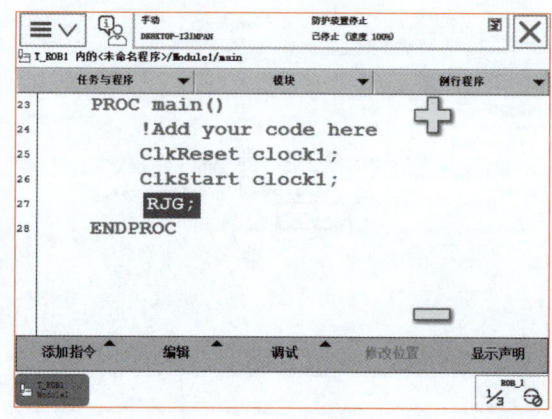

图 3-73 添加需要计时的子程序

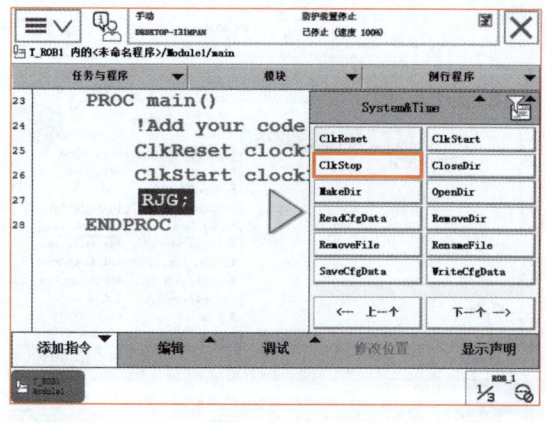

图 3-74 添加停止计时指令

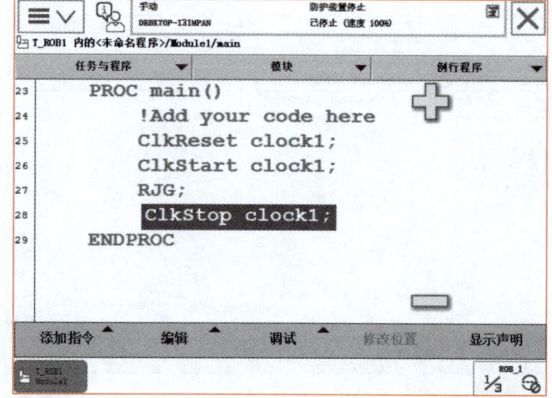

图 3-75 对 "clock1" 停止计时

⑤ 读取机器人当前时间需要用到的赋值指令，操作如下：点击"添加指令"，在"Common"界面，点击":="，如图 3-76 所示；新建一个变量"timejg"，反映当前的加工时间，如图 3-77 所示。

⑥ 当前的时间需要采用"功能"下的"Clkread"读取当前计时的时间。点击"功能"下的"ClkRead( )"，如图 3-78 所示；选择"clock1"，作为被读取的时间变量，如

图 3-79 所示。

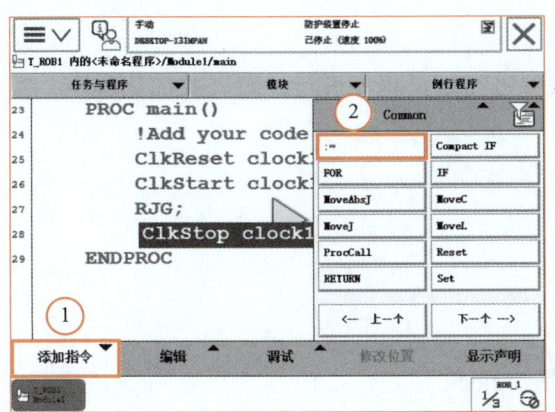

图 3-76　添加":="赋值指令

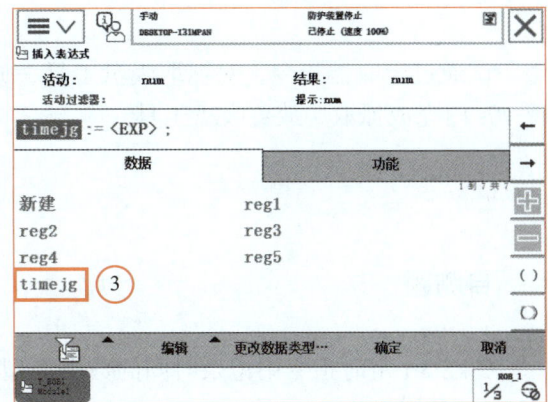

图 3-77　新建"timejg"变量

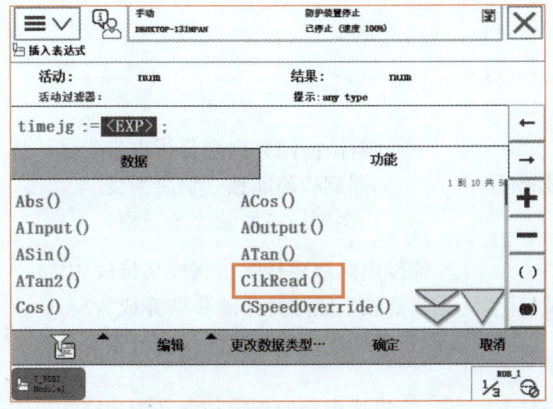

图 3-78　添加"ClkRead"指令

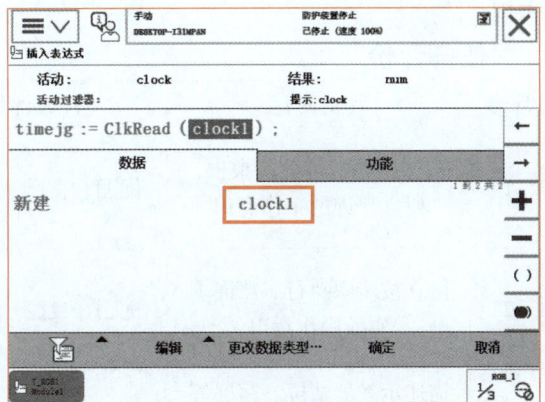

图 3-79　读取"clock1"中的数据

⑦ 添加写屏指令"TPWrite",如图 3-80 所示。

⑧ 运行主程序,实现测量"RJG"子程序的运行时间,如图 3-81 所示。

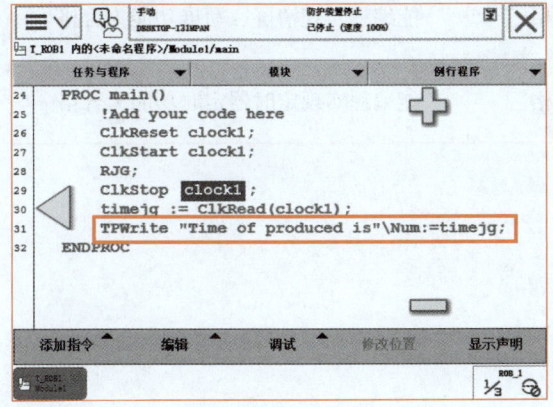

图 3-80　添加"TPWrite"指令

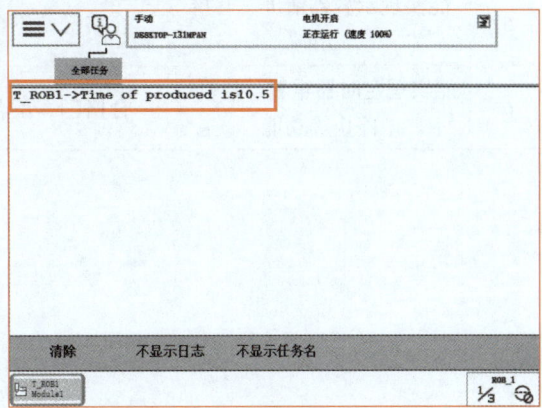

图 3-81　成功运行后的示意图

[拓展任务]

试通过定时器指令，对抓取吸盘工具、放置吸盘工具程序进行计时，并优化程序，实现 10s 内完成抓取、放置吸盘工具。

[评价测验]

自测题

判断题

ClkStart 定时指令中记录时间的数据类型是"clock"。（　　　）

填空题

示教器信息提示界面有很多行文字，如果需要清屏，则可以通过_____指令实现。

任务评价

序号	评价内容	任务评价	评价标准
1	提交一份故障分析报告，树立严谨的工作意识	优□　良□　及格□	独立解决故障并提交分析报告为优 遇到故障能独立解决为良 遇到故障能解决为及格
2	树立按步骤执行、严谨求实的操作意识	优□　良□　及格□	能按电路故障排除步骤成功排故为优 能按电路故障排除步骤完成为良 能正确描述电路故障的排除步骤为及格
3	描述示教器清屏、写屏等指令的各参数含义	合格□　不合格□	描述指令的参数和含义为合格
4	描述定时器的重置、启动、停止等指令的各参数含义	优□　良□　及格□	描述≥3 条指令参数含义为优 描述 2 条指令参数含义为良 描述 1 条指令参数含义为及格
5	能实现示教器清屏、写屏功能	合格□　不合格□	能编程实现清屏、写屏功能为合格
6	能实现定时器重置、启动、停止等功能	合格□　不合格□	能编程实现定时器定时功能为合格

［ 工单 ］

知 识 工 单

包装盒加盖的信息可视化编程理论任务

班级_____学号_____姓名_____第___组

模块三　视觉包装工作站的编程与调试

项目一	基础技能——包装盒加盖工作的 I/O 信号设置与编程
任务 1	包装盒加盖的信息可视化编程

1. 请完成写屏和清屏指令的操作。试编写指令实现示教器上显示如左图所示，2s 后将屏幕清除，如右图所示。

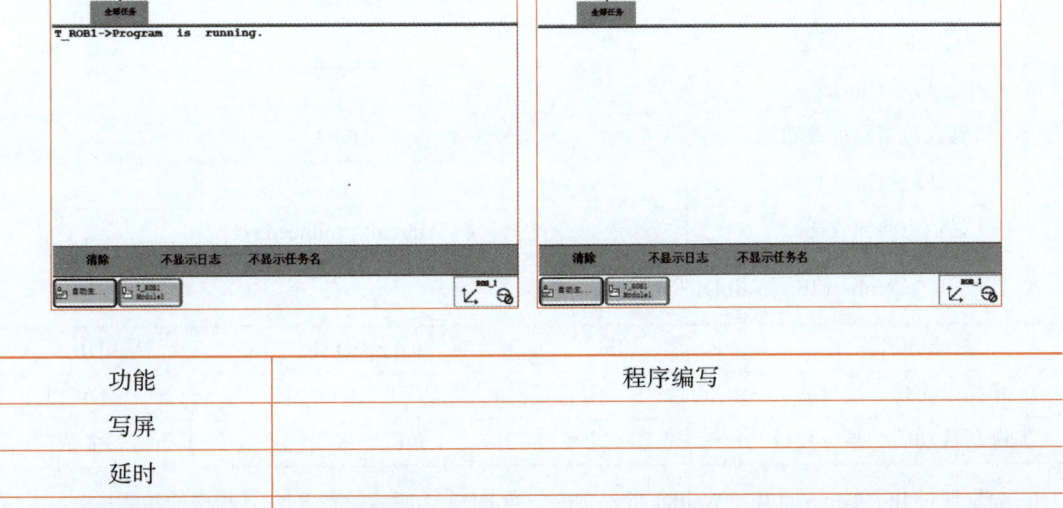

功能	程序编写
写屏	
延时	
示教器清屏	

2. 示教器上当前显示如左图所示，当前程序完成的次数存放在 ncount 中，现需要在示教器上显示当前完成的次数（如右图所示），试完成以下程序的编写。

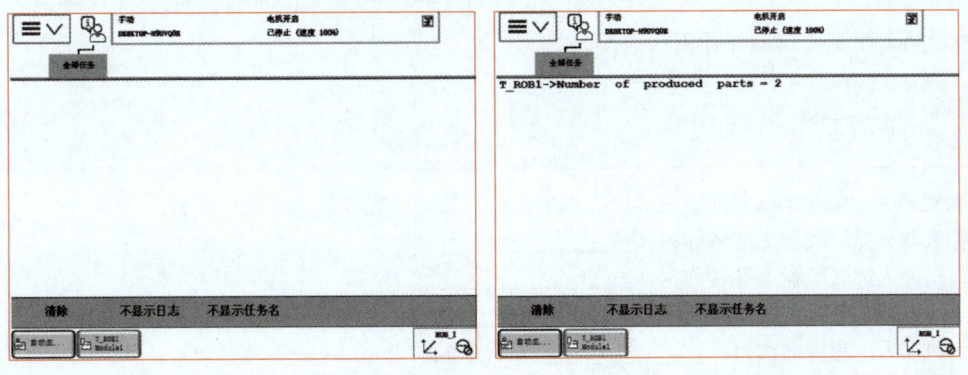

续表

功能	程序编写
显示当前程序执行的次数	_____ "Number of produced parts=" _____ ;

3. 程序编写过程中，需要满足节拍时间，可以通过计时指令检测时间。将计时指令填写至下表中。

功能	指令
重置用于定时的时钟	
启动用于定时的时钟	
停止用于定时的时钟	
读取当前时间指令	

4. 完善下面指令，通过 clock1 变量实现对该任务的计时，并将机器人抓取料盒所需时间显示在示教器上（RJG 子程序是实现机器人包装盒加盖功能）。

功能	程序编写
Clock1 变量重置	
启动 Clock1	
机器人包装盒加盖功能	RJG
停止 Clock1	
显示当前任务耗时	_____ "Time of produced is" _____ ;

5. 比较 IF、Compact IF、Wait DI 3 个指令的差异。

指令名称	IF	Compact IF	WaitDI
单指令实现多次判断	可以□　不可以□	可以□　不可以□	可以□　不可以□
判断后成功后的指令数量	1 条□　多条□	1 条□　多条□	1 条□　多条□

6. 分别通过 IF、Compact IF、WaitDI 指令实现：当 DI13=1 时，执行 RJG 子程序的功能指令。

实现：DI13=1 时，调用 RJG 子程序	编写程序
第 1 种方式（IF）	
第 2 种方式（Compact IF）	
第 3 种方式（WaitDI）	

7. 对机器人包装盒加盖程序、主程序、抓取吸盘工具、放置吸盘工具进行命名。

（1）机器人抓取吸盘工件名称为：_____。

（2）机器人放置吸盘工件名称为：_____。

（3）机器人包装盒加盖程序名称为：_____。

（4）机器人主程序名称为：_____。

8. 实现包装盒加盖功能。当物料到位（DI13=1）时，实现加盖功能，否则停止。

实　施　工　单

包装盒加盖的信息可视化编程实操任务

班级＿＿＿＿＿＿学号＿＿＿＿＿＿姓名＿＿＿＿＿＿第＿＿＿组

模块三　视觉包装工作站的编程与调试	
项目一	基础技能——包装盒加盖工作的 I/O 信号设置与编程
任务 1	包装盒加盖的信息可视化编程

一、机器人启动前准备

序号	需要完成的任务	确认情况	备注
1	检查机器人周围是否放置水瓶等杂物		
2	检查操作人员是否穿拖鞋		
3	检查操作人员是否佩戴安全帽		
4	检查操作人员是否戴手套		

二、编程并实现功能

1. 完成机器人工作站的启动

序号	需要完成的任务	完成情况	备注
1	启动机器人实训平台		
2	启动机器人控制柜		
3	逆时针旋转急停按钮实现解锁		
4	按下控制柜上的电机上电按钮		
5	正确使用使能按钮实现电机上电功能		

2. 编写机器人功能程序

（1）编程实现写屏功能

序号	需要编写的指令	完成情况	备注
1	编写清屏指令		
2	编写写屏指令		
3	测试清屏和写屏指令的功能		

（2）编程实现当前件数的显示

序号	需要编写的指令	完成情况	备注
1	编写加工 RJG 子程序		
2	主程序调用 RJG 子程序		
3	增加将 ncount 加 1 的"加计数"指令		

续表
续表

序号	需要编写的指令	完成情况	备注
4	添加写屏指令		
5	在写屏指令中增加 num 参数		
6	测试当前件数显示功能		

（3）编程实现包装盒加盖时间的显示

序号	需要编写的指令	完成情况	备注
1	重置用于定时的时钟		
2	启动用于定时的时钟		
3	调用 RJG 子程序		
4	停止用于定时的时钟		
5	读取定时时钟中的数值		
6	将时钟里的数值显示在示教器上		
7	测试包装盒加盖时间的显示功能		

三、关闭设备

序号	需要完成的任务	完成情况	备注
1	将机器人回到原点位置		（0，0，0，0，90，0）
2	按下急停按钮		
3	关闭机器人控制柜		
4	关闭实训平台		

四、检查工作任务的完成情况

序号	需要完成的任务	完成情况	备注
1	实现写屏功能		
2	实现当前件数的显示		
3	实现包装盒加盖时间的显示		

技能提升——标签粘贴工作的 PLC 通信与编程

某企业计划实现包装生产线上的包装盒标签粘贴功能。现有的机器人工作站已完成电源硬件安装、电源线缆连接、PLC 与机器人的 I/O 口连接、智能视觉、PLC、机器人的网络连接。但还没有实现机器人、PLC、智能视觉之间的程序编写。现需要设置机器人、PLC、智能视觉之间的通信参数，编写实现标签的分色粘贴功能的程序。

任务 1
标签吸取异常的中断处理

[任务目标]

素养目标：

1. 全小组零迟到零早退，树立严明的集体纪律观念。
2. 自主学习国产机器人相关指令，树立国内技术可替代的民族自信心。

⊘ 拓展阅读：
追寻自己的"梦想"
——汪滔

知识目标：

1. 正确描述中断触发与流程控制指令在触发逻辑、适用场景等方面的差异。
2. 清晰描述 IDelete、ISleep 等中断指令的功能、各参数的含义。
3. 描述中断程序运行中常见故障及解决措施。

能力目标：

1. 能编写中断程序，实现单次或循环触发功能。
2. 能根据吸盘工作状态（开启 / 关闭），精准启停中断监控。

[任务描述]

在实现机器人标签粘贴功能的过程中，为了确保吸盘稳定吸取物料，并在物料掉落时能及时报警，需要实时监控吸盘气路的气压是否正常。本任务旨在解决机器人在粘贴标签时，可能因标签掉落或气压过低等问题导致的无法正确粘贴标签的情况。具体要求是：当机器人吸取标签时，如果检测到吸盘气路的气压无法维持在低于 −0.02MPa 的真空气压水平时，机器人的示教器应立即发出报警信号，并自动暂停当前正在运行的程序。

[任务引入]

本任务需要先完成标签吸取和放置，如图 3-82 所示。工业机器人的程序运行方式是顺序执行的，当遇到运动指令的时候，会暂停后续指令的执行，直至运动指令完成，才继续往下执行。对外界的状态检测一般是通过 IF、WaitDI、While、WaitUntil 等判断指令实现，程序的调用可以用 ProcCALL 指令实现。但遇到需要实时反馈的状态时，机器人无法及时响应。为了实现机器人标签粘贴功能，需要保证设备的气压在 0.4～0.6MPa 之间。为了保证设备的气压在正常范围，可以通过中断程序在气压过低的时候发出警报。

在实现标签吸取异常的中断处理前，需要编写实现机器人的中断功能的程序。实现该功能需要明确以下几点：

① 中断指令实现报警与 IF 指令等判断指令的差异。

② 中断功能实现之前，首先应对中断进行初始化。

③ 注意中断指令的单次触发参数。

④ 注意使用中断启用和中断停用功能。

中断程序编写流程如下：

编写中断触发后调用的功能程序→编写中断初始化程序→编写机器人标签粘贴功能程序→在主程序中调用中断初始化程序→调用标签粘贴子程序→启用中断。

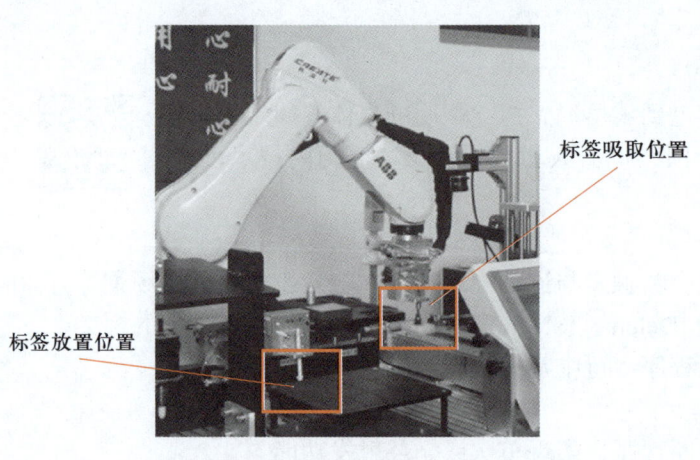

标签吸取位置

标签放置位置

图 3-82　机器人标签位置

分析与思考

1. 中断指令与 IF 指令的差异有哪些？
2. 编程中出现中断无法触发的原因可能有哪些？

[相关知识]

1. 机器人程序类型

ABB 机器人的程序分为三类：普通程序、功能程序、中断程序。

（1）普通程序（procedures）

普通程序是指常用的 main 程序和其他的例行程序。普通程序可以用指令直接调用，又叫无返回值程序，分为带参数程序和不带参数程序。带参数程序不能直接运行，要用指令调用。

微课视频：
ABB 机器人服务
例行程序的调用

程序示例：

```
PROC main(  ) !定义一个名字为 main 的程序
    WAITTIME 1;
ENDPROC          !程序结束
```

（2）功能程序（function）

功能程序会返回一个指定程序数据类型的数值，在其他指令中可作为参数调用。有特定类型的返回值，必须通过表达式调用。功能程序又称有返回值程序，也称功能函数。

程序示例：

```
FUNC Num n_Distance（robtarget pStart,robtarget pEnd）
                        !函数的功能为计算两点之间距离
VAR num Dx;             !定义两点之间的 x 的距离为 Dx
VAR num Dy;             !定义两点之间的 y 的距离为 Dy
VAR num Dz;             !定义两点之间的 z 的距离为 Dz
VAR num Dtemp;          !定义两点之间的空间距离为 Dtemp
Dx:=pStart.trans.x-pEnd.trans.x;
                        !计算两点之间的 x 的距离 Dx
Dy:=pStart.trans.y-pEnd.trans.y;
                        !计算两点之间的 y 的距离 Dy
Dz:=pStart.trans.z-pEnd.trans.z;
                        !计算两点之间的 z 的距离 Dz
Dtemp:=Pow（Dx,2）+Pow（Dy,2）+Pow（Dz,2）;
                        !计算两点之间的空间距离 Dtemp
RETURN Sqrt（Dtemp）;    !将计算得到的两点之间距离返回
ENDFUNC
```

注：

① Pow 函数为计算任意一个数的次方，Pow（Dx,2）结果为 Dx 的二次方。

② Sqrt 函数为计算任意一个数的开方，Sqrt（Dtemp）结果为 Dtemp 的开方。

（3）中断程序（TRAP）

当中断条件满足时，中断程序监控开启，立即暂停当前正在执行的正常运行程序，程序指针 PP 跳转到中断标识符关联的中断程序，开始执行中断程序中的指令，中断程序运行完成后，程序指针 PP 自动返回发生该中断的正常程序指令处，继续往下执行。中断程序和某个特定中断连接，一旦中断条件满足，机器人将转入中断处理程序。中断程序不能在程序中直接调用。

程序示例：

```
TRAP TRAP1(  )        !定义一个中断程序 TRAP1，功能为每次触发中断
                        ncount 加 1
    Incr ncount;       ! ncount 的值加 1
ENDTRAP                 !程序结束
```

2. 中断的功能

（1）中断的概念

在 CPU 与外部设备（以下简称"外设"）交换信息时，快速的 CPU 与慢速的外设互为矛盾，在同一时刻发生 2 件以上的任务需要 CPU 处理时，后发生的任务也许比 CPU 正在处理的任务更重要，需要马上处理。为解决这个问题，引入了中断的概念。中断系统是计算机的重要组成部分，实时控制、故障自动处理往往采用中断方式，计算机与外设间传送数据及实现人机联系也常采用中断方式。中断系统的应用使计算机的功能更强，效率更高，使用更加方便和灵活。

用计算机语言来描述，所谓中断，是指当 CPU 正在处理某项事务的时候，如果外界或者内部发生了紧急事件，要求 CPU 暂停正在处理的工作而去处理这个紧急事件，待紧急事件处理完后，再回到原来中断的地方，继续执行原来的程序。

从中断的定义可以看到，中断应具备中断源、中断响应、中断返回三个要素。中断源发出中断请求，CPU 对中断请求进行响应，当中断响应完成后，应进行中断返回，即返回被中断的地方继续执行原来的程序。

中断之后所执行的相应处理程序通常称为中断服务程序或中断处理子程序，原来正常运行的程序称为主程序。主程序被断开的位置（或地址）称为断点。引起中断的原因或能发出中断申请的来源，称为中断源。中断源向 CPU 提出服务请求称为中断请求（或中断申请）。中断流程图如图 3-83 所示。

（2）中断的特点

① 分时操作。中断可以解决快速的 CPU 与慢速的外设之间的矛盾，使 CPU 和外设同时工作。CPU 在启动外设工作后，继续执行主程序，同时外设也在工作，一旦外设完成某一操作，就会发出中断申请，请求 CPU 中断正在执行的程序，转去执行中断服务程序（一般情况是处理输入 / 输出数

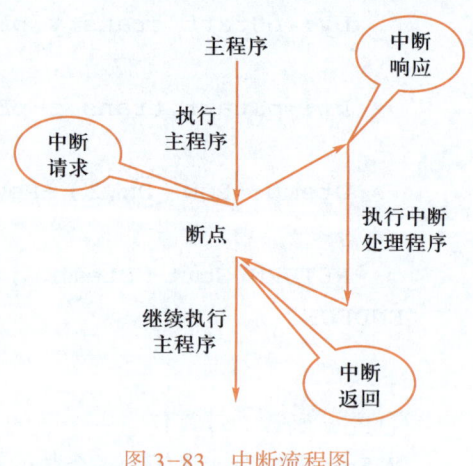

图 3-83　中断流程图

据），中断处理完之后，CPU 恢复执行原先的主程序，外设也继续工作。这样，CPU 可启动多个外设同时工作，极大地提高了 CPU 的效率。

② 实时处理。在实时控制中，现场的各种参数、信息均随时间和现场的变化而变化。这些外界变量可根据要求随时向 CPU 发出中断请求，请求 CPU 及时处理，如中断条件满足，CPU 就会迅速响应进行相应的处理。

③ 故障处理。针对难以预料的情况或故障，如掉电、存储出错、运算溢出等，可通过中断系统由故障源向 CPU 发出中断请求，再由 CPU 转到相应的故障处理程序进行处理。

（3）中断指令与调用指令的差异

中断指令（INT）和调用指令（ProcCALL）在机器人程序中都扮演着重要的角色，但功能和应用场景存在显著差异。

中断指令主要用于响应系统中的异常情况或外设请求，如硬件故障、定时器中断等。当这些事件发生时，CPU 会执行中断指令，暂停当前程序的执行，跳转到预设的中断服务程序，处理相应的异常情况或外部请求。一旦处理完成，CPU 会返回到中断前的程序继续执行。中断指令的执行是非自愿的，由硬件触发，因此具备实时响应的特点。

相比之下，调用指令（ProcCALL）用于执行子程序或函数。当程序中需要执行特定功能的代码段时，通过调用指令，程序会暂停执行当前代码，跳转到目标子程序或函数进行执行。执行完成后，程序会返回到调用点继续执行后续代码。调用指令的执行是由程序员根据需要调用，因此主要用于实现模块化编程和函数式编程。

中断指令和调用指令的关键区别在于执行的触发方式和目的。中断指令旨在处理外部事件或系统异常，强调实时性和响应性；而调用指令则是为了执行特定功能的代码，强调程序结构的清晰性和模块化。

3. 常用的中断指令

常用的中断指令包括 IDelete（取消中断符连接）、CONNECT…WITH…（中断符与中断程序连接）、ISignalDI（使用一个数字输入信号触发中断）、IEnable（激活所有中断）、IDisable（关闭所有中断）、ISleep（关闭一个中断）、IWatch（激活一个中断）等。这些指令允许用户定义中断条件、连接中断符和中断程序，并控制中断的触发和关闭，见表 3-19。

例如，当机器人执行到某个特定点时，如果某个数字输入信号变为 1，就可以触发一个中断程序，使机器人立即停止当前操作，并处理紧急情况。在处理完紧急情况后，机器人会返回到触发中断的点，并继续执行原程序。

需要注意的是，中断指令的使用需要谨慎，以避免对机器人的正常运行造成不必要的干扰。同时，中断指令的设计也需要考虑到各种可能的情况，以确保机器人能够正确地响应，并继续执行原程序。

表 3-19　常用的中断指令

中断指令	指令名称	功能描述
IDelete	取消中断符连接	程序示例：IDelete intno1; 功能描述：取消中断符（intno1）的连接，即断开中断信号与中断服务程序的关联

续表

中断指令	指令名称	功能描述
CONNECT...WITH...	中断符与中断服务程序连接	程序示例：CONNECT intno1 WITH tTrap1; 功能描述：将中断符（intno1）与中断服务程序（tTrap1）连接，当满足中断条件时，将执行该中断服务程序
ISignalDI	使用一个数字输入信号触发中断	程序示例：ISignalDI di1,1,tTrap1; 功能描述：使用一个数字输入信号触发中断。允许外设或传感器通过特定的数字输入信号来触发中断
IEnable	激活所有中断	程序示例：IEnable; 功能描述：激活全部的中断
IDisable	关闭所有中断	程序示例：IDisable; 功能描述：禁用全部的中断
ISleep	关闭一个中断	程序示例：ISleep intno1; 功能描述：关闭中断 intno1。允许选择性地禁用中断
IWatch	激活一个中断	程序示例：IWatch intno1; 功能描述：激活中断 intno1。允许选择性地禁用中断

（1）IDelete（取消中断符连接）

IDelete 用于取消（删除）中断。

程序示例：

```
IDelete feeder_low;
```

功能释义：取消中断 feeder_low。

注：

① feeder_low 的数据类型为 intnum

② 彻底擦除中断的定义时，为了再次进行定义，必须首先将其重新连接至中断程序。

③ 建议从停止点开始 IDelete。否则，在到达运动路径终点之前，中断将停用。

④ 在以下情形时，中断会自动停用，无须擦除。如：加载新的程序、从起点重启程序、将程序指针移动到程序起点。

（2）CONNECT...WITH...（中断符与中断服务程序连接）

CONNECT...WITH... 用于发现中断符，并将其与中断服务程序连接。通过下达中断指令并规定中断符，确定中断。因此，当出现该中断指令时，自动执行中断程序。

程序示例：

```
VAR intnum feeder_low;    !定义 feeder_low 中断符
PROC main(  )
CONNECT feeder_low WITH feeder_empty;
                    !连接中断符"feeder_low"与中断子程序
                     feeder_empty;
ISignalDI di1, 1, feeder_low;
                    !连接信号 di1 与中断符"feeder_low"，当
```

```
                        di1 为 1 时，触发中断子程序 feeder_low
...
```

功能释义：创建中断符 feeder_low，并将其与中断服务程序 feeder_empty 连接。当输入 di1 变高时，将会出现中断。即信号变高时，执行中断服务程序 feeder_empty。

注：

① 当将程序指针设置为主要时，取消任务中的所有中断，且必须重新连接。中断将不会受到机器人上电失败或重启的影响。

② 无法将中断（中断符）与多个中断服务程序连接。但是，可将不同的中断符与同一中断服务程序相连。

③ 当已经将中断与中断服务程序相连时，无法重新连接或者转移到另一个程序，必须通过 IDelete 删除。

④ 停止程序执行时，将忽略已开始或未处理的中断。当停止程序时，不考虑中断。当程序再次启动时，将处理上述中断。

（3）ISignalDI（使用一个数字输入信号触发中断）

ISignalDI 用于下达和启用数字输入信号的中断指令。

程序示例 1：

```
ISignalDI di1,0,sig1int;
```

功能释义：下达关于每当数字输入信号 di1 设置为 0 时出现中断的指令，其触发见表 3-20。

程序示例 2：

```
ISignalDI \Single, di1, 1, sig1int;
```

功能释义：仅下达数字输入信号 di1 首次设置为 1 时出现中断的指令，当设置了 \Single 参数后，中断不会多次触发。

注：

① 中断触发是在上升或下降的边沿触发。

② 如果在下达中断指令之前，信号改变指定值，则不会出现中断。

表 3-20　ISingalDI 程序示例

序号	指令	触发示意
1	ISignalDI di1,0,sig1int;	中断信号　中断不触发　中断触发
2	ISignalDI di1,1,sig1int;	中断信号　中断触发　中断不触发

（4）ISleep（关闭一个中断）

ISleep 用于暂时停用单个中断。在停用期间，无中断执行的情况下，可舍弃产生的任何指定类型的中断。

程序示例：

```
ISleep sig1int;
```

功能释义：停用中断 sig1int。

（5）IWatch（激活一个中断）

IWatch 用于启用先前下达指令，但是却通过 ISleep 停用的中断。

程序示例：

```
IWatch sig1int;
```

功能释义：启用先前停用的中断 sig1int。

4. 中断程序的组成

中断程序一般包括中断初始化程序和中断例行程序两个部分。

（1）中断初始化程序

中断初始化程序的内容如下：

① 删除中断符与其他中断程序的连接。

② 建立中断符与中断程序的关联。

③ 设置中断符的触发条件。

（2）中断例行程序

中断例行程序的编写与普通例行程序的编写类似，只是声明和结束声明的位置有所不同。

程序示例：

```
VAR intnum sig1int;
PROC main(  )
    IDelete sig1int;                    !删除中断连接
    CONNECT sig1int WITH iroutine1;     !建立中断符 sig1int 与中断
                                         程序 iroutine1 的连接
    ISignalDI di1,1,sig1int;            !设置 di1 为 1 时，触发中断符
                                         sig1int 的触发条件
    ...
    weldpart1;                          !在执行 weldpart1 子程序期
                                         间，sig1int 中断启用
    ISleep sig1int;                     !停用 sig1int 中断
    Weldpart2;                          !在执行 weldpart2 子程序期
                                         间，sig1int 中断禁用
    IWatch sig1int;                     !启用 sig1int 中断
```

```
ENDPROC
TRAP iroutine1
    WAITTIME 1;
ENDTRAP
```

功能释义：在执行 weldpart1 程序期间，信号 di1 允许中断；在执行 weldpart2 程序期间，信号 di1 不允许中断。

5. 压力检测开关

压力检测开关可以在当气压过低时进行状态反馈，本任务中用到的压力检测开关器为 airtac 公司的 DPSP1B-10030，如图 3-84 所示。压力检测开关的输出信号线 Out1 与机器人的 DI12 输入口连接，输出信号线 Out2 与 PLC 的 I2.4 输入口连接，如图 3-85 所示。

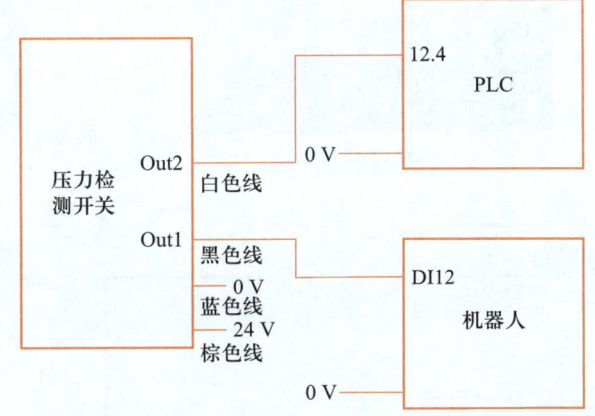

图 3-84　接在气路中的压力检测开关　　图 3-85　PNP 型压力检测开关的电路连接方式

压力传感器的参数设置见表 3-21。

表 3-21　压力传感器的参数设置

信号接口	工作模式	气压设定值	迟滞值	输出为 1 时气压值	输出为 0 时气压值
Out1	简易模式	-200 kPa	100 kPa	>-200 kPa	<-200 kPa
Out2	简易模式	-200 kPa	100 kPa	>-200 kPa	<-200 kPa

[任务实施]

微课视频：
机器人中断程序
的编写与调试

1. 明确流程要求

① 设置压力检测开关参数：设置压力检测开关为"简易模式"→气压值设置为 -200kPa→迟滞值设置为 100kPa。

② 编写中断后执行的中断例行程序：新建中断例行程序→编写中断后显示"Low air pressure！"并停止运行的程序。

③ 编写"抓、放"子程序：参照前面的任务编写"抓、放"子程序。

④ 编写中断初始化程序：创建中断符→删除中断符与其他信号的关联→连接中断符与中断后执行的例行程序→连接中断符与触发信号的 I/O 口。

⑤ 编写主程序：编写吸、放标签的 RZF 例行程序→调用中断初始化程序→编写 WHILE 循环指令实现循环抓、放程序。

标签位置和信息提示框如图 3-86 所示。

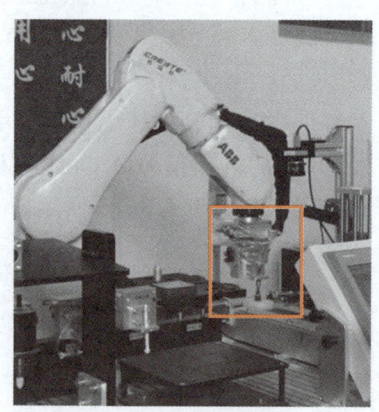

(a) 示教标签拾取位置

(b) 示教标签粘贴位置

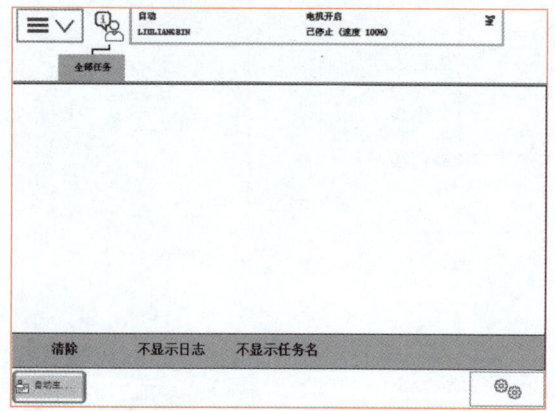

(c) 清屏后机器人示教器信息提示框

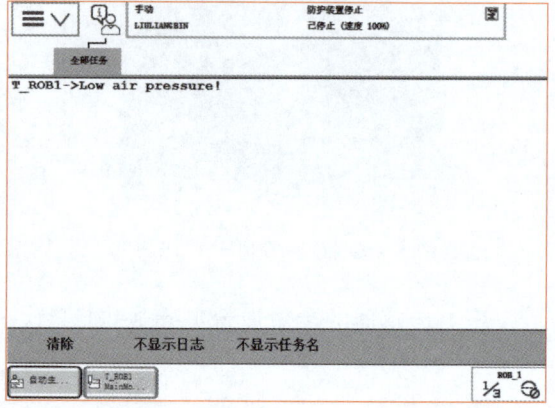

(d) 机器人因气压过低报警后的信息提示框

图 3-86　标签位置和信息提示框

2. 设置压力检测开关参数

（1）压力检测开关按钮

压力检测开关总共有 3 个按钮，分别为 SET 按钮、UP 按钮、DOWN 按钮，如图 3-87 所示。

（2）设置压力检测开关的输出为"简易模式"

长按 2s 屏幕下方的 SET 按钮，调整值基本设定模式，将模式设置为"EASY"（简易模式）。设置完成后，长按 2s 切换至"测量模式"，操作流程如图 3-88 所示。

（3）设置"Out1""Out2"为常开

在测量模式下，短按 SET 按钮，切换至"常开/常闭"界面，并通过"上/下"按钮，将"Out1""Out2"设置为常开，如图 3-89 所示。

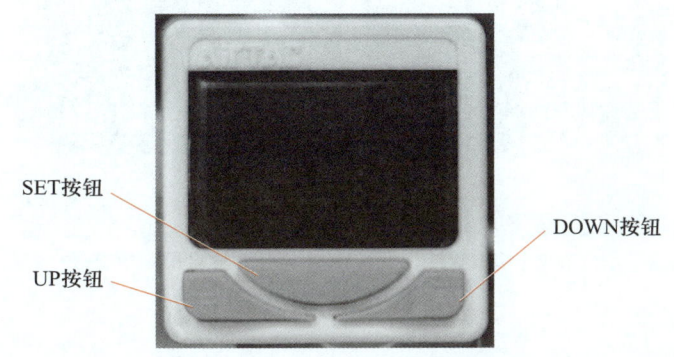

图 3-87　压力检测开关按钮

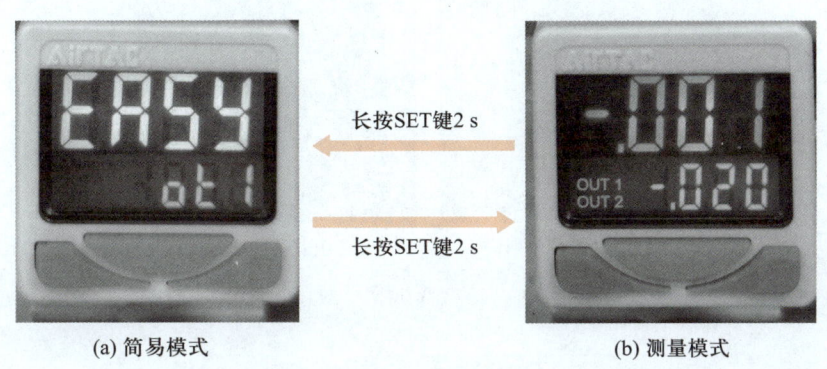

(a) 简易模式　　　　　　　　　　(b) 测量模式

图 3-88　压力检测开关模式设置

（4）设置气压值

① 真空发生器气压值测量。打开真空发生器，吸盘末端不吸取物体，观察压力检测开关的气压值，如图 3-90 所示。

打开真空发生器，吸盘末端吸取物体，观察压力检测开关的气压值，如图 3-91 所示。

② 气压值设定。在"测量模式"下，通过屏幕下方的 UP、DOWN 按钮，调整"气压设置值"参数。可以通过短按 SET 按钮实现不同气路的切换，调整至"Out1"气路时，如图 3-92（a）所示。将气压值设置为 -0.02MPa，设置成功后，如图 3-92（b）所示。同理，将"Out2"气路气压值也设置为 -0.02MPa。

图 3-89　输出设置为常开

（5）测试气压检测功能

打开吸气功能，吸盘吸取物料时，压力检测开关显示输出，如图 3-93（a）所示。吸盘未吸取物料时，压力检测开关未显示输出，如图 3-93（b）所示。

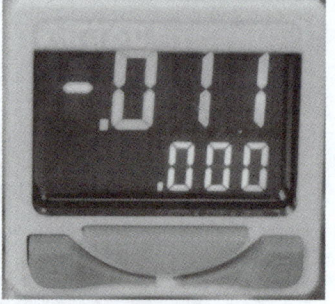

(a) 吸盘未吸取物料　　　　　(b) 压力检测开关的气压值

图 3-90　吸盘未吸取物料时压力值

(a) 吸盘吸取物料　　　　　(b) 压力开关的气压值

图 3-91　吸盘吸取物料时压力值

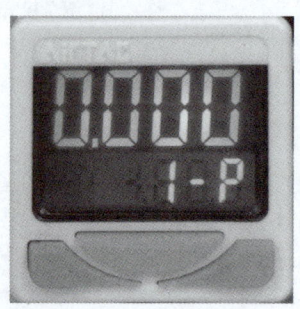
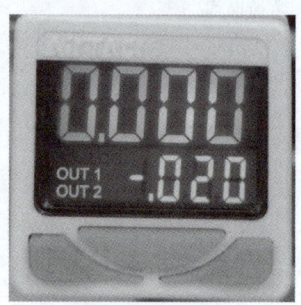

(a)"Out1"气压设置　　　　　(b) 设置后的状态

图 3-92　气压设置

(a) 吸盘吸取物料的压力值　　　　(b) 吸盘未吸取物料的压力值

图 3-93　测试吸取 / 未吸取物料时的输出信号

3. 编写中断后执行的中断例行程序

中断例行程序需要实现在示教器上显示"Low air pressure!"字样，并停止运行。
程序示例：

```
TRAP iroutine1                          !中断例行程序的名称为"iroutine1"
    TPWRITE "Low air pressure!";
                                        !写屏信息为"Low air pressure!"
    STOP;                               !停止
ENDTRAP
```

4. 编写抓、放子程序

抓、放子程序的功能是实现机器人从传送带末端抓取物料，并放置在装配台上。

```
PROC rzp( )
        MoveJ Pzjd, v1000, z50, tool0;          !机器人到达中间过渡点
        MoveJ offs（Ppick,0,0,100）, v1000, z50, tool0\ Wobj1;
                                                !机器人到达吸取点上方
        MoveL Ppick,, v1000, fine, tool0\Wobj1;
                                                !机器人到达吸取点
        set do05;                               !机器人吸取物料
        IWatch isig1;                           !开启监控气压过低状态
                                                （中断符为 isig1）
        MoveL offs（Ppick,0,0,100）, v1000, z50, tool0\Wobj1;
                                                !机器人回到吸取点上方
        MoveJ offs（Pput,0,0,100）, v1000, z50, tool0\Wobj1;
                                                !机器人到达放置点上方
        MoveL offs（Pput,0,0,0）, v1000, fine, tool0\Wobj1;
                                                !机器人到达放置点
        ISleep isig1;                           !打开中断符为 isig1
                                                的气压过低检测功能
        reset do05;                             !关闭监控气压过低状态
                                                （中断符为 isig1）
        MoveL offs（Pput,0,0,100）, v1000, z50, tool0\Wobj1;
                                                !机器人回到放置点上方
        MoveJ Pzjd, v1000, z50, tool0;          !机器人到达中间过渡点
ENDPROC
```

5. 编写中断初始化程序

中断初始化程序的中断符为 isig1，触发条件为 DI12=1，中断触发后执行的程序为
iroutine1。

程序示例：

```
PROC iinter                    !声明中断初始化程序 iinter
  IDelete isig1;               !删除 isig1 中断符
  CONNECT isig1 WITH iroutine1;
                               !连接中断符 isig1 与中断例行程序 iroutine1
  ISignalDI DI12,1, isig1;     !绑定中断符 isig1 与输入信号 DI12
END PROC
```

6. 编写主程序

在编写主程序过程中，只需要对中断程序进行初始化，不需要在主程序中调用中断程序。

程序示例：

```
PROC main
  iinter;                      !调用中断初始化程序
  ISleep isig1;                !在没有吸取物料时，关闭气压监控功能
  While true do                !循环执行"抓、放"子程序
   RZF;
  ENDwhile
ENDPROC
```

[拓展任务]

机器人正常完成标签粘贴功能，将 1 号可编程控制按钮设置为 DI14 的切换功能，当按下可编程按钮 1，即 DI14=1 时，机器人触发中断，将当前已完成的标签粘贴数量显示在示教器上，如图 3-94 所示。

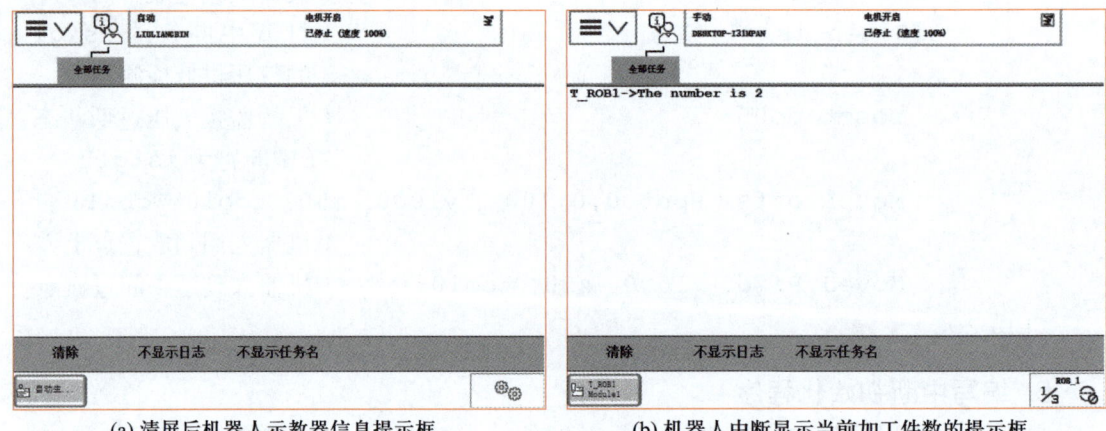

(a) 清屏后机器人示教器信息提示框　　　(b) 机器人中断显示当前加工件数的提示框

图 3-94　示教器显示

[评价测验]

自测题

选择题

1. 关于中断程序 TRAP，以下说法不正确的是（　　　）。

A. 中断程序执行时，原程序处于等待状态

B. 中断程序可以嵌套

C. 可以使用中断失效指令来限制中断程序的执行

D. 运动类指令不能出现在中断程序中

2. 指令 ISignalDI 中的 Singal 参数启用后，此中断会响应指定输入信号（　　　）次。

A. 1　　　　　　B. 2　　　　　　C. 3　　　　　　D. 无限

判断题

可以使用中断失效指令来限制中断程序的执行。（　　　）

任务评价

序号	评价内容	任务评价	评价标准
1	树立严明的集体纪律观念	合格□　不合格□	全组零迟到零早退为合格
2	树立国内技术可替代的民族自信心	合格□　不合格□	能描述一条自主可控机器人指令的使用方法为合格
3	描述中断触发与流程控制指令在触发逻辑、适用场景方面的差异	优□　良□　及格□	能描述 3 条差异为优 能描述 2 条差异为良 能描述 1 条差异为及格
4	描述 IDelete、ISleep 等中断指令的功能、各参数的含义	合格□　不合格□	能正确描述为合格
5	描述中断程序运行中常见故障及解决措施	合格□　不合格□	能正确描述≥1 条为合格
6	能编写中断程序，实现单次或循环触发功能	优□　良□　及格□	能实现单次或循环触发为优 能实现中断触发为良 编写中断程序不报错为及格
7	能根据吸盘工作状态（开启/关闭），精准启停中断监控	合格□　不合格□	能在合适的位置打开、关闭中断为合格

[工 单]

知 识 工 单

标签吸取异常的中断处理理论任务

班级_____学号_____姓名_____第___组

模块三 视觉包装工作站的编程与调试

项目二	技能提升——标签粘贴工作的 PLC 通信与编程
任务 1	标签吸取异常的中断处理

1. 什么是中断，主要应用于什么场合？

2. 以下是常用的中断指令，说出其功能。

序号	指令名称	功能
1	IDelete	
2	CONNECT intno1 WITH Trap1	
3	ISignalDI	

3. 现需要建立一个名称为 isig1 的中断符，参考中断符的数据类型，完成下面的填空。

VAR _____ isig1;

4. 完成机器人的中断初始化程序编写。其中，中断符为 isig1，中断例行程序名称为 iroutine1，当 di1 信号为 1 时，触发中断。

序号	程序	功能
1	_____ isig1;	
2	CONNECT _____ WITH _____;	
3	ISignalDI _____,_____,_____;	

5. 完成以下中断例行程序编写。要求为机器人在运动过程中，如果出现气路压力过低的情况，立即触发中断。中断应实现的功能是在示教器显示"Low air pressure!"，然后停止运行。

序号	程序	功能
1	_____ iroutine1	声明中断例行程序的类型
2	_____ "Low air pressure!";	示教器提示空气压力过低
3	_____;	机器人停止运行
4	END_____	结束中断

6. 完成中断程序与子程序的对比。

项目	中断程序	子程序	是否相同
程序开始	TRAP □ Proc □	TRAP □ Proc □	是□ 否□

续表

续表

项目	中断程序	子程序	是否相同
程序结束	ENDTRAP □ ENDProc □	ENDTRAP □ ENDProc □	是□ 否□
如何触发	满足触发条件□ 初始化□ 主程序调用□	满足触发条件□ 初始化□ 主程序调用□	是□ 否□

7. 中断程序的执行和程序调用的方式，都是当条件满足以后，执行对应的功能，试对比这两种指令的异同。

项目	中断触发	程序调用	是否相同
初始化	不需要□ 需要□	不需要□ 需要□	是□ 否□
是否需要调用执行 的子程序	不需要调用□ 需要在主程序中调用指令□	不需要调用□ 需要在主程序中调用指令□	是□ 否□
响应速度	及时响应□ 运行到对应位置响应□	及时响应□ 运行到对应位置响应□	是□ 否□

8. 对机器人标签粘贴程序、主程序、中断初始化程序、中断程序进行命名。

（1）机器人标签粘贴程序名称为 _____。

（2）中断初始化程序名称为 _____。

（3）中断程序名称为 _____。

（4）机器人主程序名称为 _____。

9. 编写机器人标签粘贴子程序。

10. 编写中断程序。

11. 编写中断初始化程序和主程序。

实　施　工　单

标签吸取异常的中断处理实操任务

班级＿＿＿＿＿＿　学号＿＿＿＿＿＿　姓名＿＿＿＿＿＿　第＿＿＿组

模块三　视觉包装工作站的编程与调试	
项目二	技能提升——标签粘贴工作的 PLC 通信与编程
任务 1	标签吸取异常的中断处理

一、机器人启动前准备

序号	需要完成的任务	确认情况	备注
1	检查机器人周围是否放置水瓶等杂物		
2	检查操作人员是否穿拖鞋		
3	检查操作人员是否佩戴安全帽		
4	检查操作人员是否戴手套		

二、编程并实现功能

1. 完成机器人工作站的启动

序号	需要完成的任务	完成情况	备注
1	启动机器人实训平台		
2	启动机器人控制柜		
3	逆时针旋转急停按钮实现解锁		
4	按下控制柜上的电机上电按钮		
5	正确使用使能按钮实现电机上电功能		

2. 设置压力检测开关

序号	需要完成的任务	完成情况	备注
1	设置为"简易模式"		
2	"Out1"设置为常开（on）		
3	"Out2"设置为常开（on）		
4	气压值设置为 −0.02MPa		
5	测试是否正常检测		

3. 编写机器人功能程序

（1）编写中断后执行的中断例行程序

序号	需要编写的子程序	完成情况	备注
1	完成中断例行程序的编写		
2	单独运行中断例行程序能实现功能		

续表

（2）编程实现标签粘贴功能

序号	需要编写的子程序	完成情况	备注
1	编写标签"抓、放"子程序		
2	示教标签抓点、放点		
3	单独运行标签"抓、放"子程序能实现功能		

（3）编写中断初始化程序

序号	需要完成的任务	完成情况	备注
1	编写中断初始化程序		
2	中断初始化程序能正确运行		

（4）编写主程序

序号	需要完成的任务	完成情况	备注
1	添加中断初始化程序		
2	添加"抓、放"程序		
3	测试是否能触发中断		
4	测试是否能正确显示气压过低警报		

三、关闭设备

序号	需要完成的任务	完成情况	备注
1	使机器人回到原点位置		（0，0，0，0，90，0）
2	按下急停按钮		
3	关闭机器人控制柜		
4	关闭实训平台		

四、检查工作任务的完成情况

序号	需要完成的任务	完成情况	备注
1	正确设置压力检测开关		
2	机器人能正常完成标签粘贴功能		
3	能通过输入信号触发中断		
4	触发中断后能显示气压过低警报		

任务 2
标签粘贴的通信配置与程序编写

[任务目标]

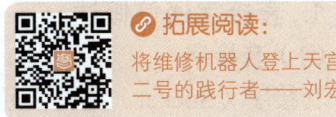

拓展阅读：
将维修机器人登上天宫
二号的践行者——刘宏

素养目标：

1. 独立完成通信调试的拓展任务，建立通信调试的系统性思维。

2. 尝试简化调试流程或合并操作，强化整合改进的革新思维。

知识目标：

1. 准确区分主从站并解释数据类型。

2. 清晰描述 ABB 通信接口配置步骤。

3. 正确定义通信指令的关键参数及作用。

能力目标：

1. 能实现 S7-1200 与 TCP 调试助手双向通信。

2. 能实现机器人与 TCP 调试助手双向通信。

3. 能实现 S7-1200 与机器人双向通信。

[任务描述]

在 PLC 作为主控设备的标签粘贴作业中，PLC 需通过 Socket 通信方式向机器人发送标签粘贴指令，机器人在接收到该指令后执行标签粘贴操作。本任务旨在建立 PLC 与机器人之间的 Socket 通信，确保指令能够准确传输，并配置机器人执行相应的操作。本任务需要：

① 完成机器人、PLC、计算机之间的线路连接。

② 完成机器人、PLC、计算机的 IP 设置和端口号的规划与配置。

③ 编写实现机器人与调试助手通信的程序。

④ 编写实现 PLC 与调试助手通信的程序。

[任务引入]

编写标签粘贴的程序前，需要配置机器人的通信参数。实现该功能需要明确以下几点：

① 机器人有两类接口，第 1 类用于 PLC 通信，PLC 与机器人之间通信的网段为非192.168.125.××；第 2 类用于 RobotStudio 编程，通过 RobotStudio 进行编程的网段在192.168.125.××。

② 使用过程中注意设备之间的 IP 不能冲突。

③ 清楚设备之间的服务端、客户端。

分析与思考

1. 设备之间的通信数据是看不到摸不着的，怎么实现可视化？
2. 调试助手的 IP 地址与哪个设备是相同的？

[相关知识]

1. 套接字通信概述

（1）套接字

套接字（Socket）是网络通信过程中的必要信息，其必要的五种信息为：连接使用的协议、本地主机的 IP 地址、本地进程的协议端口、远程主机的 IP 地址、远程进程的协议端口。简言之，套接字就是 TCP/IP 无协议通信，并且相关协议都被封装在 Socket 后面，只需遵循 Socket 要求编程。

（2）TCP 通信协议

传输控制协议（Transmission Control Protocol，TCP）是一种面向连接、可靠、基于字节流的传输层通信协议。TCP 用主机的 IP 地址与主机上的端口号作为 TCP 连接的端点，这一端点称为套接字或插口，如 192.168.0.10，1025。

（3）端口号

一台拥有 IP 地址的主机可以提供许多服务，如 Web 服务、FTP 服务、SMTP 服务等，这些服务完全可以通过单个 IP 地址来实现。为了区分在同一 IP 地址上运行的不同服务，引入端口号的概念，用端口号标识服务端后台服务的线程，通过 "IP 地址 + 端口号" 来区分不同的服务。在任何 TCP/IP 的实现中，提供的服务通常占用 1～1023 之间的端口号。这些端口号由 Internet 号分配机构来管理。大多数 TCP/IP 实现提供的服务为临时端口分配 1024～5000 之间的端口号。大于 5000 的端口号是为互联网上不常用的其他服务端预留的。

（4）套接字通信的连接

① 套接字的主从站。套接字通信也有主站、从站之分，但是不称为主站、从站，而是称为服务端、客户端。一个服务端可以连接多个客户端，而客户端同一时间内只能连接一个服务端，如图 3-95 所示。

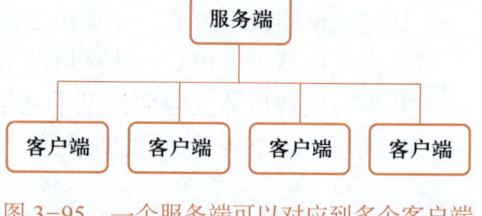

图 3-95　一个服务端可以对应到多个客户端

② 套接字的连接介质。套接字是基于以太网的通信，因此使用网线或无线进行连接。

2. ABB 机器人实现 Socket 通信的硬件基础

为了实现 Socket 通信，可使用机器人的 LAN 3 网口进行通信，如图 3-96 所示。并且需要添加系统选项 "616-1 PC Interface"，可以在示教器中 "系统信息" 界面，点击 "系统属性"，点击 "控制模块" 下的 "选项"，查看是否添加 "616-1 PC Interface"，如图 3-97 所示。

3. 创建 TCP/IP 通信

Socket 通信分为服务端（Server）和客户端（Client）。一个服务端可以连接多个客户端。服务端通过不同的端口号区分不同的客户端。Socket 通信原理如图 3-98 所示。图中虚线框内为数据收发，在一次连接过程中，可以多次进行。ABB 机器人在工程中，可以作为服务端，也可以作为客户端。

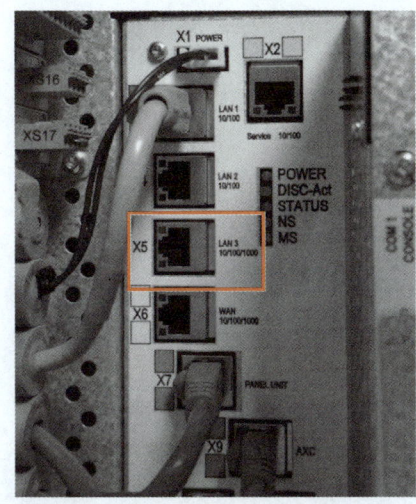

图 3-96　紧凑型控制柜的 LAN3 网口位置

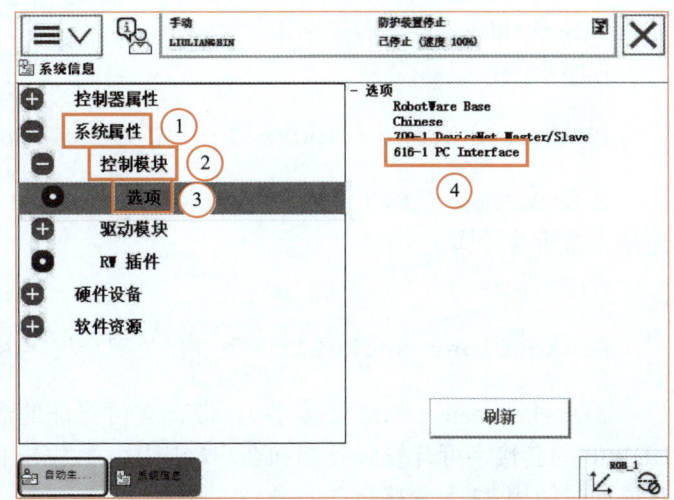

图 3-97　示教器中系统选项 616-1 PC Interface

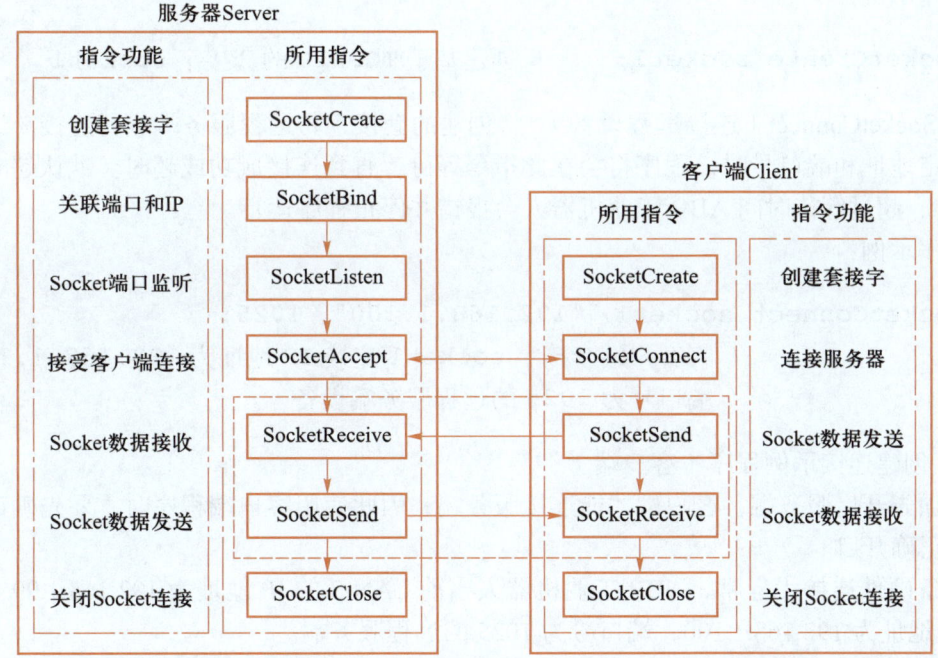

图 3-98　Socket 通信原理

4. ABB 工业机器人通信指令及应用

ABB 工业机器人若要使用套接字，除了要开通系统选项 616-1 PC Interface 外，还需要添加相对应的指令进行客户端或服务端的创建初始化、数据传输和数据转化。下面分别以客户端和服务端为例来说明指令的使用方法。

（1）机器人作为客户端

1）套接字初始化指令（客户端）

① Socketdev（定义套接字）。

程序示例：

```
PERS Socketclev socket1; !定义套接字 socket1
```

② Socketclose（关闭套接字）。套接字一经关闭，不可对该套接字进行发送、读取、连接、监听等操作。

程序示例：

```
SocketClose socket1;      ! 关闭套接字 socket1
```

③ Socketcreate（创建套接字）。带有交付保证的流型协议 TCP/IP 以及数据电报协议 UDP/IP 的套接字可开发服务端和客户端应用。数据电报协议 UDP/IP 支持采用广播，最多只能同时使用 32 个套接字。

ABB 工业机器人的机制是默认关闭状态，当程序复位（即 PP 移至 main）或断电重启时，都会自动将所有套接字关闭。

程序示例：

```
SocketCreate socket1;      ! 创建基于 TCP/IP 的套接字 socket1
```

④ SocketConnect（连接远程设备）。将创建的套接字与远程服务端进行连接。当试图连接指定地址和端口号时，程序将会在此指令等待，直到连接成功或超时。默认超时时间为 60 秒，超过等待时间 ABB 工业机器人会报错并停止程序运行。

程序示例：

```
SocketConnect socket1, "192.168.1.100", 1025;
                ! 将客户端套接字 socket1 连接 IP 地址为 192.168.1.100，
                端口号为 1025 的远程服务端设备
```

2）创建连接示例程序（客户端）

必须先开启服务端，客户端才能连接服务端，因此使用客户端程序时，要先确认服务端是否正确开启。

设备硬件连接无异常，ABB 工业机器人当前 LAN 3 的 IP 地址为 192.168.1.99。现要连接 IP 地址为 192.168.1.100，端口号为 1025 的远程服务端。

程序示例：

```
RERS Socketdev socket3;
```

```
PROC ClientProgram(  )
    SocketClose socket3;
    SocketCreate socket3;
    SocketConnect socket3, "192.168.1.100", 1025;
    ……
    ……
ENDPROC
```

通过上述程序，客户端将创建套接字 Socket3 连接服务端。当运行到指令 SocketConnect 时，若指针停在此处，则表示未能连接服务端。直到连接成功才能继续往下运行。

3）套接字数据传输指令（客户端）

① SocketSend（以 TCP 协议向远程设备发送数据）。发送的数据可以是 [\Str]、[\RawData]、[\Data] 三种数据类型中的其中一种。在同一时间只能使用一种数据类型，且发送数据类型应与设备通信中的类型一致。

数据类型说明如下：

[\Str]：一个字符串 string 可以拥有 0～80 个字符，可包含字符集中编号 0～255 任意字符。

[\RawData]：将 rawbytes 用作一个通用数据容器，即可将多种不同类型的数据封装于 1 个 rawbytes 中。其可以用于同 I/O 设备进行通信，可能包含 0～1024 个字节。

[\Data]：以 byte 数据类型发送数据，最多可拥有 1024 个字节。byte 数据用于符合字节范围的整数值（0～255）。如果 byte 数据拥有 0～255 以外的值，则程序执行会返回错误。

程序示例：

```
SocketSend socket2\Str:=SD_string;
                    !将字符串 SD_string 中的数据发送给远程设备。
```

② SocketReveice（以 TCP 协议接收来自远程设备的数据）。接收的数据可以是 [\Str]、[\RawData]、[\Data] 三种数据类型中的其中一种。在同一时间只能使用一种数据类型，具体说明可参考 SocketSend 指令。

当运行到此指令时，若没有接收到数据，程序会一直等待，直到接收到数据或者超时。默认超时时间为 60 秒，超过规定时间 ABB 工业机器人会报错并停止程序运行。

程序示例：

```
SocketReveive socket1\Str:=RD_string;
                    !接收远程设备的字符串，并存储在 RD_String 中。
```

4）传输指令示例程序（客户端）

使用 Socket 必须先开启服务端，而且必须客户端主动连接服务端，连接成功后才能传输数据。所以不管 ABB 工业机器人作为服务端还是客户端，都要用到接收、发送指令，但是在使用上有区别。

程序示例：

```
PERS Socketdev socket1;
PROC ClientProgram(  )
    SocketClose socket1; !关闭套接字 socket1
    SocketCreate socket1; !创建套接字 socket1
    SocketConnect socket1, "192.168.1.100",1025;
                        !将套接字 socket1 与 IP 为 "192.168.1.100"
                         端口号为 1025 的远程服务端绑定

    ……
    SocketSend socket1\Str:=SD_string1;
                        !以字符串的形式，向套接字 socket1 发送
                         SD_string1
    SocketReveice socket1\Str:= RD_string;
                        !从套接字 socket1 接收字符串数据，并存
                         储在 RD_string1 中

    ……
ENDPROC
```

在 SocketSend 和 SocketReveice 这两条指令中，ABB 工业机器人作为客户端的时候，接收、发送用的是 socket1。

（2）机器人作为服务端

1）套接字初始化指令（服务端）

① SocketBind（将套接字与本机 IP 地址和端口绑定）。只能应用于服务端，并且不能重复绑定，否则会发生错误。ABB 工业机器人可自由使用的端口号为 1025～4999。

程序示例：

```
SocketBind socket1,"192.168.1.99",1026;        !将本机 IP 地址与可用
                                                端口号进行绑定。
```

② SocketListen（监听输入连接）。只能应用于服务端，当将本地 IP 地址与端口号绑定后，运行此指令，就开始监听绑定地址的输入连接。当运行此指令后，ABB 工业机器人就可以接收来自客户端的连接请求。

程序示例：

```
SocketListen socket1;        !监听绑定在 socket1 上的 IP 地址与端口号。
```

③ SocketAccept（接受客户端的连接请求）。只能应用于服务端。当没有客户端连接时，程序会在此等待，直到有连接请求或超时，默认超时时间为 60s，超过等待时间 ABB 工业机器人会报错并停止程序运行。

程序示例：

```
SocketAccept socket1,socket2;  ！等待所有输入连接，接受连接请求，
                                  并返回已建立的客户端套接字。
```

2）创建连接示例程序（服务端）

设备硬件连接无异常，ABB 工业机器人当前 LAN 3 的 IP 地址为 192.168.1.99。现在要创建 ABB 工业机器人为服务端，端口号可在 1025～4999 中选择，现选择端口号 2000。

程序示例：

```
PERS Socketdev socket1;
RERS Socketdev socket2;
PROC ServerProgram(  )
    SocketClose socket1;
                    ！关闭套接字 socket1
    SocketCreate socket1;
                    ！打开套接字 socket1
    SocketBind socket1,"192.168.1.99",2000;
                    ！将套接字 socket1 与本地 IP "192.168.1.99"
                      的 2000 端口号绑定
    SocketListen socket1;
                    ！监听套接字 socket1
    SocketAccept socket1, socket2;
                    ！接受客户端连接到套接字 socket1，客户端的数据存
                      储在 socket2 中
    ……
ENDPROC
```

通过上述程序，创建一个服务端。当程序运行到指令 SocketAccept 时，若指针停留在此处，则表示还没有客户端连接成功。直到有客户端连接成功才会向下继续运行。

3）套接字数据传输指令（服务端）

服务端数据传输指令与客户端数据传输指令相同，这里不再赘述。

4）传输指令示例程序（服务端）

程序示例：

```
PROC ServerProgram(  )
    SocketClose socket1;            ！关闭套接字 socket1
    SocketCreate socket1;           ！创建套接字 socket1
    SocketBind socket1, "192.168.1.99",2000;
              ！将套接字 socket1 与本地 IP "192.168.1.100" 的 2000
                端口号绑定
    SocketListen socket1;           ！监听套接字 socket1
```

```
        SocketAccept socket1, socket2;
                 ！接受客户端连接到套接字 socket1，客户端的数据存储在
                   socket2 中
        ……
        SocketSend socket2\Str:=SD_string1;
                 ！以字符串的形式，向套接字 socket2 发送 SD_string1
        SocketReveice socket2\Str:= RD_string;
                 ！从套接字 socket2 接收字符串数据，并存储在 RD_string1 中
        ……
    ENDPROC
```

在 SocketSend 和 SocketReveice 这两条指令中，ABB 工业机器人作为服务端时，接收、发送用的是 socket2。这是因为当使用服务端的时候，socket1 和本机已经进行绑定并接收监听，socket2 作为接受输入连接请求。

当程序运行到指令 SocketReveice 时，若指针停留在此处，则表示还没有接收到数据或者远程设备没有发送数据，超过默认时间 60s，程序会报错并停止运行。

SocketConnect、SocketAccept、SocketReveice 指令都有默认等待时间 60s，超过等待时间，ABB 工业机器人就会报错。若想延长或缩短等待时间，可以添加参数 [\Time]，若要永久等待，可使用预定义常量 WAIT_MAX。指令示例如下：

```
    SocketReveice socket1\Str:=RD_string\Time:=WAIT_MAX;
```

[任务实施]

1. 明确流程要求

① 实现 S7-1200 与 TCP 调试助手（SocketTool）通信：将 PLC 网口与计算机通过交换机连接→设置电脑 IP 地址→设置电脑端口号→设置 PLC 参数→编写 PLC 程序→测试 PLC 与 TCP 调试助手通信功能。

注：TCP 调试助手为服务端、PLC 为客户端

② 实现机器人通过 TCP 调试助手（SocketTool）通信：将机器人 LAN3 口与电脑通过交换机连接→设置电脑 IP 地址→设置机器人参数→编写机器人程序→测试机器人与TCP 调试助手通信功能。

注：TCP 调试助手为客户端，机器人为服务端

③ 实现 PLC 与机器人 socket 通信：拔掉电脑网线或更改电脑 IP 至与 PLC 机器人不冲突→运行机器人程序→运行 PLC 程序→测试机器人与 PLC 通信功能。

注：PLC 为客户端，机器人为服务端。通信接口连接示意如图 3-99 所示。

2. S7-1200 与 TCP 调试助手（SocketTool）通信

为了实现 PLC 与机器人的 socket 通信，可以先通过 TCP 调试助手调试 PLC 的通信程序。本子任务 S7-1200 作为客户端，TCP 调试助手作为服务端，模拟机器人与 PLC 进行

通信。

　　本子任务使用的软件和硬件环境如下：

① TIA Portal V16。

② TCP/UDP Socket 调试工具。

③ CPU1215C DC/DC/DC，V4.4。

④ 计算机。

⑤ 以太网线。

S7-1200 作为客户端和 TCP 调试助手进行通信，设备的参数设置情况见表 3-22。

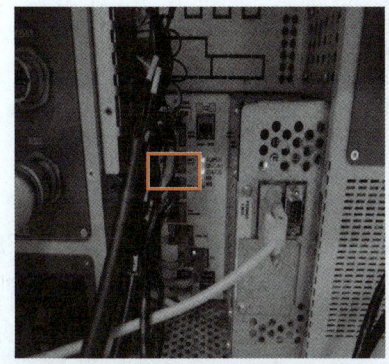 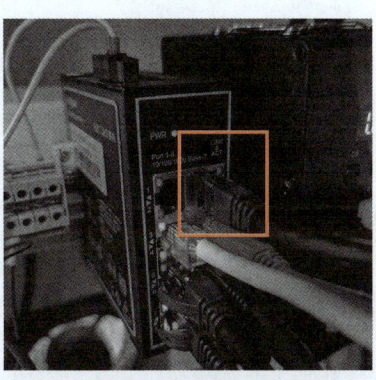

(a) 机器人socket通信网口的连接位置　　　　(b) 交换机上网口的连接位置

(c) 机器人RobotStudio编程网口的连接位置　　　　(d) 计算机网线插口位置

图 3-99　通信接口连接示意

表 3-22　设备的参数设置情况

设备	计算机（TCP 调试工具）	PLC	机器人
服务端 / 客户端	服务端	客户端	调试过程中，需断开机器人与交换机的网络连接
IP 地址	192.168.40.19	192.168.40.20	
端口号	2000	不需要设置	

（1）线路连接

实现 S7-1200 与 TCP 调试助手（SocketTool）通信，需要将 PLC 作为客户端，计算机作为服务端，连接至交换机上，线路连接示意图如图 3-100 所示。

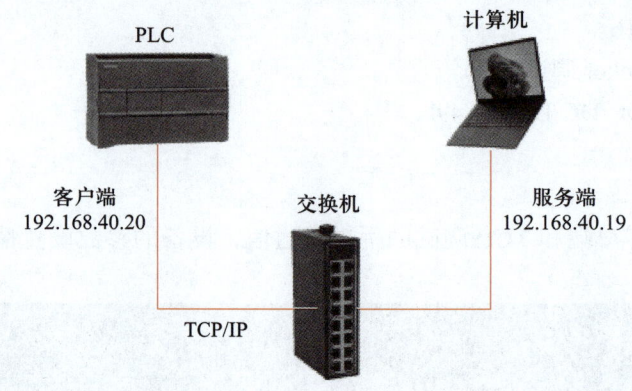

图 3-100　线路连接示意图

（2）将 TCP 调试助手配置为服务端（TCP Server）

① 打开调试软件，选中"TCP Server"，点击"创建按钮"，如图 3-101 所示。

② 软件弹出监听端口输入框，输入通信端口号；点击"确定"，即可创建通信端口，如图 3-102 所示。

图 3-101　创建服务端

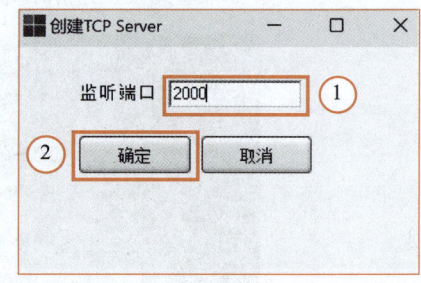

图 3-102　创建通信端口

③ 输入监听端口后，软件会自动启动 TCP Server Socket 对指定的通信端口进行监听。启动成功后，调试助手上的状态为"已启动"，如图 3-103 所示。

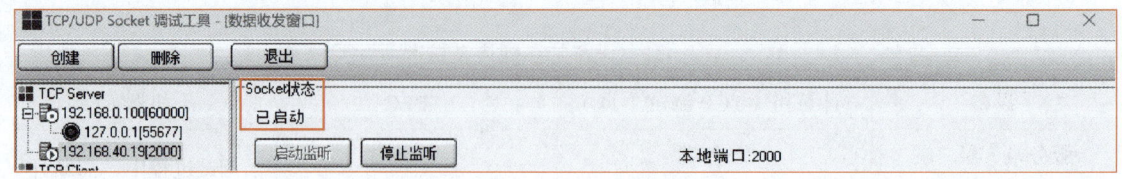

图 3-103　开启监听

（3）将 PLC 配置为客户端（TCP Client）

① 打开 TIA Portal V16，创建一个新项目。添加控制器，选择 CPU1215C DC/DC/DC 下的一个 PLC，将版本号设置为 PLC 对应的版本号，点击"确定"，如图 3-104 所示。

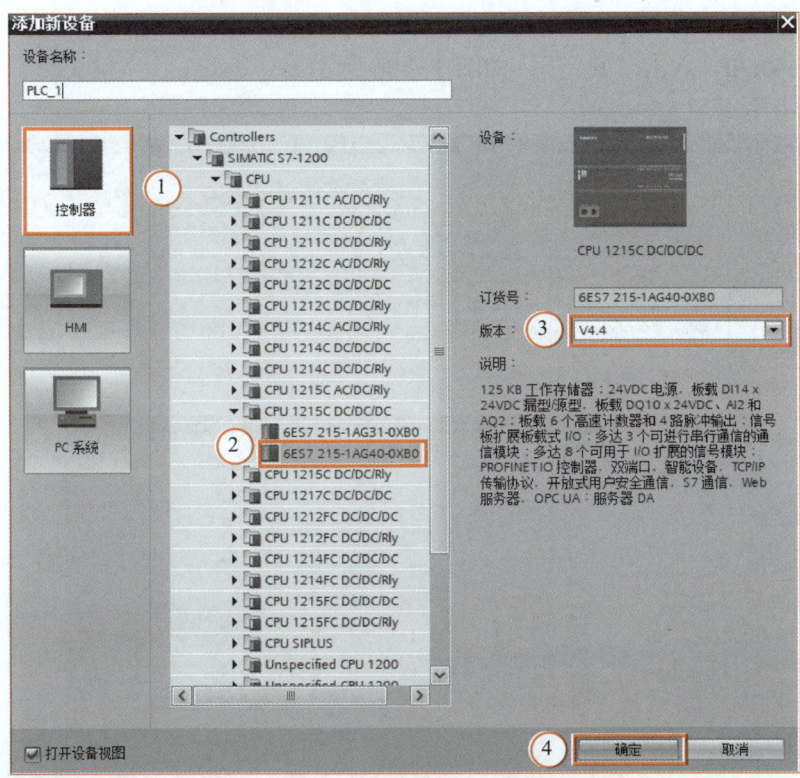

图 3-104　添加 PLC

② 打开 PLC_1 的程序块，双击"添加新块"新建一个数据块，点击"数据块"，命名新的数据块名称为"数据块 _1"，点击"确定"，如图 3-105 所示。

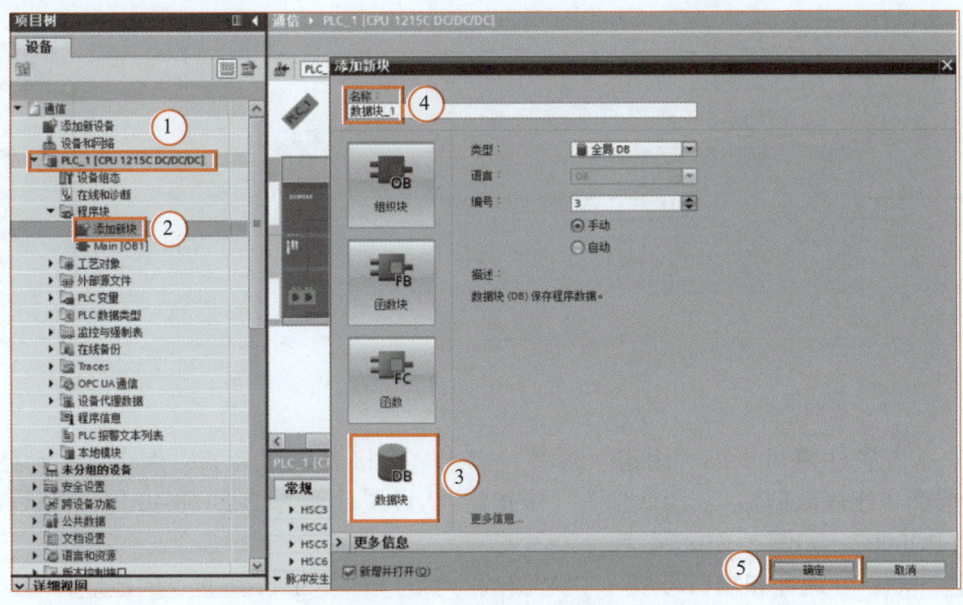

图 3-105　添加数据块

③ 右击 PLC_1 后，点击"属性"，点击常规标签下的"以太网地址"，设置 PLC 的 IP 为 192.168.40.20，点击"确定"，如图 3-106 所示。

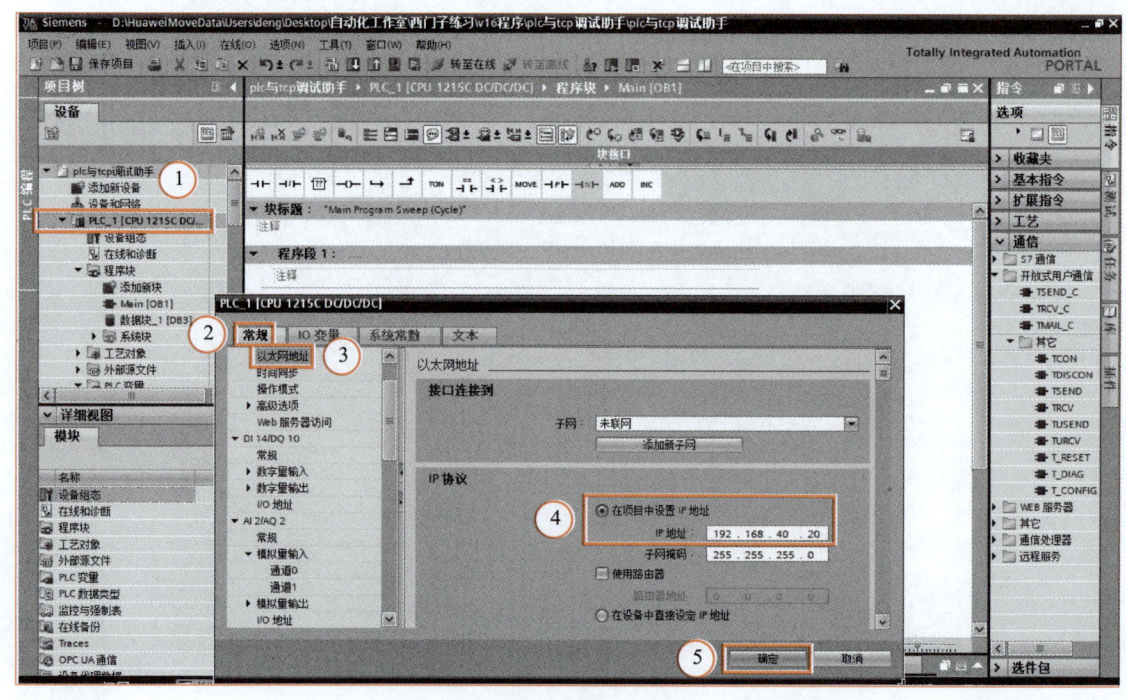

图 3-106　设置 IP 地址

④ 在程序段中，通过拖拽的方式，添加 TCP 通信指令，点击属性设置窗口，如图 3-107 所示。

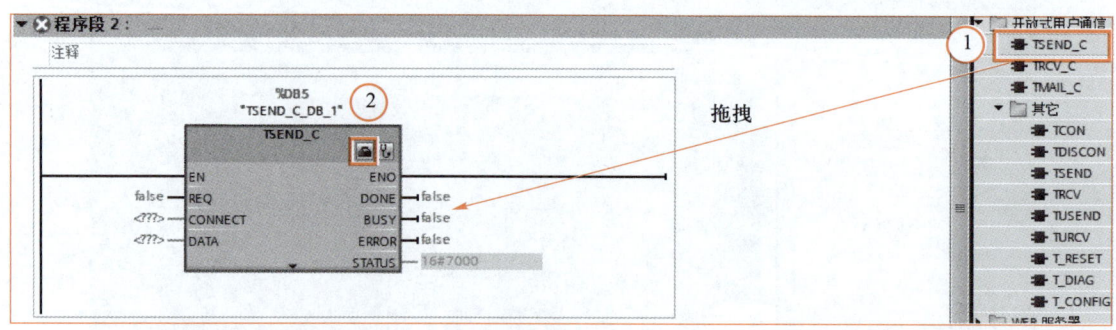

图 3-107　调用 TCP 发送指令

⑤ 点击属性窗口下的"组态"标签，点击"连接参数"标签，点击"主动建立连接"，选择"连接数据"，选择伙伴为"未指定"，设置地址为 192.168.40.19，将伙伴端口设置为"2000"，如图 3-108 所示。

注：伙伴 IP 地址和端口号填入 TCP 调试助手的 TCP Server 所建立的地址和端口号。

⑥ 在程序段中，通过拖拽的方式，添加 TCP 通信指令 TRCV_C，点击设置标签，如

图 3-109 所示。设置方式仍按照图 3-108 进行设置。

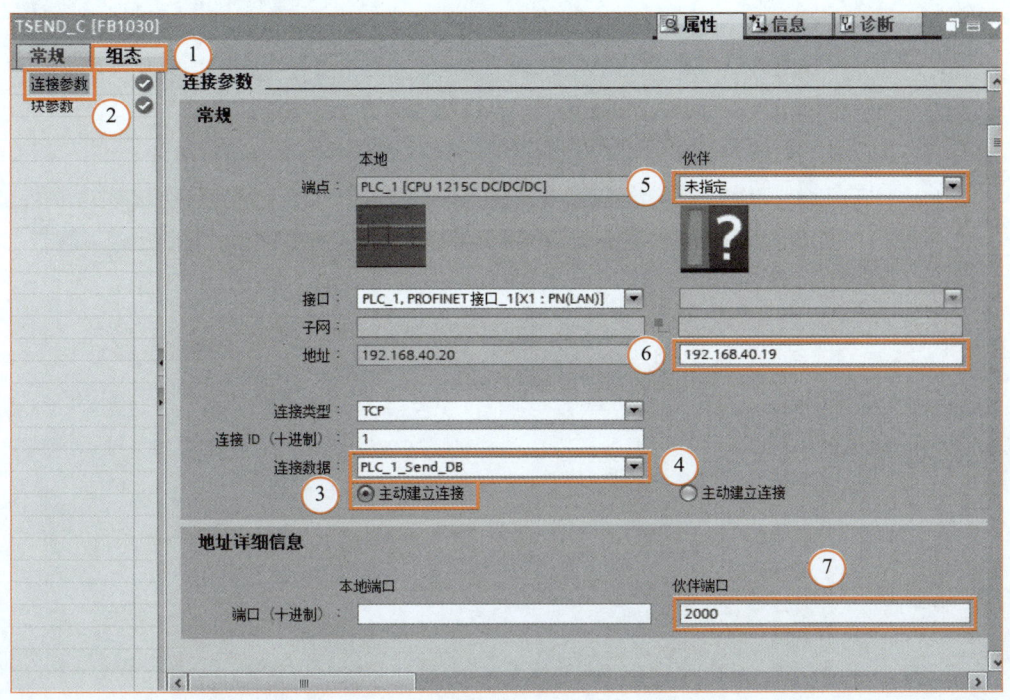

图 3-108　组态 TCP 发送通信指令

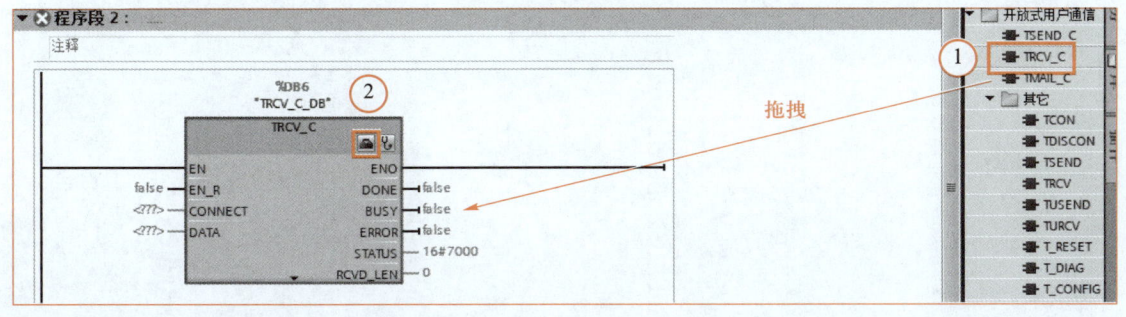

图 3-109　调用 TCP 接受指令

⑦ 点击"PLC_1"前的下拉三角，点击"程序块"前的下拉三角，右键点击"数据块_1"，点击"属性"，点击"常规"下的"属性"，去掉"优化的块访问"前的勾，如图 3-110 所示。

⑧ 在数据块中添加字符串型数组"发""接"两组变量，如图 3-111 所示。

⑨ 编写发送指令和接收指令，如图 3-112 所示。通信指令位置及功能如表 3-23 所示。

（4）测试通信功能

① 将程序下载后，运行 PLC 功能程序，在 Socket 调试工具上确认连接。如图 3-113 所示。

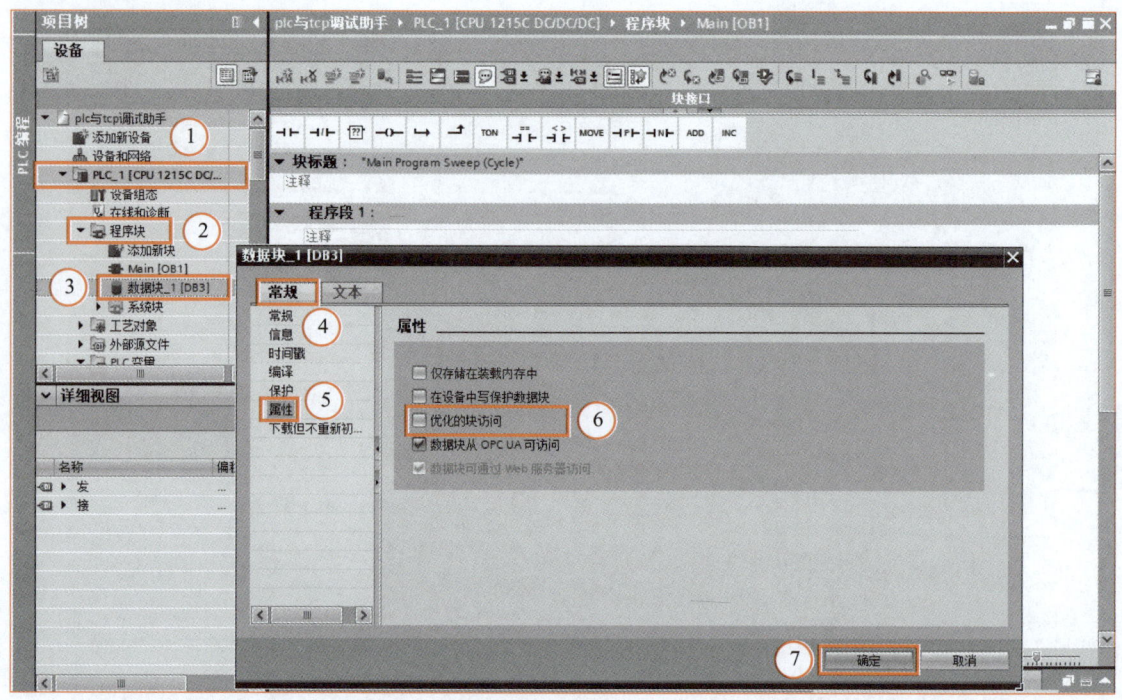

图 3-110 关闭 DB 数据块中"优化的块访问"

数据块_1

		名称	数据类型	偏移量	起始值	保持	从 HMI/OPC...	从 H...	在 HMI...	设定值
1		▼ Static								
2		▼ 发	Array[0..10] ...			☐	☑	☑	☑	☐
3		发[0]	Char		. .	☐	☑	☑	☑	☐
4		发[1]	Char		. .	☐	☑	☑	☑	☐
5		发[2]	Char		. .	☐	☑	☑	☑	☐
6		发[3]	Char		. .	☐	☑	☑	☑	☐
7		发[4]	Char		. .	☐	☑	☑	☑	☐
8		发[5]	Char		. .	☐	☑	☑	☑	☐
9		发[6]	Char		. .	☐	☑	☑	☑	☐
10		发[7]	Char		. .	☐	☑	☑	☑	☐
11		发[8]	Char		. .	☐	☑	☑	☑	☐
12		发[9]	Char		. .	☐	☑	☑	☑	☐
13		发[10]	Char		. .	☐	☑	☑	☑	☐
14		▼ 接	Array[0..10] of Char			☐	☑	☑	☑	☐
15		接[0]	Char		. .	☐	☑	☑	☑	☐
16		接[1]	Char		. .	☐	☑	☑	☑	☐
17		接[2]	Char		. .	☐	☑	☑	☑	☐
18		接[3]	Char		. .	☐	☑	☑	☑	☐
19		接[4]	Char		. .	☐	☑	☑	☑	☐
20		接[5]	Char		. .	☐	☑	☑	☑	☐
21		接[6]	Char		. .	☐	☑	☑	☑	☐
22		接[7]	Char		. .	☐	☑	☑	☑	☐
23		接[8]	Char		. .	☐	☑	☑	☑	☐
24		接[9]	Char		. .	☐	☑	☑	☑	☐
25		接[10]	Char		. .	☐	☑	☑	☑	☐

图 3-111 建立数据

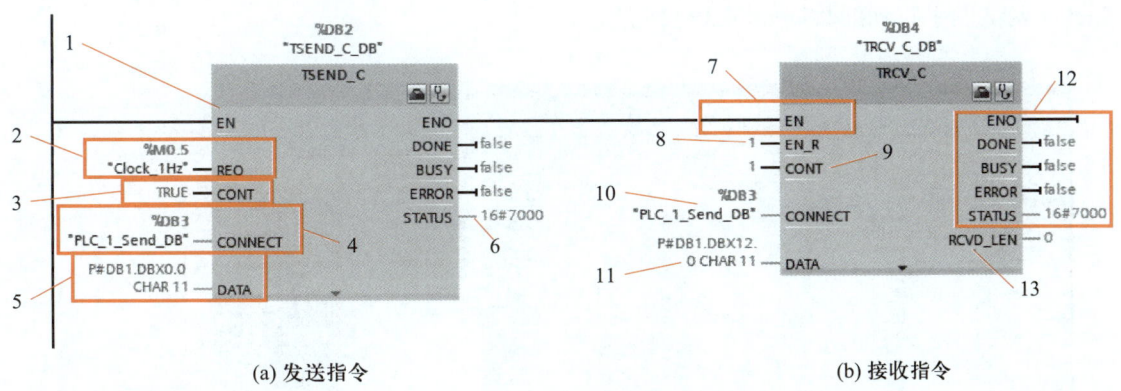

(a) 发送指令　　　　　　　　(b) 接收指令

图 3-112　通信指令

表 3-23　通信指令位置及功能

发送指令		接收指令	
位置	功能	位置	功能
1	模块使能	8	一直接收数据
2	发送频率为 1Hz	9	连接情况
3	连接情况	10	连接参数
4	连接参数	11	发送数据存储在 DB1 的 12.0 位起的 11 个字节
5	发送数据为 DB1 的 0.0 位起的 11 个字节	12	状态参数
6	状态参数	13	接收到数据的长度
7	模块使能		

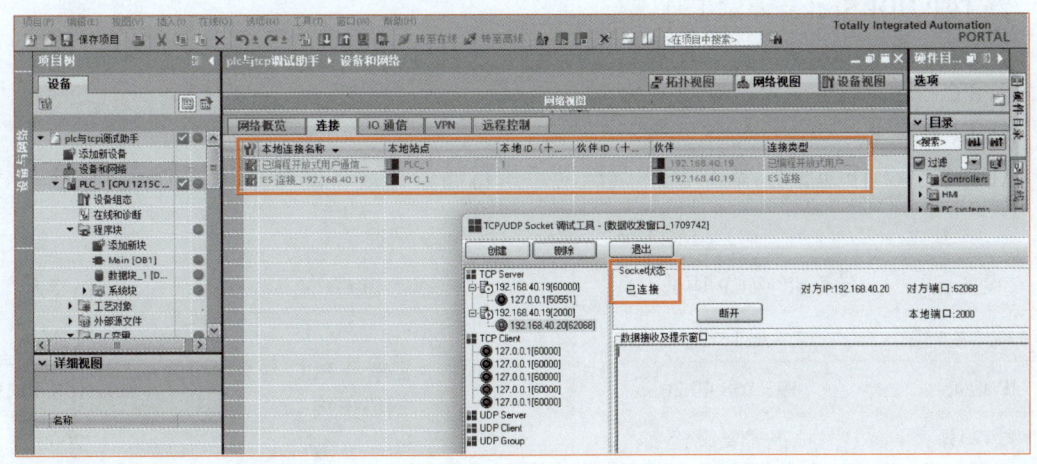

图 3-113　TCP 连接建立

② 将 PLC 调至在线监控模式，在 TCP 调试助手上发送数据，检查 PLC 接收到的数据是否与 TCP 调试助手上的数据一致。由 PLC 发送 "Hello TCP!" 到 Socket 调试助手，

Socket 调试助手收到的数据如图 3-114 所示。

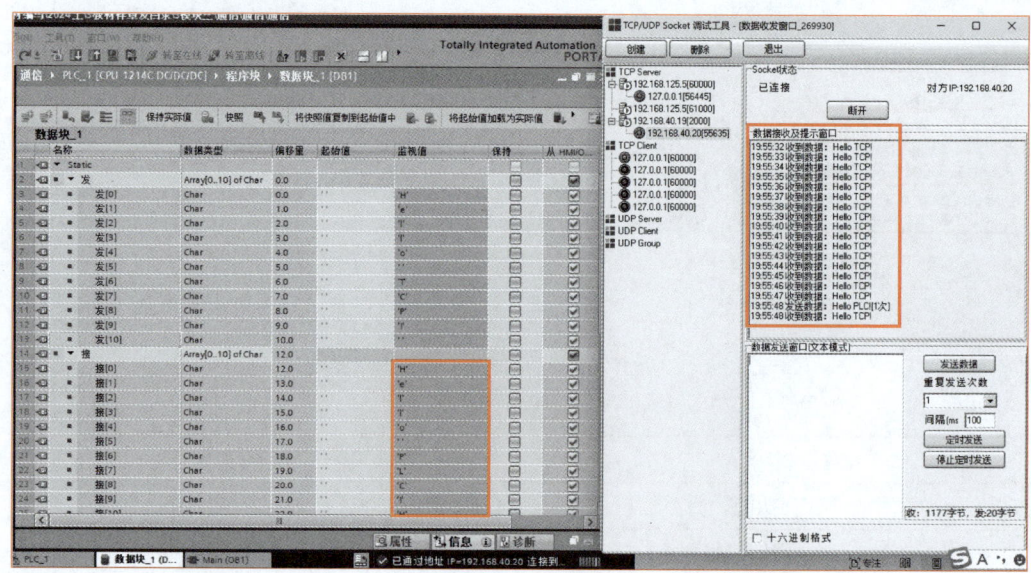

图 3-114　数据交换

3. 实现机器人通过 TCP 调试助手（SocketTool）通信

为了实现 PLC 与机器人的 Socket 通信，可以先通过 TCP 调试助手调试机器人的通信程序。本子任务机器人作为服务端，TCP 调试助手作为客户端，模拟机器人与 PLC 进行通信。

本子任务使用的软件和硬件环境如下：

① RobotStudio 6.08。

② TCP/UDP Socket 调试工具。

③ ABB 机器人。

④ PC。

⑤ 以太网线。

ABB 机器人作为服务端和 TCP 调试助手进行通信，设备的参数设置情况见表 3-24。

表 3-24　设备的参数设置情况

设备	计算机（TCP 调试工具）	PLC	机器人
服务端 / 客户端	客户端	调试过程中，需断开 PLC 与交换机的网络连接	服务端
IP 地址	192.168.40.20		192.168.40.19
端口号	不需要设置		2000

（1）线路连接

实现机器人通过 TCP 调试助手（SocketTool）通信，需要将 PLC 作为客户端，计算机作为服务端，连接至交换机上，线路连接示意图如图 3-115 所示。

（2）编写机器人程序

在示教器上操作较为烦琐，故采用 Robotstudio 仿真软件，通过在线编程的方式，将机器人配置为服务端，并编写通信程序。根据机器人配置和编程需要，将连接端口接到机器人的 LAN1 口（即 X2 端口上），并将计算机的 IP 设置为 192.168.125.×× 网段。

① 在计算机控制面板中，打开网络共享中心，如图 3-116 所示。

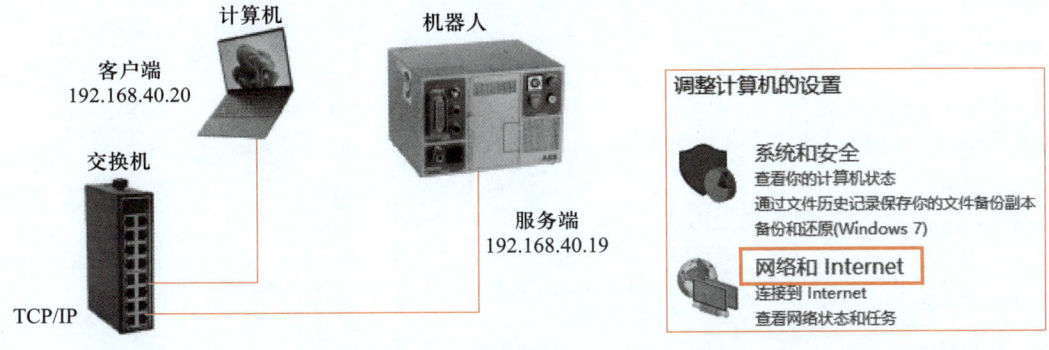

图 3-115　线路连接示意图　　　　　图 3-116　进入计算机控制面板

② 点击"以太网"，点击"属性标签"，如图 3-117 所示。

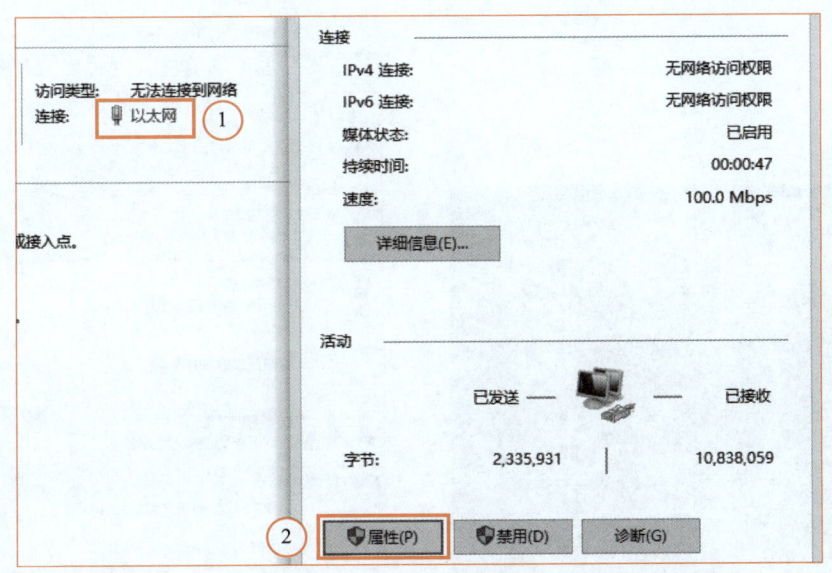

图 3-117　点击"属性"

③ 双击"Internet 协议版本 4"进入设置界面，将计算机 IP 更改为 192.168.125.×××（计算机网段为 125 即可），如图 3-118 所示。

④ 将机器人网线插口更换至 X2，如图 3-119 所示；点击"添加控制器"下的"一键连接"，如图 3-120 所示。

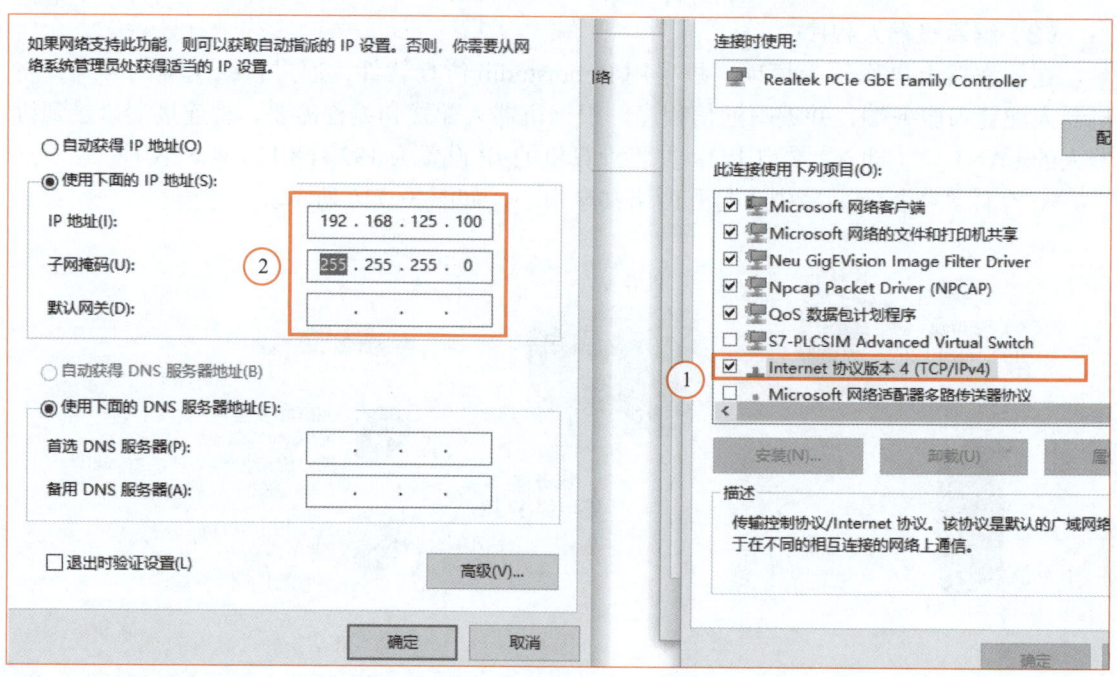

图 3-118　设置计算机 IP

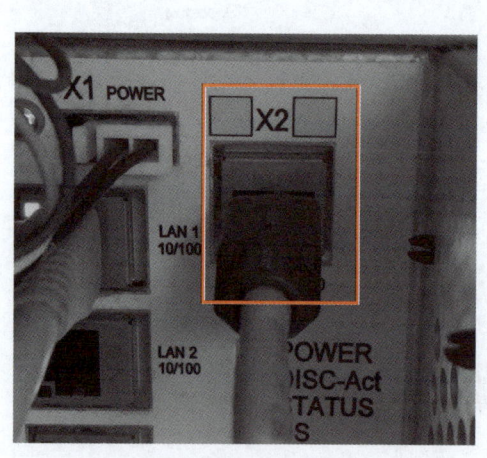

图 3-119　更换机器人网口

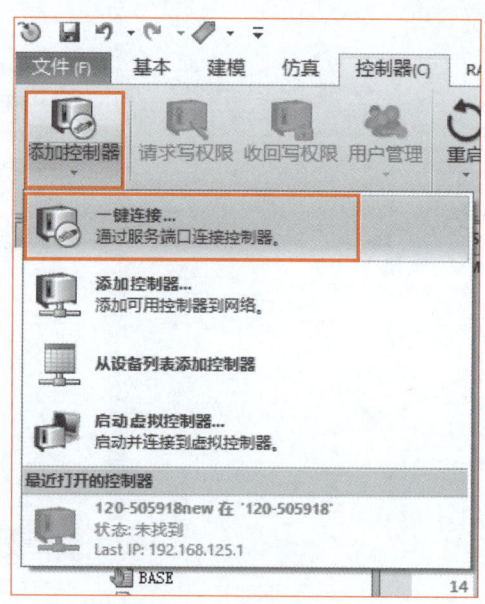

图 3-120　连接机器人示教器

⑤点击"请求写权限"，如图 3-121 所示；在示教器上点击"同意"，如图 3-122 所示。

⑥在 RobotStudio 软件中，点击"RAPID"，双击主程序"main"，打开主程序进行编辑，如图 3-123 所示。

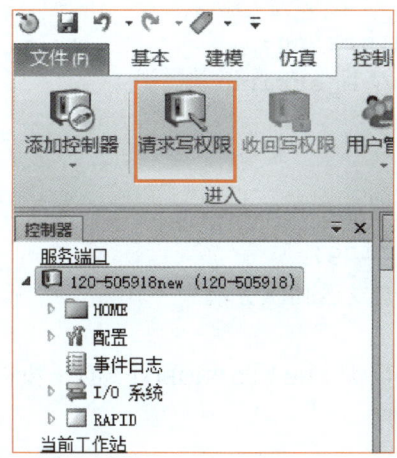

图 3-121 申请写权限

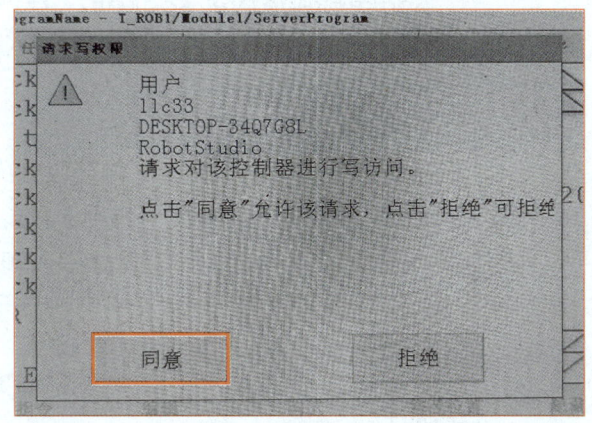

图 3-122 示教器点击"同意"

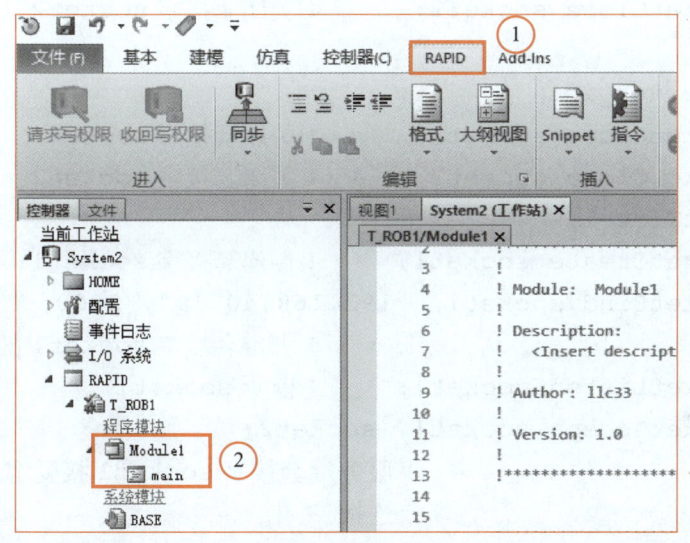

图 3-123 进入编写程序页面

⑦ 编写机器人通信程序。

```
MODULE Module1
  VAR socketdev socket1; !定义套接字 socket1
  VAR socketdev socket2; !定义套接字 socket2
  VAR string R_string;   !定义字符串变量 R_string 存储接收数据
  VAR string S_string:="Hello PLC!";
                         !定义字符串变量 S_string 存储发送数据
  PROC main( )
    Server_ini;          !调用服务端初始化程序
    WHILE TRUE DO
```

```
        SocketReceive socket2\str:=R_string;
                        ! 收到的数据存在 R_string
        WaitTime 1;
        TPWrite R_string;
                        ! 将接收到的数据显示在示教器上
        SocketSend socket2\Str:=S_string;
                        ! S_string 数据发送到服务端
      IF R_string="Hello ROBOT"rzp;
                        ! 当接收到的数据为 "Hello ROBOT" 时，执行
                          标签粘贴子程序
    ENDWHILE
    SocketClose socket1;        ! 关闭套接字 socket1
    SocketClose socket2;        ! 关闭套接字 socket2
ENDPROC
PROC Server_ini( )
    SocketClose socket1;        ! 关闭套接字 socket1
    SocketClose socket2;        ! 关闭套接字 socket2
    WaitTime 1;
    SocketCreate socket1;       ! 创建套接字 socket1
    SocketBind socket1, "192.168.40.19", 2000;
                        ! 绑定套接字 socket1 的端口号和 IP
    SocketListen socket1;       ! 监听 socket1
    SocketAccept socket1, socket2;
                        ! 服务端套接字 socket1 接受客户端 socket2
                          连接
ENDPROC
PROC rzp( )
    MoveJ Pzjd, v1000, z50, tool0;  ! 机器人到达中间过渡点
    MoveJ offs(Ppick, 0, 0, 100), v1000, z50, tool0\ Wobj1;
                        ! 机器人到达吸取点上方
    MoveL Ppick, v1000, fine, tool0\Wobj1;  ! 机器人到达吸取点
    set do05;                   ! 机器人吸取标签
    MoveL offs(Ppick, 0, 0, 100), v1000, z50, tool0\Wobj1;
                        ! 机器人回到吸取点上方
    MoveJ offs(Pput, 0, 0, 100), v1000, z50, tool0\Wobj1;
                        ! 机器人到达放置点上方
    MoveL offs(Pput, 0, 0, 0), v1000, fine, tool0\Wobj1;
                        ! 机器人到达放置点
```

```
        reset do05;           !机器人放置标签
        MoveL offs(Pput, 0, 0, 100), v1000, z50, tool0\Wobj1;
                              !机器人回到放置点上方
        MoveJ Pzjd, v1000, z50, tool0; !机器人到达中间过渡点
    ENDPROC
ENDMODULE
```

（3）将机器人配置为服务端（TCP Server）

① 程序编写完成后，需要将计算机 IP 网段改为"192.168.40.×××"网段，同时也需要将机器人的 IP 地址进行设置（注：机器人与计算机应该处于同一 IP 网段）。点击示教器控制面板，如图 3-124 所示；点击"配置系统参数"选项，如图 3-125 所示。

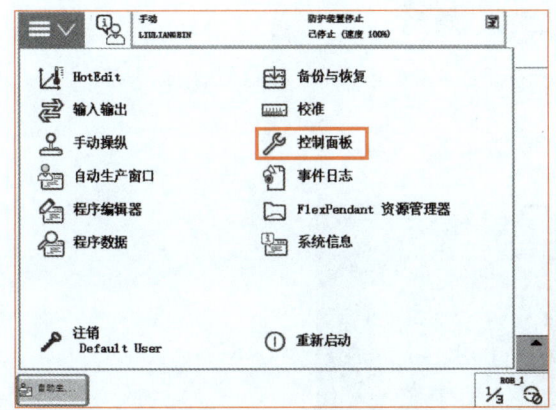
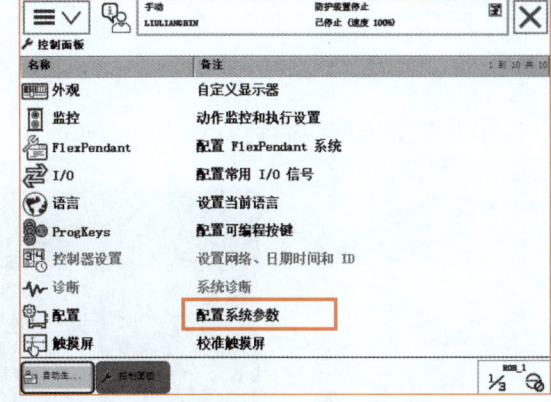

图 3-124　点击示教器控制面板　　　　　　图 3-125　选择配置系统参数

② 需要配置通信参数，故将主题筛选框调整为"Communication"，如图 3-126 所示；选择"IP Setting"，如图 3-127 所示。

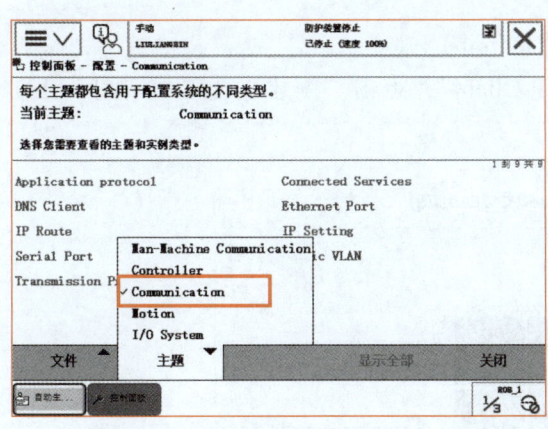
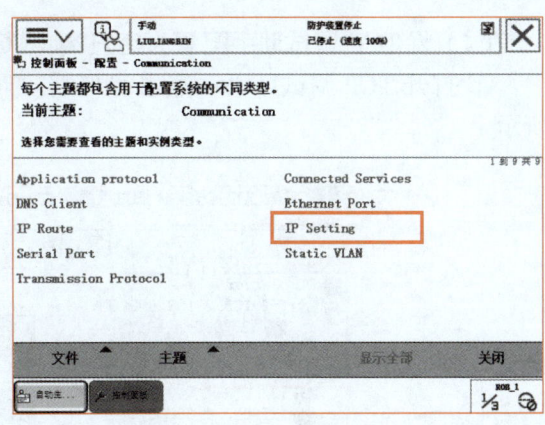

图 3-126　点击 Communication　　　　　　图 3-127　点击 IP setting 并选择"显示全部"

③ 点击"添加"，进入添加 IP 端口界面，如图 3-128 所示；在设置界面将机器人 IP

地址设置为"192.168.40.19"，设置 Interface（机器人网线接口）为"LAN3"，如图 3-129 所示。

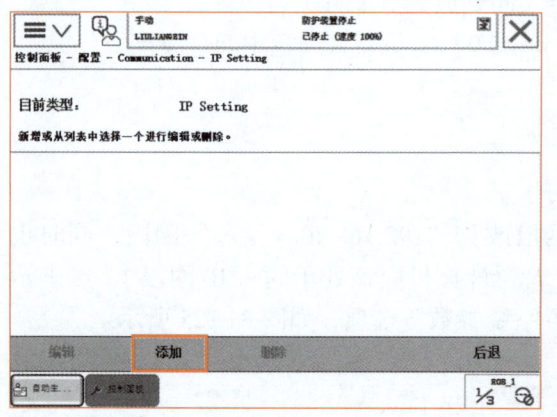
图 3-128　点击添加标签

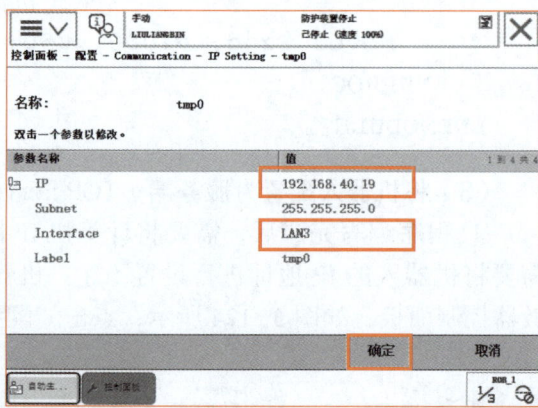
图 3-129　设置 IP 地址、机器人的端口名

④ 将机器人网线插到 LAN3 口，如图 3-130 所示。

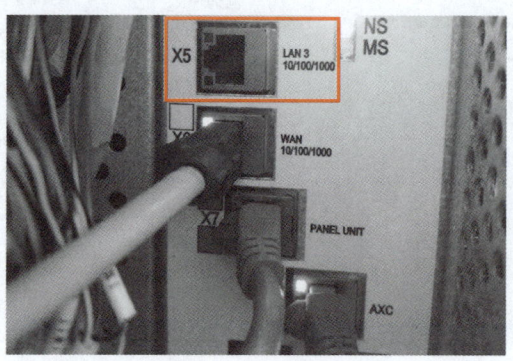
图 3-130　机器人网线更换为设定的网口

（4）将 TCP 调试助手配置为客户端（TCP Client）

① 打开 TCP 调试助手，点击客户端"TCP Client"，点击"创建"选项，如图 3-131 所示。

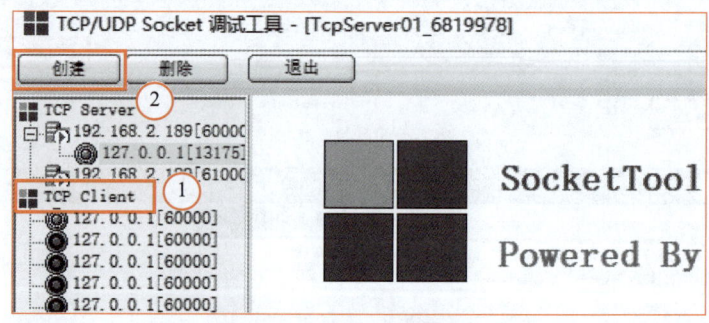
图 3-131　点击创建

② 在"创建 TCP Client"窗口中，设置服务端 IP、端口，点击"连接"，如图 3-132 所示。

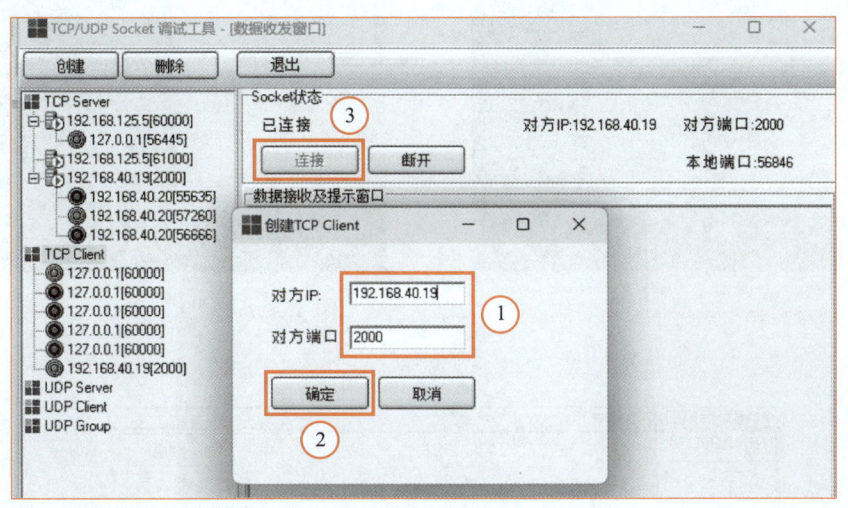

图 3-132　设置服务端 IP、端口

（5）测试通信功能

① 点击"调试"，点击"PP 移至例行程序"，如图 3-133 所示；选择编写的通信程序，点击"确定"，将指针移动至通信程序，如图 3-134 所示。

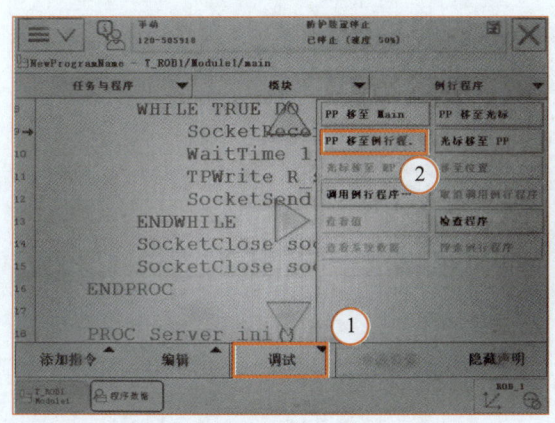

图 3-133　点击"调试""PP 移至例行程序"

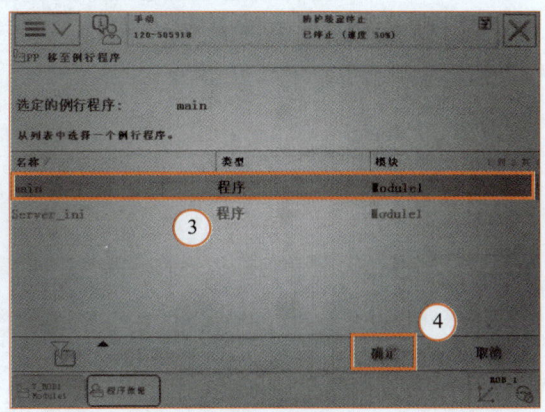

图 3-134　选择编写的通信程序，点击"确认"

② 按下使能按钮，如图 3-135 所示；按下启动按钮，如图 3-136 所示；运行通信程序。

③ 在"数据发送窗口"输入"Hello ROBOT"，点击"发送数据"，测试调试助手发送数据，如图 3-137 所示。

④ 点击菜单栏的"程序数据"，如图 3-138 所示；双击"string"，如图 3-139 所示。

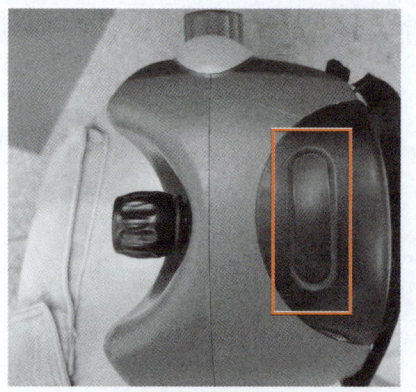

图 3-135　长按示教器右侧使能
按钮

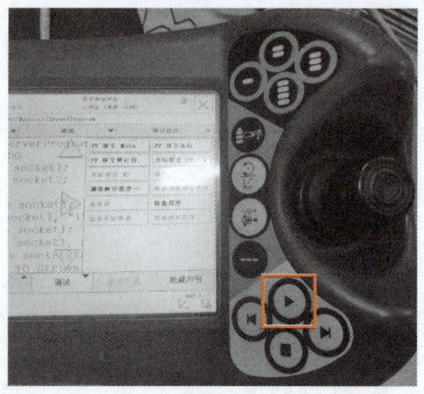

图 3-136　点击"启动"按钮

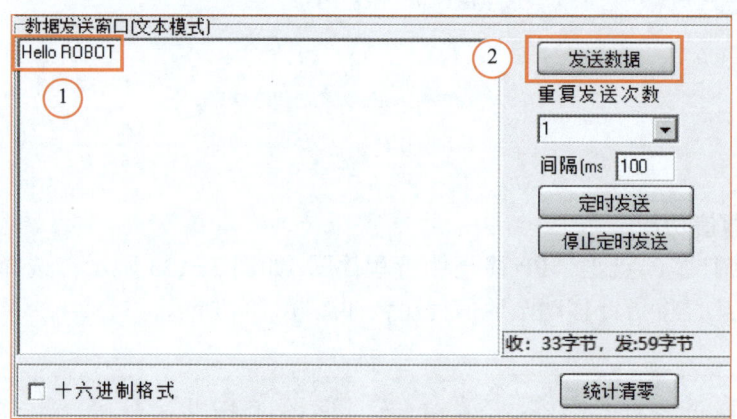

图 3-137　发送数据

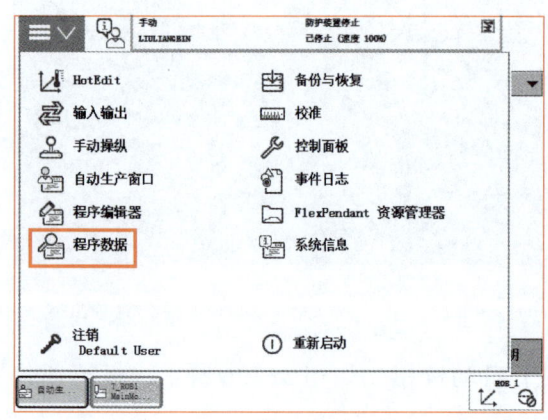

图 3-138　点击"程序数据"

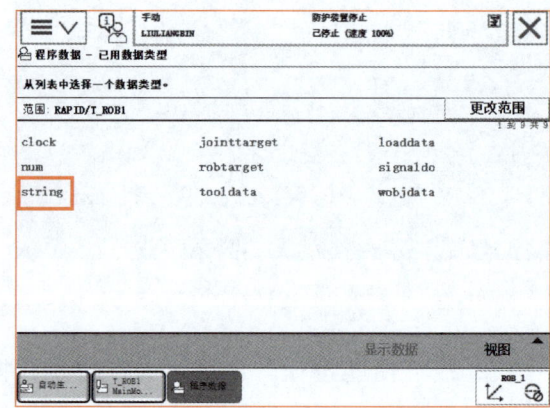

图 3-139　双击"string"

　　⑤ 选择编写通信程序时创建的"R_string",如图 3-140 所示;如果看到数据的值变为"Hello ROBOT",如图 3-141 所示,则可以认为通信成功。

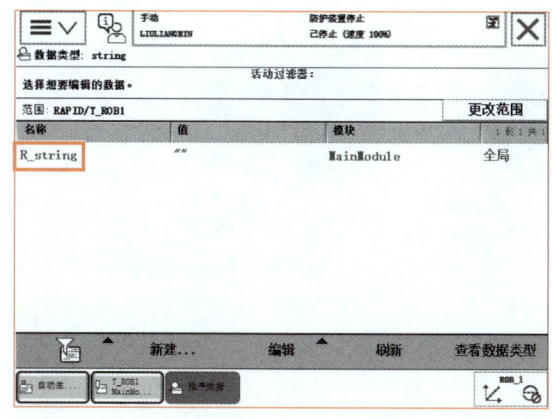

图 3-140　创建接收数据

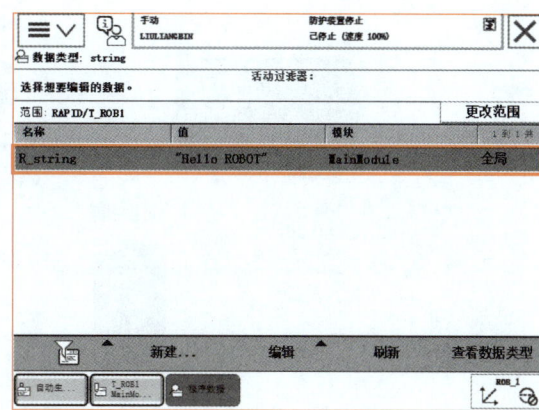

图 3-141　查看通信数据

4. 实现 PLC 与机器人 Socket 通信

（1）任务实施前的准备

① 已经完成了 S7-1200 与 TCP 调试助手实现通信功能。

② 已经完成了机器人与 TCP 调试助手实现通信功能。

PLC、机器人分别与 TCP 调试助手测试完毕后，将计算机 IP 改为不与 PLC、机器人冲突的地址。网线从 PLC1200 的 x1 口与 ABB 机器人的 LAN3 口分别与交换机相连接。

本子任务使用的软件和硬件环境如下：

① RobotStudio 6.08（32-bit）。

② ABB 机器人。

③ TIA Portal V16。

④ CPU1215C DC/DC/DC（6ES7 214-1AG40-0XB0），V4.6。

⑤ PC。

计算机、机器人及 PLC 参数设置情况见表 3-25。

表 3-25　计算机、机器人及 PLC 参数设置情况

设备	计算机（TCP 调试工具）	PLC	机器人
服务端 / 客户端	调试过程中，需将计算机的 IP 修改为 192.168.40.21	客户端	服务端
IP 地址		192.168.40.20	192.168.40.19
端口号		不需要设置	2000

（2）线路连接

S7-1200 与机器人实现 Socket 通信，需要将 PLC 作为客户端，计算机作为服务端，连接至交换机上，线路连接示意图如图 3-142 所示。

（3）通过在线模式监控

① 运行机器人通信程序，程序运行期间，机器人需要一直运行，如图 3-143 所示。

② 打开 PLC 主程序，点击在线监控，如图 3-144 所示。

③ 点击分屏，双击传输块，在展开后的数据块中，点击监视，如图 3-145 所示。

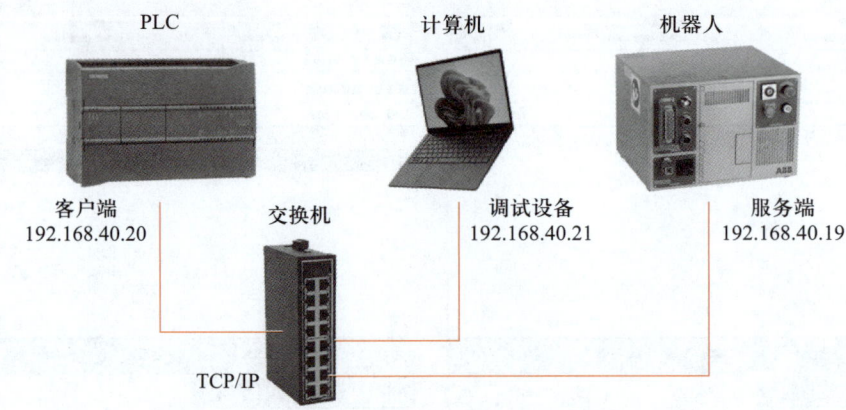

图 3-142　线路连接示意图

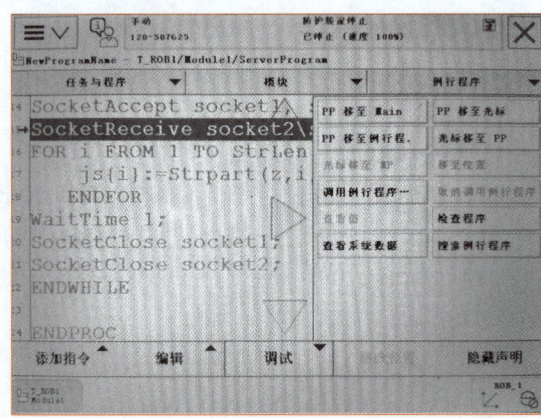

图 3-143　运行通信程序

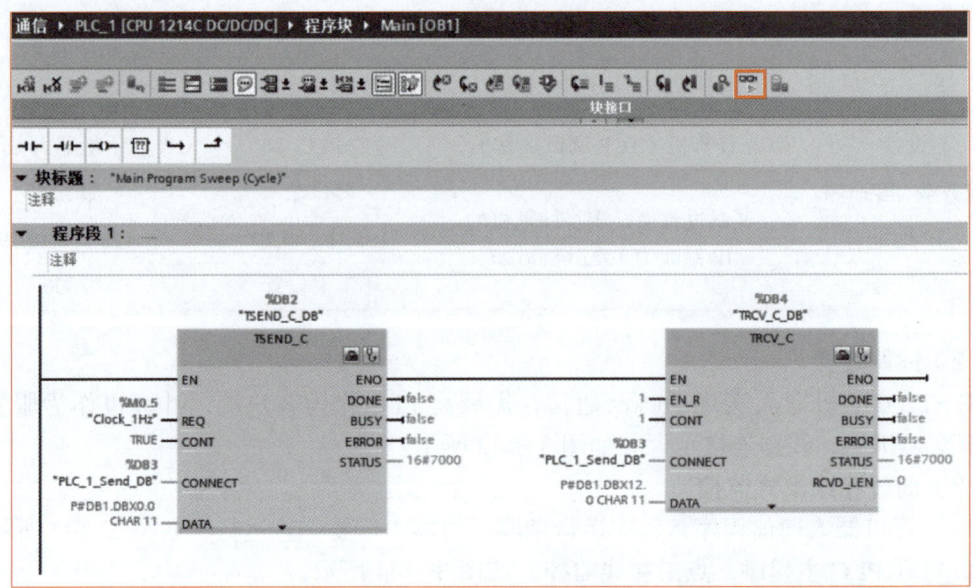

图 3-144　点击在线监控

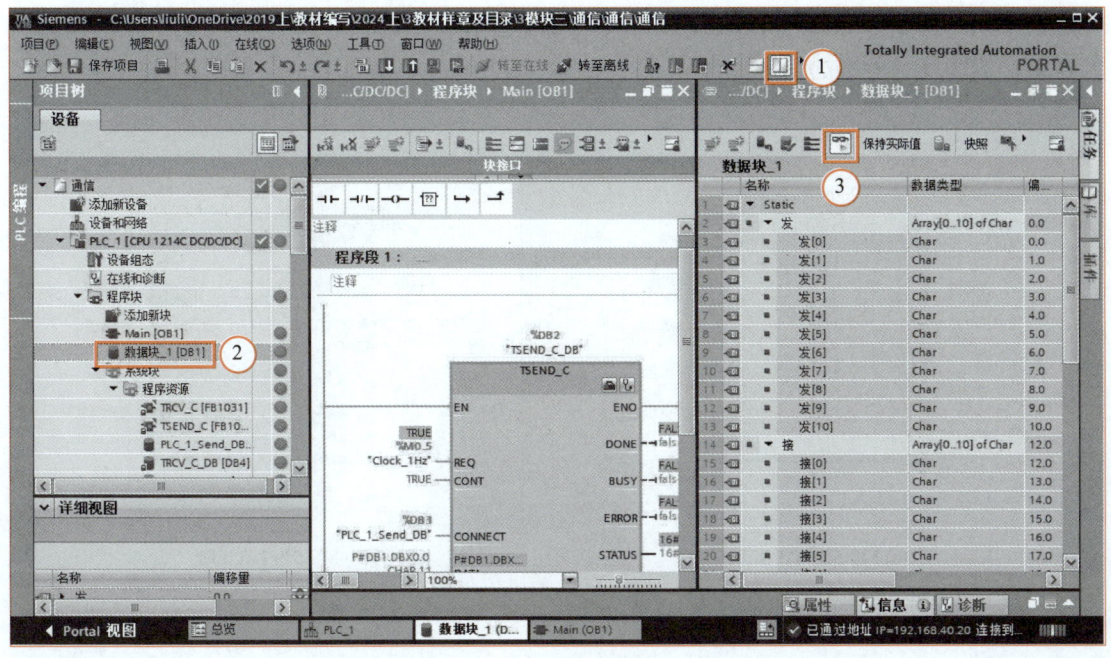

图 3-145 监视数据块

④ 点击"发"变量，将发送值依次修改为"H""e""l""l""o"、空格、"R""O""B""O""T"，点击"确定"，如图 3-146 所示。

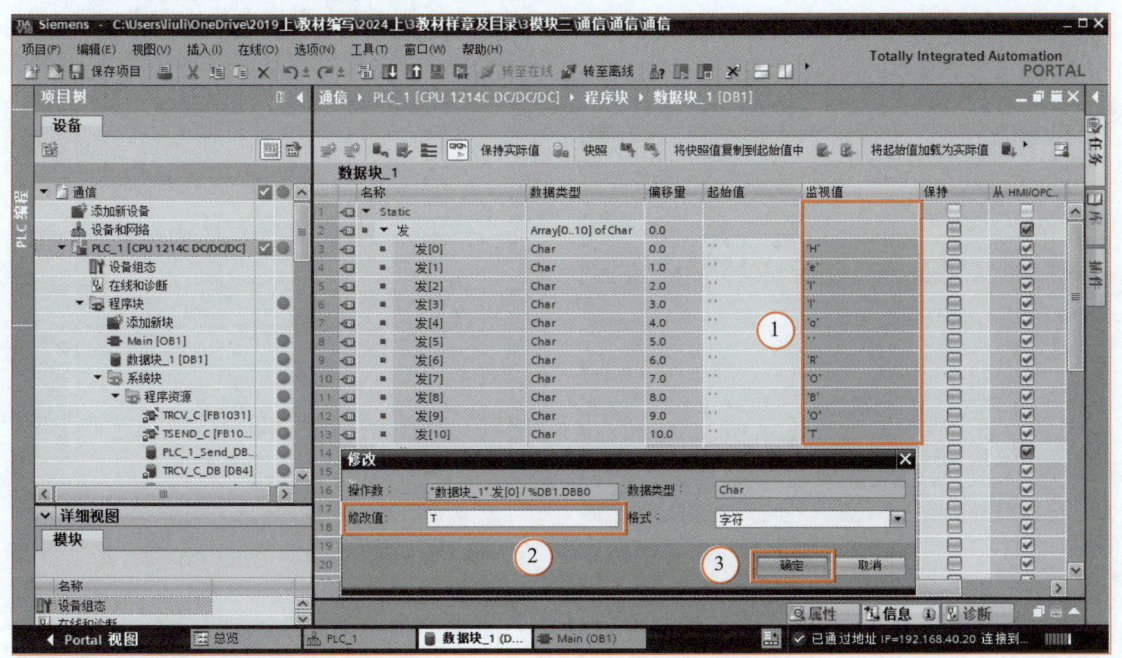

图 3-146 修改发送值

⑤ TSEND 指令是通过上升沿触发的，通过 M0.5 的 1Hz 系统时钟，实现每秒发送一次数据，如图 3-147 所示。

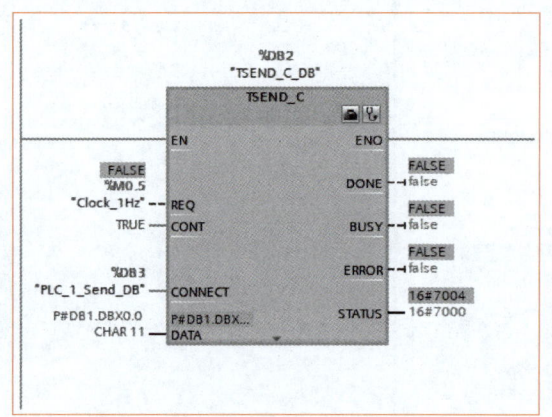
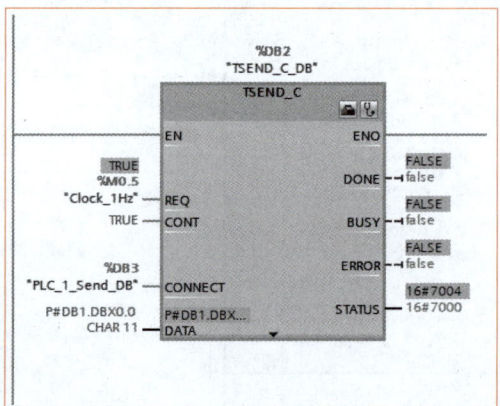

(a) M0.5为FALSE时　　　　　　　　　　(b) M0.5为TRUE时

图 3-147　TSEND 指令周期触发

⑥ 查看机器人接收到的数据与 PLC 数据块中的数据是否一致，如图 3-148、图 3-149 所示。

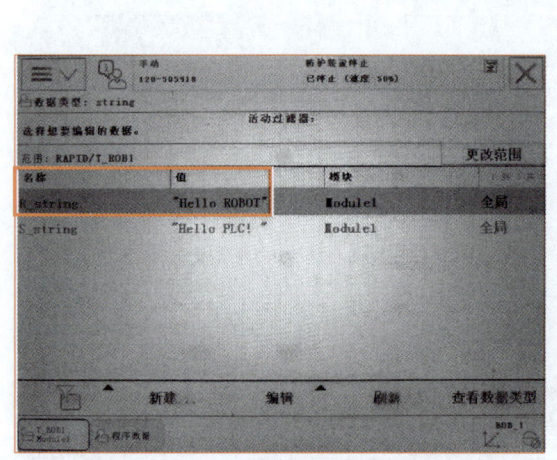

图 3-148　机器人接收到的数据　　　　　　图 3-149　PLC 数据块 _1 中的数据

注意：以上是 PLC 作为客户端的发送演示，同理，可以机器人修改数据，PLC 接受并存储数据到 DB 块中"接"数组中。

⑦ 测试机器人在收到 PLC 发的"Hello ROBOT"后，是否能正确执行标签粘贴功能。

[拓展任务]

试实现机器人作为服务端，PLC 作为客户端的通信配置，实现 PLC 发送 123 至机器人中，并显示在示教器上。

[评价测验]

自测题

判断题

1. 在 Socket 通信中，传输的数据类型有 String 字符串、byte 数组及自定义的各种 Object 等。（　　　）

2. Socket 位于应用层和传输层之间。（　　　）

任务评价

序号	评价内容	任务评价	评价标准
1	建立通信调试的系统性思维	合格□　不合格□	独立完成未经指导的拓展任务为合格
2	强化整合改进的革新思维	合格□　不合格□	优化后整体操作时间减少 5% 以上为合格
3	描述套接字的端口号、主从站等参数，TCP 通信协议	合格□　不合格□	能描述此项参数和协议为合格
4	描述 ABB 通信接口配置步骤	合格□　不合格□	能正确描述配置步骤为合格
5	描述 SocketSend、SocketReceive 等通信指令的关键参数及作用	优□　良□　及格□	正确描述 3 条为优 正确描述 2 条为良 正确描述 1 条为及格
6	实现 S7-1200 与 TCP 调试助手双向通信	合格□　不合格□	能实现双向通信为合格
7	实现机器人与 TCP 调试助手双向通信	合格□　不合格□	能实现双向通信为合格
8	实现 S7-1200 与机器人双向通信	合格□　不合格□	能实现双向通信为合格

［ 工单 ］

知　识　工　单

标签粘贴的通信配置与程序编写理论任务

班级_____学号_____姓名_____第____组

模块三　视觉包装工作站的编程与调试	
项目二	技能提升——标签粘贴工作的 PLC 通信与编程
任务 2	标签粘贴的通信配置与程序编写

　　1. 机器人的主计算机接口如下图所示，问如果要通过 Robotstudio 对机器人进行编程，应通过哪个接口，请在图中圈出并用 A 表示；如果要实现 socket 通信，应通过哪个接口，试在图中圈出并用 B 表示。

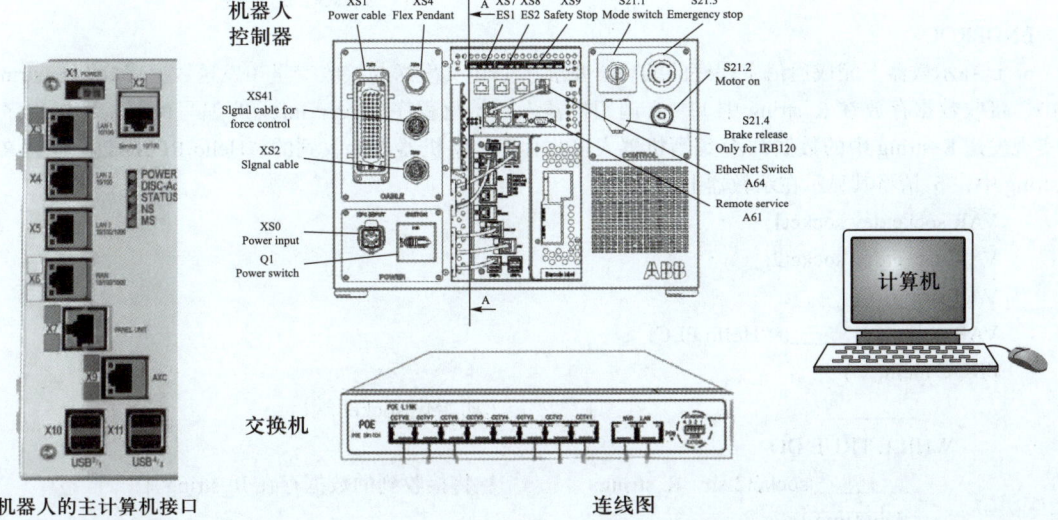

机器人的主计算机接口　　　　　　　　　　　　　　　　　连线图

　　2. 要同时实现通过 Robotstudio 对机器人编程和 socket 通信，试在连线图中用线绘制网口的连接方式。

　　3. 完成以下表格中机器人 IP 网段的设置。

序号	网段	目的
1	192.168.125.×× □　非 192.168.125.×× □	通过 robotstudio 对机器人编程
2	192.168.125.×× □　非 192.168.125.×× □	socket 通信

　　4. 通过网络实现将服务端（A 设备）的数据发送至客户端（B 设备）的某程序中。因 socket 通信，需要设置端口号和地址参数，请完成以下表格。

参数名称	功能	目的
192.168.40.19	IP 地址□　端口号□	找到对应设备□　将数据给到对应软件□
2000	IP 地址□　端口号□	找到对应设备□　将数据给到对应软件□

5. 试在示教器上完成端口的初始化编程。要求通过计算机（客户端）对机器人（服务端）进行调试，服务端的 IP 为 192.168.40.19，端口号为 2000。

```
PROC Server_ini(   )
    SocketClose socket1;                            ! 关闭套接字 socket1
    SocketClose socket2;                            ! 关闭套接字 socket2
    WaitTime 1;
    _____ socket1;                               ! 创建套接字 socket1
    SocketBind socket1,"_____",_____;  ! 绑定套接字 socket1 的端口号和 IP
    SocketListen socket1;                           ! 监听套接字 socket1
    SocketAccept _____,_____;                 ! 服务端套接字 socket1 接受客户端
                                                      socket2 的连接

ENDPROC
```

6. 试在示教器上完成通信主程序的编写。要求：① 定义发送与接收变量（发送数据存放在 S_string 中，接收数据存放在 R_string 中）；② 调用机器人初始化程序 Server_ini；③ 编写机器人发送程序，实现发送 S_string 中的数据；④ 编写机器人接收程序，将机器人接收到的"Hello ROBOT!"存在 R_string 中；⑤ 请将其显示在示教器上。

```
VAR socketdev socket1;
VAR socketdev socket2;
VAR string _____;
VAR string _____:="Hello PLC! ";
PROC main(   )
    _____;                                  ! 初始化 socket 端口
    WHILE TRUE DO
        _____ socket2\str:=R_string;         ! 将接收到的数据存在 R_string 中
        WaitTime 1;
        _____ R_string;                      ! 显示接收到的数据
        _____ socket1\Str:=S_string;         ! 将 S_string 内存储的字符发送
    ENDWHILE
    SocketClose socket1;
    SocketClose socket2;
ENDPROC
```

7. 为了实现机器人（服务端）与计算机（客户端）通信，需要进行 IP 和端口号设置，应该将计算机的 IP 设置为 ____.____.____.____。调试助手中监听端口号应设为 _____。

8. 在下图完成 PLC 与计算机的线路连接。要求：能够实现计算机（服务端）与 PLC（客户端）通信。

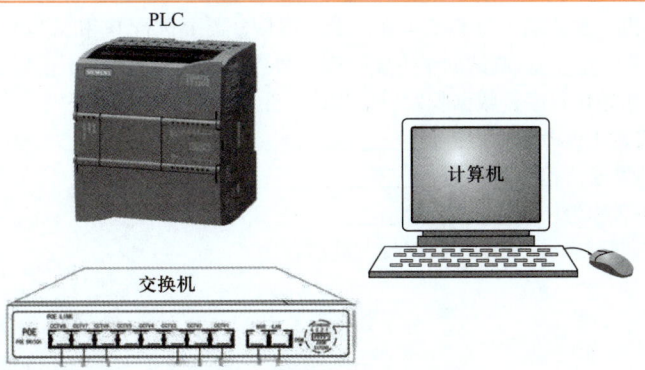

9. 配置 PLC 的连接参数。要求：① 计算机（服务端）与 PLC（客户端）通信；② 在 A 处方框位置填写 IP 地址；③ 在 B 处方框位置用笔圈出主动建立连接的设备；在 C 处写出需要设置的端口号。

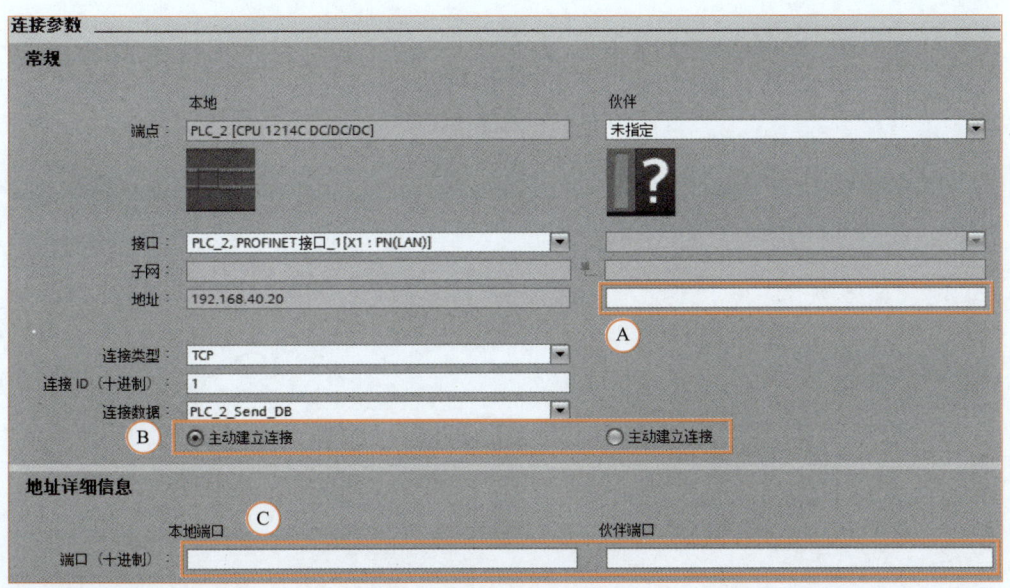

10. 完善 PLC 的通信程序。要求：① PLC 发送、接收的数据存在 "DB4" 的 DB 块中，该 DB 块已设置了 "非优化的块访问"；② 发送数据存在第 0～9 个字节中，接收数据存在第 10～19 个字节中；③ 每隔 1 秒发送一次数据（M0.5 为 1Hz 的系统时钟），发送成功后，接收一次数据。

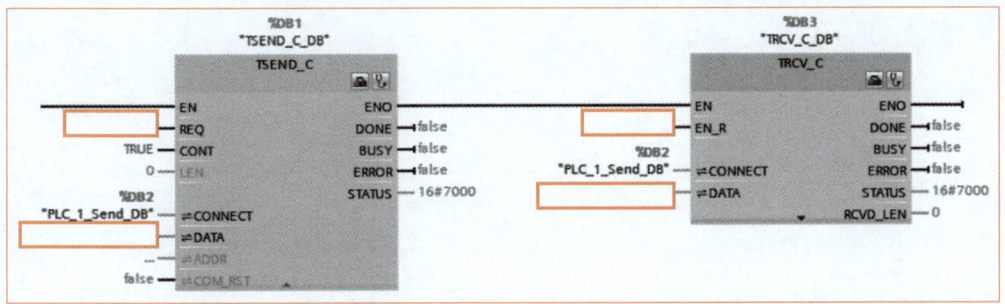

11. 为了实现计算机（服务端）与 PLC（客户端）通信，需要进行 IP 和端口号设置，应该将电脑的 IP 设置为 ____.____.____.____。调试助手中监听端口号应（需要设置□ / 不设置□）。

12. 对机器人通信初始化程序、数据收发通信程序、主程序进行命名。

（1）机器人通信初始化程序名称为：_____。

（2）机器人数据收发通信程序名称为：_____。

（3）机器人主程序名称为：_____。

13. 试编写机器人通信初始化程序、数据收发通信程序。

14. 试编写机器人主程序。

实 施 工 单

标签粘贴的通信配置与程序编写实操任务

班级_____学号_____姓名_____第___组

模块三　视觉包装工作站的编程与调试	
项目二	技能提升——标签粘贴工作的 PLC 通信与编程
任务 2	标签粘贴的通信配置与程序编写

一、机器人启动前准备

序号	需要完成的任务	确认情况	备注
1	检查机器人周围是否放置水瓶等杂物		
2	检查操作人员是否穿拖鞋		
3	检查操作人员是否佩戴安全帽		
4	检查操作人员是否戴手套		

二、编程并实现功能

1. 实现 S7-1200 与 TCP 调试助手（SocketTool）通信

（1）线路连接

序号	需要连接的设备	完成情况	备注
1	将 PLC 通过网线连接至交换机		
2	将 PC 通过网线连接至交换机		
3	设置 PLC 的 IP 地址		
4	设置计算机的 IP 地址		

（2）将 TCP 调试助手配置为服务端

序号	需要完成的操作	完成情况	备注
1	创建一个服务端		
2	设置服务端的端口号		
3	开启服务端		

（3）将 PLC 配置为客户端

序号	需要完成的操作	完成情况	备注
1	编写通信程序		
2	配置客户端参数		

（4）测试通信功能

序号	需要完成的操作	完成情况	备注
1	开启服务端		
2	启动 PLC		
3	调试助手接收到 PLC 发过来的数据		
4	PLC 接收到调试助手发过来的数据		

2. 实现机器人（服务端）通过 TCP 调试助手（SocketTool）通信

（1）线路连接

序号	需要连接的设备	完成情况	备注
1	将机器人通过网线连接至交换机		
2	将 PC 通过网线连接至交换机		
3	断开 PLC 与交换机的连接		
4	设置机器人的 IP 地址		
5	设置计算机的 IP 地址		

（2）将机器人配置为服务端

序号	需要完成的操作	完成情况	备注
1	编写通信程序		
2	配置客户端参数		
3	运行通信程序开启服务端		

（3）将 TCP 调试助手配置为客户端

序号	需要完成的操作	完成情况	备注
1	创建一个客户端		
2	设置服务端的 IP 和端口号		
3	连接服务端		

（4）测试通信功能

序号	需要完成的操作	完成情况	备注
1	运行机器人通信程序开启服务端		
2	调试助手连接服务器		
3	调试助手接收到机器人发过来的数据		
4	机器人接收到调试助手发过来的数据		

3. 实现 PLC 与机器人 socket 通信

（1）线路连接

续表

序号	需要连接的设备	完成情况	备注
1	将机器人通过网线连接至交换机		
2	将 PC 通过网线连接至交换机		
3	将 PLC 与交换机的连接		
4	将计算机的 IP 设置为与 PLC、机器人不冲突		

（2）测试通信功能

序号	需要完成的操作	完成情况	备注
1	在计算机打开在线监控功能		
2	运行机器人（服务器）程序		
3	运行 PLC（客户端）程序		
4	机器人发送数据查看 PLC 是否能接收		
5	PLC 发送数据查看机器人是否能接收		

三、关闭设备

序号	需要完成的任务	完成情况	备注
1	将网线恢复到回原来的位置		
2	按下急停按钮		
3	关闭机器人控制柜		
4	关闭实训平台		

四、检查工作任务的完成情况

序号	需要完成的任务	完成情况	备注
1	实现 S7-1200 与 TCP 调试助手（SocketTool）通信		
2	实现机器人与 TCP 调试助手（SocketTool）通信		
3	实现 PLC 与机器人 Socket 通信		
4	机器人接收到 PLC 发过来的命令后贴标签		

任务 3

标签视觉分色粘贴的编程与调试

[任务目标]

拓展阅读：
从学术研究到创业孵化，初心迭代续写非凡匠心——王田苗

素养目标：

1. 撰写行业前沿技术的可行性分析报告，提升前沿技术的行业洞察力。

2. 查阅 PLC、机器人、视觉的手册等技术文件，提升系统集成的资源整合能力。

知识目标：

1. 正确描述 PLC、视觉、机器人的主从站关系及常用通信协议类型。

2. 清晰描述 VisionMaster 中匹配阈值、曝光时间等关键参数对识别效果的影响。

3. 正确描述 HMI 画面组态与 PLC 通信程序的数据绑定关系。

能力目标：

1. 能够使用 VisionMaster 实现颜色判别，并将结果输出至 PLC。

2. 能在触摸屏动态显示视觉识别结果，数据刷新延迟且符合要求。

3. 能通过视觉技术完成分色分拣功能。

[任务描述]

本任务需要实现机器人对标签的颜色识别，并将识别结果发送给机器人，实现机器人对标签的分拣，并能将分拣结果显示在触摸屏上。本任务需要：

① 通过 VisionMaster 软件实现标签的颜色识别。

② 通过 PLC 读取标签的颜色。

③ 通过 PLC 将识别结果反馈至机器人。

④ 机器人通过识别结果对标签进行分拣。

[任务引入]

在实现标签视觉分拣的编程与调试前，需要实现将视觉结果发送给 PLC，并将识别结果显示在触摸屏上等功能。实现该功能需要明确以下几点：

① 首先应通过 VisionMaster 软件编写程序实现标签的颜色识别，可以将红色定义为 1，黄色定义为 2，没检测到定义为 0。

② PLC 与 VisionMaster 软件以 S7 通信实现数据交互，PLC 将检测结果解码后显示在 HMI 上。

③ 识别过程如下：PLC 发送拍照指令、视觉识别并将结果反馈至 PLC、PLC 将结果显示在触摸屏上、PLC 发送指令给机器人实现标签分拣。

分析与思考

1. 能否将标签颜色通过一个 bool 量进行定义：红色定义为 1，黄色定义为 0？
2. 字符串转换为数值指令的作用是什么？
3. 设置载荷数据的作用是什么？

[相关知识]

1. 工业视觉识别技术

（1）工业视觉系统概述

工业视觉系统作为机器视觉的一个重要分支，工业视觉与人类视觉在多个方面存在显著差异，二者对比见表 3-26。

表 3-26　机器视觉与人类视觉的对比

特点	工业视觉	人类视觉
客观性	客观性更强，检测结果不受主观情绪影响，能够确保测量和判断的准确性和一致性	主观性较强，检测结果可能受到个人经验、情绪、疲劳等因素的影响，存在一定的主观片面性
精度	识别精度和抓取精度远高于人类操作，可以实现对微小细节和复杂结构的精确识别与定位	手工操作难以达到高精度要求，特别是在处理微小或复杂结构时容易出错
持续工作时间	可实现无间断的 24h 作业，不受人体生理限制，大大提高了生产效率和稳定性	长时间工作后会感到疲劳和厌倦，导致效率降低和判别错误的风险增加
环境适应性	能够在恶劣的工作环境中稳定工作，如高温、高湿、强光等，不受环境因素的影响	人类在恶劣环境中长时间工作会对身体健康造成负面影响，且视觉系统可能受到环境光的干扰
智能化程度	结合人工智能和机器学习技术，能够不断学习和优化识别算法，提高识别精度和效率	在处理大量数据和复杂场景时显得力不从心
色彩与灰度识别	色彩识别受硬件约束，但可量化；对灰度分辨率强，具有多个灰度级，适用于多种应用场景	对颜色敏感但判断可能不一致，灰度分辨率相对较差；对运动目标的成像能力有限

（2）工业视觉系统特点

① 高精度与高可靠性。工业视觉系统采用高精度传感器和先进的图像处理算法，能够实现对目标物体的精确识别和定位，确保生产过程中的高可靠性和稳定性。

② 自动化与智能化。通过集成自动化控制和智能识别技术，工业视觉系统能够实现自动化作业和智能化决策，提高生产效率和降低人力成本。

③ 非接触性检测。采用非接触式图像采集方式，避免了传统检测方法对产品的物理损伤和污染风险，适用于对产品质量要求较高的行业。

④ 灵活性与可扩展性。工业视觉系统可根据不同的应用场景和需求进行灵活配置和

扩展，满足各种复杂和多变的生产需求。

⑤高效的数据处理能力。具备强大的数据处理和分析能力，能够实时处理和分析图像数据，提取有用信息并做出快速响应。

⑥广泛的应用领域。工业视觉系统广泛应用于自动化生产线、质量检测、机器人导航与定位、智能安防等多个领域，为工业生产和社会生活提供有力支持。

综上所述，工业视觉系统以其高精度与高可靠性、自动化与智能化等特点，在工业生产和社会生活中发挥着越来越重要的作用。随着技术的不断进步和应用领域的不断拓展，工业视觉系统的性能和应用范围还将持续提升和扩大。

2. 相机的调整

（1）相机位置调节

相机应调整至能够拍摄到所需检测的物体，并确保拍摄的图片中，物体四周（上、下、左、右）都留有一定的边距，以防因标签角度变化而无法完整拍摄到标签，如图 3-150 所示。

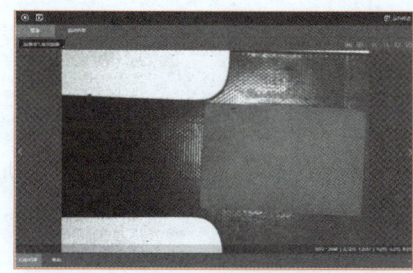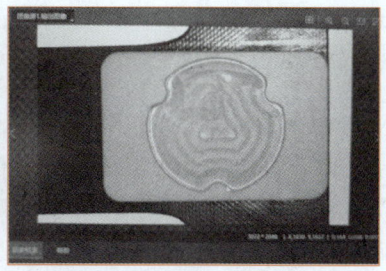

(a) 相机位置不合适(标签不在图像中央)　　(b) 相机位置合适(标签在图像中央)

图 3-150　相机位置调节

（2）相机光圈调节

在调节光圈时，务必防止图片曝光过度或不足，因为这两种情况都可能引起识别失败。同时，为了获得更好的拍摄效果，可以适当调整光源的亮度，如图 3-151 所示。

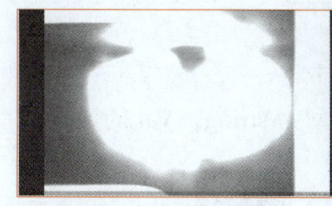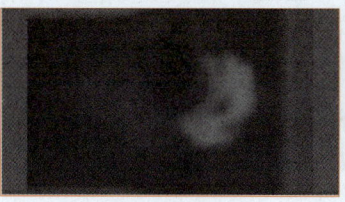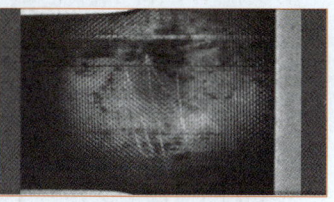

(a) 光线过强(过曝)　　　　　(b) 光线过暗　　　　　(c) 光线合格(图像锐利)

图 3-151　光线调节示意图

（3）相机焦距调节

相机的焦距应当调整至适当位置，以确保图形轮廓界面呈现清晰效果，如图 3-152 所示。

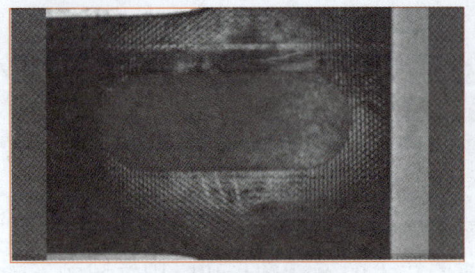
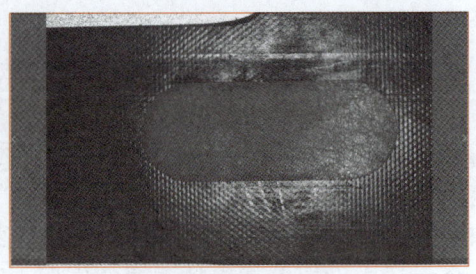

(a) 焦距不对边缘模糊   (b) 焦距合适边缘清晰

图 3-152　焦距调节示意图

3. StrToVal（将一段字符串转换为一个值）

StrToVal 用于将一段字符串转换为任意数据类型的一个值。

程序示例 1：

```
VAR bool ok;
VAR num nval;
ok:= StrToVal("3.85", nval);
```

功能释义：布尔量 ok 代表转换成功标志位，如果其值为 TRUE，则代表转换成功。指令的功能为，将字符串"3.85"转换成数值，并存放至 nval 中。以上指令执行后的效果是 nval 的值为 3.85。

程序示例 2：

```
VAR string Xdata:= "12.4";
VAR bool ok;
VAR num x;
ok:= StrToVal(Xdata, x);
```

功能释义：布尔量 ok 代表转换成功标志位，如果其值为 TRUE，则代表转换成功。指令的功能为，将字符串变量"Xdata"转换成数值，并存放至 x 中。以上指令执行后的效果是 x 的值为 12.4。

注：

① 指令形式为 StrToVal（Str,Val）。指令中，Str 的数据类型为 string，Val 的数据类型可以是任意需要转换成的数据类型。

② Str 的数据形式应与 Val 符合。

③ 需要将转换后的结果以赋值指令的形式赋值给布尔量，否则会报错。

微课视频：
有效载荷数据
loaddata 的设定

4. 有效载荷数据（loaddata）

对于搬运应用的工业机器人应正确设定夹具的质量重心、tooldata 以及搬运对象的质量和重心数据 loaddata。

实操视频：
有效载荷数据
loaddata 的设定

（1）有效载荷数据的组成

Loaddata 用于设置工业机器人轴上安装法兰盘的负载载荷数据。

有效载荷数据常常定义工业机器人的有效负载或抓取物的负载（通过指令 GripLoad 和 MechUnitLoad 来设置），即工业机器人夹具所夹持的负载。同时将 Loaddata 作为 Tooldata 的组成部分，以描述工具负载。有效载荷数据由 6 个参数组成，如图 3-153 所示参数使用说明见表 3-27。

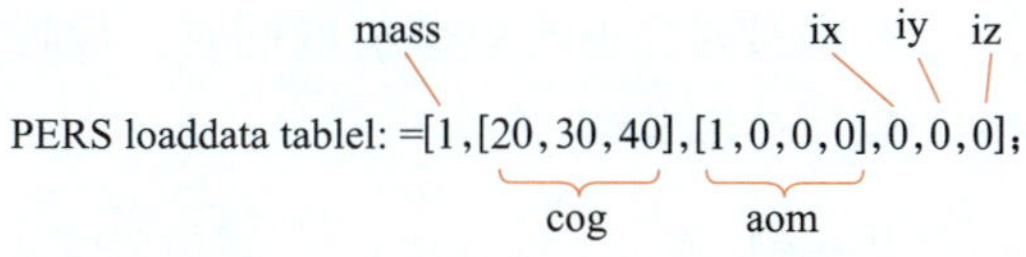

```
            mass                      ix  iy  iz
PERS loaddata table1:=[1,[20,30,40],[1,0,0,0],0,0,0];
                          cog      aom
```

图 3-153　有效载荷数据的组成

表 3-27　有效载荷数据的参数

参数	描述	使用说明
mass	负载的质量，数据类型为 num	单位为 kg
cog	载荷的重心，数据类型为 pos	如果工业机器人夹持着工具，则有效负载的重心是相对于工具坐标系的，单位为 mm；如果使用固定工具，则有效负载的重心是相对于工业机器人上的可移动的工件坐标系的
aom	转矩轴的方向姿态，数据类型为 orient	转矩轴的方向姿态是指处于 cog 位置的有效负载惯性矩的主轴。如果工业机器人夹持着工具，则该姿态是相对于工具坐标系的，如果使用固定工具，则该姿态是相对于可移动的工件坐标系的
ix	绕 X 轴的转动惯量，数据类型为 num	负载绕着 X 轴的转动惯量，单位为 $kg \cdot m^2$ 正确定义转动惯量可以合理利用路径规划器和轴控制器。当处理大块金属板时，所有等于 $0\ kg \cdot m^2$ 的转动惯量 ix、iy 和 iz 均指一个点质量
iy	绕 Y 轴的转动惯量，数据类型为 num	负载绕着 Y 轴的转动惯量，单位为 $kg \cdot m^2$
iz	绕 Z 轴的转动惯量，数据类型为 num	负载绕着 Z 轴的转动惯量，单位为 $kg \cdot m^2$

（2）有效载荷数据示例

PERS loaddata table1:=[1,[20,30,40],[1,0,0,0],0,0,0];

有效载荷数据 table1 定义如下：

① 载荷质量为 1kg。

② 重心位置为 X=20mm，Y=30mm，Z=40mm。

③ 有效负载为一个点。

（3）有效载荷数据指令 gripload

指令功能：ABB 机器人有效载荷数据指令用于定义机器人末端载荷的质量、重心及转动惯量，通过优化动力学模型，确保运动精度并防止机械过载。

程序示例 1：

```
Set doGripper;        ! 置位 doGripper
```

```
WaitTime 0.3;! 延时 0.3 秒
GripLoad load1;     ! 设置 load1 为当前载荷数据
```

在机械臂抓握有效载荷的同时，设置 load1 为当前载荷数据。

程序示例 2：

```
Reset doGripper; ! 复位 doGripper
WaitTime 0.3;         ! 延时 0.3 秒
GripLoad load0;       ! 设置 load0 为当前载荷数据
```

在机械臂释放有效载荷的同时，设置 load0 为当前载荷数据。

[任务实施]

1. 明确流程要求

① 完成网络分配：设置好 PLC、HMI、机器人、视觉的 IP 地址。

② 通过 VisionMaster 软件实现标签的颜色识别：视觉硬件连接→相机位置调整→焦距调整→光圈调整→添加相机→抽取图片颜色→进行 BLOB 分析→编写识别脚本。

③ 通过 1200PLC 读取标签的颜色，并将颜色结果显示在触摸屏上，实现标签颜色识别的可视化：编写 VisionMaster 与 PLC 之间的通信程序→组态 PLC 和触摸屏→创建 PLC 变量→创建 HMI 变量→连接 PLC 与 HMI 变量→下载至 PLC 和 HMI。

④ 实现机器人从 PLC 读取识别结果：设置 loaddata 参数→编写机器人与 PLC 的 socket 通信程序→测试机器人发送命令实现拍照功能→测试机器人从 PLC 读取识别结果。

⑤ 实现机器人对标签进行颜色分拣（良品为红色，次品为黄色）：编写机器人标签分拣子程序→编写机器人标签分拣主程序→实现机器人标签分拣功能。

2. 完成网络分配

（1）网络拓扑情况

本任务需要在上一任务的基础上，加上 HMI 和相机，网络拓扑图如图 3-154 所示。

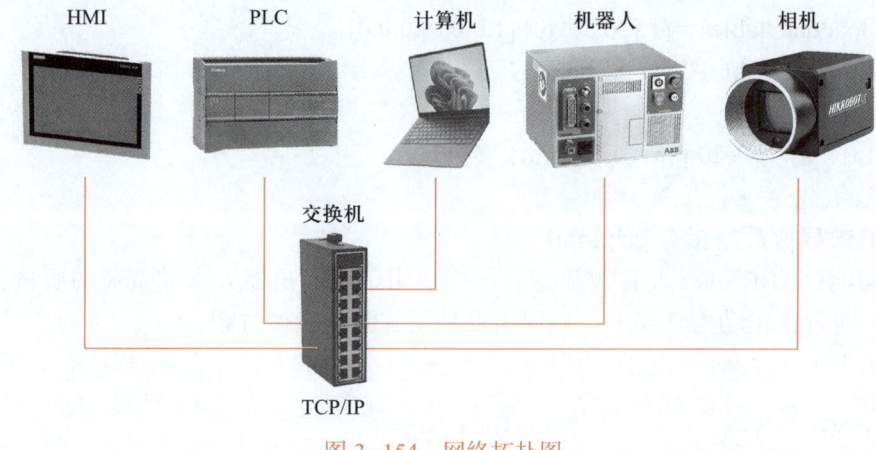

图 3-154　网络拓扑图

（2）系统基本情况

PLC 编程软件：TIA Portal V16。

PLC：S7-1200。

视觉软件：VisionMaster（V4.2 或更高版本）。

视觉：MV-CS060-10GC。

连接方式：以太网。

HMI：KTP1200 Basic。

（3）设备 IP 地址分配

机器人、PLC、相机、PC 的 IP 网段应相同，同时设备之间的 IP 不能存在冲突的情况，IP 分配如表 3-28 所示。

表 3-28　IP 分配情况

序号	设备	IP
1	机器人	192.168.2.101
2	相机	默认即可
3	PC	192.168.2.201
4	PLC	192.168.2.10
5	HMI	192.168.2.2

3. 相机的连接与设置

（1）视觉的线路连接

相机的线缆中有电源触发线、网线，接口在相机的后方，如图 3-155（a）所示，相机电源触发线和网线连接如图 3-155（b）所示。

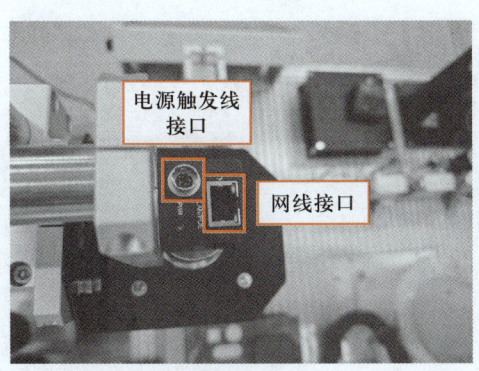

(a) 相机后方的接口　　　　　　　　　　(b) 相机电源触发线和网线连接

图 3-155　相机线路连接示意图

（2）相机位置调节

调节相机的高度、位置等，直至拍摄到所需要检测的物体，并确保拍摄图片中，物体四周（上、下、左、右）都留有一定的距离，以防因标签角度变换导致无法拍摄到标签，如图 3-156 所示。

（3）相机焦距及光圈调节

调节相机光圈，以确保拍摄到的被检测物体图像清晰，如图 3-157 所示。

相机的焦距应该调整至适当的位置，以确保所拍摄图形的轮廓界面呈现清晰效果，如图 3-158 所示。

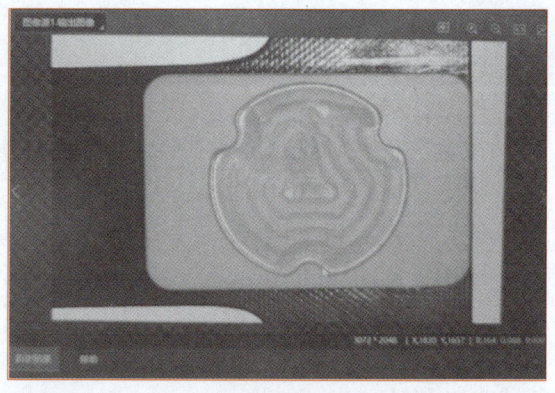

图 3-156　合格的相机位置示意图

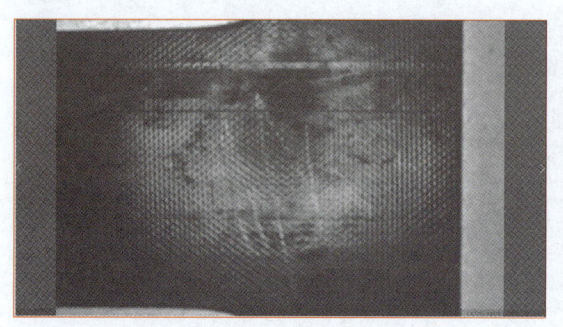

图 3-157　合格的光线调节示意图

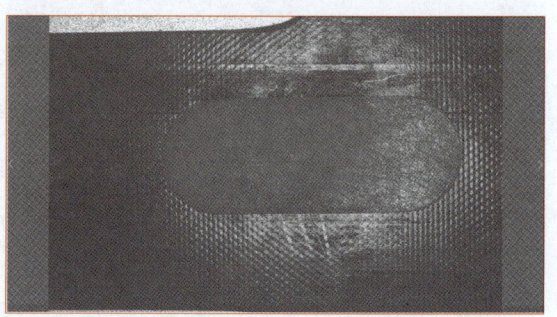

图 3-158　合适的焦距调节示意图

4. 通过 VisionMaster 软件实现标签的颜色识别

（1）在 VisionMaster 软件中添加相机

① 打开 VisionMaster 调试软件，如图 3-159 所示。

② 打开软件，并新建流程后，点击左侧采集，选择图像源，拖入流程框，如图 3-160 所示。

③ 双击"0 图像源 1"，将图像源选择为"相机"，点击"相机管理"，点击"设备列表"右边的"+"，点击"全局相机"，点击"确定"，如图 3-161 所示。

④ 点击常用参数界面下"选择相机"右边的下拉菜单，如图 3-162 所示；选择搜索到的相机，如图 3-163 所示。

⑤ 在 VisionMaster4.2 版本中，点击"触发设置"，更换触发源为"SOFTWARE"，如图 3-164（a）所示；在 VisionMaster4.3 及以上版本中，点击"常用参数"，更换触发源为"SOFTWARE"如图 3-164（b）所示。

⑥ 双击图像源 1，将关联相机设置为"全局相机 1"，如图 3-165 所示。

（2）抽取图片颜色

① 点击"拍照"，得到图片，点击"颜色处理"筛选栏，

图 3-159　VisionMaster 调试软件

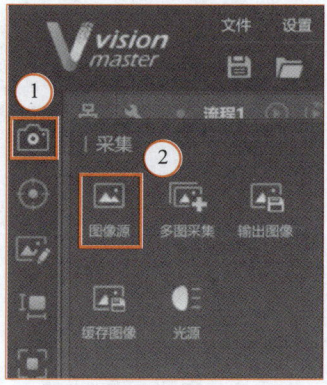

图 3-160　图像源设置

将"颜色抽取"拖入流程中，如图 3-166 所示。

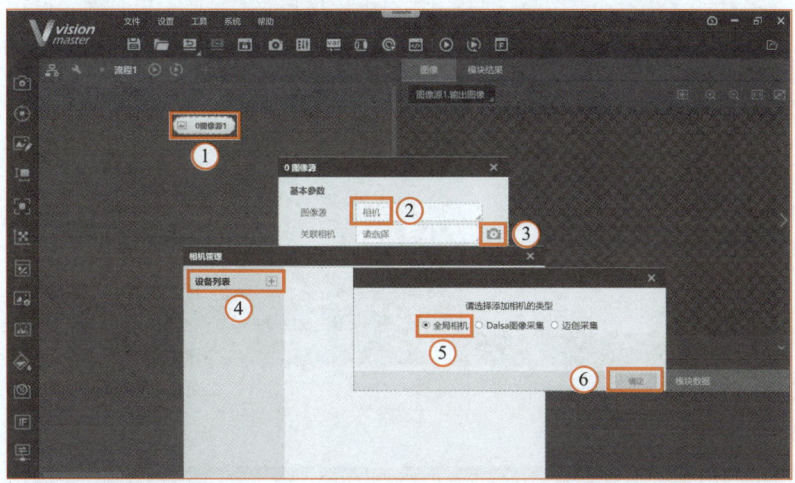

图 3-161　全局相机添加

图 3-162　点击下拉菜单

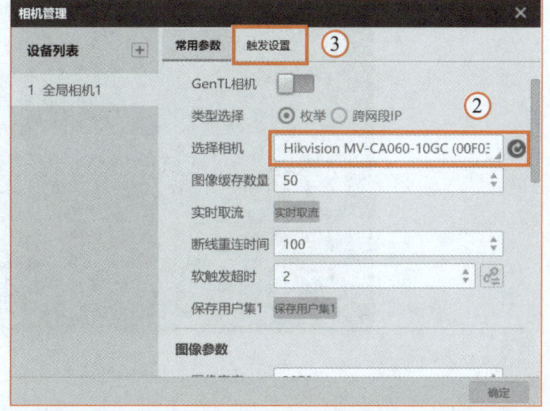

图 3-163　选择相机

(a) VisionMaster 4.2版本

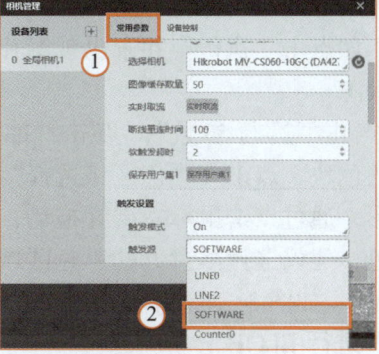

(b) VisionMaster 4.3版本

图 3-164　触发源设置

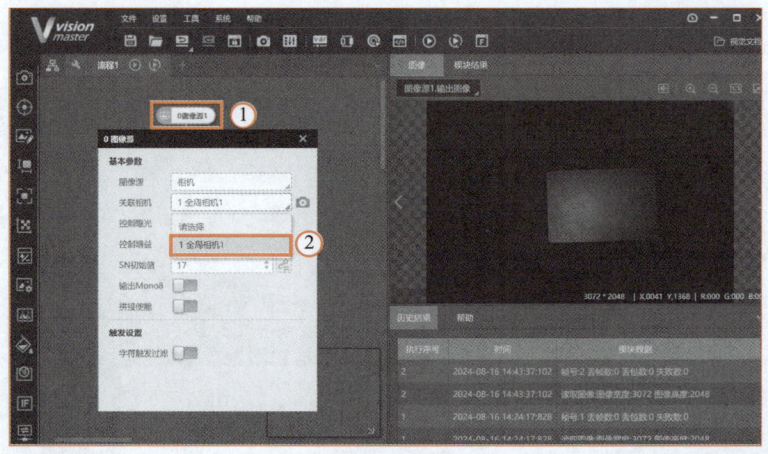

图 3-165　关联相机选择

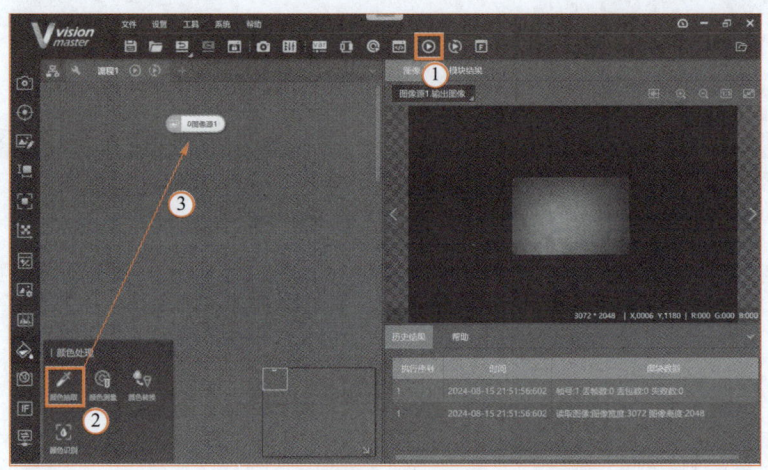

图 3-166　红色抽取

②双击"颜色抽取 1"，在"基本参数"中，选择输入源为"0 图像源 1.图像"，点击"执行"，如图 3-167 所示。

注：如点击"执行"并未出现图片，请切换输入源。

③点击"运行参数"，点击"抽取列表"下的色块，点击"颜色区域选择"后面的正方形，通过点击鼠标左键并拖动，框选实物颜色，建议选择尽量大的单色区域，点击"执行"，如图 3-168 所示。

（3）进行 BLOB 分析

①点击"定位"，选择"BLOB 分析"，拖入流程中，如图 3-169 所示。

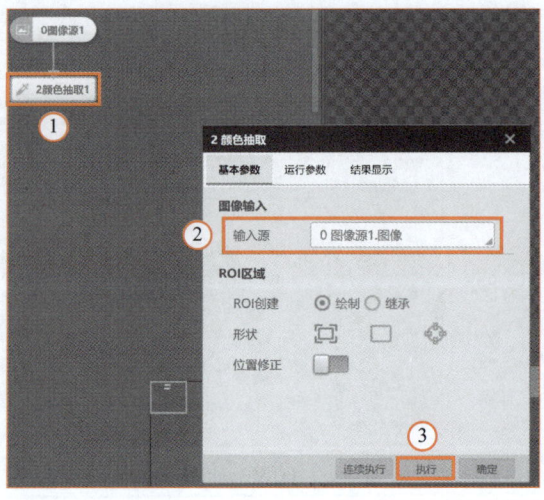

图 3-167　颜色抽取输入源选择

② 双击打开"BLOB 分析 1"，将"输入源"设置为"2 颜色抽取 1.输出图像"，点击"执行"，如图 3-170 所示。

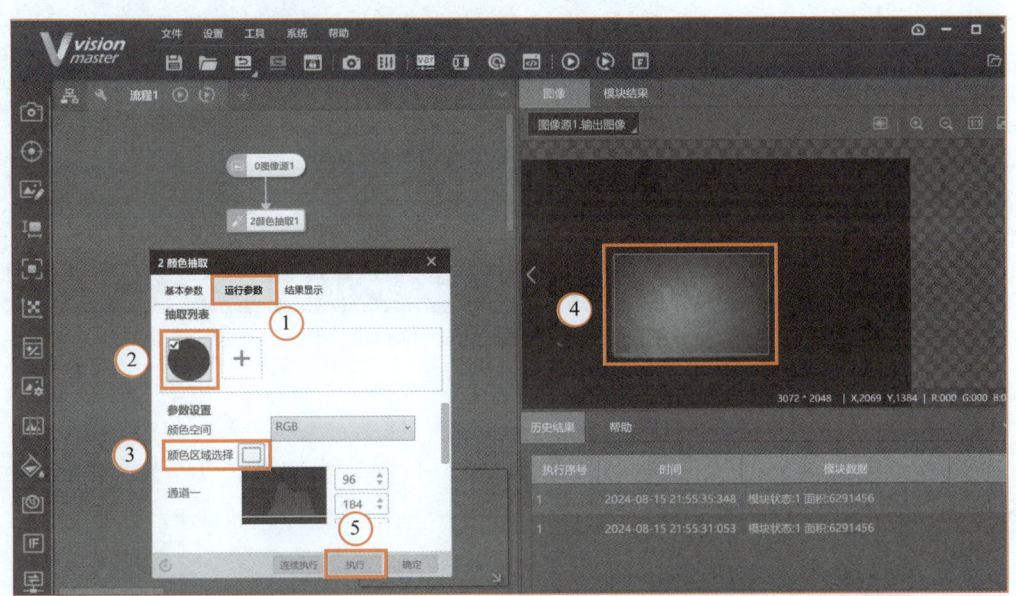

图 3-168　颜色抽取

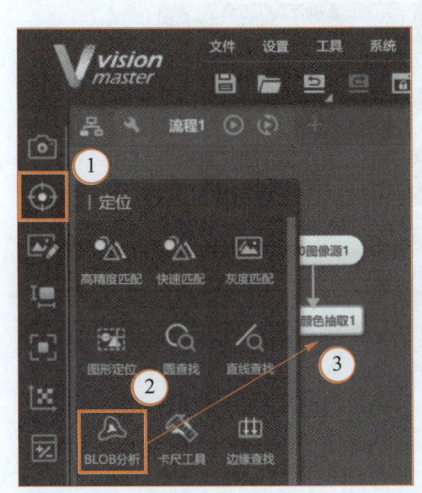

图 3-169　BLOB 分析

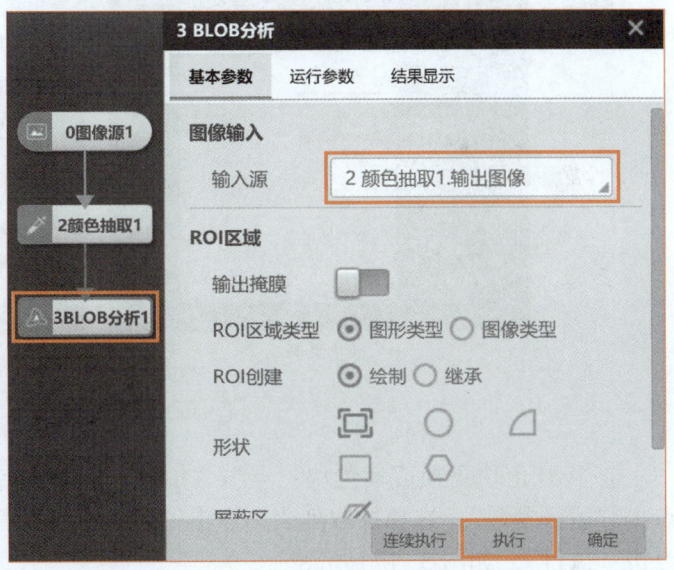

图 3-170　图像源设置

③ 将"极性"设置为"亮于背景"根据执行后的 Blob 面积进行面积范围的最大值与最小值设置，为了避免颜色的误识别，建议将最小面积设置成 3000 以上，点击"执行"，如图 3-171（a）所示；在右侧的输出显示框中，选择"BLOB 分析 1.显示二值化图像"，颜色识别无误判即可，如图 3-171（b）所示。

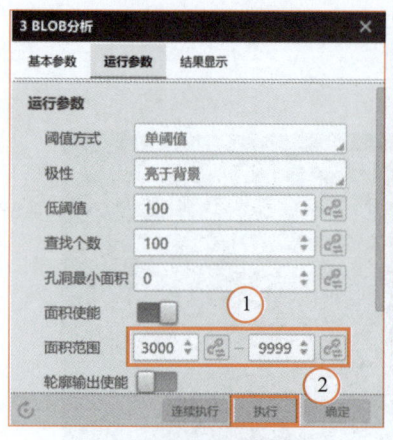

(a) BLOB分析设定　　　　　　(b) 选择BLOB分析1.显示二值化图像

图3-171　面积筛选

④ 框选"颜色抽取"与"BLOB分析",点击右键,选择复制并粘贴,如图3-172所示。

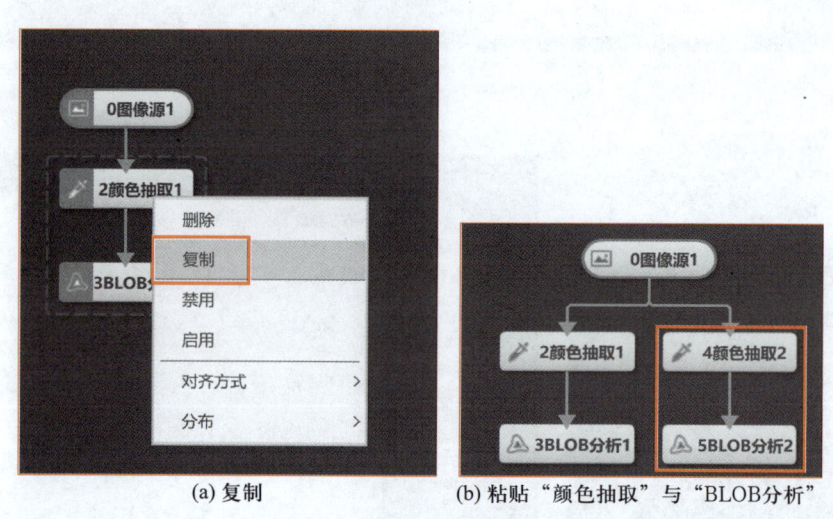

(a) 复制　　　　　　(b) 粘贴"颜色抽取"与"BLOB分析"

图3-172　流程复制

⑤ 将红色块更换成黄色块:点击"拍照"刷新图片,在上一步复制后的颜色抽取中,点击"运行参数",选择抽取列表,点击"颜色区域选择"后面的正方形,框选实物颜色,点击"执行",如图3-173所示

⑥ 查看执行后的Blob面积,进行面积范围的最大值与最小值设置,目的是能够区分第一个色块面积的数值,设置为比第二个色块的面积大即可,此处设为20000。设置后可以点击"执行"进行测试,无误判即可,如图3-174所示。

(4)编写识别脚本

① 点击"IF"筛选标签,添加一个"脚本",如图3-175所示。

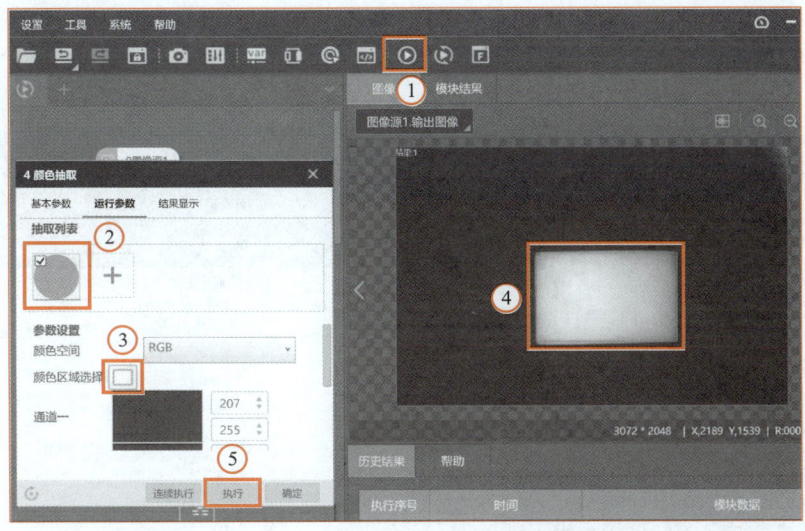

图 3-173 黄色抽取

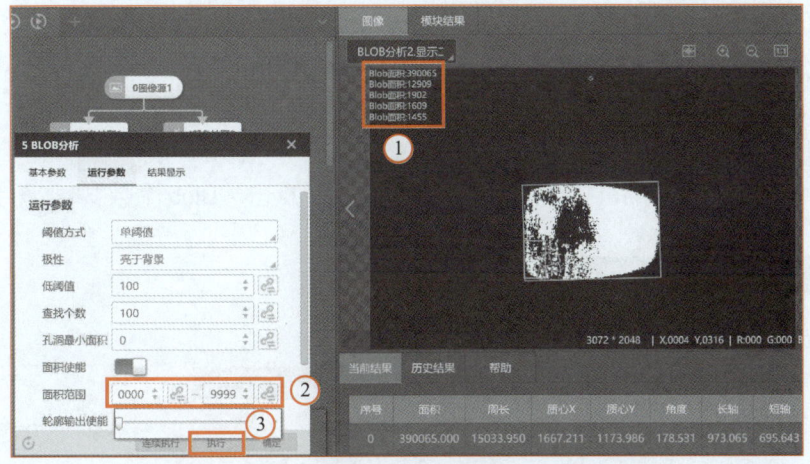

图 3-174 面积筛选

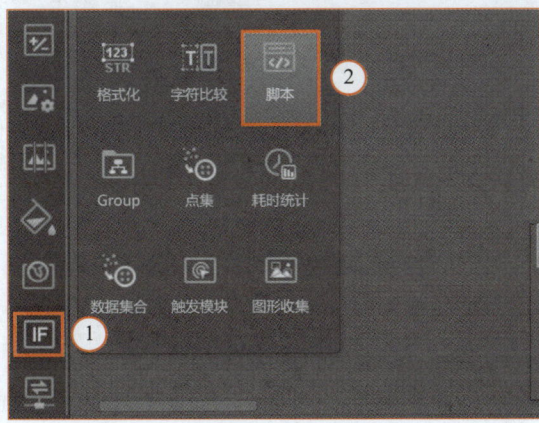

图 3-175 脚本配置

② 双击打开"脚本"，点击"输入变量"右边的编辑，增加两个输入变量，点击"输出变量"右边的编辑，增加一个输出变量，点击"完成"，如图 3-176 所示。

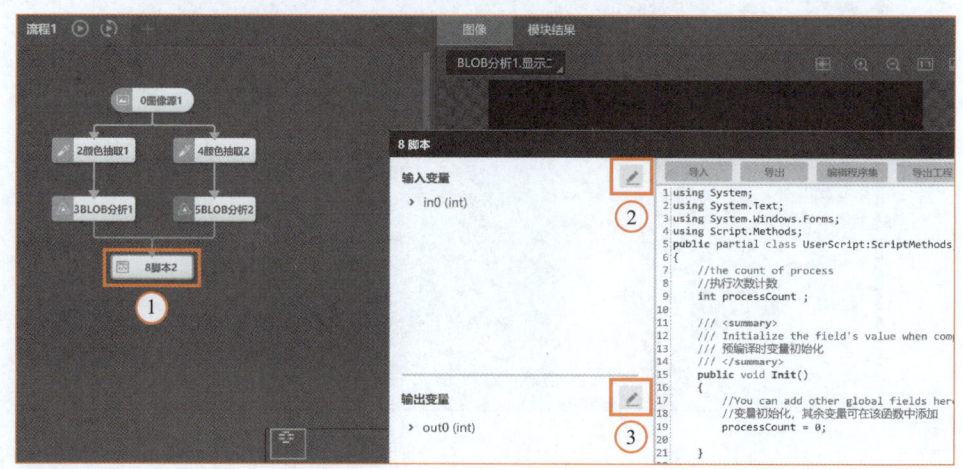

图 3-176　添加变量

③ 将添加后的变量类型改为"int"，如图 3-177 所示。

④ 添加两个变量后，点击"in0"变量后的链接，点击"Blob 分析 1"，点击"Blob 个数"，如图 3-178 所示。

⑤ 点击"in1"变量后的链接，点击"Blob 分析 2"，点击"Blob 个数"，如图 3-179 所示。

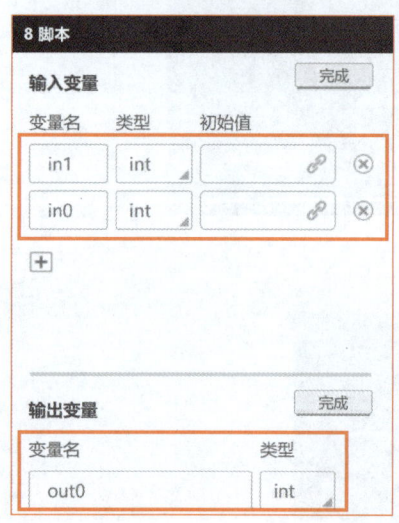

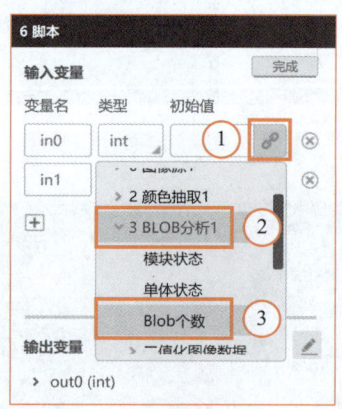

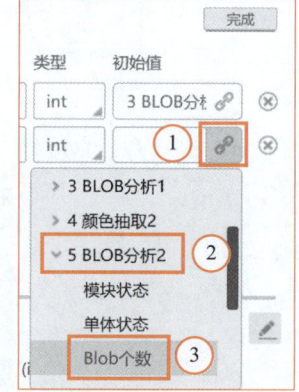

图 3-177　更改变量的数据类型　　　图 3-178　红色输入源　　　图 3-179　黄色输入源
　　　　　　　　　　　　　　　　　　　（in0）设置　　　　　　　（in1）设置

⑥ 编写脚本。脚本模块的框架软件已经搭好，只需要在"每次执行将进入该函数，此处添加所需的逻辑流程处理"字段下，添加需要执行的程序。VisionMaster 软件的指令格式与 C 语言类似，此处不再赘述，如图 3-180 所示。

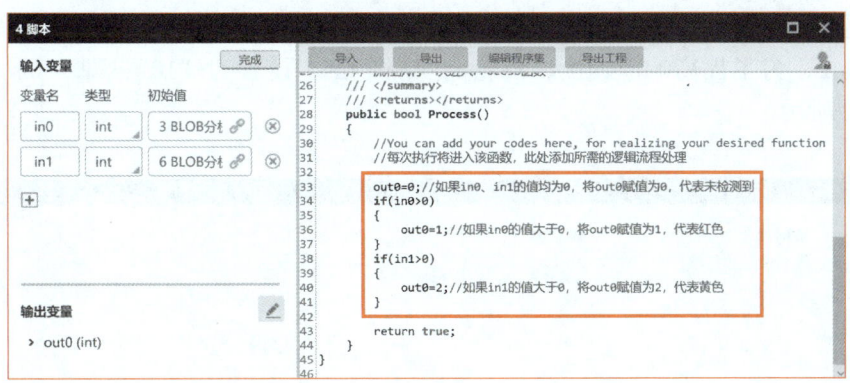

图 3-180　颜色判断程序

程序解析：如果检测到标签块为红色（in0>0），那么输出为 1；如果不是红色，判断是否为黄色，如果为黄色（in1>0），那么输出为 2；如果既不是红色（in0=0），也不是黄色（in1=0），那么输出为 0。

5. 实现标签颜色识别的可视化

（1）VisionMaster 与 PLC 的通信参数设置

① 设置电脑 IP 为 192.168.2.201，即与 PLC 通信的 IP 地址。

② 点击"通信管理"，在弹出的界面中，点击"设备管理"，点击"设备列表"右侧的"+"添加通信设备，在设备管理标签中，将协议类型设置为"西门子 S7"，通信方式设置为"TcpClient"，根据 PLC 的设备 IP，将"目标 IP"设置为"192.168.2.10"，目标端口设置为"102"，轮询间隔（ms）设为"1000"，打开"自动重连"，点击"创建"，如图 3-181 所示。

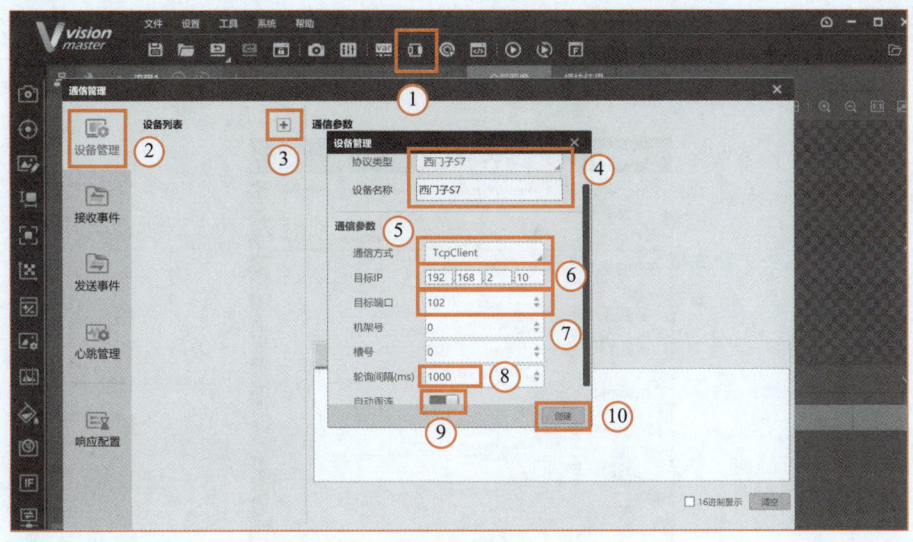

图 3-181　建立通信设备

③ 点击"新建地址"添加第一个通信寄存器地址，设备名称为"颜色"，选择 PLC

中与视觉通信的 DB 块，选择该变量的偏移量与字节长度。此处为 DB 为 1、偏移量为 0、字节长度为 2，为了提高响应速度，将轮询间隔（ms）设置为"10"，即 10ms 轮询一次，如图 3-182 所示。

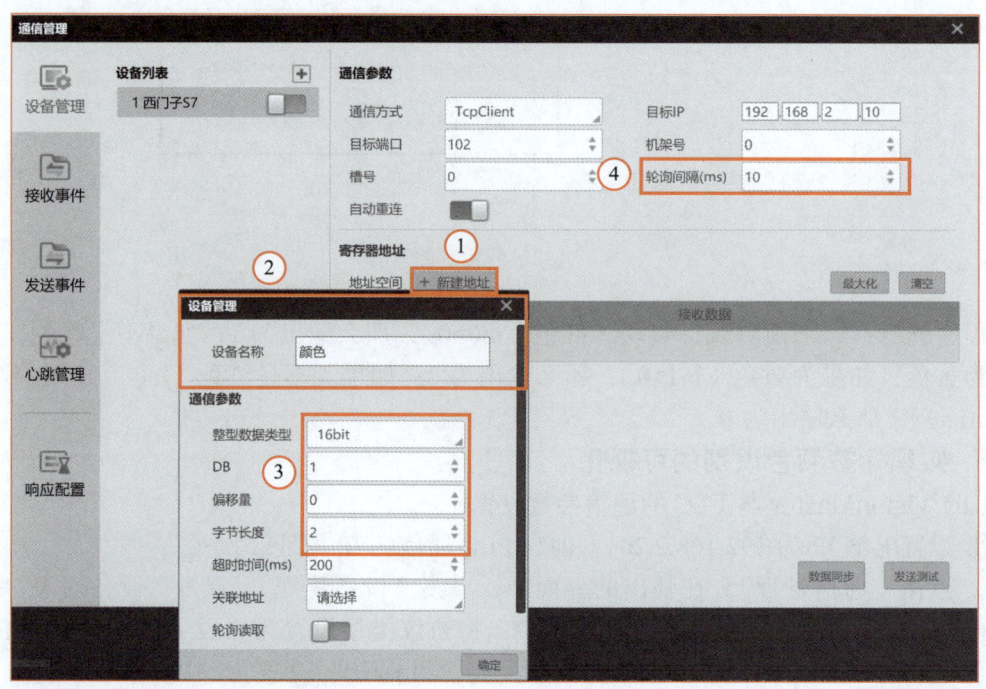

图 3-182　建立第一个寄存器地址

④ 添加第二个通信寄存器地址，设备名称为"拍照"，设置 PLC 中与视觉通信的 DB 块，设置该变量的偏移量与字节长度，此处为 DB 为 1、偏移量为 2、字节长度为 2，如图 3-183 所示。

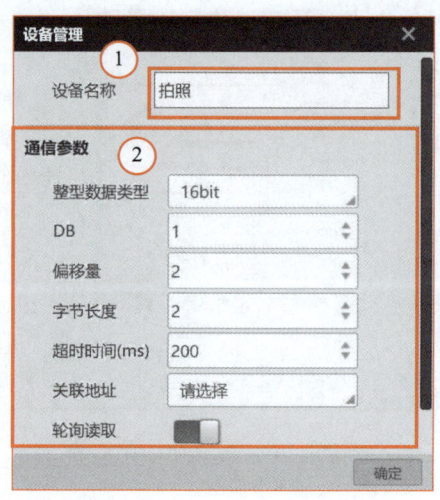

图 3-183　建立第二个寄存器地址

⑤选择"接收事件"，点击"接收事件列表"后的"+"，添加一个"接收事件"，设置事件处理方式为"字节匹配"，事件类型设置为"协议组装"，如图 3-184 所示。

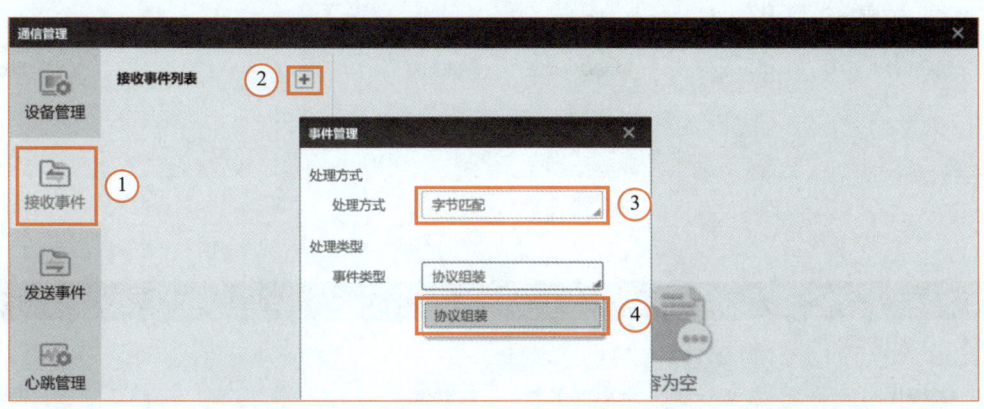

图 3-184　添加事件

⑥点击"0 字节匹配－协议组装"，点击"解析配置"，在"绑定设备"标签下，将绑定设备设置为"1 西门子 S7"，绑定地址设置为"拍照"，规则列表设置为：字节起止位置为默认，类型为字节"byte"，顺序为默认的"ABCD"，比较规则配置为"="，值为"0001"如图 3-185 所示。

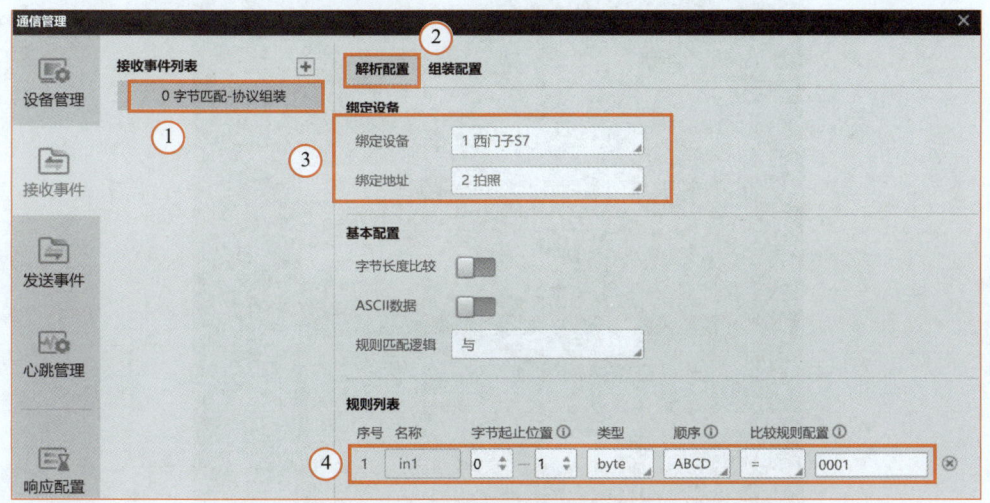

图 3-185　配置接受事件

⑦点击"全局触发"标签，点击"序号"下的"+"，如图 3-186 所示。

⑧在添加的第一个事件触发下，选择触发事件为"0 字节匹配－协议组装"，将触发命令类型选择为"执行流程"，将触发配置选择为"流程 1"，触发字符位置输入"0001"，如图 3-187 所示。

⑨点击"通信"，选择"发送数据"，添加到流程图的最后一步，如图 3-188 所示。

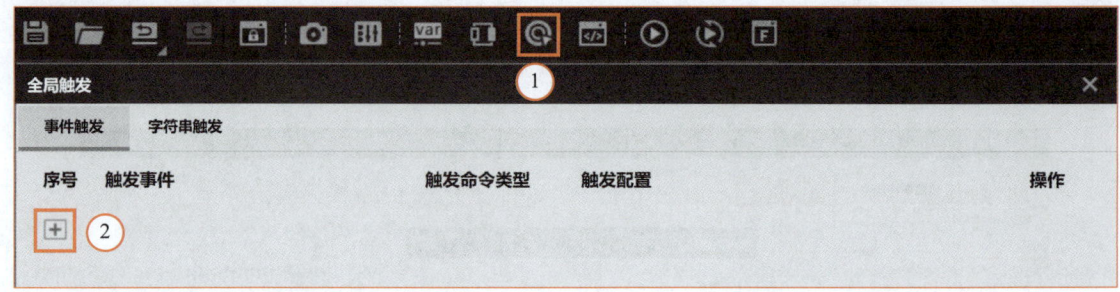

图 3-186　添加触发事件

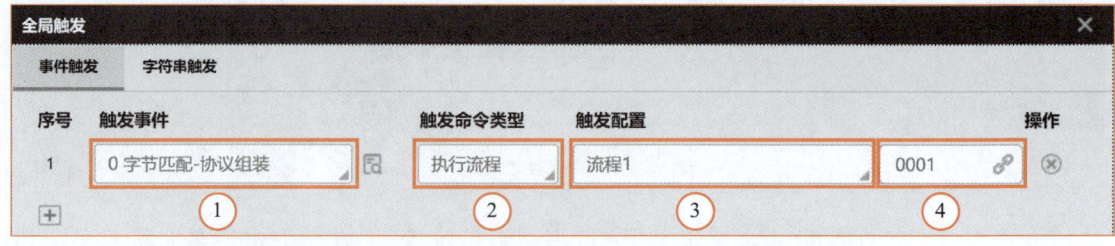

图 3-187　设置触发事件

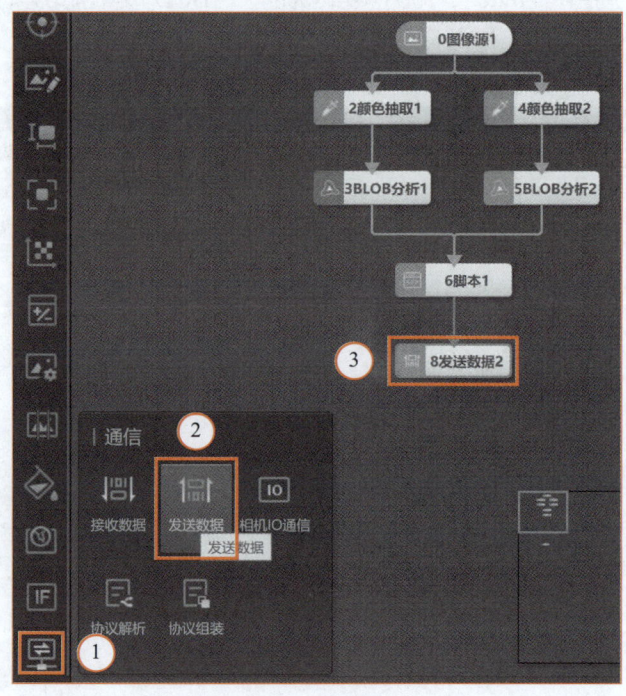

图 3-188　建立发送数据

⑩ 双击"发送数据"，在弹出的"基本参数"窗口中选择"通信设备"，通信设备选择"西门子 S7"，输出数据选择建立的"颜色"变量，点击输出参数选择，选择"脚本1.out0[]"，点击"确定"保存设置，如图 3-189 所示。

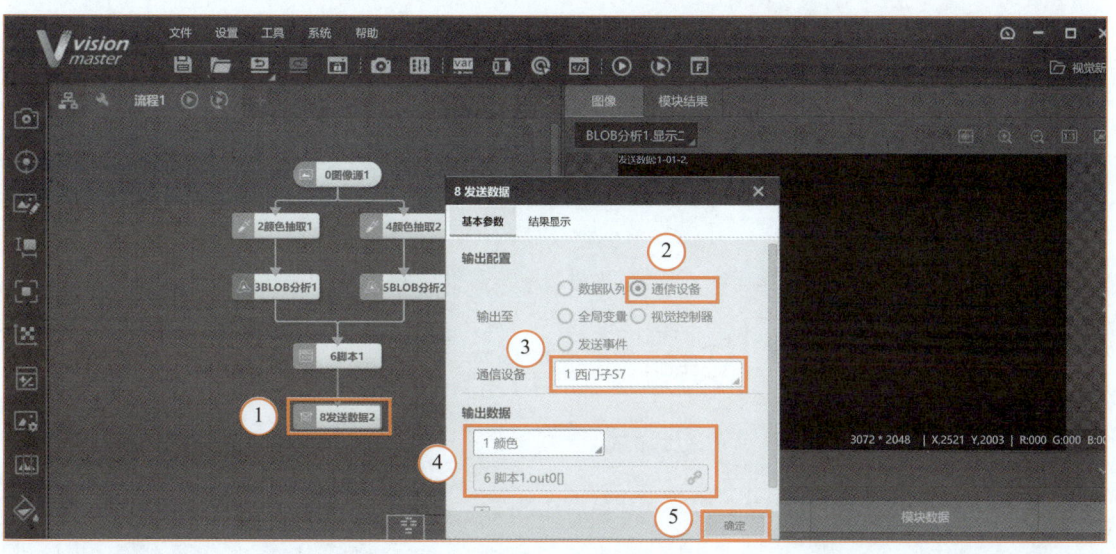

图 3-189　发送数据选择

（2）PLC 与 HMI 的参数设置

① 打开 VisionMaster 软件，双击"添加新设备"，点击"控制器"，添加 PLC 设备，点击"确定"，如图 3-190 所示。

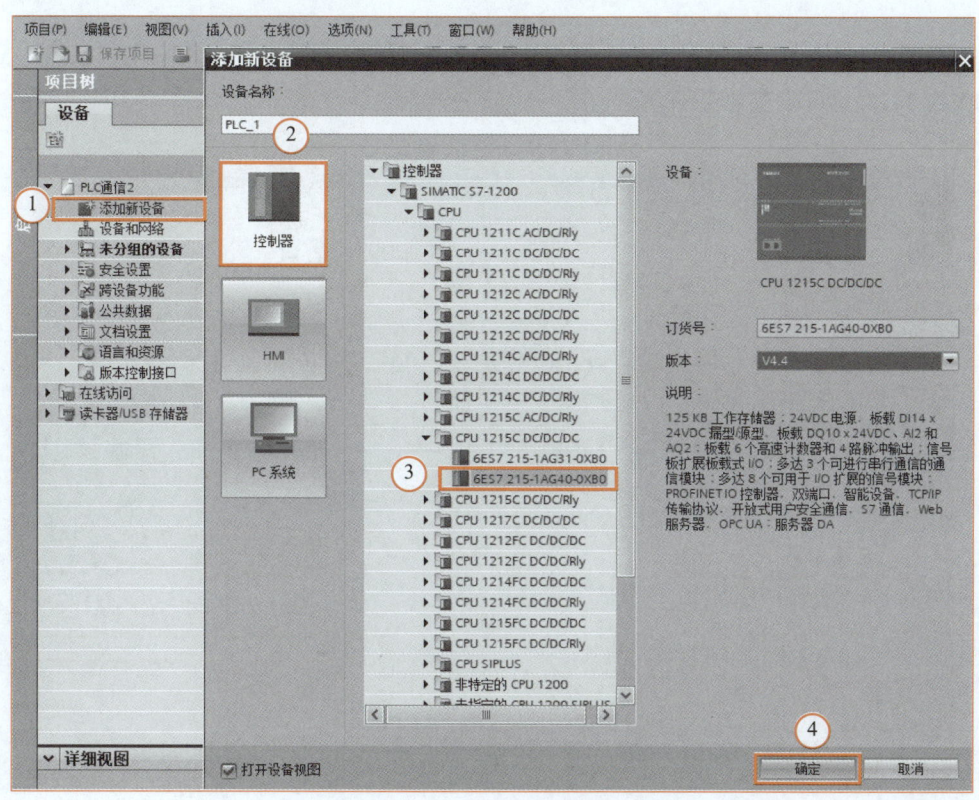

图 3-190　PLC 设备选择

②双击"添加新设备",点击"HMI",选择"KTP700 Basic PN"触摸屏,点击"确定",如图 3-191 所示。

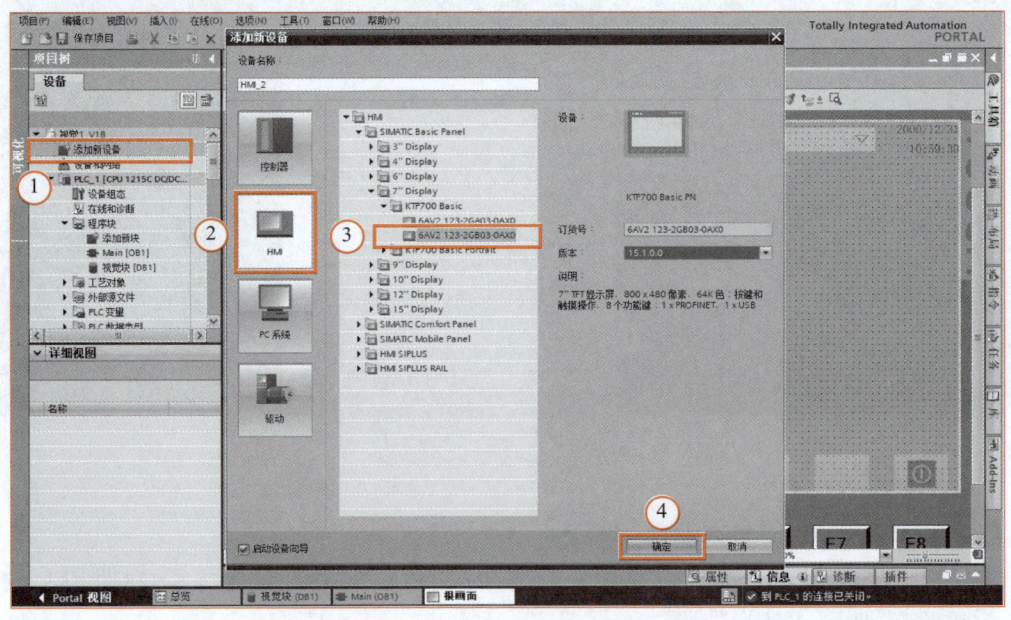

图 3-191　添加"KTP700 Basic PN"触摸屏

③在弹出的 HMI 设备向导中进行设置,点击"选择 PLC"下的"浏览",将 HMI 连接至 PLC_1 上,如图 3-192 所示。

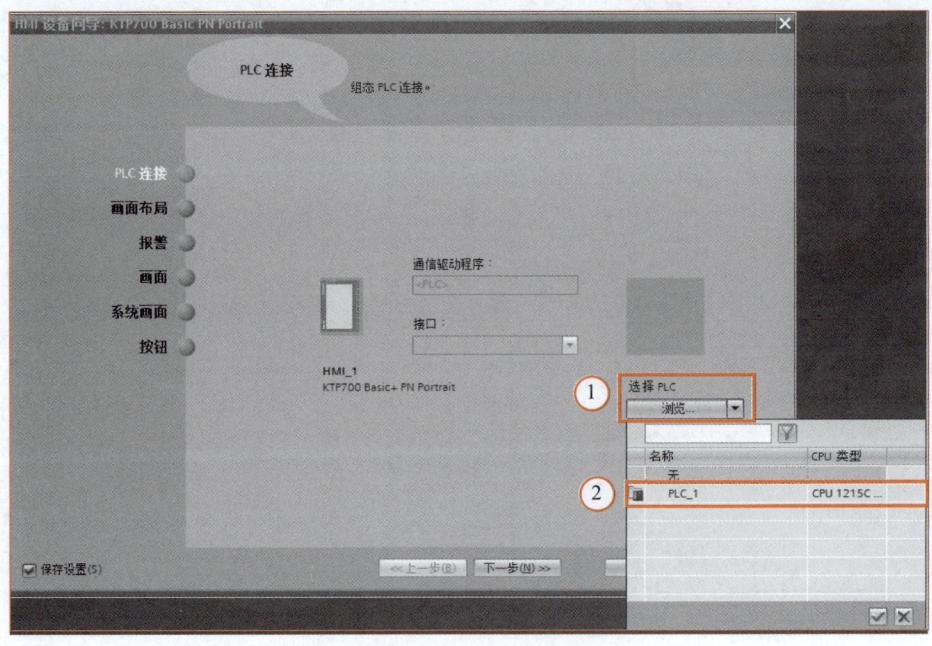

图 3-192　选择浏览标签下的 PLC_1

④ HMI 配置成功效果如图 3-193 所示，确认无误后点击"完成"。

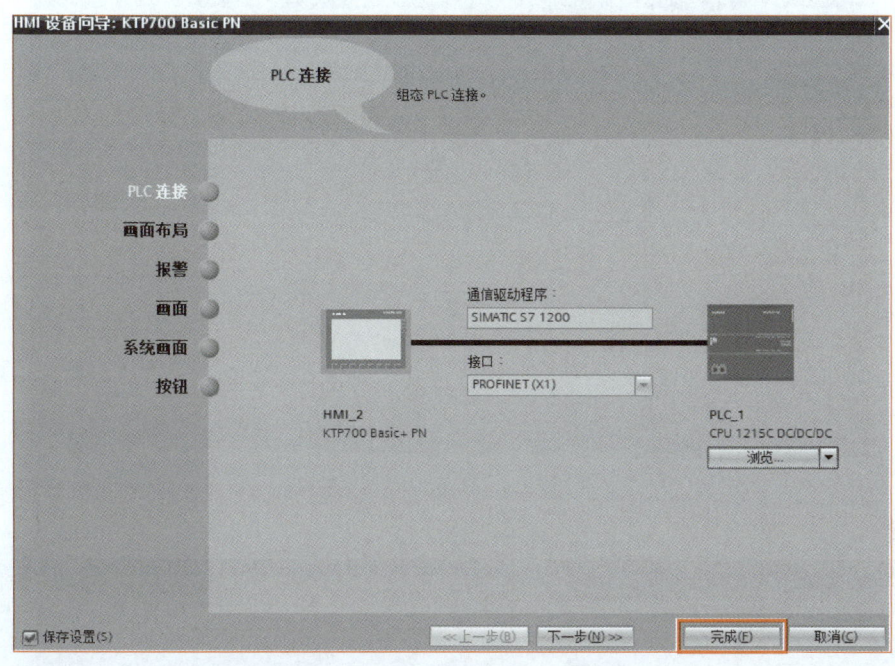

图 3-193　HMI 配置成功效果

⑤ 对添加的 PLC_1 右键点击"属性"，在"常规"下选择"以太网地址"，设置 PLC 和 HMI 的 IP 为同一网段，如图 3-194 所示。

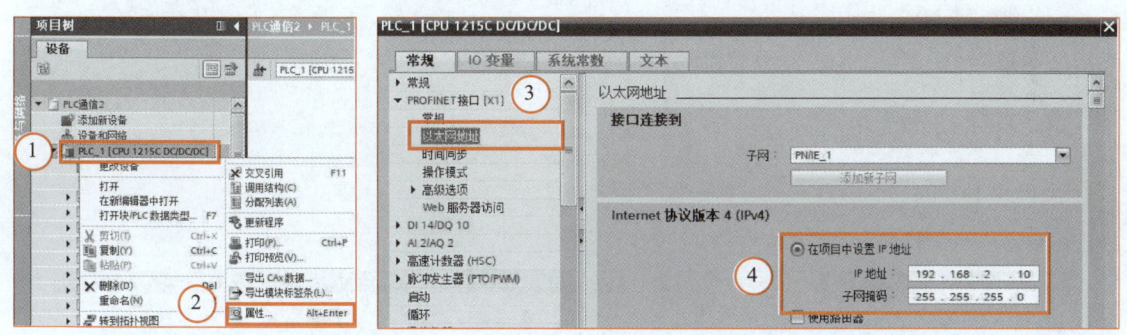

图 3-194　修改 PLC 地址

⑥ 点击"防护与安全"下的"连接机制"，勾选"允许来自远程对象的 PUT/GET 通信访问"，点击"确定"，如图 3-195 所示。

⑦ 双击 PLC 下的"添加新块"，点击"数据块"，添加"数据块"，设置数据块类型为"全局 DB"，名称为"视觉块"，如图 3-196 所示。

⑧ 右键点击"视觉块"，点击"属性"，点击"常规"下的"属性"，为了显示出偏移量，取消"优化的块访问"的勾选，如图 3-197 所示。

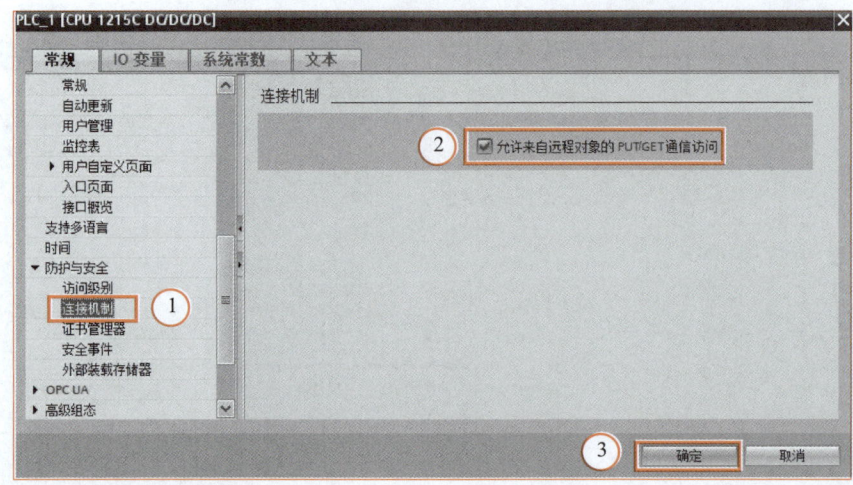

图 3-195　允许远程设备通信访问

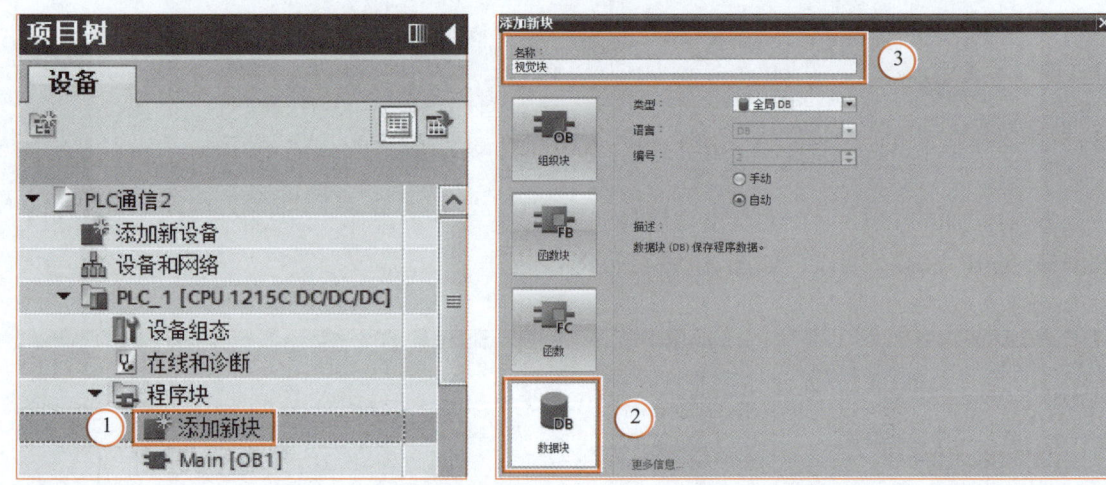

图 3-196　添加 DB 块

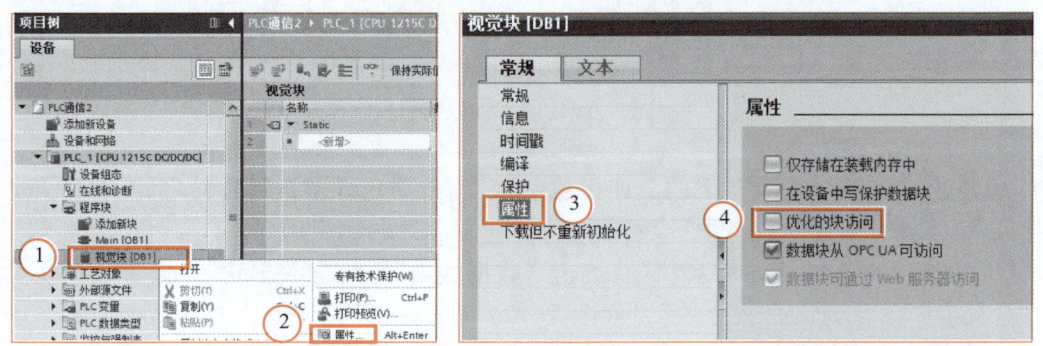

图 3-197　取消块优化

⑨ 双击"视觉块 DB1"，打开变量界面，在视觉块中添加：int 型变量"颜色""拍照"，bool 型变量"物料判断""废料""合格通过"，点击编译，如图 3-198 所示。

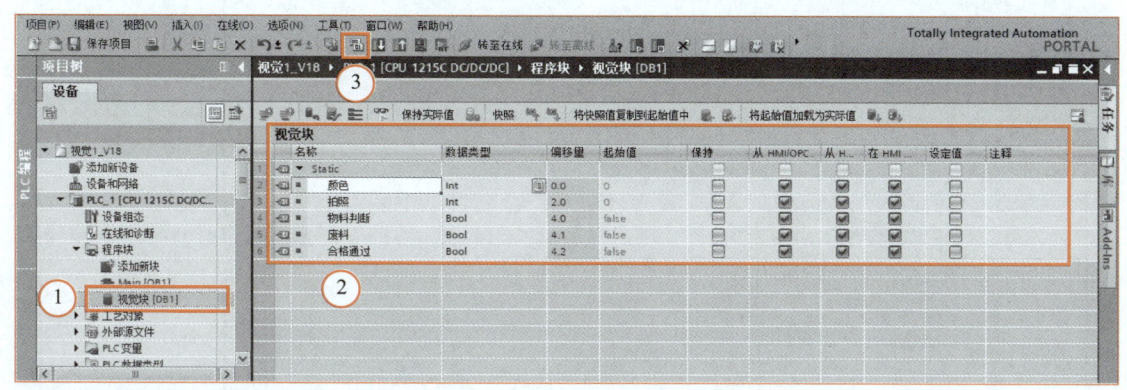

图 3-198　添加 DB 块变量

注：偏移量必须要与视觉软件 VisionMaster 中绑定的通信变量保持一致，如有变更务必统一修改，避免连接不上设备。

⑩ 编写拍照程序，功能为：按下触摸屏上的拍照按钮，6 秒以后，PLC 发送拍照指令给视觉，1 秒后，PLC 的拍照指令复位，如图 3-199 所示。

```
%DB1.DBW2                                               %M1 00.0
"视觉块".拍照                                            "Tag_1"
  ─┤ ═ ├─                                                ─( S )─
    Int
    1

                                            %DB5
                                        "IEC_Timer_0_DB_"
                %DB4                            1
            "IEC_Timer_0_DB"
%M1 00.0        TON       %DB1.DBX4.0        TON      %DB1.DBX4.0   %M1 00.0
"Tag_1"         Time      "视觉块".物料判断    Time    "视觉块".物料判断  "Tag_1"
  ─┤├─      IN     G    ─( S )─          IN    G    ─( R )─     ─( R )─
          T#6s─PT  ET─T#0ms          T#1s─PT ET─T#0ms
```

图 3-199　拍照程序

⑪ 当按下拍照按钮后，视觉拍照，并执行流程：视觉发送过来的颜色为 1 时，判断颜色 1 为红色，发送数据 1 给机器人；视觉发送过来的颜色为 2 时，判断颜色 2 为黄色，发送数据 2 给机器人，如图 3-200 所示。

⑫ 编写 PLC 与机器人的通信程序：添加 TSEND_C 指令，点击设置标签，配置通信参数，如图 3-201 所示。

⑬ 点击"组态"下的"连接参数"，设置伙伴为"未指定"，设置连接数据为"PLC_1_Send_DB"，设置伙伴为"主动建立连接"，设置机器人的 IP 为

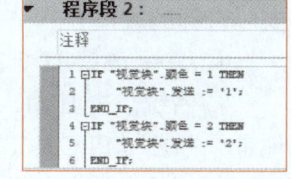

图 3-200　颜色判断程序

"192.168.2.20"，设置 PLC 端口为 "2000"，如图 3-202 所示。

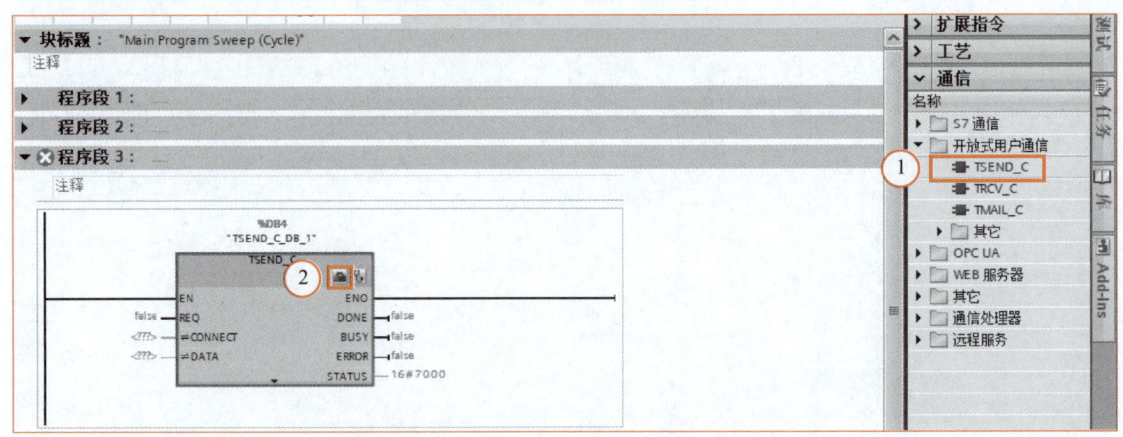

图 3-201　添加通信指令

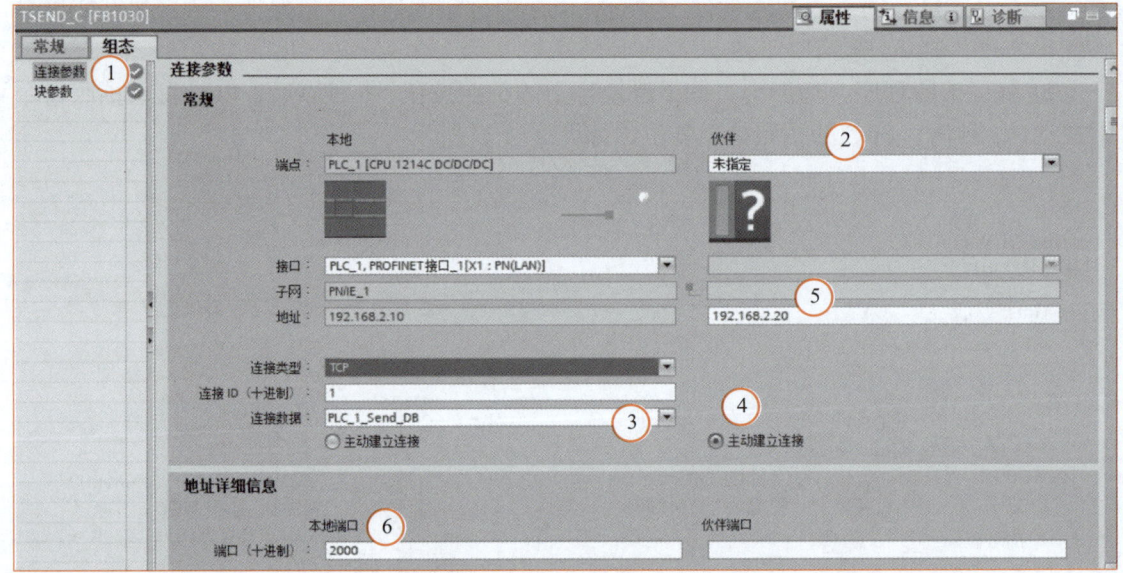

图 3-202　组态通信伙伴

注：伙伴的 IP 地址为机器人的实际 IP 地址，PLC 为主动建立连接方，伙伴端口号为实际选择的端口号。

⑭ 编写 TSEND_C 指令的其他参数，如图 3-203 所示。

⑮ 右键点击 HMI，点击 "属性"，点击 "常规" 下的 "以太网地址"，修改 HMI 的 IP 地址，务必与 PLC 的 IP 在同一网段，如图 3-204 所示。

⑯ PLC 与 HMI 的网络连接如图 3-205 所示。

⑰ 打开 HMI 中的 "默认变量表"，在 HMI 中，新建 "颜色" "拍照" 两个 int 型变量，如图 3-206 所示。

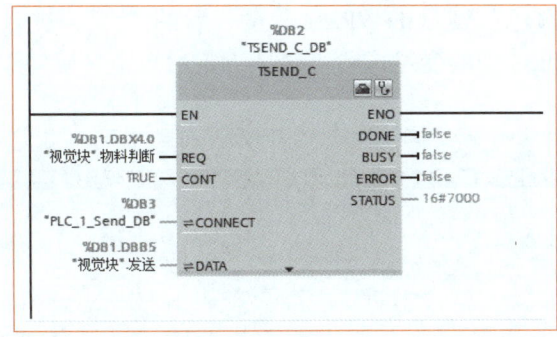

图 3-203　编写通信指令

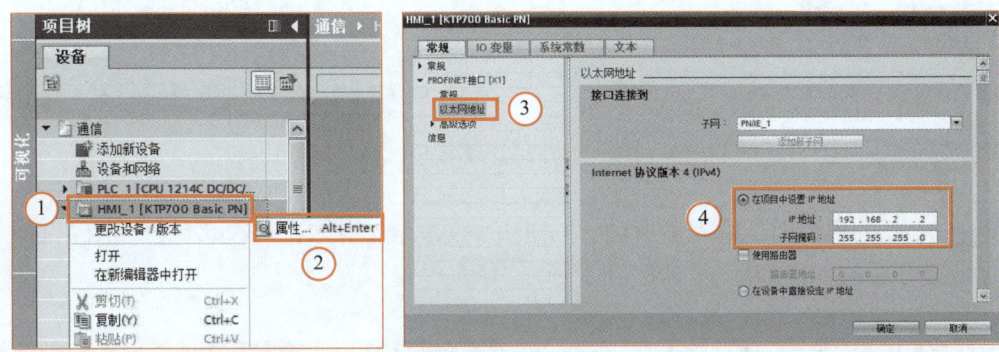

图 3-204　设置 HMI 的 IP 地址

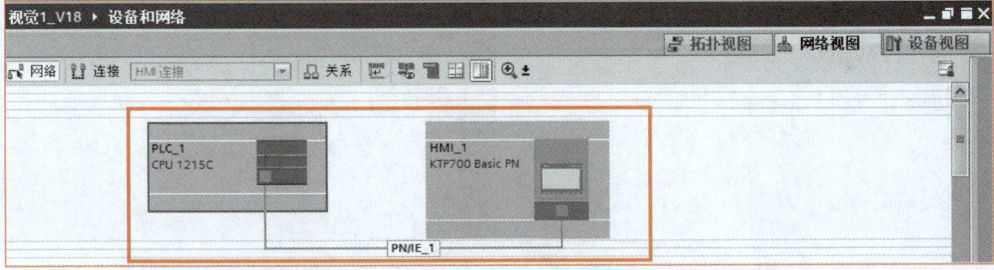

图 3-205　PLC 与 HMI 的网络连接

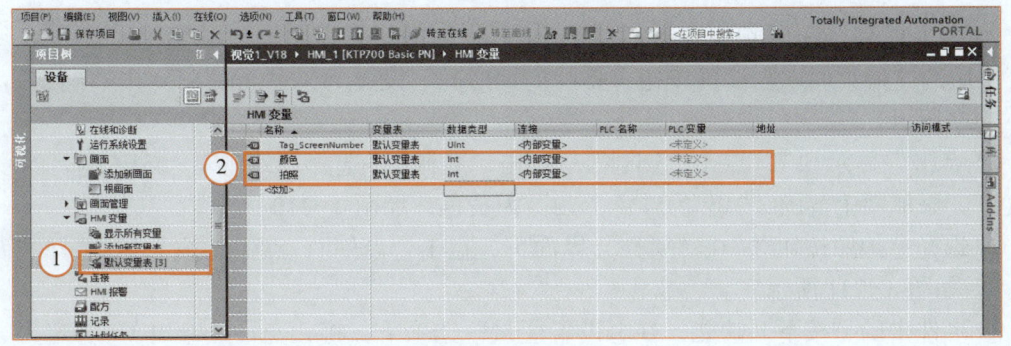

图 3-206　HMI 变量添加

⑱ 点击 HMI 中"颜色"变量的"PLC 变量"后的"...",进入设置界面,点击 PLC 中的"视觉块",选择 PLC 中的变量进行绑定,绑定后点击"确定",如图 3-207 所示。

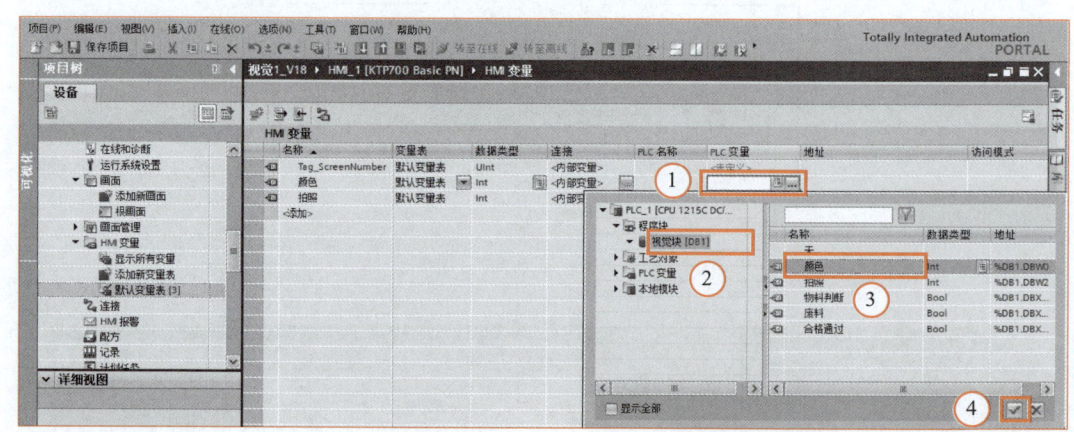

图 3-207　HMI 中变量绑定 PLC 变量

⑲ 在 HMI 的根画面,拖入显示块、按钮块、文本域,并双击修改名称,如图 3-208(a)所示,设置好后的界面如图 3-208(b)所示。

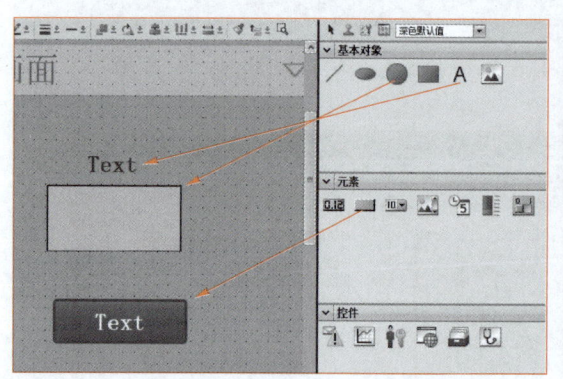 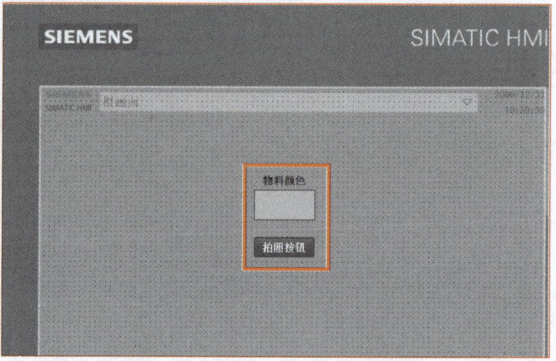

(a) 分别拖入显示块、按钮块、文本域　　　　(b) 修改名称后的效果

图 3-208　HMI 面板绘制

⑳ 为了提高按钮的响应速度,将 HMI 上按钮的"采集周期"设置为"100ms"。点击变量后的"采集周期"设置按钮,将"周期时间"设置为"100ms",点击"确定",如图 3-209 所示。

㉑ 点击"显示块",点击"属性",点击"动画",选择"外观",绑定建立的变量"颜色",添加两个范围,"1"为红色,"2"为黄色,如图 3-210 所示。

㉒ 选择"拍照按钮",在"属性"界面下,点击"事件",点击"按下",选择"设置变量",如图 3-211 所示。

㉓ 事件中的"按下"功能,在"设置变量"选项下,将"变量(输出)"绑定为"拍照",将值设置为"1",如图 3-212 所示。

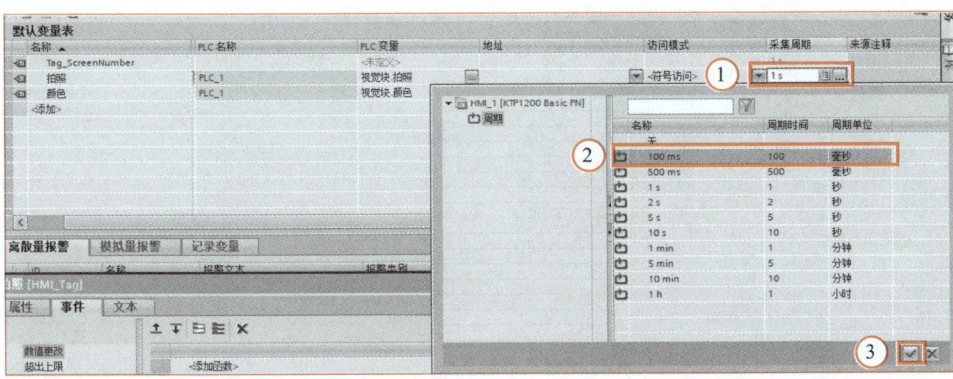

图 3-209　设置采集周期为 100ms

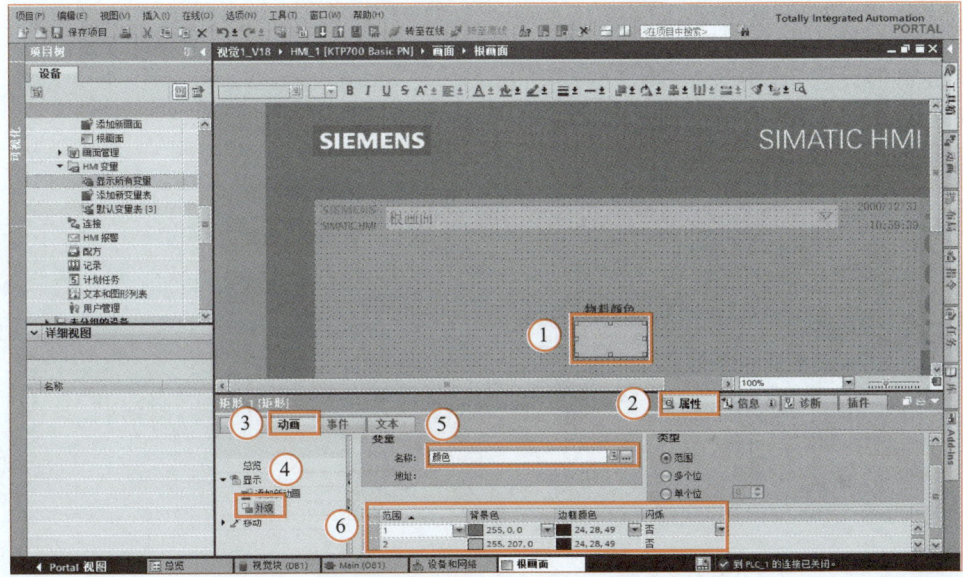

图 3-210　显示配置

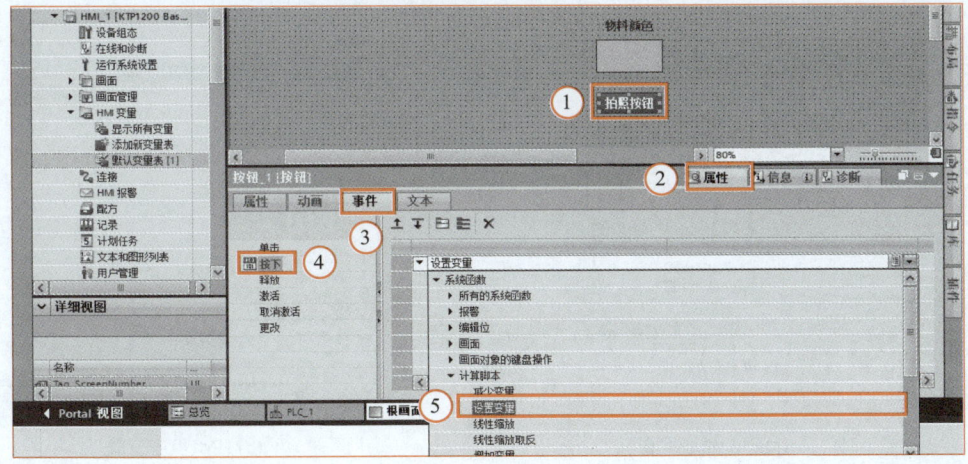

图 3-211　按钮配置

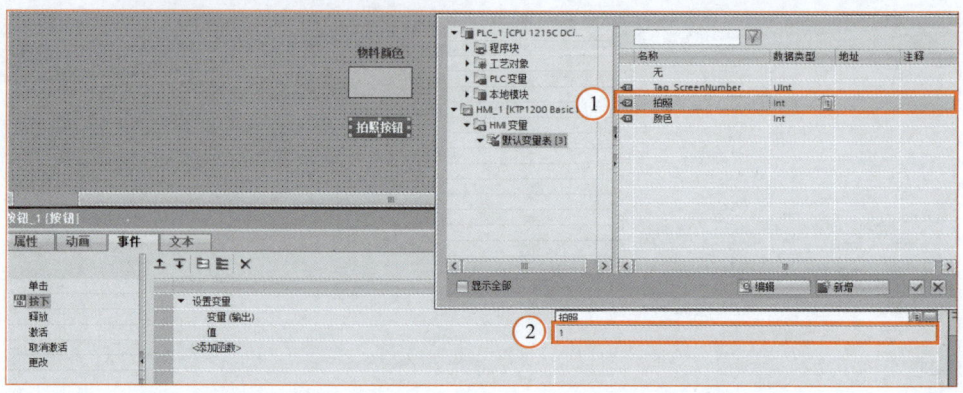

图 3-212 设置事件的"按下"功能

㉔ 点击事件中的"释放"功能，在"设置变量"选项下，将"变量（输出）"绑定为"拍照"，将值设置为"0"，如图 3-213 所示。

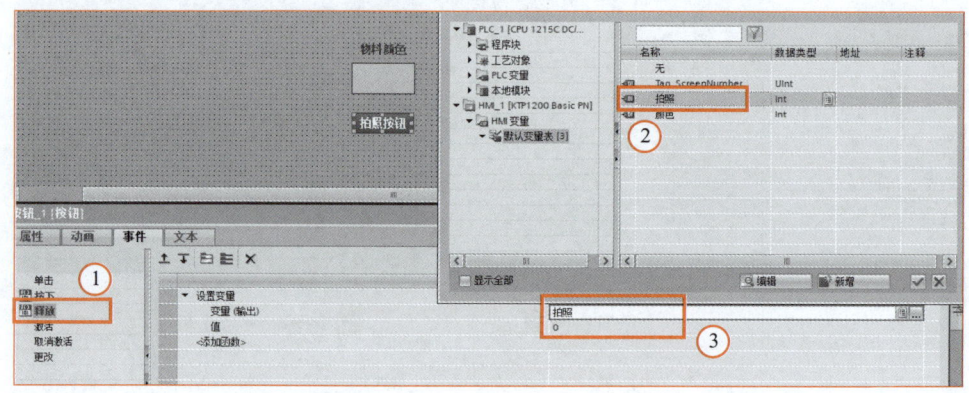

图 3-213 设置事件的"释放"功能

㉕ 分别右键点击 PLC 和 HMI，将工程下载至 PLC 和 HMI，如图 3-214 所示。

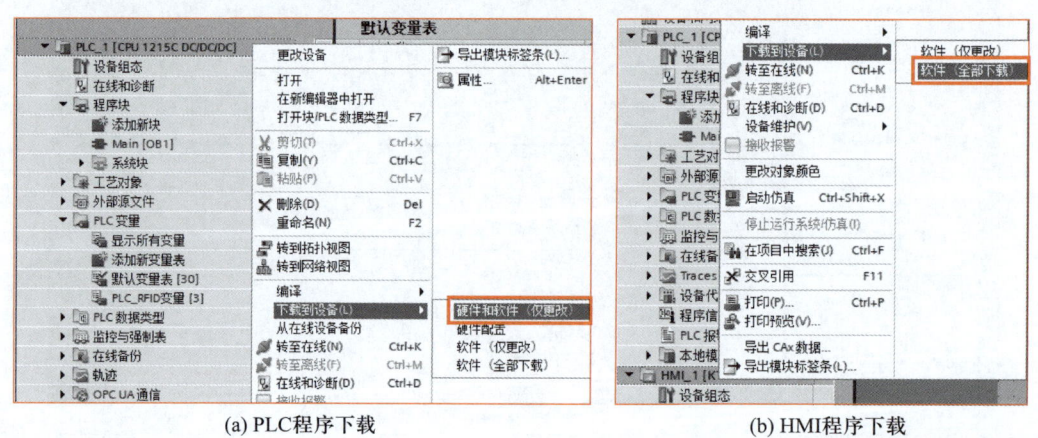

(a) PLC程序下载   (b) HMI程序下载

图 3-214 下载程序

6. 实现机器人从 PLC 读取识别结果

（1）编写 socket 通信初始化程序

机器人在进行通信之前，需要对端口、IP 地址进行初始化设置，初始化程序只需要执行一次。

程序示例：

```
PROC ini(  )
   SocketClose socket1;       !关闭 socket 通信
   SocketCreate socket1;      !打开 socket 通信
   SocketConnect socket1,"192.168.2.10",2000;
                              !连接目标 IP 地址以及端口号进行 socket
                               通信

ENDPROC
```

（2）编写接收数据并在触摸屏上显示程序

程序示例：

```
SocketReceive socket1\Str:=r_str;
                              !接收目标 IP 发送过来的数据并放入 r_str
                               （string）数据类型
r:=StrToVal(r_str, r_num);    !将 R_STR 字符串转换为 r_num(num) 数据
                               类型
    IF r_num=1 THEN           !通过转换后 r_num 的数值进行判断
        TPWrite "red";        !将判断结果显示在示教器
    ELSEIF r_num=2 THEN
        TPWrite "yellow";
    ENDIF
```

7. 设定载荷数据

（1）设定机器人有效载荷参数

标签的参数为：质量为 1kg；重心位置为 x=20mm，y=30mm，z=40mm；有效载荷为 1kg，认为是点质量。需要设置有效载荷数据 talbe1。

① 点击主菜单下的"手动操纵"，如图 3-215 所示；点击"有效载荷"，如图 3-216 所示。

② 在有效载荷界面下，点击"新建"，如图 3-217 所示；设置名称为"table1"，点击"初始值"，如图 3-218 所示。

③ 设置"mass"为 1，代表 1kg，将重心"cog"的 x、y、z 分别设置为 20、30、40，如图 3-219 所示。

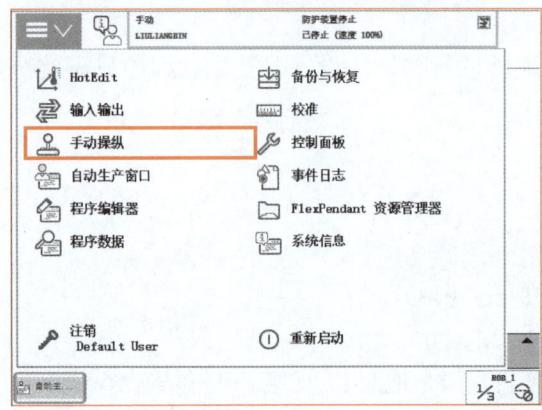

图 3-215　点击"手动操纵"选项

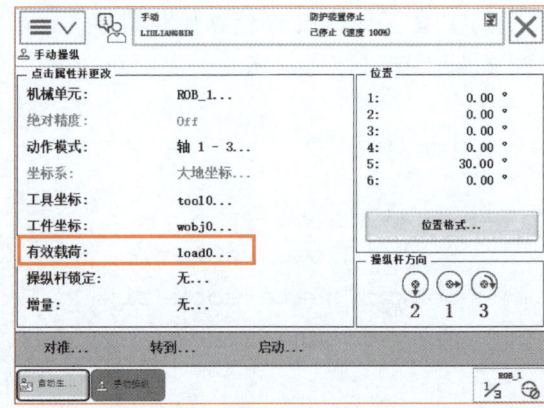

图 3-216　点击"有效载荷"

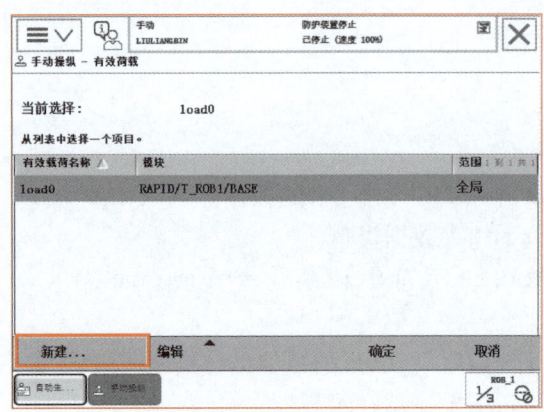

图 3-217　点击"新建"

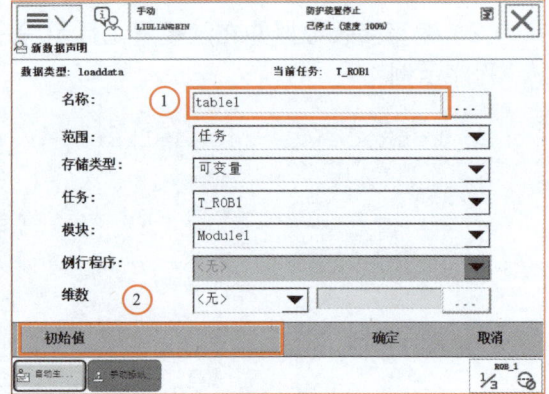

图 3-218　将名称设置为"table1"并点击"初始值"

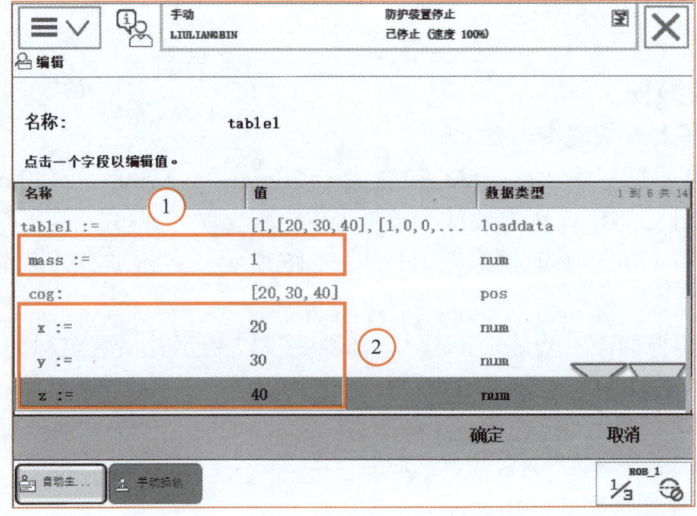

图 3-219　设置"mass""x""y""z"参数

（2）在程序中添加载荷数据

① 点击"Set do05"吸盘打开指令；点击"添加指令"；点击筛选框；点击"Settings"选项；如图3-220所示。点击"GripLoad"，添加该指令，并将载荷数据设为"load1"，如图3-221所示。

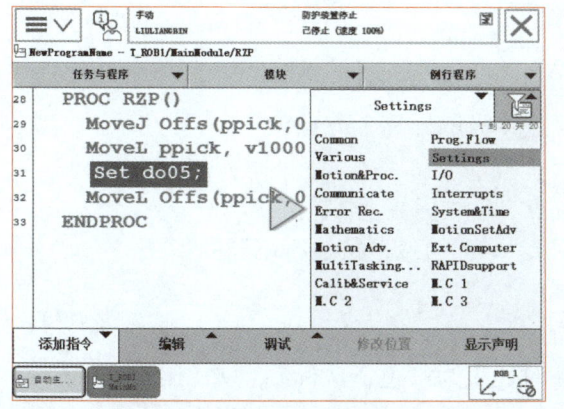

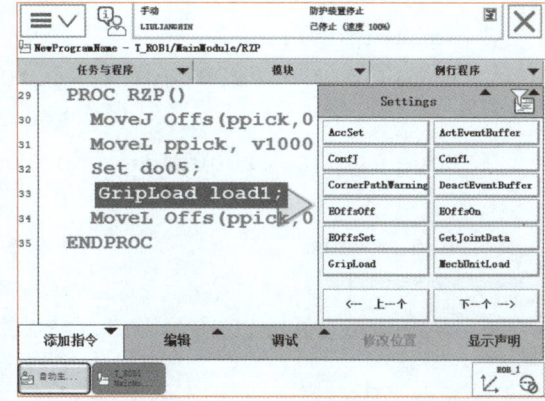

图 3-220　点击"Settings"指令筛选框　　　　图 3-221　设置当前载荷为"load1"

② 点击"reset do05"吸盘关闭指令，如图3-222所示；点击"GripLoad"，添加该指令，并将载荷数据设为"load0"，如图3-223所示。

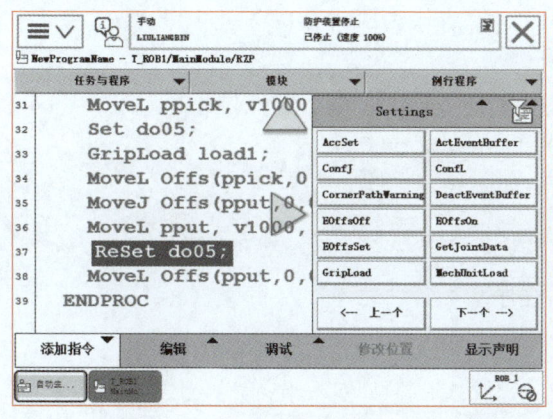

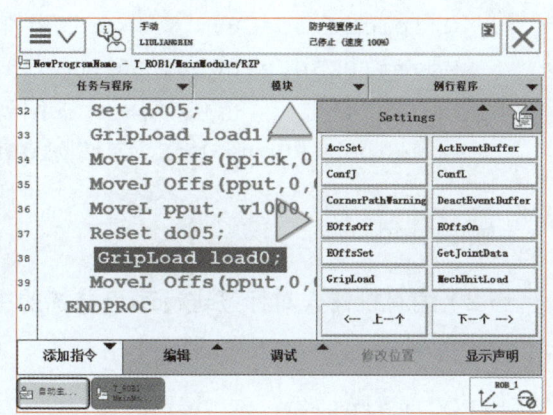

图 3-222　点击"Reset do05"指令　　　　　　图 3-223　设置当前载荷为"load0"

8. 实现机器人对标签进行颜色分拣

（1）编写机器人对标签进行颜色分拣的子程序

程序示例：

```
PROC fenjian( )
  MoveAbsJ PHome\NoEOffs,v1000,fine,tool0;
                        !原始点位
  MoveJ offs (PX,0,0,150),v1000,fine,tool0;
```

```
                              !过渡点（吸取标签上方点位）
    MoveL PX,v1000,fine,tool0;
                              !标签吸取点
    set do14;                 !I/O信号，把DO14数字输出信号置为1
    Gripload Load1;           !将搬运对象设置为Load1
    waittime 1;               !等待1s时间
    MoveJ offs（PX,0,0,150），v1000,fine,tool0;
                              !过渡点（吸取标签上方点位）
    Movej PZJD,v1000,fine,tool0;
                              !过渡点2（放标签上方点位）
  TEST r_num                  !根据r_num的值，待执行不同的指令
    CASE 1:
     MoveL PR,v1000,fine,tool0;
                              !为1时代表为红色，放标签点PR（红色）
     CASE 2:
     MoveL PY,v1000,fine,tool0;
                              !为2时代表为红色，放标签点PY（黄色）
    ENDTEST
    reset do14;               !I/O信号，把DO14数字输出信号复位
    Gripload load0;           !将搬运对象清除为load0
    Movej PZJD,v1000,fine,tool0;
                              !回到过渡点2（放标签上方点位）
    MoveAbsJ PHome\NoEOffs,v1000,fine,tool0;
                              !回到原始点位
ENDPROC
```

（2）编写机器人对标签进行颜色分拣的主程序

程序示例：

```
PROC main（  ）
  r:=true;                    !让R变量为true
  ini;
  WHILE TRUE DO               !通讯成功后进入（死循环），等待PLC指令
    SocketReceive socket1\Str:=r_str;
                              !接收目标IP发送过来的数据并放入R_STR
                               字符串数据类型
    r:=StrToVal(r_str,r_num);
                              !将R_STR字符串转换为r_num（num）数据
                               类型
```

```
    IF r_num=1 THEN          !通过转换后的（num）数值进行 IF 判断
        TPWrite "red ";      !将判断结果显示在 FlexPendant 示教器
    ELSEIF r_num=2 THEN
        TPWrite "yellow ";
    ENDIF
    waittime 2;              !等待 2s 时间
    fenjian;                 !进入 fenjian 子程序
  ENDWHILE
ENDPROC
```

9. 调试程序实现功能

（1）视觉识别单独测试

将触发模式调整至"软件触发"，依次放置"红色""黄色"标签，分别按下软件的"拍照"按钮，检查机器人是否能正常分辨颜色，如图 3-224、图 3-225 所示。

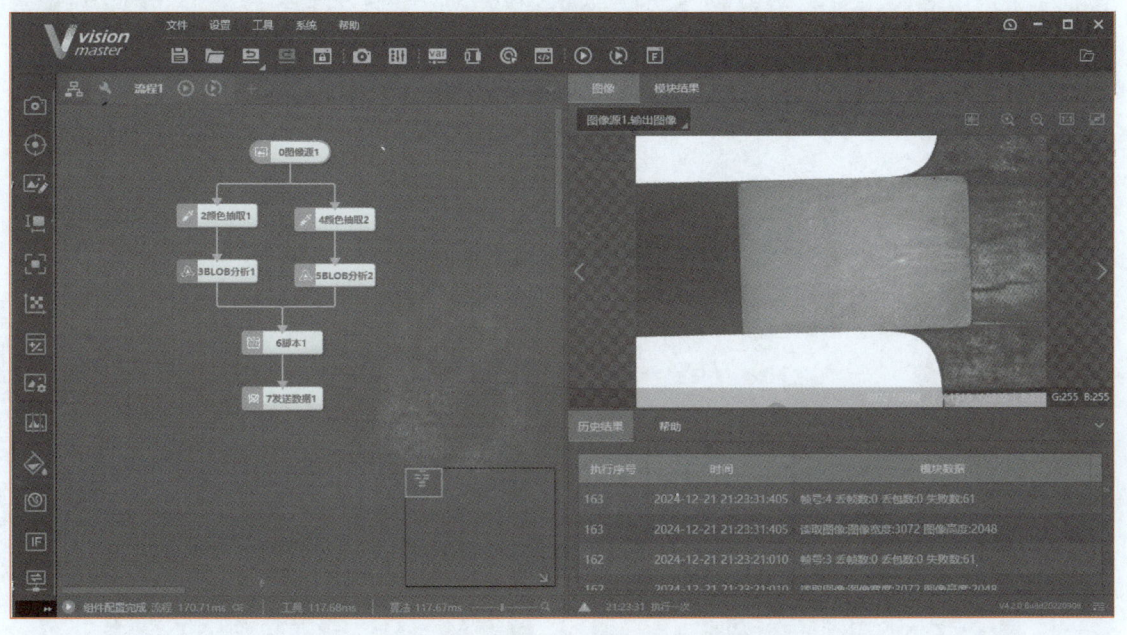

图 3-224　黄色识别成功

（2）PLC 与视觉联调

① 运行 PLC 程序，手动点击 VisionMaster 软件中的手动拍照按钮。

② 拍照后，观察监测"'视觉块'.颜色"的值，如图 3-226 所示，确保 PLC 接收到视觉的正确数据，其中"1"代表红色，"2"代表黄色，"0"代表拍照不成功。

③ 点击 HMI 中的"拍照"按钮，如图 3-227 所示。确保每次按下"拍照"按钮时，VisionMaster 软件均能正常拍照。

④ 运行 PLC 程序，手动点击 VisionMaster 软件中的"拍照"按钮，确保 HMI 中的颜

色正常显示，图 3-228 为红色识别成功，图 3-229 为黄色识别成功。

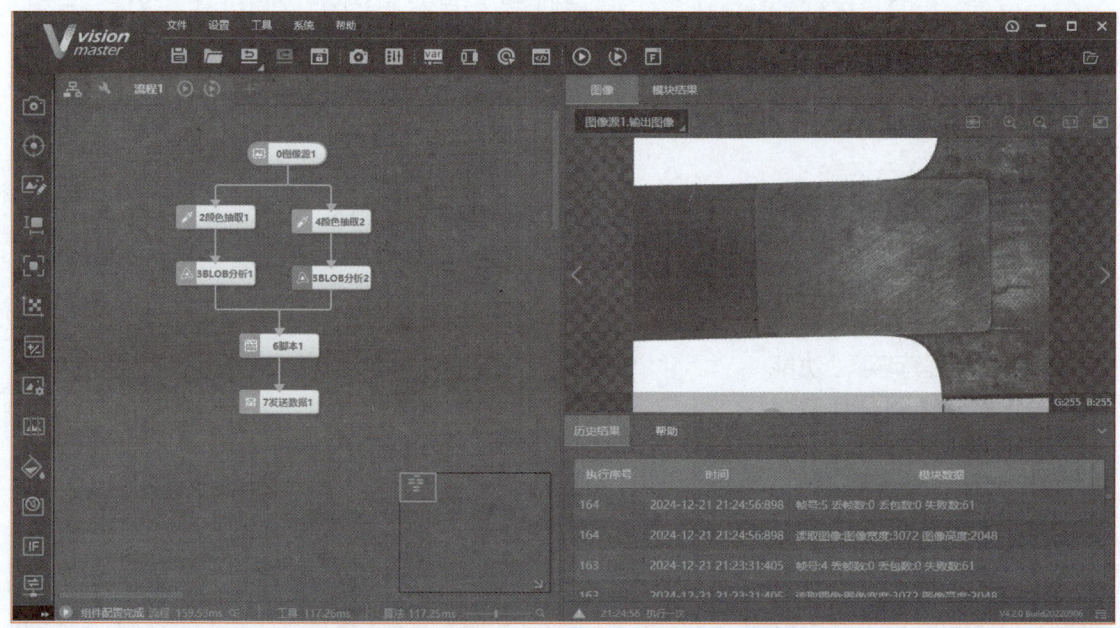

图 3-225　红色识别成功

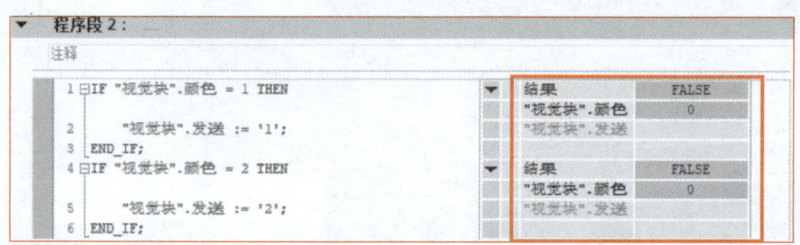

图 3-226　监测"'视觉块'.颜色"的值

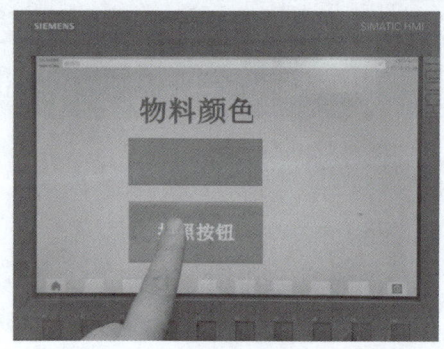
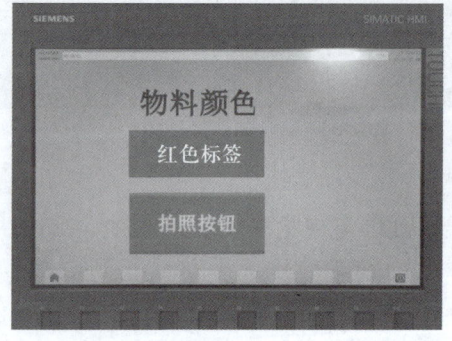

图 3-227　点击"拍照"按钮　　　　图 3-228　识别的红色标签

（3）PLC 与机器人联调

① 通信的建立。先运行 PLC 功能程序，然后将机器人的程序指针移动至 main，运行

机器人程序，如图 3-230 所示。

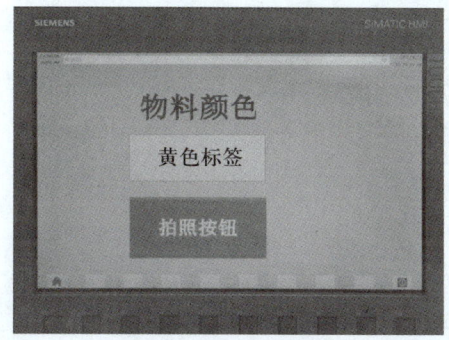

图 3-229　识别的黄色标签

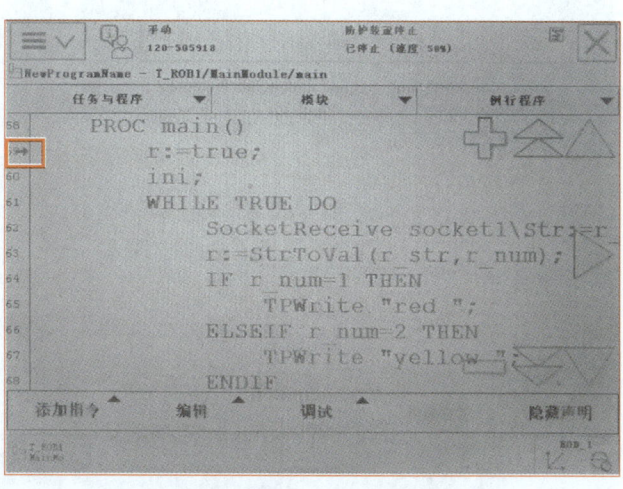

图 3-230　从 main 开始运行程序

② 如果程序运行至"SocketConnect"就停下来，则代表还没连接到 PLC，如图 3-231 所示；如果程序运行到"socketReceive"，则代表机器人与 PLC 已经连接成功，等待接收 PLC 数据，如图 3-232 所示。

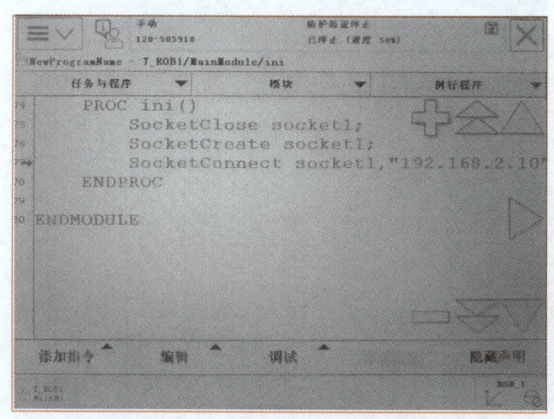

图 3-231　机器人还未连接到 PLC

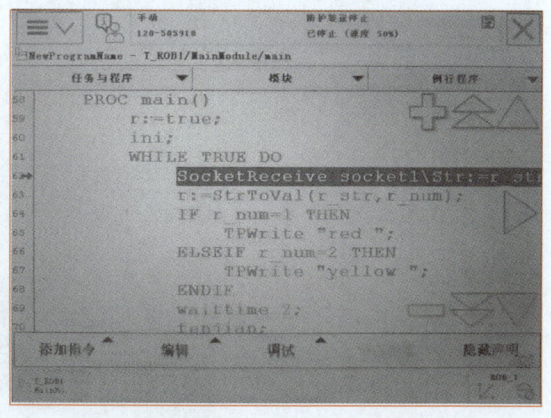

图 3-232　已经连接成功等待接收数据

③ 手动置位 PLC 的拍照按钮，如果识别成功，机器人的示教器会显示对应的颜色，并实现标签的分拣。物料识别为红色，示教器上的显示如图 3-233 所示；物料识别为黄色，示教器上的显示如图 3-234 所示。

（4）整体联调

① 按下 HMI 上的"拍照"按钮，视觉识别颜色并返回到 HMI 上，如图 3-235 所示。

② 机器人实现标签分拣如图 3-236 所示。

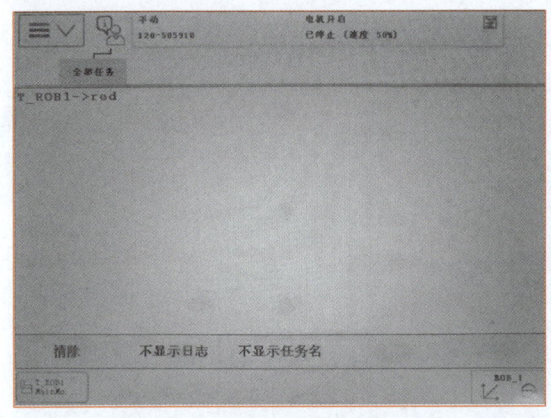

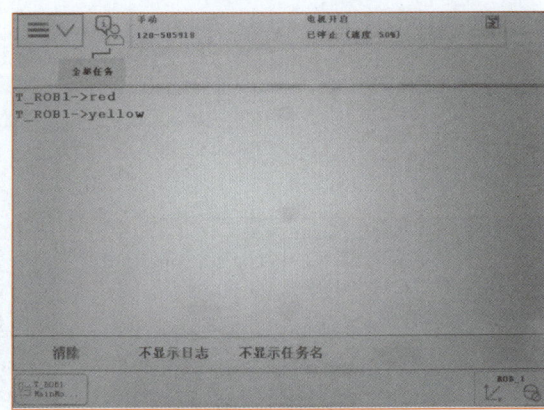

图 3-233 识别红色成功　　　　　　　　　　图 3-234 识别黄色成功

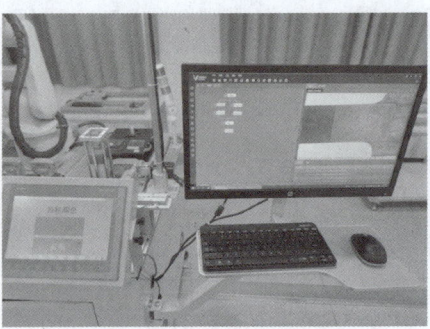

(a) 黄色物料识别　　　　　　　　　　(b) 红色物料识别

图 3-235 正确识别颜色并返回至 HMI

图 3-236 机器人实现标签分拣

[拓展任务]

试查找资料，实现机器人对带凹槽标签、方形标签进行分拣，两种标签示意图如图 3-237 所示。

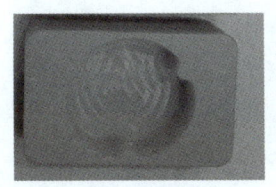

(a) 带凹槽标签　　　　　　(b) 方形标签

图 3-237　两种标签示意图

[评价测验]

自测题

判断题

1. VisionMaster 软件是通过图形化编程实现功能的。（　　　）

2. 机器视觉是指用计算机实现人的视觉功能，对客观世界的三维场景进行感知、识别和理解。（　　　）

任务评价

序号	评价内容	任务评价	评价标准
1	提升追踪前沿技术的行业洞察力	合格□　不合格□	探究 1 项前沿技术（如柔性抓取）并完成可行性报告为合格
2	提升系统集成的资源整合能力	合格□　不合格□	主导完成 1 次跨设备（PLC/ 机器人 / 视觉）的协作任务为合格
3	描述 PLC、视觉、机器人的主从站关系和使用的通信协议	合格□　不合格□	描述正确为合格
4	描述 VisionMaster 中匹配阈值、曝光时间等关键参数对识别效果的影响	优□　良□　及格□	能描述 3 个参数为优 能描述 2 个参数为良 能描述 1 个参数为及格
5	描述 HMI 画面组态与 PLC 通信程序的数据绑定关系	合格□　不合格□	描述正确为合格
6	能够使用 VisionMaster 实现颜色判别，并能将结果输出至 PLC	合格□　不合格□	实现功能为合格
7	能在触摸屏动态显示视觉识别结果，数据刷新延迟≤1 秒	合格□　不合格□	实现功能为合格
8	能通过视觉技术完成分色分拣任务，物料分拣准确率符合要求	优□　良□　及格□	实现分拣准确率≥90% 为优 实现分拣准确率≥60% 为良 实现功能为及格

［ 工单 ］

知 识 工 单

标签视觉分色粘贴的编程与调试理论任务

班级_____学号_____姓名_____第___组

模块三　视觉包装工作站的编程与调试	
项目二	技能提升——标签粘贴工作的 PLC 通信与编程
任务 3	标签视觉分色粘贴的编程与调试

1. 现需要通过视觉识别标签的颜色，并将结果发送给 PLC，PLC 将处理后的结果发送给机器人。问线路应该如何连接？

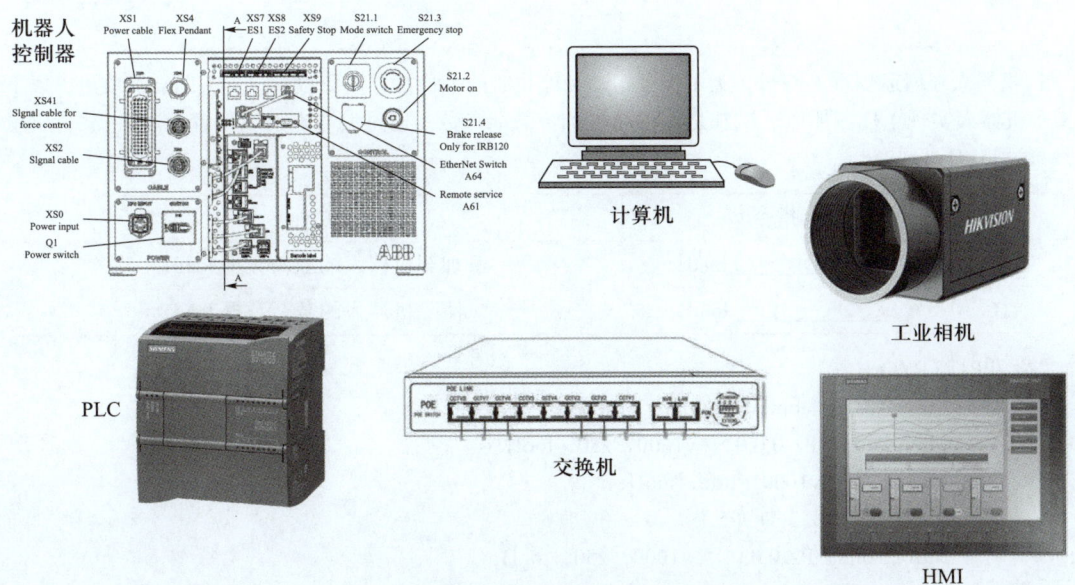

2. 为了实现通信与联调功能，需要对各设备设置 IP 地址，试完成下表。

设备	IP 地址	功能			
PLC	192.168.____.____	服务端□	客户端□	调试设备□	显示设备□
机器人	192.168.____.____	服务端□	客户端□	调试设备□	显示设备□
计算机	192.168.____.____	服务端□	客户端□	调试设备□	显示设备□
工业相机	192.168.____.____	服务端□	客户端□	调试设备□	显示设备□
HMI	192.168.____.____	服务端□	客户端□	调试设备□	显示设备□

3. 为了将字符串转换成坐标的数值，采用 StrToVal。CD 是转换标志代号，数据类型为布尔量，CD 为 TRUE 时代表转换成功。此时存放字符型的数据变量为 string_x，转换成功后的数据存在 num_x 中。试完善以下程序。

_____:=StrToVal（_____,_____）

4. 有效载荷数据有以下几种，分别说明每个参数的含义。

PERS loaddata piece1:=[1,[20,10,50],[1,0,0,0],0,0,0];
　　　　　　　　　　　　A　　　B　　　C　　D E F

编号	组件名称	功能
A	Mass	
B	Cog	
C		
D		
E		
F		

5. 机器人在搬运较重工件时，为了保证运动和停止时的平稳性，需要设置机器人的载荷质量，以下指令机器人实现了标签抓取，试在适当的位置加上载荷参数（通过编号在对应位置标出），载荷质量参数为 load1。

编号	指令	功能
A	_____ load1;	加载机器人的载荷数据 load1
B	_____ load1;	清除机器人的载荷数据 load1

```
PROC RZQ（  ）
    MoveAbsJ JpHome\NoEOffs, v1000, z50, tool0;
    MoveJ offs（PZ,0,0,0）, v1000, z50, tool1;
    MoveL PZ, v1000, fine, tool1;
      Set DSQC652_DO05;
    MoveL offs（PZ,0,0,0）, v1000, z50, tool1;
    MoveJ offs（PF,0,0,0）, v1000, z50, tool1;
    MoveL PF, v1000, fine, tool1;
      Reset DSQC652_DO05;
    MoveL offs（PF,0,0,0）, v1000, z50, tool1;
ENDPROC
```

6. 现需要在 VisionMaster 软件中编写一个脚本，2 个输入变量分别为 in0、in1，1 个输出变量为 out0。当 in0 变量为 1 时，表示标签为红色，out0 为 1；当 in1 变量为 1 时，表示标签为黄色，out0 为 2；当 in0、in1 两个变量均为 0 时，代表未检测到标签，out0 为 0。

7. 对机器人通信初始化程序、数据收发通信程序、主程序、抓取标签放置到对应位置程序进行命名。

（1）机器人通信初始化程序名称为 _____。

（2）数据收发通信程序名称为 _____。

（3）抓取标签放置到对应位置程序名称为 _____。

（4）机器人主程序名称为 _____。

8. 试编写机器人通信初始化程序、数据收发通信程序。

9. 试编写机器人对标签进行颜色分拣的子程序。

10. 试编写机器人对标签进行颜色分拣的主程序。

实　施　工　单

标签视觉分色粘贴的编程与调试实操任务

班级＿＿＿＿＿＿　学号＿＿＿＿＿＿　姓名＿＿＿＿＿＿　第＿＿组

模块三　视觉包装工作站的编程与调试	
项目二	技能提升——标签粘贴工作的 PLC 通信与编程
任务 3	标签视觉分色粘贴的编程与调试

一、机器人启动前准备

序号	需要完成的任务	确认情况	备注
1	检查机器人周围是否放置水瓶等杂物		
2	检查操作人员是否穿拖鞋		
3	检查操作人员是否佩戴安全帽		
4	检查操作人员是否戴手套		

二、编程并实现功能

1. 相机的硬件连接与设置

序号	需要完成的任务	完成情况	备注
1	视觉的硬件连接		
2	焦距调节		
3	光圈调节		

2. 编写机器人、PLC、视觉程序

（1）通过 VisionMaster 软件编程实现颜色识别

序号	需要完成的任务	完成情况	备注
1	分配相机、计算机等设备 IP		
2	在 VisionMaster 软件中添加相机		
3	拍照并标定被检测物体颜色		
4	进行 BLOB 分析		
5	编写识别脚本并输出		

（2）实现标签颜色识别的可视化

序号	需要完成的任务	完成情况	备注
1	配置 VisionMaster 的通信参数		
2	配置 PLC 的通信参数		
3	组态 PLC 与 HMI		
4	编写 HMI 界面程序		

（3）编写机器人功能程序

序号	需要编写的子程序	完成情况	备注
1	编写 socket 通信初始化功能程序		
2	编写接收数据并在触摸屏显示功能程序		
3	编写机器人对标签分拣的子程序		
4	编写机器人对标签进行颜色分拣主程序		

3. 示教目标点与功能调试

（1）机器人目标点的示教

序号	需要示教的点位	完成情况	备注
1	原点位置		（0，0，0，0，90，0）
2	抓取点基准位置		
3	放置点基准位置		

（2）视觉识别的测试

序号	需要完成的任务	完成情况	备注
1	视觉能正确识别黄色标签		
2	视觉能正确识别红色标签		
3	能正确将识别到的信息发出		

（3）PLC 与 HMI 的功能测试

序号	需要完成的任务	完成情况	备注
1	PLC 能接收到视觉发过来的数据		
2	HMI 能正确显示 PLC 中的数据		

（4）整体功能测试

序号	需要完成的任务	完成情况	备注
1	视觉能正确识别标签颜色		
2	标签到位后视觉能正确发送标签颜色		
3	PLC 能正确得到标签颜色		
4	标签颜色能显示在 HMI		
5	机器人能在标记位置抓取标签		
6	机器人能正确分拣标签		

续表

三、关闭设备

序号	需要完成的任务	完成情况	备注
1	将机器人回到原点位置		
2	按下急停按钮		
3	关闭机器人控制柜		
4	关闭实训平台		

四、检查工作任务的完成情况

序号	需要完成的任务	完成情况	备注
1	相机的硬件连接与设置		
2	相机实现标签颜色的识别		
3	实现标签颜色识别的可视化		
4	编程实现机器人的通信与分拣		
5	关闭实训平台		

［1］ 叶晖，管小清. 工业机器人实操与应用技巧［M］. 3 版. 北京：机械工业出版社，2023.

［2］ 王志强，禹鑫燚，蒋庆斌. 工业机器人应用编程（汇博）·中级［M］. 北京：高等教育出版社，2022.

［3］ 王志强，禹鑫燚，蒋庆斌. 工业机器人应用编程（汇博）·初级［M］. 北京：高等教育出版社，2021.

［4］ 上海 ABB 工程有限公司. ABB 工业机器人实用配置指南［M］. 北京：电子工业出版社，2019.

［5］ 许文稼，蒋庆斌. 工业机器人技术基础［M］. 2 版. 北京：高等教育出版社，2023.

［6］ 叶晖. 工业机器人典型应用案例精析［M］. 2 版. 北京：机械工业出版社，2022.

［7］ 叶晖. 工业机器人故障诊断与预防维护实战教程［M］. 北京：机械工业出版社，2018.

［8］ 刘良斌. 工业机器人技术基础及应用［M］. 长沙：中南大学出版社，2021.

［9］ 屈金星. 工业机器人技术与应用［M］. 北京：机械工业出版社，2018.

［10］ 汪励，陈小艳. 工业机器人工作站系统集成［M］. 2 版. 北京：机械工业出版社，2020.

读者意见反馈

为收集对教材的意见建议，进一步完善教材编写并做好服务工作，读者可将对本教材的意见建议通过如下渠道反馈至我社。

咨询电话　400-810-0598
反馈邮箱　gjdzfwb@pub.hep.cn
通信地址　北京市朝阳区惠新东街 4 号富盛大厦 1 座
　　　　　高等教育出版社总编辑办公室
邮政编码　100029

授课教师如需获得本书配套教辅资源，请登录"高等教育出版社产品信息检索系统"（https://xuanshu.hep.com.cn/）搜索下载，首次使用本系统的用户，请先进行注册并完成教师资格认证。

高等职业教育
智能制造专业群
新专业教学标准课程体系

机械设计方向专业

机械设计与制造 / 机械制造及自动化 / 数字化设计与制造技术 / 增材制造技术

自动化方向专业

机电一体化技术 / 电气自动化技术 / 智能机电技术

机械制造工艺
机械 CAD/CAM 应用
工装夹具选型与设计
生产线数字化仿真技术
产品数字化设计与仿真

增材制造技术
产品逆向设计与仿真
增材制造设备及应用
增材制造工艺制订与实施

机械产品数字化设计
可编程控制器技术
机电设备故障诊断与维修
电机与电气控制
自动控制原理

机电设备装配与调试
运动控制技术
自动化生产线安装与调试
工厂供配电技术
工业网络与组态技术

专业群平台课

机械制图与计算机绘图
机械设计基础
公差配合与测量技术
液压与气压传动
工程力学
工程材料及热成形工艺

电工电子技术
电气制图及 CAD
智能制造概论
工业机器人技术基础
单片机应用技术
传感器与检测技术
金工实习

机器人方向专业

工业机器人技术
智能机器人技术

数控模具方向专业

数控技术
模具设计与制造

工业机器人现场编程
智能视觉技术应用
工业机器人应用系统集成
协作机器人技术应用

工业机器人离线编程与仿真
数字孪生与虚拟调试技术应用
工业机器人系统智能运维

工业网络方向专业

工业互联网应用
智能控制技术

数控机床故障诊断与维修
数控加工工艺与编程
多轴加工技术
智能制造单元生产与管理

冲压工艺与模具设计
注塑成型工艺与模具设计
注塑模具数字化设计与智能制造

制造执行系统应用（MES）
工业网络技术
工业数据采集与可视化
工业互联网平台应用

工业互联网基础
工业互联网标识解析技术应用
工业 App 开发